国家社科基金重大项目"东亚珍藏明清汉语文献发掘与研究"成果之一 [项目编号：12&ZD178]
厦门大学人文社会科学繁荣计划项目基金（2015）资助

东亚 汉语史书系

李无未 主编

清末"法、刑、罪、权"新术语语义范畴和语义关系研究

孟广洁 著

厦门大学出版社 国家一级出版社
XIAMEN UNIVERSITY PRESS 全国百佳图书出版单位

图书在版编目(CIP)数据

清末"法、刑、罪、权"新术语语义范畴和语义关系研究/孟广洁著.—厦门:厦门大学出版社,2020.1
(东亚汉语史书系/李无未主编)
ISBN 978-7-5615-6636-7

Ⅰ.①清… Ⅱ.①孟… Ⅲ.①法律—术语—研究—中国—清后期 Ⅳ.①D929.52

中国版本图书馆 CIP 数据核字(2019)第 053289 号

出 版 人	郑文礼
责任编辑	牛跃天

出版发行 厦门大学出版社
社　　址 厦门市软件园二期望海路 39 号
邮政编码 361008
总　　机 0592-2181111　0592-2181406(传真)
营销中心 0592-2184458　0592-2181365
网　　址 http://www.xmupress.com
邮　　箱 xmup@xmupress.com
印　　刷 厦门集大印刷厂

开本　720 mm×1 000 mm　1/16
印张　21
插页　2
字数　368 千字
版次　2020 年 1 月第 1 版
印次　2020 年 1 月第 1 次印刷
定价　66.00 元

本书如有印装质量问题请直接寄承印厂调换

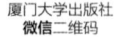
厦门大学出版社
微信二维码

厦门大学出版社
微博二维码

东亚语言学视阈的汉语史研究(代序)

李无未

一、东亚语言学视阈与汉语史研究

"东亚语言学视阈",指的是中国、朝鲜、韩国、日本、越南语言学研究最优"整体性"视野,这超越了"国别"范畴和"语系"范畴,着眼于历史上形成的"汉字文化圈"内"跨文化"互动的东亚文明的语言学学术观照理念。

在东亚文明的语言学学术视阈内,汉语史所呈现的形态如何,其运动的形式、其学术走向及相互关系如何,这是我们关注的焦点。东亚文明学术中心的动态移动及多样化,带来了汉语史研究的理论与方法的全面变革,它的影响是深远的,也是迄今我们还没有理清的头绪,因此,需要我们深入研究,最终获得与此前完全不同的收效。这是我们过去仅仅是中国学者自己看自己的汉语史研究,以及单纯的日本学者看自己的汉语史研究、朝鲜韩国学者看自己的汉语史研究、越南学者看自己的汉语史研究所不能替代的。有的学者讲:"从周边看中国"(2009),从文明互动看中国,收获大不一样。而"相互观照","借镜观形"(《刘子新论·贵言》:"人目短于自见,故借镜以观形"),以及"镜像折射"(mirroring)则更为客观。东亚文明的创造产生于相互运动、相互浸透、相互作用的生成系统之中(布罗代尔语,见沃勒斯坦《现代世界体系》第1卷第3页,1998),东亚语言学视阈汉语史也不例外。

东亚语言学视阈汉语史研究,以东亚各国语言学深厚的学术积淀为基础,形成固定的汉语史研究理论系统范式,肯定是具有十分广阔的学术前景的。

比如研究汉语语音史,文雄《磨光韵镜》(1744)"汉音、吴音、华音"三音理论,就是典型的"中古近代汉字音史"观念,与汉语语音在各个历史阶段传入日本直接相关,从某种意义上讲,是汉语语音发展史在日本汉字音上的"镜像折射",可惜我们中国学者注意不够。还有朝鲜朝汉语官话语音的"质正"制度,在《李朝实录》中记载得非常详细。透过这个制度,可以看到朝鲜朝不断地按照汉语语音变化实际情况来修订自己的汉语官话语音标准,比如《老乞大》谚文注音,《洪武正韵译训》语音等(李无未等,2013),这就给中国汉语官话语音发展研究,以及历史上的汉语语音规范研究提供了第一手资料,这也是中国学者所忽视的。中国、日本、朝鲜、韩国语音资料相互印证,汉语官话语音的面貌就逐渐清晰了,就不是过去仅仅是凭借一方资料得出结论所能替代的。

透过中国、日本、朝鲜、韩国、越南语音资料,我们还看到了什么?这背后的文化之间互动,蕴含着十分丰富的知识背景,政治的、经济的、教育的、文化的交流,各种因素综合在一起,促成了汉语官话语音在东亚各国的"环流",在"环流"过程中,东亚各国形成了各自的语言学传统,这当然包含了各自丰富的语言学理论内涵。在这样的视野观照下,汉语官话语音研究就一定会变得十分"鲜活"起来了。

二、东亚语言学视阈汉语史研究目标及内容

(一)东亚语言学视阈汉语史研究目标

东亚语言学视阈汉语史研究力求实现三个方面的目标:

1.东亚语言学视阈汉语史研究学术理论预期目标。(1)对东亚语言学视阈范围内汉语史文献进行总的清理、调查、整理、研究,在汉语史研究观念上是一次新的转变,在信息化的时代,信息获取通道变得如此便捷,这在过去是不可想象的。东亚语言学视阈汉语史文献挖掘"海内外互动",充分尊重个性思维,寻求共性思维,突破了地域与国别的"思维"局限,实现了"思维方式"上的新跨越。(2)真正地确立了科学而完整的东亚语言学视阈汉语文献挖掘与研究程序,弥补过去"国别"个体视野研究的种种弊端和缺憾,东亚语言学视阈汉语史研究变得真实可信。(3)东亚语言学视阈汉语史传统与现代理论的结合,孕育着研究思维模式和研究方式的新变革。比如传统文献整理方法(作者、成书、版本、文献源流、校勘、辑佚、语言年代等)和现代数据库手段的结合,为进一步描写与解释夯实了基础。(4)东亚语言学视阈多语种汉语文献同步挖掘,带来了人们对"协同"处理知识的信息系统的新认识,挑战与机遇并存,如此,对现代学者的素质要求也是前所未有的。与之相应的是,这会直接促进东亚语言学视阈汉语文献语言理论与实际文献形态研究的进步,从而生成新的东亚语言学视阈汉语语言理论范畴。(5)东亚语言学视阈汉语史文献的挖掘,集中了世界各国东亚语言学视阈汉语史研究理论与实际智慧,无论是语音,还是语法、词汇等领域,都是一次理论与方法的大检阅,对理清东亚各国东

亚语言学视阈汉语史研究理论与方法之间的源流关系,形成新的东亚语言学视阈汉语史发展理论和汉语学史理论会起到至关重要的作用。(6)东亚语言学视阈汉语史文献的挖掘,不是汉语史学科的独立行为,而是多学科"协同"的产物。在多学科参与的背景下,海内外东亚语言学视阈汉语史文献的挖掘,具有了学科复合特性,这一点自不待言。同时,也为相关学科研究提供了新的出路和借鉴。可以直接促进相关学科的繁荣与进步。

2. 东亚语言学视阈汉语史学科建设发展预期目标。(1)通过研究,把国内外相关领域学者汇集起来,互通信息,共同研究,就会成就一支跨越国界的学术团队。这种"学术共同体",是东亚语言学视阈汉语史研究学者协作方式的一种必然,更是促进国际间合作研究东亚语言学视阈汉语史的有效方式。(2)国内高校相关领域学者联合攻关,并与国际学术界密切沟通,大大开阔了学术新视野,更是提升了国内相关学者在国际学术舞台上的竞争能力,对整合国内各高校相同或相近学科汉语史文献研究学术力量具有十分重要的推动作用。(3)国内外相关学者,发挥各自特长,集中攻关,不但衍生出对世界范围内东亚语言学视阈汉语史文献进行研究的创造力,还锻炼了队伍,凝练了方向,更是形成了鲜明的学科研究特色,还牢牢地占据了国内外同类研究的前沿地位。(4)通过研究,会在很短时间内,积聚起东亚语言学视阈汉语史研究优势,促进相关学科的发展,从而整体性带动东亚汉语言文字学学科进步,建立国家重点研究基地、信息集散中心,承担更多的国家和国际重大课题,并作为人才培养摇篮,在已经成为重点学科的基础上,发展成为国际一流重点研究中心。(5)对世界范围内东亚语言学视阈汉语史文献进行研究,所建立起的研究理论与模式,会产生积极的"蝴蝶效应",一定会直接促进相关学科的研究。比如汉语海外传播历史的研究,带动了相关学科的进步。由此,便会崛起与海外汉语研究相关的学科群体。学科交叉,又会引发新的"范式"兴起,这是它所引发的学术轰动效应的结果。

3. 东亚语言学视阈汉语史文献发现利用等方面的预期目标。(1)由于有了东亚语言学视阈汉语史文献的新发掘,会发现许多未知或重视不够的文献,当然会引发我们对相关文献的新认识。比如日藏佚名韵书《五音通韵》,就与我国台湾所藏不同,韵图与韵书合刊,形成互补关系。(2)东亚语言学视阈汉语史文献,有的就是东亚学者所刊印,这自然带来了东亚学者传播与研究汉语史的热潮。东亚流传汉语所带来的思维方式的转变,"域外之眼"十分独特,启发我们转换新的视角加以解读。比如文雄《磨光韵镜》"韵学唐音",与日本江户时代学者认识明清语音有关,这就突破了我们《韵镜》为"本体"而《切韵》系

"今音"的研究视野范畴。(3)重视应用,而与东亚语言学视阈学术思潮相适应,对东亚语言学视阈汉语史文献的实际价值评判就有了不同于此前的意识。比如欧美学者对汉语口语语法的研究,其汉语口语语法理论意识远早于我们,他们的"敏感",源于汉语口语学习的需要,这也影响到了日本,而我们还在争论官话的语言基础如何,说明我们的学术视野比较狭窄。与东亚语言学视阈汉语口语语法文献相对照,就会发现他们的理论分析与实际文献的吻合度是相当高的。(4)东亚语言学视阈汉语史研究海内外文献发掘"互动",无疑会使文献整理质量得到保证。比如《回回馆译语》,刘迎胜在本田实信所取德国杜宾根大学图书馆所藏明抄本、日本东洋文库所藏明抄本、法国巴黎国民图书馆所藏清抄本、法国巴黎亚洲协会所藏康熙年抄本、英国不列颠博物馆所藏明刊本、日本内阁文库所藏清抄本互校基础上,又取中国北京图书馆藏本、德国柏林国立图书馆藏本等为底本,进行校勘和考证,力图恢复"乙种本"(永乐本)原貌,为下一步研究波斯语与汉语明代语音之间对译关系奠定了基础。(5)"东亚语言学视阈汉语文献信息系统平台"建设,使得文献资料利用数据化,也就带来研究东亚汉语史的科学化,这和从前手工操作效果不可同日而语。由于有了东亚语言学视阈汉语史文献信息数据库,可以利用它进行国内外珍藏汉语文献校勘等文献学研究,从而开辟整理与研究汉语珍藏文献新途径。(6)利用东亚语言学视阈汉语史文献信息数据库研究汉语,无论是描写,还是解释,都是建立新的东亚语言学视阈汉语文献研究模型的必备条件。它的文献应用前景也是十分广阔的,为本学科及相关学科发展,树立了一个可资借鉴的样板。

(二)东亚语言学视阈汉语史研究总体框架及主要内容

1.东亚语言学视阈汉语史总体思路。通过对东亚语言学视阈汉语史文献的调查、整理与挖掘,并通过东亚语言学视阈汉语史文献研究汉语,可以实现汉语研究的新突破。这里包含着课题的基本范畴:(1)东亚语言学视阈汉语文献调查。有关东亚各国东亚语言学视阈汉语史文献所藏地点、目录、版本基本情况都要摸清楚。(2)东亚语言学视阈汉语史文献整理与挖掘。文献整理就是把这些文献分门别类编排,并加以文献学的整理,比如版本源流、校勘、著录、辑佚等工作。所谓挖掘,就是将文献可利用信息按照现代信息手段加以处理,建立"东亚语言学视阈汉语文献信息系统平台",为下一步的科学化研究奠定基础。(3)利用东亚语言学视阈汉语文献研究汉语史。在对东亚语言学视阈汉语文献进行信息处理后,利用数据库的文献信息,并结合海内外已有汉语文献信息进行专题研究,从而实现"汉语史研究"的新跨越。(4)编撰东亚语言学视阈汉语史文献研究论著总目,以便于提供本研究的基本信息。(5)建立东亚语言学视阈汉语史理论和汉语学史理论"范式",从而能够更好地认识东亚汉语文献的学术价值。

2.东亚语言学视阈汉语史研究总课题与子课题之间的内在逻辑关系是:根据珍藏区域及语言文字关系,比如是否属于"汉字文化圈",把东亚语言学视阈汉语史文献分成两大部分,分别去收集整理、建立数据库和研究,然后再合成一个整体,使之成为一个完整的研究系列。这样安排的好处在于,充分体现东亚语言学视阈明清汉语史文献的各自文化内涵及思维方式、特点,有利于建立各自的描写与解释模型,既考虑到了共同点,也考虑到了个性特征。

当然也有交叉,比如东亚语言学视阈"汉字文化圈"内,除了"汉字文化圈"汉语及相关语言文献之外,也有与欧美语言相关的东亚语言学视阈汉语、日语、朝鲜语、越南语等语言对比的文献,比如日本学者所编《英和中国语学自在》(1885)、《日汉英语言合璧》(1888),就是如此。遇到这类情况,还是以主要对象所属为主,协调处理。

在东亚语言学视阈汉语史研究中,东亚各国如日本、韩国等国家和地区相关的汉语文献与欧美等洲国家的汉语文献肯定有不少重复的,也要协调归属,进行统一研究,这样就避免了重复研究问题。还有,东亚语言学视阈汉语史文献与国内汉语史文献结合,以及东亚语言学视阈汉语史文献研究论著总目编写问题,都要进行科学统筹安排与协调。

三、东亚语言学视阈汉语史研究前提与方法、手段

(一)东亚语言学视阈汉语史研究前提

1.东亚语言学视阈汉语史研究,最为重要的基础是具有基本的文献史料,否则,研究就会变成无源之水、无本之木。以各国东亚语言学视阈汉语文献为依据,并结合海内东亚语言学视阈汉语文献研究汉语史,是本课题研究进行的基本保证。所以,从文献入手,是最为可行的。

2.使用东亚语言学视阈汉语史文献之前,还要注意对它们有一个文献鉴别与文献整理的过程,这是保证文献使用科学的一个必不可少的"去伪存真"程序。作者、成书、版本源流、辑佚、校勘、著录、内容确定、价值判断,是研究汉语,并得出科学结论的前提。所以,文献整理是必须做的工作。

3.将东亚语言学视阈汉语史文献处理为可利用数据信息,是科学运用东亚语言学视阈汉语史文献研究汉语史的当代化学术趋势。冯志伟说:计算机数据库辅助研究汉语,是"有限手段的无限应用"。计算机处理语言具有人工处理语言的无可替代性,优越性十分明显。

4.学者们对东亚语言学视阈汉语史事实的挖掘,实际上已经贯穿了非常明显的"协同发展"理论意识。总体来看,以东亚语言学视阈汉语史研究动态变化理论为基本宗旨,逐渐形成了两大类理论模型体系范畴,即所谓描写性模型范畴和解释性模型范畴。但孤立地推崇和使用这两种当中的任何一种理论,都存在着明显的局限性。此外,应该认识到,描写和解释既是相对有界的,也是相对无界的,不能绝对化。我们在进行汉语史研究时,要注意汉语史研究描写、解释理论和方法运用的有界和无界关系,不能僵化地理解汉语史研究描写、解释理论问题。灵活地创造性地突破原有描写、解释框架,转换范式,才是汉语史研究描写、解释理论"保鲜"的保证。

5.在长期的东亚语言学视阈汉语史研究过程中,许多学者成功地运用了一些科学性很强的研究模式,比如东亚语言学视阈汉语史、汉语官话史的"双线""多线"模式、汉语方言史层次分析模式、汉语史断代史模式、汉语史比较史模式、汉语史词汇扩散模式、汉语史"循环"模式、汉语史"演化尺度"模式等,我们不可避免地将有选择使用。

6.利用东亚语言学视阈汉语史文献研究汉语史,许多学者已经取得了科学性很强的成果,我们是在他们的基础上,进一步加以完善化、科学化的,由此,它存在着无可置疑的可行性。

(二)东亚语言学视阈汉语史研究方法

1.东亚语言学视阈汉语史文献收集整理方法。比如目录查询。像日本所藏中文古籍数据库,可以将日本全国所藏中文古籍版本、收藏地点等信息一概收入其中,对查询者来讲,十分便利。严绍璗《日藏善本书录》(中华书局,2007)"经部"小学类也收录不少明清小学文献。"哈佛大学哈佛燕京图书馆藏善本资源库"收藏有《字汇》等。再如校勘方法,清末叶德辉《藏书十约》第七"校勘",曾提出校勘之法有二:一曰死校,一曰活校。陈垣有校勘四种方法:对校、本校、他校、理校。其他,还有版本、考证、辨伪、辑佚等方式方法。

2.东亚语言学视阈汉语史文献语料计算机输入。涉及汉字、假名、谚文、罗马字、英文、俄文、法文等具体种类文字输入方法,十分复杂,就目前来说,需要解决的问题非常多。也有词汇、语法、语音等具体研究专业领域的个性输入方法。文字的识别方法运用与科学性很强的数据库建设关系十分密切。

3. 东亚语言学视阈汉语史文献描写方法。运用描写方法研究东亚珍藏汉语史文献，根据具体学科的不同，分为语音、词汇、语法等描写方法。比如语音，有反切系联法、音系表解法等。而词汇的研究，有构词结构描写、常用词演变描写等。又比如语法，就有封闭性定量分析和静态描写等。还有的学者将描写方法分为共时描写和历时描写两类。具体的如，句子成分分析、层次分析等。

4. 东亚语言学视阈汉语史文献解释方法。语音研究，历史比较法是基本方法，其他，如反切系联法、反切比较法、译音对勘法、内部分析法、时间层次研究法，以及词汇扩散、语言接触、音系构造、实验音系分析等。而词汇的研究，则包括词语的考证、构词法解释、常用词演变解释等。语法研究，有的学者分为共时解释和历时变化解释两类。具体的如，语义特征分析、语法化、变换分析、认知、移位、类型学分析等。

(三) 东亚语言学视阈汉语史文献具体研究手段

1. 东亚语言学视阈汉语史文献传统研究手段的应用。比如文献学研究手段的应用，像版本源流关系调查，就是进行版本的形制等时代标记确认；文献错讹校勘，从字形、字音、语句错简等方面纠正；文献辑佚，对散逸文本进行整合和补苴，尽力恢复原貌；文献著录，主要是明确各本著作的成书过程、年代等相关问题等。语言学手段的应用，像词语考证、反切系联、韵脚字丝联绳引等。

2. 东亚语言学视阈汉语史文献现代研究手段的应用。涉及东亚珍藏汉语史文献信息处理技术的具体应用和资源整合方式，以及如何实现东亚语言学视阈汉语史文献资源语料库的开发和共享，还有相关电子辞典编制、各类软件开发利用的具体问题。

3. 东亚语言学视阈汉语史文献综合研究手段的应用。这里包括实地调查、语音实验、数学模型、文献识别、语言、技术、抽样提取等各类自然科学和社会科学研究手段的综合运用。

4. 东亚语言学视阈汉语史研究手段的可操作性。比如技术路线的适用性和可操作性。文字识别可应用于东亚语言学视阈汉语史文献阅读、翻译、资料检索、编辑、校对、统计表格数据汇总与分析、编码的识别等。现在使用中的一些系统虽然比人读得快，但仍不能像人那样正确地读出各种各样的字符，与人的识别能力相比还有很大差别，远不能满足上述各个方面对文字识别应用所提出的要求，还有待于进一步研究。

具体研究方法的适用性和可操作性。像目录查询,将传统目录查询和现代目录查询结合,相互印证,可以得到事半功倍的效果,是目前最为通行的研究方法。比如研究东亚语言学视阈明清语音文献,还是要应用所谓"历史比较法"。"历史比较法",就是用汉语方言和外语借词作参考比较,"先从本国的材料得了结果,然后再拿对音当作一种试金石来对一对"。这种历史比较法,给中国音韵研究带来了崭新的气象,将之引向一个广阔的领域。高本汉利用方言与外语借词对重建中古音系发挥了很重要的作用。例如:依据二等肴韵在广州方言中的独立,确立了它在音系中的地位;依据越南借词中读音的分立,分开了喻三和喻四。同样,许多学者研究汉语近代语音也取得了很大的成绩。还有译音对勘法,比如日本汉字音"唐音"研究,具体如《唐话纂要》日语假名语音转写,就要考虑到假名标记与汉语明清官话语音的对应关系问题。有坂秀世、马渊和夫、高松政雄、沼本克明、汤泽质幸等学者在这方面取得了很大的成绩,证明了它的适用性,以及在操作上的可行性。

本研究希望能为国内外汉语史研究者提供一个非常翔实而科学的东亚语言学视阈汉语史范式,对促进世界范围内语言学视阈汉语史研究和发展发挥积极作用,并直接推动东亚语言学视阈汉语史学科的科学化、现代化;以此为契机,带动相关学科的学术进步和交叉,衍生出更为广泛的学术领域,由此带来新的学术效应。以本研究为基础,强化东亚语言学视阈汉语史学科教学理论与内容的创新,可以使语言学等领域研究者的视野更加开阔;同时,本研究的开展适应了国家文化战略向纵深发展的需要,也有力地支撑着我国人文社会科学,尤其是中文学科,搭建创新平台,拓展更为广阔的学术空间,更为外国学者了解中国汉语史价值和意义提供直接帮助。

参考文献

[1][日]小仓进平《增订朝鲜语学史》,刀江书院,1963年。
[2]李得春《中韩语言文字关系史研究》,延边教育出版社,2006年。
[3]金基石《朝鲜韵书与明清音系》,黑龙江朝鲜民族出版社,2003年。
[4][日]文雄《磨光韵镜》(1744),勉诚社,1981年。
[5]李无未《日本汉语音韵学史》,商务印书馆,2011年。
[6]李无未《日本明治北京官话课本语言研究》,国家社科基金一般项目成果,2012年。
[7]李无未《日本明治汉语教科书汇刊》(30册),中华书局,2013年。
[8]李无未、张辉《朝鲜朝汉语官话"质正"制度》,《古汉语研究》2013年第3期。
[9]严绍璗《日藏善本书录》,中华书局,2007年。
[10]复旦大学文史研究院《从周边看中国》,中华书局,2009年。

[11][美]伊曼纽尔·沃勒斯坦《现代世界体系》,高等教育出版社,1998年。
[12]刘迎胜《〈回回馆杂字〉与〈回回馆译语〉研究》,中国人民大学出版社,2008年。
[13][日]沼本克明《日本汉字音の历史的研究:体系と表记をめぐって》,汲古书院,1997年。
[14][日]文雄《磨光韵镜余论》,勉诚社,1981(1744)年。
[15][日]有坂秀世《国语音韵史の研究》,汲古书院,1957(1938)年。
[16][日]本居宣长《汉字三音考》,勉诚社,1978(1785)年。
[17][日]大矢透《韵图考、隋唐音图》,勉诚社,1978(1915)年。

摘　要

关于清末法律新术语的研究,一直未能得到语言学界和法律学界的充分重视,本书以"范畴观"为指导思想,通过对清末新颁布的法律法规进行穷尽式调查,从语言学和法理学两个角度出发,选取了"法、刑、罪、权"四个语义范畴进行研究。范畴作为人类理性思维的一种逻辑形式,是反映事物本质属性和普遍联系的基本概念。本书建立了两个范畴,一个是清末"法、刑、罪、权"新术语群的语义范畴,一个是清末"法、刑、罪、权"新术语群的关系范畴。通过这两个范畴的建立,能够更为清楚地解释清末新的法律体系范畴的构成及其形成过程。

本书采用描写与解释相结合的研究方法,通过描写清末"法、刑、罪、权"新术语群的构成以及各个术语的语义演变过程,进而解释清末"法、刑、罪、权"新术语群的性质、特点、彼此之间的关系以及成因;同时通过描写清末"法、刑、罪、权"新术语群的应用范围,进而解释清末"法、刑、罪、权"新术语群的应用价值。描写是为解释服务的,描写是手段,解释是目的。

全书共分为九个部分,绪论、结论再加上七章正文。绪论部分是对撰写本书所依据的理论基础和文献来源的说明。第一章至第四章通过详细考证各个术语的来源出处,描写了清末"法、刑、罪、权"新术语群的构成及其语义范畴的演变过程。第五章通过描写清末"法、刑、罪、权"新术语群的共性和差异性特征,进而解释清末"法、刑、罪、权"新术语群之间的关系范畴。第六章深入挖掘了清末"法、刑、罪、权"新术语群引入与生成的原因,既分析了语言内部的原因,也解释了语言外部的原因。第七章解释了清末"法、刑、罪、权"新术语群存在的重要价值和意义。本书的创新之处在于从范畴观入手,系统地分析清末法律新术语,从语言学的角度对这些术语进行详细地分析,尝试性地将汉语史与法律史相结合,从跨学科的角度深化关于法律语言的研究。

关键词:新术语群;语义范畴;法律;清末

目 录

绪 论 ……………………………………………………………（1）
   第一节　研究目的和研究意义 ………………………………（1）
   第二节　研究现状与研究价值 ………………………………（10）
   第三节　研究理论和研究方法 ………………………………（29）
   第四节　确立清末"法、刑、罪、权"新术语群的文献来源 …（36）

第一章　"法律"的语义演变与"法"术语群的语义范畴 ……（44）
   第一节　"法律"的语义演变 …………………………………（45）
   第二节　"法"术语群的形成及语义范畴 ……………………（70）
   小　结 …………………………………………………………（83）

第二章　"刑罚"的语义演变与"刑"术语群的语义范畴 ……（84）
   第一节　"刑罚"的语义演变 …………………………………（84）
   第二节　"刑"术语群的形成及语义范畴 ……………………（96）
   小　结 …………………………………………………………（107）

第三章　"犯罪"的语义演变与"罪"术语群的语义范畴 ……（109）
   第一节　"犯罪"的语义演变 …………………………………（109）
   第二节　"罪"术语群的形成及语义范畴 ……………………（122）
   小　结 …………………………………………………………（124）

第四章　"权利"的语义演变及"权"术语群的语义范畴 ……（126）
   第一节　"权利"的语义演变 …………………………………（127）
   第二节　"权"术语群的形成及语义范畴 ……………………（135）
   小　结 …………………………………………………………（141）

第五章　清末"法、刑、罪、权"新术语群的关系范畴 ………（142）
   第一节　清末"法、刑、罪、权"新术语群的共性特征 ……（142）
   第二节　清末"法、刑、罪、权"新术语群的差异性 ………（181）

  第三节 清末"法、刑、罪、权"新术语群的关系范畴 …………(184)
  小 结………………………………………………………(187)
第六章 清末"法、刑、罪、权"新术语群生成的原因 ……………(188)
  第一节 清末"法、刑、罪、权"新术语群演变的"内质因素" ………(188)
  第二节 清末法律术语演变及生成的"外质因素"(一) …………(195)
  第三节 清末法律术语演变及生成的"外质因素"(二) …………(219)
  小 结………………………………………………………(254)
第七章 清末"法、刑、罪、权"新术语群的应用范围与应用价值 ………(255)
  第一节 清末"法、刑、罪、权"新术语群的应用范围 …………(256)
  第二节 清末"法、刑、罪、权"新术语群的应用价值 …………(268)
  小 结………………………………………………………(293)
结 论………………………………………………………………(294)
参考文献………………………………………………………………(299)
附 录………………………………………………………………(310)
致 谢………………………………………………………………(321)

绪　论

　　19世纪末20世纪初,传统中华法系在短短几年间就被从日本移植来的新的法律体系所取代,"法、刑、罪、权"新术语群记录了这一法律体系更迭的重要历史进程。① 研究清末"法、刑、罪、权"新术语群的生成,尤其是新术语群语义范畴演变等问题,对于重新考察清末新的法律体系的建立来说具有重要的意义。我们在现有研究成果的基础之上,以语言学、术语学、法理学等理论为指导,以清末新颁布的法令法规、汉译法律教科书、法律辞典等工具书为语料,以语义分析为主要研究方法,将描写与解释相结合,将共时研究与历时研究相结合,从哲学的"范畴"概念出发,以"范畴"为纲,通过对清末"法、刑、罪、权"新术语群的语义范畴进行描写,力图在具体语料中挖掘清末"法、刑、罪、权"新术语群的生成过程及其语义范畴的演变规律;通过归纳这些法律新术语群之间的共性特性和差异性特征,探究清末"法、刑、罪、权"新术语群的关系范畴;通过对语言与社会发展的关系进行论述,试图从语言内部及语言外部找到这些法律新术语群生成的原因,并且指出清末"法、刑、罪、权"新术语群在社会发展过程中所呈现出来的应用价值。

第一节　研究目的和研究意义

　　语言作为人类最重要的交际工具,可以从多个角度对其进行研究。我们可以把语言当作研究对象,围绕语言本体进行研究,如研究语言各要素的共性特征或某种语言的个性特征、不同语言之间的共性或差异性特征。除此之外,

---

① 我们在调查的过程中发现,除上述四个术语群之外,还有"人"术语群,如"被告人""原告人""证人""法人"等;"部"术语群,如"民政部""财务部"等。但是因为这两个术语群从法理学的角度来看,在构建新的法律体系的过程中,没有明显的划分法律体系范畴的作用,所以本书不做分析。

我们还可以把语言当作研究其他学科的重要依据,尤其是随着术语学的发展,语言的功能性得到了极大的重视。语言与文化有着密切的关系,语言是文化的载体,因此,语言可以被看作是反映社会生活的一面镜子。通过语言诸要素,尤其是词汇中的术语,我们可以研究包括政治制度等在内的社会生活方方面面的变迁。清末以降,风云巨变,传统的中华法系土崩瓦解,被新的法律体系取而代之。在这一新旧法律体系更迭的过程中,法律术语发挥了重要作用。因此,对于清末"法、刑、罪、权"新术语语义范畴的研究,无论从语言学的角度还是法律史的角度来看,都颇有意义。

一、研究目的

词语的语义反映的是人们对客观事物、现象的一种认识,词语语义的演变则反映出人们对于客观事物和现象认识的变化。人们认识上的变化虽为主观的认知行为,但是却依赖于客观环境的发展变化,只有客观事物、现象发生变化,人们的主观认识才有可能随之发生变化,因此,词语语义的演变间接地反映了社会客观现实的发展变化。清末"法、刑、罪、权"新术语群的生成及其语义范畴的演变,反映了清末新的法律体系范畴的变化以及人们法律观念的变化。我们的研究以描写清末"法、刑、罪、权"新术语群的生成及其语义范畴的演变为手段,以解释清末"法、刑、罪、权"新术语群与清末新的法律体系的关系为目的,即通过对清末"法、刑、罪、权"新术语群的生成及其语义范畴的演变的描写,阐述清末"法、刑、罪、权"新术语群与清末新的法律体系之间的关系。

目前国内关于清末法律新词新语的研究,主要集中在法律史研究领域,其研究方法也主要采用溯源的方法,以考证词语的来源出处为主,这样的研究对于解释清末法律新词语的来源来说,确实有可取之处,但是从解释清末法律新词语与新的法律体系范畴的关系来看,似乎未能切中要害,而且也未能深入到术语学的研究领域。

法律制度作为上层建筑之一,其体系范畴相当严密,用以记录、表达其专业概念的术语及术语群也相应地生成为一套严密的体系范畴。术语和术语之间按照语义关系构成不同的范畴,可以说,法律制度是由法律术语及术语群搭建起来的体系严密、层级清晰的制度范畴。传统的中华法系内容丰富,体系完备,影响极其深远,在漫长的封建社会中,其发展一直很稳定,而且在维护封建统治方面,效果突出。随着社会生产力的发展、中西文化交流的日益频繁,传统的中华法系不能维系日渐复杂的社会关系,尤其是清末以来,外来西方文明强势入侵,在很短的时间里,旧有的法律体系土崩瓦解,新的法律体系迅速建立。在新旧法律体系更迭的过程中,清末"法、刑、罪、权"新术语群发挥了重要作用,但是关于清末"法、刑、罪、权"新术语群的研究,目前还没有得到足够的重视。

如上所述,法律制度是庞大的且系统完备、层次清晰的上层建筑之一。传统的中华法系如此根深蒂固,却在顷刻之间土崩瓦解,新的法律体系迅速建立起来,新旧法律体系的更迭如此迅速,确实是非常值得研究的问题。我们可以从新的法律体系中用以记录和表达法律概念的术语的生成及其语义范畴的演变等问题上找到答案。针对清末"法、刑、罪、权"新术语群的生成及其语义范畴演变等问题的研究,我们不仅要从外在因素,如统治者的态度、当时的社会状况等角度进行"异质性"研究,更要从其内在因素上进行研究,如从语言内部各要素之间的协调发展这一角度进行语言本体的"内质性"研究。目前,就法律史的研究成果来看,"异质性"研究已经取得了相当丰富的成果,但是"内质性"研究还没有得到充分重视。我们的研究不仅着眼于"异质性"因素,更重视"内质性"因素,深入挖掘导致新旧法律体系更迭的内部因素。

二、研究意义

我们的研究,从性质上来看,是从术语群语义范畴的角度研究语言与文化的关系,但是又不同于传统的语言与文化关系的研究模式。传统的关于语言与文化关系的研究,如罗常培先生的《语言与文化》,应该算得上是这方面的经典之作,其关于语言和文化关系的研究主要集中在文化中的物质文化的层面上,关于语言与制度文化的关系分析得比较少。罗常培先生的这种研究方法也是目前关于语言与文化关系的研究中较为主流的一种研究模式。我们的研究,则是要尽可能地深入到制度文化中,在清末新旧法律体系范畴的更迭中,分析法律文化的交流如何推动法律新术语、术语群的生成及其语义范畴的演变,而法律新术语及术语群的生成及语义范畴的演变反过来又如何促进清末新的法律体系范畴的建立。因此,我们的研究无论对语言学研究还是法律史研究来说,都具有重要的意义。

(一)对于语言研究所产生的意义

关于清末"法、刑、罪、权"新术语群的研究,是基于语言学的研究视角来进行的,因此,我们首先强调此项研究对于语言研究的重要意义。

1. 有助于考证清末"法、刑、罪、权"新术语群产生的源头

从语言学的角度来看,研究清末"法、刑、罪、权"新术语群的生成及语义范畴的演变,可以厘清一些法律新术语产生的源头,并且重新认定一些具有争议性的法律术语的来源,如"宪法""刑法"等。

如上述所言,清末以降,传统的中华法系伴随着近代西方及日本法律文化的强势涌入而急速瓦解,新的法律体系的建立迫切需要新的法律理论作为指导。清末法律的西学始肇于西方国际法的翻译,汉译西方法律是当时人们学习西方法律文化知识的主要方式。但是由于西方语言和汉语差别较大,不同的人有不同的翻译,使用比较混乱,加之清政府闭关锁国的政策,西学未能成功。甲午一战使中国人重新认识了邻邦日本。在甲午战争之前,在时人的心中,只有欧美列强才能打败中国,而日本只是一个"事事以中国为宗"的蕞尔小邦,无足轻重。但是甲午一战使中国人对日本的看法发生了变化,官僚士大夫阶层意识到要图国家富强,必须学习西方;要成功地学习西方,必须首先学习效法日本西学的成功经验。

清末修律的代表人物沈家本在其《裁判所访问录序》中指出:"日本旧时制度,唐法为多,明治之后,采用西法,不数年遂成强国。"日本明治时期的法律体系同样来源于西方大陆法系,明治维新后大规模引入借鉴西方法律所建立起来的新的法律体系对中国产生了非常重要的影响。日本由处处以中国为尊的小岛国发展成为世界强国,摆脱了被西方列强殖民的被动处境,其成功经验震撼了中国士大夫阶层。更为重要的是,日文中的假名是在借用了汉字的某些偏旁或者汉字整字的基础上形成的,更便于中国人的认读和理解。日本与中国有着深厚的历史渊源,从国家形态上来看,当时的两国同为君主政体国家,取道日本翻译西方法学著作进而学习西方先进的法律理论成为理想之选。"将欲明西法之宗旨,必研究西人之学,尤必编西人之书。说者谓:西文法字于中文有理、礼、法、制之异,译不专指刑法一端,则欲取欧美之法典,而尽译之。无论译者之难,其人且其书,汗牛充栋,亦译不胜译。日本则我同洲、同种、同文之国也。译和文又非若西文之难也。"①可见,搭建清末新的法律体系范畴的术语大部分是借用自日本明治时期的法律术语,这本是无可厚非的,但是由于传统中华法系的影响太过强大,以至于清末新的法律体系在建立的过程中,也难以完全脱离其体系框架,一些法律术语仍然被保留下来,经过对其语义的

---

① 新译日本法规大全[M].南洋公学译书院,初译.商务印书馆编译所,补译校订.何佳馨,点校.北京:商务印书馆,2007:沈家本序 8.

不断调整,这些法律术语也进入清末新的法律体系之中,这就使得清末"法、刑、罪、权"新术语群中所包含的法律术语的来源变得模糊不清,甚至会遗漏一些关于重要法律术语的解释。

例如,"法律"这个词,虽然不是术语,但是它语义的演变对整个法律术语体系起到决定性作用。对于这个词的语义的重新认定和理解奠定了对全部法律术语正确认知的基础。但是,这个词无论是在语言学界还是法律史学界,都是有争议的。如以高名凯、刘正埮(1958),实藤惠秀(2012)为代表的学者认为"法律"是从日本借用来的外来词。学者李运博通过对近代辞书的调查,认为"法律"原本产生于中国古代,后来传教士或者是中国的洋学人士在传教和翻译西方文献的过程中,借用翻译了西方"law"的概念,最后有可能借助梁启超等人的使用回归到中国,是个"回归词"。马西尼、王健、刘星等学者则认为"法律"是中国固有的词语。针对上述有争议的观点,我们通过对大量法律文献的调查,发现"法律"的确是中国传统法律体系中的固有词,但是随着近代西方法律文化影响的深入,其语义发生了深刻的变化。"法律"语义的变化反映出了清末人们法律观念的变化以及清末新的法律体系的性质和特点。所以,"法律"在西方法律思想的影响之下,其语义发生了变化,以新的姿态进入清末新的法律体系之中,并影响和制约着其他法律术语后形成及其语义演变。

再如,"剥夺"这一术语是古代汉语中已经存在的词,但是在古代汉语中,这个词不作为法律术语使用,直到清末,这个词才作为法律术语应用于法律体系中,而且对于近代刑罚观念的形成来说,具有重要作用。如此重要的术语,在现有的研究中却被忽视了。我们在本书中也对这个术语进行了溯源,进一步补充了关于清末法律新术语来源考证的研究成果。

因此,从语言学的角度来看,通过对清末"法、刑、罪、权"新术语群的研究,我们可以认清清末法律新术语的源头,分析清末"法、刑、罪、权"新术语群的来龙去脉,这对于认清清末新的法律体系范畴的构成来说具有重要的作用。

2.有助于认清清末"法、刑、罪、权"新术语群的性质特点

通过对清末"法、刑、罪、权"新术语群的生成及其语义范畴演变的研究,尤其是通过对清末"法、刑、罪、权"新术语群共性特征及差异性特征的研究,可以进一步归纳出法律术语的命名规则,从而对清末法律新术语乃至当代法律术语的构词规则、命名规则的形成有更为清楚的认识。有些当代法律术语就是在清末法律新术语的基础上发展起来的,如"所有权""质权""物权""有期徒刑""无期徒刑"等;还有一些当代法律术语的产生是依据清末法律新术语的构词规则创造出来的,如"罪"术语群中的"危害公共安全罪""破坏社会主义市场

经济秩序罪""侵犯公民人身权利、民主权利罪"等,这些当代法律术语的产生都离不开清末法律新术语在创制的过程中对法律术语命名规则的探索。从构词特点上来看,清末法律新术语基本上包含一个类词缀,并且以类词缀为核心语素,构成定中式的复合词。这种构词方式,以核心语素,即类词缀为"模标",以前面做定语的部分为"模槽,"①"模标"的部分固定不变,而"模槽"的部分可以随意替换。清末法律新术语以这种"模标"加"模槽"的方式来构词,使法律术语的命名既整齐划一,又同时具有了无限的能产性和不可随意改换的规范性。当代法律术语基本上也是采用了这种定中式的构词方式来构词,这就形成了法律术语所蕴含的共性特点。所以说,关于清末"法、刑、罪、权"新术语群的研究,可以让我们更好地去认清法律术语的特点和性质,规范法律术语的创制和使用。

  3.有助于厘清清末"法、刑、罪、权"新术语群与清末新的法律体系的关系

  语言与文化有着密切的联系,语言是文化的载体,文化又会推动语言的发展。通过对清末"法、刑、罪、权"新术语群的研究,我们可以尝试用语言,特别是词语的语义去解释清末新旧法律体系的更迭。词语就像是社会生活的一面镜子,或者说是活化石,能够真实地刻画出曾经的沧桑岁月。中国传统法律体系与清末新的法律体系是两种完全不同的法律体系,可以说有着天渊之别。传统法律体系强调的是以礼维系的等级规范,道德是第一位的,法律是道德的辅助性手段;而清末新的法律体系强调的是法治,法律是第一位的,道德居于法律之后。清末新的法律体系是以西方人道主义为基础建立起来的,强调人生而平等,强调人权。新旧法律体系各有一套用以表达法律概念、记录法律规则和法律思想的术语,新旧法律体系的差异性经由法律术语的语义演变及新术语的生成显现出来,如"刑"术语群,有"死刑"、"自由刑"("无期徒刑""有期徒刑")、"罚金"、"拘役"等,而传统法律体系中的刑名术语,如"车裂""枭首"等术语被取代了,这体现了清末新的法律体系所蕴含的人文关怀。再如在清末新的法律体系中出现了"权"术语群,这一术语群的术语都是新产生的法律术语,在中国传统法律体系中是没有这些术语的,这些术语的产生反映出了清末新的法律体系对于人的权利的保护与尊重。所以说,研究清末"法、刑、罪、权"新术语群,可以更好地理解新旧法律体系的更迭以及认清清末新的法律体系的性质和特点。

---

  ① 李宇明.词语模[M]//邢福义.汉语语法特点面面观.北京:北京语言文化大学出版社,1999:146.

从另一个角度来说,清末"法、刑、罪、权"新术语群的引入与生成,也离不开清末新的法律文化的传播与清末新的法律体系的建立。清末"法、刑、罪、权"新术语群的引入与生成,有语言内部的因素,如随着新传入的法律概念的增多,旧有的法律术语不能满足新生法律概念的多样化需求,又如随着法律术语语义的变化,法律术语义位之间的关系也发生了变化,这些都是促使清末"法、刑、罪、权"新术语群生成的语言内部的"内质性"因素。除此之外,清末"法、刑、罪、权"新术语群的生成也有来自语言外部的"异质性"因素,如社会的变迁、法律体系的更迭、清末法政人的推动等,这些都是清末"法、刑、罪、权"新术语群引入与生成的不可抗力。例如新旧法律体系的更迭,本身就为清末"法、刑、罪、权"新术语群的引入与生成提供了一个必要的环境。清末社会,无论是政治、经济还是文化,都呈现出多元化的发展趋势,这使得法律制度相对落后,变革法律迫在眉睫。在变革法律体系的过程中,清政府采取了看似积极的态度,并实施了一系列的政治举措,以此推动法律体系的变革。例如派遣留学生出国学习,组织人翻译或译介各种法律条例、法学教科书,组织人修订编纂法典等,这些都为清末"法、刑、罪、权"新术语群的引入与生成、传播与发展创造了良好的主客观条件。

(二)对于法律史研究所产生的意义

清末"法、刑、罪、权"新术语群的生成及其语义范畴的演变,不仅是语言词汇系统的变化,而且还反映了法律体系本身的变革与发展,因此,对清末"法、刑、罪、权"新术语群的研究,对于法律史研究来说,也具有重要意义。

1. 有助于建构清末新的法律体系的范畴框架

清末新的法律体系范畴是由法律术语搭建起来的。从法律史的角度来看,通过对清末"法、刑、罪、权"新术语群的研究,我们可以描写出清末新的法律体系的范畴框架,进而厘清清末新的法律体系的发展脉络,比如刑法法律体系范畴与民法法律体系范畴的分化与独立过程。

首先,我们从法理学及法律史的角度出发,选取清末新的法律体系范畴中的核心术语及以其为上位词构成的术语群来进行研究,即清末"法、刑、罪、权"新术语群,这些法律新术语群划分了清末新的法律体系范畴的层次。传统的中华法系缺乏层次性,刑法民法不分,刑罚是主要的惩罚手段,刑法可以说是整个法律体系的主体,民法因为没有专门的法典而未能从刑法体系范畴中独立出来。随着清末新的法律体系的建立,法律体系范畴的分类越来越详细,层次越来越清晰,刑法调整对象的范围缩小,这些经由"刑""罪"新术语群的生成及其语义范畴的演变便可窥见一斑。"罪""刑"新术语群通过限定新刑法调整对象的内涵和外延以及处罚方式,进一步明确了清末新刑法在清末新的法律体系范畴中的地位。

在中国传统社会中,民事关系是客观存在的,在中国传统法律中用于调整民事关系的法律即民法也必然客观存在,但是由于缺少专门的民事法典,而刑法法典的地位又很高,因此,民法往往处于从属地位,不被看作是传统法律体系范畴中独立的部门法。到了清末,随着社会生产力的提高,生产关系日趋复杂,民事关系也越来越复杂,民法的重要性日渐突显,民法的地位逐渐提高。不仅如此,民法还有了专门的调整手段,即以补偿为主的惩罚手段,不再拘泥于传统刑法的刑罚方式。随着人们对民法认识的提高,对民事调整关系需求的增加,民法法典的编纂迫在眉睫,《大清民律草案》的编定标志着清末新的民法体系的建立,民法成为一门独立的部门法。在清末新的民法体系范畴建立的过程中,"民法""权利""权"新术语群的生成及其语义范畴的演变,充分说明了清末以来人们民法观念的转变。随着社会关系的变化,清末新的民法体系范畴逐渐独立,并且朝着规范化的方向发展。

其次,清末"法、刑、罪、权"新术语群与清末新的法律体系的法律渊源密不可分。从法律生成的角度来看,清末"法、刑、罪、权"新术语群揭示了清末新的法律体系的来源;从法律形式来看,清末"法、刑、罪、权"新术语群是清末新的法律渊源的重要组成部分。也正因为如此,才使得清末"法、刑、罪、权"新术语群具有了无上的权威性,使清末新的法律体系在更大范围内发挥作用,尽可能地以"法治"代替"人治"。

2. 有助于描写清末新的法律体系的建立过程

通过对清末"法、刑、罪、权"新术语群的研究,我们可以描写清末新的法律体系的建立过程。例如,"权利"作为清末新的法律术语体系中最为核心的术语之一,来源于《万国公法》。在我们所考察的清末"法、刑、罪、权"新术语群中,大部分术语的生成及其语义范畴的演变都与以《万国公法》为代表的国际法有着千丝万缕的联系,比如说"公法"和"私法"的划分,"动产""不动产"概念的最早引入等。可以说,清末新的法律体系的建立源于近代国际法的引入与传播。国际法与国内法的理论、原则、方法本身就是基本一致的,因此,清末新的法律体系的建立是在国际法的基础上延伸出来的。

从清末翻译的法律文献来看,西法的传入也是从翻译西方的国际法开始的。在西法传入的过程中,公法是最先被翻译和引入的法律类别。林则徐作为开眼看世界的第一人,请美国医生伯驾翻译了一部国际法,即《滑达尔各国律例》(也称为《各国律例》)。在以林则徐为代表的中国人开眼看世界时期,共翻译了国际法学著作大约有8部。汉译国际公法的翻译开启了清末西方法律的翻译之路,但是单单翻译公法,还不足以改变清政府当时所面临的窘境,真正能够使其走出困境的是变革旧有的法律体系,建立新的法律体系。于是开眼看世界的先驱者们随后走上了汉译西方各国法律条例之路。随着对各国法律条例翻译的深入,人们再次意识到,照抄照搬西方的法律条例是不可行的,最重要的还是要掌握西方的法学知识,这样才能结合中国的具体情况编纂适合中国国情的法典。于是,清末新的法律体系的变革进入了第三个阶段,即翻译西方的法理学著作。所以,我们说清末新的法律体系的变革始于对西方国际法的翻译,清末"法、刑、罪、权"新术语群的生成及其语义范畴的演变也离不开清末对于西方国际法的翻译与译介。

综上所述,清末"法、刑、罪、权"新术语群的生成及语义范畴的演变尽管是语言内部的变化,但是由于清末"法、刑、罪、权"新术语群是构成清末新的法律体系范畴的细胞,因此,其语义范畴的演变离不开清末新旧法律体系更迭这一重要的历史语境。在新旧法律体系更迭的过程中,人们的法律观念发生了变化,法律观念变化的直接表现形式就是要求建立新的法律体系范畴,而新的法律体系范畴的建立则需要能够表达其专业语义的新术语,这是清末"法、刑、罪、权"新术语群生成的主要原因。清末新的法律体系的发展促进清末"法、刑、罪、权"新术语群的发展和定型,反过来,清末"法、刑、罪、权"新术语群同样可以推动清末新的法律体系范畴朝着规范化的方向发展,并最终建立起层次完备且清晰的体系范畴。

(三)对于研究法学学科的确立及发展所产生的意义

清末"法、刑、罪、权"新术语群不仅对于清末新的法律体系范畴的建立来说,具有重要意义,而且对于我们国家近代法学学科体系的确立和发展来说,也具有非常重要的影响。近代意义上的"法律学"是西方的学科门类之一,是鸦片战争后由西方传入的,并不是中国固有的学术门类。尽管先秦已经出现法家,法家学术在后世被称作刑名之学,但这与近代的法学学科还是相距甚远的。近代法学学科的发展同样始于国际法的引入。

在鸦片战争期间,林则徐组织人摘译了滑达尔的《各国律例》,这是官方翻译西方法律之始。此后,京师同文馆教习丁韪良翻译了《万国公法》,该书成为京师同文馆的国际法学教科书。19世纪末的法学以翻译西方的国际法著作为主,近代法学开始时基本上仅为一科,即国际法。后来,随着近代法学的发展,在清末,法学作为一门学科被设立。由于"法科为干禄之终南捷径",因此,法政学院及大学的法科专业得到社会自上而下的重视,并迅速发展起来。

清末"法、刑、罪、权"新术语群通过给清末新的法律概念命名、表意,进而能够记录、发现、传播新的法律知识。正是因为清末"法、刑、罪、权"新术语群有了这样的认知功能,因此,清末"法、刑、罪、权"新术语群在近代法学学科确立的过程中,通过记录、传播、发现新法律知识,从而促进了法学学科理论的发展及完善,加速了近代法学知识化的进程,使近代法学成为近代学术体系中一门独立的学科。

综上所述,清末"法、刑、罪、权"新术语群作为语言词汇系统的一部分,其生成与语义范畴的演变必然对语言研究具有重要意义,同时,由于清末"法、刑、罪、权"新术语群表达和记录的是清末新的法律体系中的法律概念,因此,对于法律史和法学学术史的研究来说也具有非常重要的意义。

第二节 研究现状与研究价值[①]

关于清末"法、刑、罪、权"新术语群的研究,无论是语言学界,还是法律史研究界,都已经取得了一些成果。我们通过对现有研究成果进行总结,发现尽管围绕清末法律新术语的研究形成了不同的研究思路,但是从研究特点和研究方法上来看,还是存在一定的相似性的。我们在前人研究的基础之上,尝试性地进行了一些创新性的研究,以清末"法、刑、罪、权"新术语群的生成及其语义范畴的演变为研究对象,分析这些法律术语是如何生成的,其语义范畴是如何演变的,法律术语彼此之间存在何种关系范畴,并且试图解释这些法律术语群生成的原因以及对清末社会所产生的重要影响。

一、研究现状

研究角度不同,研究思路也自然会有所不同。以清末新出现的法言法语为研究对象,从不同的角度进行研究,其研究思路也各有千秋,但是从具体的研究特点来看,却又有某些相似之处。我们对现有研究成果进行整理,发现围绕清末法律新术语的研究主要形成了三种思路,这三种思路在文献材料的选

---

① 本节部分内容已发表于《前沿》。清末法律新术语研究综述[J].前沿,2013(7):75-78.

取和研究方法的运用上是具有一致性的。

(一)现有研究的研究思路

随着汉语史、汉语词汇史以及近代法律史研究的深入,学界已经把目光转向了微观的研究领域,从对近代新词语的研究细化到对清末法律新术语的研究,从对现代法律语言的研究延伸到对清末法律新术语的研究。但是,我们通过对有关清末法律新术语的研究成果进行尽可能穷尽式的整理,发现尽管很多研究都将清末法律新术语作为研究对象,但研究思路却各有不同,具体而言,主要表现为以下三种:

第一种研究思路是以新词语、外来词的产生源头为视角,以语言接触理论为依据,采用溯源的方法,分析清末法律新术语生成的来源问题。相关的著作如:《现代汉语外来词研究》(高名凯、刘正埮,1958),《汉语外来词词典》(高名凯等,1984),《中国人留学日本史(修订译本)》(实藤惠秀,2012);相关的论文如:《谈现代汉语中的"日语词汇"》(郑奠,1958),《评〈现代汉语外来词研究〉》(邵荣芬,1958),《现代汉语中从日本借来的词汇》(王立达,1958),《现代汉语中日语借词的辨别和整理》(朱京伟,1993),《早期英文法律词语的汉译研究——以19世纪中叶前后若干传教士著译书为考察对象》(屈文生,2012)等。

以探讨新词语、外来词的产生源头为思路对清末法律新术语进行的研究起步得比较早,而且一直延续至今。这些研究的重点是厘清清末法律新术语与日语、英语等语言中的法律术语的借用关系。

第二种研究思路是从中国与其他国家法律文化交流史的角度进行研究的。这种研究思路可以说是第一种研究思路的深化,较第一种研究思路来说,其注意到了清末法律新术语生成演变的历史语境。这种研究思路立足于中西法律文化交流史这一历史背景,以清末新词新语的生成为线索,更为细致地从近现代汉语词汇发展史的角度描写了清末法律新术语在形成过程中与其他民族语言的借用关系。相关的著作如:《现代汉语词汇的形成》(马西尼,1997),《新语探源——中西日文化互动与近代汉字术语生成》(冯天瑜,2004),《近代中日词汇交流研究——汉字新词的创造、容受与共享》(沈国威,2010),《中国近代新词语谈薮》(钟少华,2006),《西学东渐与晚清社会(修订本)》(熊月之,2011)等。相关研究论文也有很多,这里不做赘述。

这种研究思路是侧重于文化接触对于语言的影响。以这种研究思路所展开的研究尽可能地从历史角度出发,用丰富的语料描写出作为个体的清末法律术语,尤其是法律新术语在历史动荡中,在法律文化变迁中的传播、发展以及定型过程。

第三种研究思路是以法律史为研究视角,将清末法律新术语作为表达清末新的法律概念的载体进行个体化研究,并分析清末法律新术语的生成在清末新的法律体系形成过程中的重要作用。相关的著作如:《二十世纪的中国法学》(李贵连,1998)、《沟通两个世界的法律意义——晚清西方法的输入与法律新词初探》(王健,2001)、《萌芽期的现代法律新词研究》(崔军民,2011)、《法律名词的起源(上、下)》(何勤华,2009)、《中国近代法理学(1895—1949)》(程波,2012);相关的论文如:《近代中国法学语词的形成与发展》(俞江,2001)、《从动物、植物到动产、不动产——近代法律词汇翻译个案考察》(张璐,赵晓耕,2009)、《法律术语命名(选用)的方法及意义》(张维仑,1995)、《中国法学知识谱系建构的主题词》(姜涛,2010)、《著作权法相关术语之日本来源》(王兰萍,2007)、《关于法律移植语境中几个概念的分析》(何勤华,2002)等。

这一种研究思路是从另一个角度揭示语言与文化的关系,侧重于语言对于文化的影响。既然语言是文化的载体,因此,清末法律新术语的演变与生成对于清末新的法律体系的建立来说,具有重要的作用。以上述这种研究思路为视角的研究试图将清末法律新术语的演变与生成作为近代法律史研究的一个重要组成部分,以法律移植这一重要的历史语境为线索,分析清末新法律术语的形成过程,重点分析这些法律新术语在清末新旧法律体系更迭中的作用。

综上所述,上面关于清末法律新术语的研究所形成的三种思路,强调的重点各不相同:第一种研究思路所强调的重点是清末法律新术语本身,可以说是语言本体的研究,用溯源的方法指明法律术语的来源;第二种研究思路是以文化对语言演变的促进作用为理论基础,强调清末新的法律体系的变革对清末法律新术语的引入和生成具有重要的推动作用;第三种研究思路是以语言是文化的载体为理论基础,侧重分析清末法律新术语的演变与生成对清末新的法律体系的变革所产生的重要影响。

这三种研究思路看似各有不同,但实则互相联系。第一种研究思路和第二种研究思路都是以溯源为目的,但是第二种研究思路在溯源的基础上,从语言与文化关系的角度更为细致地分析了清末新的法律体系的变革对于清末法律新术语的引入和生成所起到的推动作用。而第三种研究思路则是在第二种研究思路的基础上,采用第二种研究思路的研究方法展开研究,但是重点不在对清末法律新术语的研究上,而是以清末法律新术语为工具,旨在对清末新的法律体系的建立问题进行讨论。上述三种研究思路各有所长,并且构成了相互依存的关系,既涉及语言本体的研究,又关注到了法律术语与法律体系的密切关系。

(二)现有研究的学术特点

就目前的研究成果来看,关于清末法律新术语的研究形成了不同的研究思路,研究视角也各有不同,但是由于具有相同的研究意义和研究目的,即通过对现有清末(主要是清末,还包括清中叶及民国初年)法律文献中所出现的法律新术语进行调查,分析清末法律新术语的发展轨迹,探究这些新术语与清末新的法律体系之间的关系,从整体上描写清末法律新术语的产生、发展及其背后的成因。因此在相同的研究意义和研究目的指导之下,目前的研究呈现出相似的研究特点,具体体现在文献材料的选取和运用,以及研究方法这两个方面。

1. 关于文献材料选取和运用上的特点

关于清末法律新术语的研究,无论采用哪种思路,都以这些法律术语所依存的文献材料为依据。就目前的研究成果来看,所采用的法律文献是以19世纪末以来的文献材料为主,具体可以分为以下几类:

(1)清末律例,如《大清律例》《大清新刑律》《大清商律草案》《大清帝国新编法典》《大清现行刑律》等。

(2)翻译的各国法典,如《各国律例》《万国公法》《星轺指掌》《公法便览》《公法会通》《各国交涉公法》《公法总论》《各国交涉便法》《国际私法和礼节》《国法学》《日本帝国宪法义解》《日本皇室典范义解》《日本商律》《美国宪法》《英国宪法论》等。

(3)翻译的法律教科书,如《法律学教科书》《行政法》《监狱法》《日本法制史》《日本明治法制史》《万法精理》《日本行政法纲要》《法学通论》等。

(4)双语字典和词典、法律辞典等辞书,如《英华字典》《汉法合璧字典》《新尔雅》《汉译新法律词典》《日本法规解字》等。

(5)介绍日本和西方法律制度的著述,如《海国图志》《日本国志·刑法志》《法律探源》等。

(6)杂志,如《译书汇编》《东西洋考每月统计传》《万国公报》《察世俗每月统计传》等。

关于清末法律新术语的研究,收集详尽的文献材料是十分重要的。只有在文献中,才能找到这些法律术语的使用情况,才能捕捉到关于这些法律新术语意义和用法的一些蛛丝马迹,因此,掌握大量的法律文献是十分必要的。在19世纪末20世纪初的世纪之交,新旧观念的冲突日益彰显出来,来自国外的新观念、新事物不断涌入中国,因此,这一时期的词汇系统是十分复杂的,尤其是清末法律新术语,更是繁杂,不仅有来自英、美、法、德的译语,还有来自日本的译语。这些词语漂洋过海来到中国,由于语言差异性的存在,要理解这些新术语确实非常困难,尤其是经过国人的改造,这些新术语早已变了模样。因此,要把这些清末法律新术语描述清楚,首先要做的就是对法律文献进行详细分析,还原其本来面貌。研究者们基本上是按照这一方法展开研究的。通过上述举例我们可以看出,这一时期法律文献的类型还是非常丰富的。

2. 关于研究方法上的特点

上述各种不同思路的研究,在讨论清末法律新术语的引入与生成问题时,取材于当时的各类法律文献及各种法学工具书,处理文献的方法以调查统计为主,并结合一定的比较分析来进行研究。通过调查统计,可以对文献中的法律新术语进行溯源,以丰富的实例描写清末法律新术语引入与生成的过程。通过比较分析,不仅从共时的角度分析出清末法律新术语与其他语言之间的借用关系,还从历时的角度分析出清末法律新术语与中国传统法律术语之间的继承关系。

第一,采用调查统计与比较分析的研究方法,有利于描写清末法律新术语形成的过程。例如在《近代法律新词的形成及其途径》(崔军民,2012)一文中,作者通过对清末法律新词语(包括部分法律新术语)进行溯源,分析了清末法律新词语的形成途径:

> 近代法律词语的形成渊源,可归纳为以下几种途径:继承古代法律语词;借用外来法律语词;改造旧的法律语词;创造新的法律语词。①

第二,通过对文献中的清末法律新术语进行调查统计,力求厘清清末法律新术语形成的轨迹。例如在《近代法律新词的发展及其轨迹》(崔军民,2010)一文中,崔军民又做了如下论述:

> 关于近代法律新词发展演变的轨迹,我们认为,其发展经历了词形上由不固定到固定、意念上由附会到理性、译法上由音译到意译、来源上由英美到日本、内容上由公法到部门法等方面的发展,逐步摆脱了语词对应

---

① 崔军民.近代法律新词的形成及其途径[J].吉林师范大学学报(人文社会科学版),2012(1):93.

上的混乱现象,获得了能指与所指的同一,标志着近代法律新词系统已基本形成。①

第三,还有一些研究通过对不同时期法律文献中的清末法律新术语进行调查,从整体上分析清末法律新术语的发展脉络,如在《近代中国法学语词的形成与发展》(俞江,2001)一文中,作者考察了从19世纪初到20世纪初清末法律新术语的引入情况,其限定的清末法律新术语的时间跨度比较大,刚好一个世纪。作者将清末法律新术语的发展分为三个阶段,并详细分析了每个阶段的特点:

> 从法学语词的形成与发展看,近代以来的中国法学语词可以分成三个基本阶段:(1)感知阶段。时间大约为1800年至1860年,代表文本是《华英字典》和《各国律例》。(2)整合阶段。时间大约为1860年至1900年,代表文本是罗布存德氏的《英华字典》系列。(3)改造和平衡阶段。时间大约为1900年至1911年,代表文本是中国第一批法学辞典。②

通过对文献中的清末法律新术语进行调查,不仅可以厘清这些术语的发展脉络,而且还能够探求近代法律新术语的产生过程及生成原因,如《沟通两个世界的法律意义——晚清西方法的输入与法律新词初探》(王健,2001)就指出:

> 汉语法律新词的出现既以中西文化交流关系的发生、发展为背景,则它的出现就不是无所附着地凭空演化的过程;因而我们在探讨汉语新法律语词形成问题的本身的同时,还将寻求这些新词如何出现的背景力量。③

以翻译的法律法规、报纸杂志、双语辞典等文献为材料,以调查统计和对比分析为主要研究方法,其实是对清末法律新术语进行多维度研究,即从共时

---

① 崔军民.近代法律新词的发展及其轨迹[J].河北法学,2010(1):2.
② 俞江.近代中国法学语词的形成与发展[J].中西法律传统,2001(10):25.
③ 王健.沟通两个世界的法律意义——晚清西方法的输入与法律新词初探[M].北京:中国政法大学出版社,2001:5.

和历时的角度进行研究。从共时的层面来看,我们可以看到清末法律新术语内部的构成关系,在语言接触过程中的法律术语的借用关系;从历时的角度来看,我们可以看到清末法律新术语对传统法律术语的继承关系、语义范畴演变及生成过程。现有研究基本上兼顾到了共时和历时这两个研究角度。

(三)现有研究的不足之处

如上所述,现有关于清末法律新术语的研究形成了三种不同的研究思路,但无论哪种研究思路,都未能系统地将法律新术语与清末法律体系变革结合起来。同时,尽管清末法律新术语成为语言词汇系统的一部分,但是现有研究从语言本体的角度对这些新术语的研究还不够,未能引起学术界足够的重视。清末法律新术语发展演变的原因有很多,除了有社会的推动作用外,还有语言内部的原因,这些在现有的研究中也未能很好地挖掘出来。具体而言,现有的研究主要有以下几点不足之处:

1. 缺少对"法律新词语"和"法律新术语"这两个概念的有效区分

所谓"名不正则言不顺",因此,如若对清末法律新术语展开研究,首先要做的就是明确其概念范畴,这样才能够在研究中做到有的放矢。但是就现有的研究成果而言,"法律新词语"和"法律新术语"这两个概念并未得到有效区分。要准确定义"法律新术语"这一概念,需要明确两个问题:一是"法律词语(语词)"和"法律术语"的差别,二是"新"所指称的范围。

首先,从现有研究来看,"法律术语"并不是一个统一的规范性指称形式,采用"法律术语"这一指称形式的研究比较少,用"法律词语""法律语词"等的比较多。例如崔军民在《中国近代法律新词对古语词的改造》一文中谈及法律新词的定义时,做出了这样的解释:

> 近代法律新词是指清末民初时期,随着中华古老法系的解体、新的具有近代资产阶级性质的法律体系的建立而产生的表达新法律体系特有事物(现象)或概念的一系列新词新语。①

另有俞江在其论文中对法律词语做出这样的定义:

---

① 崔军民.中国近代法律新词对古语词的改造[J].安徽大学学报(哲学社会科学版),2009(1):97.

法学语词是法学系统的基本单位,法学意义的单位切分只能进行到法学语词这一步。①

在这些表述中,研究者采用了"法律新词"和"法学语词"这样的指称形式,无论是"法律新词"还是"法学语词",都是"词"而不是"术语"。"法律新词"和"法学语词"其实都是法律词语,指称的是法律体系或法学系统中的特有事物或概念。但是随着法律体系或法学系统的发展变化,法律词语也会随之发生变化,有些法律词语随着所指称的特有事物或者概念的消失而消失,如"大辟""车裂"等词;有些法律词语改变了指称形式,如"动物""植物""法师"被"动产""不动产""律师"所取代。这些法律词语虽然表示法律概念,但是仅在特定的法律语境中出现过,如果以清末新的法律体系为语境的话,这些法律词语并没有真正应用于清末新的法律体系中,所以这些词只能是法律词语而不是法律术语。再有一些法律词语,如"权利""民法""继承法"等词,在新旧法律体系的更替中,一开始也是法律词语,但是随着清末新的法律体系的确立,这些法律词语被应用于新的法律体系中,是构成各类新法典的基本单位,这部分法律词语就变成了法律术语。因此,无论从功能还是从适用范围上来说,法律词语和法律术语都是两个概念,尽管内涵一致,但是法律词语的外延要比法律术语的外延大得多,法律词语包含法律术语。

其次,要明确"新"所指称的范围。"新"顾名思义,指的是一种有异于旧质的状态和性质。就法律新术语来说,"新"既可以指新出现的术语,即旧有法律体系中没有,而在新的法律体系中新出现的术语,如"继承法""无期徒刑"等;也可以指新出现的语义,如"罚金""拘役"等,尽管旧有法律体系中也有这两个词,但是在新的法律体系中,又被重新定义,赋予了新的意义。因此,"法律新术语"既包含新出现的术语,也包含被赋予了新的语义的旧词。

由于学术界对"法律词语"和"法律术语"的概念没有进行有效区分,对"新"所指称的范围也没有明确界定,因此导致"清末法律新术语"与"清末法律新词语"之间的界限不是很清晰:一是法律词语的外延难以界定,一般语文词语也常用于法律条文中;二是法律新词语的发展伴随着社会制度的变迁,在西方文化对中国本土文化的冲击下,来自西方以及日本的词语大量涌入,造成了这一时期词语的混乱,为法律术语的甄选带来巨大的负担。这是造成"清末法律新术语"和"清末法律新词语"之间的界限难以界定的两个非常重要的客观

---

① 俞江.近代中国法学语词的形成与发展[J].中西法律传统,2001(10):24.

原因。学界普遍采用"清末(近代)法律词语"这样的指称形式,其实是将"法律术语"与"法律词语"混为一谈,不从纷繁复杂的清末新出现的法律词语中离析出清末法律新术语,就不能进一步分析清末法律新术语群的生成与引入同清末新的法律体系之间的关系。

2. 缺少对域外法律文献的挖掘与整理

尽管目前关于清末法律新术语的研究都是从丰富的第一手材料入手的,但是如上文所述,19世纪末法律新词语的发展伴随着新旧法律体系的更迭以及西方法律文化对中国传统法律文化的冲击,来自西方以及日本的法律词语大量涌入,造成了这一时期法律术语命名及使用上的混乱。随着语言接触日益频繁,语言接触的方式变得灵活多样,语言接触的媒介渠道日益广泛,不仅有留学生的著述译书,还有双语词典、汉译法学教科书等工具书,因此我们要从杂乱的清末法律词语系统中择取作为固定形式传播并有可能保存下来进行传承的法律术语是很难的。目前的研究以翻译的各国法典以及报纸杂志等国内文献为主要语料,很少用到来自域外的,尤其是日本的法律教科书、法律辞典等工具书。翻译的外来书籍受翻译者个人的语感和知识背景的影响,在法律新术语的选择和使用上,存在较为明显的个体差异,但是来自域外的教科书、辞典等工具书因为承载着教育功能,在选词上更加注重规范性和通行性,因此,在分析清末法律新术语时应该被看作是最为重要的文献依据。除了需要对本民族的法律文献进行整理之外,还需要将域外的法律文献做进一步分类整理,尤其是要对日本明治时期的法律文献给予足够的重视。

3. 未能树立"范畴"观念,将清末法律新术语群分类

目前关于清末法律新术语的研究基本上是将清末法律新术语作为整体来进行的(崔军民在《〈新尔雅〉与近代法律新词》一文中依据《新尔雅》"释法篇"对近代法律新词进行了分类讨论)。清末法律新术语的外延本来就不是很清晰,如果不进行分类,会显得更为凌乱。清末新的法律体系范畴的层次是非常清晰的,每一个层次都由专门的术语来指称,术语与术语之间也因此形成了一定的层次关系,上位术语的语义演变可以影响下位术语的语义演变。因此,关于清末法律新术语群的研究尽量不要搞大杂烩,应该树立"范畴"观念,以术语群为单位进行研究。按照清末新的法律体系的范畴进行分类,按照层级关系逐层研究清末法律新术语,形成清末法律新术语研究的树形谱系。在术语群中研究清末法律新术语,可以使术语之间的语义关系更加明确,使清末法律新术语的研究体系更加完备。

4. 从研究范围上来说需要向纵深发展

目前关于清末法律新术语的研究基本上采用了对比分析、调查统计的研究方法，不仅从共时的角度做比较，而且还从历时的角度做比较，但是从现有的研究成果看来，比较的范围不够，还需要进一步向纵深发展。

首先，从历时的角度来看，历时研究的起点和终点基本上集中在1800年到1920年前后，尽管时间跨度比较大，但是就法律术语的生成来看，缺少历时的比较。在我们看来，现有研究中的历时比较是远远不够的，不仅是起止时间的问题，更需要深入到法律术语内部，做语言本体的比较分析，将研究范围深化。虽然我们知道词语是语言要素中发展最不稳定的部分，但是由于受到语言经济原则的制约，在接受新事物、描写新概念的过程中，人们还是会尽量从旧有的语言出发。因此，我们需要对古汉语中的法律术语进行调查并与近代法律新词语做对比，从而确定清末法律新术语产生的源头。另外，尽管我们说清末新的法律体系的形成是现代法律的开端，但是并不是说中国自古并无法律的存在，其实中国自上古时代起就已经有了自己的法律体系，而后随着儒家思想的推动，以儒家思想为基础发展起来的中华法系统治了中国几千年。旧有法律体系的影响根深蒂固，古代法律中的法律术语还有被继承和发展的可能。因此，关于清末法律新术语历时比较的上限应该上溯到先秦时期。

至于清末法律新术语群历时比较的下限，我们认为应该延伸至当代。通过将清末法律新术语群与当代法律术语群进行对比，我们可以看到清末法律新术语群的生成、语义范畴的演变以及消退规律，可以为当代法律术语的研究提供一定的依据。我们应该关注清末所产生的法律新术语与中国传统法律术语有着怎样的继承关系，同时要着重关注随着时间的推移，这些法律术语在语义上发生了怎样的变化，在传播过程中是如何被接受的，以及与当代法律术语的关系。

其次，从共时的角度来看，语言在接触的过程中，无论是直接接触还是间接接触，都需要对其原来的语言形式进行改造或替换。现有研究更多地关注清末法律新术语与日语的借用关系，大部分是从词位的角度进行研究的，并没有深入到语义、构词规则等语言内部。因此，我们认为，从共时的角度对清末法律新术语与同时代其他语言的法律术语进行比较研究，不仅要从语言形式上进行比较，更要揭示出语言借用的内部规律性以及语言接触所引起的术语语义上的变化。

5. 从研究内容上看，语言学视角下的研究成果明显不足

关于清末法律新术语群的研究，从语言与文化关系的角度来看，是一种跨学科的研究。但是就现有的研究成果来看,其研究重点主要集中在法律史的层面上,从语言学的视角对清末法律新术语群进行的研究还远远不够。从目前关于清末法律新术语群的研究成果来看,大部分都在探讨法律新术语的产生、传播及定型过程。但是对于一个术语的研究,除了对其词源及其产生理据的研究外,还需要从词的内部来进行,比如词语的构成方式、表意方式等,这对于法律术语的规范性和科学性来说,具有重要的意义。我们不仅要看到清末法律新术语群是如何产生、定型以及其语义是如何演变发展的,更要看到清末法律新术语群在生成及定型的过程中,呈现出怎样的语言特征。

目前关于清末法律新术语群的研究,主要以法律术语的生成为切入点,特别是考证关键性术语的引入及生成,如"权利""民法"等术语的来源出处比较多,但是从语言学的角度考察清末法律新术语群语言特点的研究非常少。崔军民在其论述中涉及了清末法律新词语的一些特点,但是并没有深入到语言学、术语学的层面进行分析,所以,从目前的研究来看,对于清末法律新术语群的语言特点认识得还不够深入。从术语学的角度来看,法律术语的命名应该具有一致性和规范性,因此,只有正确认识清末法律新术语群的语言特点,才能够概括和总结出法律术语的命名规则,这对当代法律术语的规范和科学命名来说,具有重要的影响。

6. 对于清末法律新术语群引入及生成原因的分析还不够充分

旧有的中华法系对中国社会的影响根深蒂固,用以记录和表达其法律概念的法律术语也已经深入人心,但是通过对清末新的法律体系变革的考察,可以发现传统法律体系的瓦解、清末新的法律体系的建立不过是短短几年的事情,旧有的法律术语被新产生的法律术语取而代之也是顷刻之间的事情。如上所述,旧有法律术语已然深入人心,那么新的法律术语是如何在短短几年之内就取代了旧有的法律术语,并且迅速构建起新的法律体系的呢?其中的原因必然是复杂多样的。就现有的研究成果来看,对于清末法律新术语群生成原因的解释,更多的是集中在清末法律体系变革这一历史语境中,基本上认为清末法律新术语群的引入与生成是清末法律体系变革的结果。但是,就我们的研究来看,这样的解释似乎太简单了,清末法律新术语群的引入与生成不仅有社会历史所导致的客观原因,还有以人为主所产生的主观原因,更有语言内部诸因素的互相推动、协调发展的语言内部原因。因此,对于清末法律新术语群生成原因的考察,不仅仅需要从清末法律体系变革这一历史背景中寻找其外部客观原因,还要从人的身上寻找其生成的主观原因,更要从语言内部挖掘其语言原因。

二、研究价值

如前所述,关于清末法律新术语群的研究已经取得了一些成果,但是也存在一些不足之处,有待我们进一步去研究。我们期望站在前人的肩膀上,围绕此问题做出更为深入的、创新性的研究。

(一)明确研究对象和研究范围

正所谓"名不正则言不顺",我们关于清末法律新术语群的研究,首先对"清末法律新术语群"这一概念的内涵和外延进行了界定。

1. 法律术语的内涵和外延

什么是法律术语?在法学界和语言学界均有争论。姜剑云说:"法律作为一门学科,同其他学科一样,拥有一批专门用语。这些专门用语表示法律科学特有的事物(现象)以及相应的法学概念,概括地反映法律现象(事物)的本质特点,适用于法律领域,成为法律语体的主要标志。这便是法律科学术语,简称'法律术语'。"[①]陈炯认为:"法律术语是立法机关用来表达法律概念的专门用语。"[②]李振宇认为:"法律语词是构成法律语言特色的基石。法律语词表达专门法律概念,……只使用于法律中,这是法律语词的基本特征。法律语词分为法律术语、法律词语和法律用语三类。法律术语是法律文本的主体,法律词语是法律文本的基础,法律用语构成法律文本的框架。……法律术语具有内在的特定含义,表达法律概念,反映法律事物的本质属性。法律术语表现在人、物、事几个方面。"[③]李振宇从法律文本构成的角度,详细区分了法律术语、法律词语和法律用语的区别,这有助于我们正确认识法律术语。

结合各家观点,我们认为从广义上来看,法律术语指的是表达法律意义,并且仅适用于法律语境中的意义单一的法律词语;从狭义上来看,法律术语指的是在各类法令法规中规范使用的,用以表达法律概念的专业词语。例如"表示"一词,在日常生活用语中,这个词经常被使用,但是在法律条款中,"表示"指称一种法律行为,因此能够表达法律意义,但是因为其不是仅在法律语境中使用的法律词语,所以我们不把它看作是法律术语。又如"代言人"一词,这个

---

① 姜剑云.法律语言与言语研究[M].北京:群众出版社,1995:62.
② 陈炯.法律语言学概论[M].西安:陕西人民教育出版社,1998:52.
③ 李振宇.法律语言学新说[M].北京:中国检察出版社,2006:80-81.

词本来是从日本借用来的法律词语,一开始仅用于法律语境,后来随着其用法范围的扩大,逐渐进入人们的日常生活,指称"为一定的个人或社会集团、社会组织的利益说话的人",但是单就其产生源头来看,我们认为这个词属于法律术语的范畴。

仅在法律语境中使用的意义单一的法律词语,我们称其为法律术语,这是法律术语的内涵。明确法律术语的内涵后,我们需要进一步来确定其语义的外延。法律语境是法律术语的使用范围,也就是法律术语的外延,具体包括立法、司法、审判等法律领域。

明确了法律术语的内涵和外延,那么我们就可以进一步分析概括法律术语的特点。首先,从结构上来看,法律术语具有固定性。一切术语的命名都要求准确科学,法律术语的命名也不例外。从结构上来看,命名的准确科学则体现为结构的固定性,以及法律术语命名规则的一致性。其次,从语义上来看,法律术语具有法定性、单义性、准确性、系统性等特点。所谓法定性指的是从命名上来看,法律术语的命名受法律保护,是经由法律承认的名称,从功能上来看,法律术语具有法定效力,任何人都不可违抗;所谓单义性指的是法律术语仅指称一个法律意义,不具有多义性;所谓准确性指的是法律术语的表义要求准确具体,指称的概念要尽可能清晰明确;所谓系统性指的是法律术语的语义之间存在内在的联系,构成一定的层级关系,而且层次分明。

通过对法律术语内涵和外延的分析,我们发现法律术语的概念不等同于法律词语的概念。法律词语的外延比法律术语的外延大,法律词语包含法律术语。法律词语不仅包括法律术语,还包括来自日常生活的语文词语,如"危害""妨碍"等,以及形成法律语体特征的习惯用语,如"事实清楚""危害极大""证据确实""恶劣影响"等。明确了法律术语的内涵、外延和特点,有助于我们进一步明确清末法律新术语群的内涵和外延。

2. 清末法律新术语群的内涵和外延

清末法律新术语群指的是从 1815 年开始至 1912 年之间,在新旧法律体系变革过程中出现并应用于新的法律语境的法律术语的集合。这里的"新"既包括词形的新,也包括语义的新,也就是说"新术语"既指在清末新引入和生成的法律术语,也包括语义发生变化,生成了新的语义的法律术语。我们主要选取了清末法律新术语中的"法、刑、罪、权"新术语群加以研究。所涉及的法律术语来源于各类法律教科书、辞典等工具书,用以介绍清末法律新知识和新思想,这些法律术语被应用于清末新编纂的法令法规中。之所以选择以 1815 年为界,是因为在 1815 年马礼逊编纂了《华英字典》,可以说这是第一次将英语与汉语中的词语进行系统性的翻译。这次翻译活动发生在西方工业革命之后,不仅产生了一些新词语,而且也使部分汉语词语的语义带有了西方工业革命后所产生的新的语义成分。马礼逊的《华英字典》虽然未引起汉语词汇系统的变革,但轻轻地扇动了一下翅膀,就如同蝴蝶效应一般,足以引起19世纪末20世纪初汉语词汇系统的巨大变革,大批新词语在此时井喷而出。基于此,我们选择将1815年作为清末法律新术语群研究的起点。

选择将1912年作为下限时间,是因为在1912年,清末新的法令法规基本已经修订结束了,如《大清新刑律》《大清民律草案》《大清商律草案》等。尽管因为清政府的灭亡,这些新的法令法规并未真正实施,但是1815年以来所产生的大量的清末法律新词语随着在新的法令法规中的应用,基本已经定型并固定为法律术语,因此,我们认为以1912年作为下限时间也是较为合理的。

(二)树立"范畴"观念,划分清末法律新术语群

在清末法律新术语群的研究中,引入"范畴"这一概念是十分必要的。范畴作为人类理性思维的一种逻辑形式,是反映事物本质属性和普遍联系的基本概念。亚里士多德是范畴论的开山祖师,康德是亚里士多德之后对范畴理论卓有建树的大学者,他力图指出范畴是一个有机体系,范畴之间有某种从属关系。列宁则认为范畴是人们认识网上的纽结,人们可以通过它把复杂多变的客观世界简单化、条理化,关系变得清晰和容易理解。① 任何学科都有其自己的基本范畴,那么清末法律新术语也不例外。清末法律新术语的基本范畴表现为以语义关系聚合而成的法律术语群,这是清末法律术语体系最为基本的范畴。

范畴是一种分类,范畴化则是将复杂的事物和现象进行归纳、分类的有效手段。清末法律新术语是构成清末新的法律体系的基本要素,其表意功能的专属性要求其范畴必然要随着清末新的法律体系范畴的变化而变化。在清末法律新术语的研究中,引入"范畴"概念,可以使得这些法律新术语分别站好它们的队伍,属于同一法律体系范畴的术语集合在一起,其语义呈现出一定的相关性,形成一个个术语群。不仅如此,在各术语群的队伍中,哪个词排在前面,哪个词排在后面,其位置也是固定的。通过对清末法律新术语范畴化的研究,我们能够更为直观地描写清末法律新术语群的构成,清末法律新术语与清末新的法律体系的关系自然也是一目了然的。

---

① 李无未.汉语史研究理论范畴纲要[M].长春:吉林人民出版社,2012:33.

根据语义学理论,词语本身具有层级性,语义场内的词语存在某种语义关系,如可以分为上位词和下位词,下位词之下还有下位词。清末法律新术语作为语言词汇系统的组成部分,也具有这种由词语语义关系聚合而成的具有层级性的体系范畴,因为术语与其所代表的学科体系的密切关系,其语义表达了学科体系的相关范畴,因此,清末法律新术语的语义层级与清末新的法律体系范畴的层级是对应的。清末法律新术语可以聚合为不同的术语群,术语群又与新的法律体系范畴相对应,因此,以"范畴"观对清末法律新术语群进行研究,能够深刻揭示出清末法律新术语在清末新的法律体系建立过程中所发挥的重要作用。

如前所述,前人的研究基本上着眼于清末法律新术语的引入和生成这一基本问题,把这些法律术语作为单独的个体来进行研究,没有引入范畴观念,没有以语义聚合关系为基础进行术语群的研究。我们通过对清末新法令法规进行尽可能穷尽式的调查,找出其中具有语义相关性的术语,聚合成群,并以此为单位进行清末法律新术语群的研究。这样的研究方法不仅能分析清末法律新术语生成的规律性和层次性,更能兼顾到清末法律新术语与清末新旧法律体系更迭之间的密切关系。

我们认为,真正能够反映出法律体系范畴变化的因素不仅仅是单独法律术语的引入与生成,更重要的是具有语义相似性的一组法律术语的引入与生成。19世纪末20世纪初,在中西文化碰撞之下,新词语进入井喷期,法律新术语也快速发展起来。从单独的术语来看,这些法律新术语只能反映出当时语言使用的实际情况,并不能真实地反映出清末新的法律体系的继受过程。一方面,在清末新的法律体系范畴中,用以记录和表达法律概念的术语并不仅仅是新引入的外来术语,如在刑法体系中,其核心术语,"刑法""犯罪""刑罚"等,都是传统法律体系中的旧有术语,在近代中西法律文化的交流中,这些旧有术语的语义发生了变化,这些术语仅在某一个方面反映了法律体系的变化,并不能反映新的法律体系范畴从无到有的形成过程;另一方面,有些新引入、新生成的法律用语,仅能作为法律词语而不能作为法律术语,这些法律词语犹如昙花一现,最终未能变为法律术语应用于清末新的法律体系范畴中,特别是一些音译词,如"律好司"(House of Lords,参议院)、"依力多"(elector,候选人)等,最终还是被意译词所取代。单独的法律新术语的引入与生成仅能反映清末新的法律体系某些层次的变化,并不能从整体上分析其法律体系范畴的形成过程。因此,单纯地研究法律新术语的引入与生成,不形成系统的法律术语范畴,也就是术语群,是不能全面反映出清末新旧法律体系的更迭问题的。

因此,只有从清末新的法律体系范畴出发,选择能够表示其专业概念的核心术语,以核心术语及其术语群语义范畴的演变为线索,才能深刻揭示出清末新的法律体系的形成过程。树立"范畴"观念,建立清末法律新术语群,构建清末新的法律体系范畴,这是我们研究的又一创新之处。

(三)立足于语言学的视角,深入分析清末法律新术语群的语言特征

如前所述,就现有研究成果来看,以语言学为视角所进行的研究成果明显不足。从本质上来说,清末法律新术语还是属于语言词汇系统不可分割的一部分。尽管清末法律新术语有明确的适用范围,具有专业性和法定性等特点,但是这些法律术语依然还是语言词汇系统的组成部分。因此,有必要从语言学的视角对其进行充分的研究。

首先,以语言学为视角对清末"法、刑、罪、权"新术语群进行研究,可以分析和概括出清末法律新术语的特点。从构词特点上来看,通过研究,我们发现清末法律新术语都包含一个类词缀,正因为有了这样一个类词缀,才使得清末法律新术语从形式到内容都能够结合在一起并聚合为不同的术语群,即以类词缀为核心上位词所聚合而成的术语群。类词缀不仅有聚合术语的功能,也就是归类的功能,还具有成词的功能以及术语化的功能。有些清末法律新术语在传统法律体系中就被用来表达固定的法律概念,但是却不是一个词,而是短语,如"略诱及和诱",当这样一个短语结构加上一个类词缀"罪"时,就变成了"略诱及和诱罪",这样就可以被看作是一个术语词了,属于"罪"术语群。类词缀在清末法律新术语的构词中发挥了重要的作用,类词缀的客观存在,使得清末法律新术语的构词方式很自然地形成了以偏正复合词为主的构词模式,即形成了固定的"词语模"。这种"词语模"具有无限的能产性,在作为词根的类词缀不变的情况下,可以通过替换前面作为修饰语的词语来创造出新的法律术语。清末法律新术语在构词上所形成的"词语模"不仅使清末法律新术语具有了能产性,更为重要的是,"词语模"的客观存在使清末法律新术语的命名有了可以依据的固定标准,清末法律新术语也随之具有了科学性和规范性的术语化特征。

从表意特点上来看,清末法律新术语的意义都比较单一,是单义词而非多义词。语义单一可以从两个方面来看:一是一个术语对应一个概念,也就是说一个术语的语义表达一个概念,术语不能有歧义现象;二是一个术语只包含一个语义,术语不能有多义现象。术语语义的单一性是术语与普通词汇的区别之一。清末法律新术语不仅表意单一,以单义词为主,而且每个术语的语义可以直接经由其构成语素的字面意义获得,也就是说,清末法律新术语的语义是由其构成语素的语义直接叠加而成的。类词缀提供其意义所属的范畴类别,其修饰语部分提供其语义的性质特征,因此,清末法律新术语的释义都可以概括为"种差+属"的释义模式。从表意特点上来看,清末法律新术语的意义还具有模糊性特点。清末法律新术语语义的模糊性来源于人们对法律世界的范畴化认识,范畴化为清末法律新术语的归类提供了便利,但是由于语言符号具有离散性和有限性,因此,清末法律新术语的语义就具有了模糊性。

其次,以语言学为视角,能够深刻揭示出清末法律新术语的性质。清末法律新术语的特点是清末法律新术语的外在特征,而清末法律新术语的性质则是隐藏在特点背后的内在特征。我们立足于语言学视角,进一步概括归纳出了清末法律新术语的性质。通过对清末法律新术语来源特点的考察,我们发现大部分法律术语是借自于其他语言的,主要是从日本明治时期的法律术语中借用而来的。这部分借用的法律术语本来用以记录和表达西方资产阶级法律体系中的法律概念,因此,这些术语具有了资产阶级性质。这些借用的法律术语来到中国后,被用来记录和表达清末新的法律体系中的法律概念,而清末新的法律体系又是为当时的统治阶级,也就是以皇权为代表的封建地主阶级的利益服务的,因此,这些术语又具有了封建阶级的特性。所以说,从来源上看,清末"法、刑、罪、权"新术语具有双重阶级性。从构词上来看,清末法律新术语的构词形成了固定的构词模式,根据语义之间的相关性,能够以类词缀为核心聚合成群,这充分说明了清末法律新术语具有系统性。清末法律新术语所具有的固定构词模式,发展成为清末乃至中国当代法律术语命名的固定模式,这充分说明清末法律新术语具有科学化的规范性。从表意特点来看,清末法律新术语基本为单义词,语义单一,且通过字面意义可以直接获得,使法律术语的意义可以一目了然,让人们能够周知并熟悉,这说明清末法律新术语具有专业的法定性。

综上所述,我们从语言学的研究视角入手,通过对清末法律新术语的特点进行细致入微的描写,从而总结和概括出清末法律新术语的性质以及其在清末法律体系变革这样一个特殊的历史时期所承担的重要功能。这样的以语言学为视角所进行的研究,恰好是目前的研究所欠缺的,这是我们研究的又一创新之处。

(四)重视清末法律新术语群的传播与社会影响

从社会语言学的角度来看,清末法律新术语具有一定的阶级性。从清末开始的法律移植，无论是主动也好，被动也好，都是政府行为，经由政府的认可并自上而下地进行推广。法律制度属于上层建筑之一，在封建社会表现为统治阶级管理被统治阶级的工具，因此，被统治阶级没有参与制定法律的权利，法律为少数人所拥有。尽管清末所移植的法律体系具有西方法律所倡导的平等和自由的法律精神，但是因为其意识形态没有变化，依然是封建统治，所以，清末所移植来的新的法律体系依然为少数人所控制，那么伴随而生的清末法律新术语则不可避免地具有了阶级性。清末移植来的新的法律体系在统治者内部进行教育和推广，清末法律新术语也基本上在统治阶级内部进行传播，因此，清末法律新术语的传播范围自然具有局限性，其接受范围也具有局限性。例如，经由对清末法律新术语群中"刑"术语群的研究，我们发现传统刑法术语中的刑名术语如"枭首""车裂""斩首"等都已经不用了，但是通过以日本明治时期汉语教科书为语料进行的调查，我们发现在当时人们的日常口语中，上述传统刑名术语依然保留下来，而新的"刑"术语如"有期徒刑""无期徒刑"等，都没有出现。可见，由于清末法律新术语阶级性的客观存在，清末法律新术语在不同阶级中的传播及接受情况，是极其不平衡的。普通百姓的文化水平普遍较低，没有接触新的法律体系的机会和意愿，因此缺少对清末新传入的法律理论知识的认知，从而导致对清末法律新术语的认知较差，进而使得清末法律新术语在接受的过程中出现了不平衡的现象。

另外，由于清政府变革法律，并非出于主观意愿，而是受国际、国内客观现实的逼迫不得已采取的改革措施，这就导致清末法律变革在立法层面和司法层面的表现明显不同。在立法层面上，清末新的法律体系中的新知识和新思想都能够较好地得到实践，但是从司法角度来说，传统法律的影响还是根深蒂固的，清末法律新术语基本上未能进入司法体系范畴中，司法上的审判术语还是以传统法律术语为主。例如"权"术语群数量庞大，覆盖面广，在立法中分门别类，限定了不同的民事关系，但是从司法角度来看，"权"术语群中仅是与土地有关的法律术语得到了进一步应用，其余如"处置权""财产权""物权""债权"等词，都很少涉及或者根本不用。可见，分别从立法和司法的角度来看，清末法律新术语的接受情况也是极其不平衡的。

(五)注重解释与描写相结合

目前关于清末法律新术语群的研究多是停留在描写层面上。描写当然很重要，从共时的角度来看，通过描写可以了解清末法律新术语与其他语言的借用关系，从历时的角度来看，通过描写可以描绘出清末法律新术语的演变过程,如语义的演变、义项的增减等,这些都是通过描写的方法获得的。例如我们在描写"刑"术语群的演变过程时,从历时的角度来看,传统法律体系与清末新的法律体系中的刑罚术语之间发生了根本性的变化,传统刑罚术语重"刑"轻"罚",特别强调"刑"的残酷性和严厉性,而清末新的"刑"术语群重"罚"轻"刑",强调刑罚对人权的尊重以及人道主义关怀。从共时的角度来看,我们描写出以"刑"术语群为代表的清末新的刑罚术语在施以刑罚的过程中,以剥夺犯罪者所享有的权利为主,以时效的长短平衡处罚的轻重,这是受到西方法律文化的影响所导致的刑罚观念的变化。"刑"术语群中的"有期徒刑""无期徒刑"等词都是借用自日本的法律术语。再如我们在描写清末法律新术语语义范畴演变的过程中,历时与共时相结合,提取术语的语义成分,描写语义成分的增减变化,进而总结概括清末法律新术语语义范畴演变的轨迹。

但是,汉语史的研究理论告诉我们,在语言研究中,单纯的描写是不够的,还需要解释。我们对于清末法律新术语所进行的描写,无论是从历时的角度还是从共时的角度来看,都不是为了描写而描写,而是为了解释而描写。英国学者大卫·休谟说过,法与法律制度(如所有制)是一种纯粹的"语言形式"。舒国滢认为,法的世界肇始于语言:法律是通过语词订立和公布的,法律行为和法律决定也都涉及言辞思考和公开的表述或辩论。法律语言与概念的运用、法律文本(Gesetzestext)与事相(Sachverhalt)关系的描述与诠释、立法者与司法者基于法律文本的相互沟通、法律语境的判断等,都离不开语言的分析。[①] 如果从制度层面考虑的话,法律术语与法律体系之间有着密切的关系,法律制度的规范离不开法律术语的规范,法律术语的规范是法律制度朝着规范化方向发展的必然要求,法律术语是研究法律体系最为可信的资料之一。同时,清末法律新术语群的生成不是一蹴而就的,而是经历了一个漫长的历史时期,并且在发展过程中逐渐形成了固定模式,这些都需要我们通过对清末法律新术语群的描写来进行解释。因此,我们对清末法律新术语群的研究,描写这些法律术语的来源、构成、特点、性质和功能不是最终目的,解释这些法律术语的生成原因、生成规则以及与法律体系的内在联系,才是我们最终的研究目的。描写和解释是相辅相成的关系,描写是手段,解释是目的。

---

① 舒国滢.战后德国法哲学的发展路向[J].比较法研究,1995(4):348.

第三节 研究理论和研究方法

清末法律新术语群是近现代汉语词汇系统的组成部分。因此,关于清末法律新术语群的研究,首先,应该采用语言学,尤其是语义学的研究理论和方法,除此之外,还需要词汇学、汉语史、认知语言学等理论解释清末法律新术语的生成及语义范畴的演变、性质特点等;其次,清末法律新术语群又是在清末法律体系的变革中产生的,发生在新旧法律体系更迭的历史语境之中,因此,关于清末法律新术语群的研究,离不开法律史和比较法学的理论和方法;再次,清末法律新术语群是记录和表达专业概念的词语集合,其性质特点有别于普通词汇,因此,我们还需要采用术语学的理论对其加以分析;最后,清末法律新术语的引入、生成及其功能的发挥都是中国近现代历史的组成部分,所以,我们关于清末法律新术语群的研究也不能回避史学的理论和方法。

一、研究理论

关于清末法律新术语群的研究,可以说是跨学科的研究,其理论来源不仅包含语言学,特别是词汇学、语义学以及汉语史研究的理论,还包括法律史、比较法学的研究理论以及史学,尤其是新史学的研究理论。除此之外,还包括术语学的研究理论。

(一)语言学理论

清末法律新术语群是汉语词汇系统的组成部分,因此对于清末法律新术语群的研究,首先应该站在语言学的视角,以语言学的相关理论为基础,对清末法律新术语群进行分析、描写,并解释清末法律新术语所呈现出来的语言特点。

1. 语义学

首先,我们以语义学,尤其是以语义场理论为理论基础,从大量的法律文献中,提取出在清末新的法律体系中能够表达其核心概念的关键性术语,并将这些术语按照语义之间的联系聚合为"法、刑、罪、权"四个术语群。所谓语义场指的就是"义位形成的系统","如果若干个义位含有相同的表彼此共性的义素和相应的表彼此差异的义素,因为连结在一起,互相规定、互相制约、互相作用,那么这些义位就构成一个语义场"。① 语义场中的词语具有共同的类属义素,类属义素是指反映事物所属类别的语义成分,是将词语聚合在一起的重要因素。每一个清末法律新术语群都具有一个共同的类属义素,其类属义素是其构词中的类词缀。以类词缀为核心,将繁杂的清末法律新术语聚合为不同的术语群,以术语群为单位进行研究,更能够发现清末法律新术语群所蕴含的共性特征和差异性特征。

其次,我们以语义学理论为基础,深入地解释了清末法律新术语群变化的表现形式及演变原因。我们从语义场最上一级的语义范畴入手,从语义场再到义位,从义位再深入到语义成分,分析解释了不同层级的语义单位的变化形式,如"新生""丰化""简化""改造"等,对这些变化形式的分析和解释,都离不开语义学理论的指导。不仅如此,语义学理论尤其是词汇语义学理论对于词汇演变原因的论述,也为我们解释清末法律新术语群演变的原因提供了理论指导。我们发现词汇系统的演变不仅有语言外部的原因,而且还有语言内部的原因,语言词汇系统的演变是内外因共同促进所产生的结果。

最后,语义学理论为我们分析清末法律新术语群的语义演变提供了切实可行的研究方法,即语义成分分析法。我们采用语义成分分析法,分析了不同时期、不同材料中的法律术语的语义构成,以结构式的方式展示出来,使得清末法律新术语语义变化的轨迹清晰可见。例如,我们以马礼逊的《华英字典》、罗存德的《英华字典》,以及《新尔雅》、《汉译法律经济辞典》、清末《法学通论》(岸本辰雄版、织田万版)为语料,从中提取了关于"刑法"的语义解释,并且分别以语义成分分析法提取了这些释义中的语义成分,按时间出现的先后次序将这些释义罗列在一起,关于"刑法"一词的语义演变便自然而然地呈现出来了。

2.认知语言学理论

从来源上看,清末法律新术语群以借用的法律术语为主,这些借用的法律术语反映了当时人们对新的法律知识及法律思想的认知变化,因此,我们需要以认知语言学为理论,解释清末法律新术语的特点。

首先,我们认为清末法律新术语群中的绝大部分是借用自日本的法律术语,这些借用的法律术语与原来日语中的法律术语相比较来看,一部分是将日语中的假名去掉了,然后直接以汉字构成了汉语中的法律术语,还有一些是去掉假名,更改了汉字。借用自日语的法律术语形成清末法律新术语是暂时行

---

① 贾彦德.汉语语义学:第 2 版[M].北京:北京大学出版社,1999:149.

为,仅是一种模仿或是临摹,当这种构词方式被普遍接受后,就会被抽象概括出一种普遍适用的构词规则。这种规范化的构词规则使得清末法律新术语群能够科学、规范地发展。我们从认知的角度,把语言与认知行为联系起来,借用戴浩一、谢信一、蒋绍愚等先生在分析汉语语法问题时所提出的"临摹原则""抽象原则",解释清末法律新术语的构词特点。

其次,我们在分析清末法律新术语的构词特点时发现,清末法律新术语的构词采用临摹方式,借用并改造了日本的法律术语,但是从术语的构成语素来看,基本上是中国传统法律中的固有术语或旧有词语。这些固有术语或旧有词语,以语素的身份进入新的法律术语之中,其原有的意义必然需要加工、改造。我们以生成词库理论为基础,解释清末法律新术语中的语素和语素的合成过程。例如,在"罪"术语群中,"罪"表示犯罪,必然与动作行为相关,按理来说,只有表示动作行为的语素才能进入"罪"术语群的构词结构中。但是,我们通过对"罪"术语群的考察,发现有些术语的构成是以表示事物的名词加上"罪"构成的,如"鸦片烟罪""赃物罪"等,这看似不合情理,但是又蕴含着深刻的语言学道理。我们以物性结构来解释这种例外的构词现象,通过还原与"鸦片烟""赃物"有关的生活场景,补充出名名组合中省略的谓词。比如通过分析,我们看到与"鸦片烟"有关的行为——"吸食""制造""贩卖"等都进入了"鸦片烟罪"这一术语的语义中,所以"鸦片烟罪"这一术语的构词是合情合理的。

3. 其他语言学理论

除了上述两种我们主要依据的语言学理论之外,我们还广泛借鉴和吸收了结构主义语言学理论以及历史比较语言学理论、汉语史相关研究理论。在语言学研究理论中,结构主义语言学特别着重于分析、描写语言的结构系统,语言要素并不是一种孤立的存在,语言的一切都奠定在关系的基础上。在此理论基础之上,我们对清末法律新术语的义位进行了充分的描述,并分析其性质特点,但是我们并未对这些术语进行孤立的研究,而是注重术语与术语之间的关系,例如"权利"作为清末法律新术语体系范畴中较为核心的术语之一,其语义的变化直接影响了我们对于"民法""刑法"等术语的理解。"国家"概念的出现对于我们正确理解清末"宪法"这一术语具有重要的意义,"犯罪""刑罚"的语义演变对于理解"刑法"这一术语起着重要的限定作用。由此,在结构主义语言学理论的指导之下,我们能够更为详细地描写清末法律新术语群语义范畴的演变,进而建立清末法律新术语体系范畴的关系网。

历史比较语言学理论强调把有关的各种语言放在一起加以共时比较或把同一种语言在历史发展的各个不同阶段进行历时比较,以找出它们在语音、词汇、语法上的对应关系以及不同之处。以历史比较语言学为理论指导，一方面，我们可以研究清末法律新术语群的起源，以历时的角度来分析清末法律新术语群的语义变化过程；另一方面，通过找出清末法律新术语群发展、变化的轨迹，我们可以进而发现导致清末法律新术语群发展、变化的各种"内质"因素和"外质"因素。

　　清末法律新术语群主要是在语言接触过程中生成的，因此，语言接触理论对于研究清末法律新术语群具有重要指导作用。陈保亚认为，语言的接触是一种互协的过程，即两种语言有规则地相互协调，语音和语法系统趋向相似和同构，而互协的过程则呈现出无界而有阶的特点，即语言的任何结构都可以在接触中受到冲击，划不出哪些层面是不受影响，区别只是越是核心的结构和核心的词汇受到冲击的量越小，时间越晚，呈现出不同的阶。① 清末法律新术语群是在中西、中日法律文化融合的过程中，经由语言接触而产生的。语言接触不仅可以产生新的法律术语，还可以改变旧有法律术语的义位，而"物权""债权""拘役""有期徒刑"等术语是在语言接触中新产生的法律术语，而"刑法"等核心术语的语义则在语言接触的过程中发生了变化。正如陈保亚所认为的那样，越是核心的结构和核心的词汇，在语言接触中受到冲击的量越小。以语言接触理论为指导，经由清末法律新术语与日本明治时期的法律术语的比较，我们可以看出清末中日法律术语的相似性，进而梳理清末以来，中日两国法律体系的渊源关系。

　　同时，在研究清末法律新术语群的过程中，我们不能脱离汉语史研究的理论框架。汉语史研究的新理论提出要建立汉语史研究的范畴。② 关于清末法律新术语的研究同样需要范畴理论的指导。清末法律新术语体系纷繁复杂，如不引入"范畴"概念对其进行梳理，那么关于此的研究必将流于表面，难以深入。只有在清末法律新术语群的研究中纳入"范畴"的概念，才能对清末法律新术语进行归纳整理，从而围绕其语义的演变做更深入的研究。同时，汉语史研究亦非常重视"促成汉语语言自身系统各要素范畴演化的外部推动力与内部结构运行机制关系的'异质化'要素研究，比如内部各要素之间的制衡、运动、转变等"③。清末法律新术语群的研究不能仅仅着眼于清末法律新术语群

---

① 陈保亚.论语言接触与语言联盟——汉越(侗台)语源关系的解释[M].北京:语文出版社,1996:3.
② 李无未.汉语史研究理论范畴纲要[M].长春:吉林人民出版社,2012:31.
③ 李无未.汉语史研究理论范畴纲要[M].长春:吉林人民出版社,2012:3.

内部各要素的发展规律,更要深入挖掘能够促进其发展变化的外部推动力,即"异质化"要素,包括"政治制度、文化传统、民族心理、移民、经济活动、文化交流、教育、外民族语言侵染"①等因素。清末法律新术语群的内部"同质"要素发生变化是外部"异质化"因素影响的结果,外因通过内因而起作用。对清末法律新术语群内部规律的探讨固然重要,但是对语言外部推动力的研究同样重要,这样我们才能够由表及里,摸清清末法律新术语群发展变化的规律。如"权利"这一术语的演变及生成,便离不开外部的推动力量,即清末国际法的翻译以及清末领事裁判权的丧失这两个客观史实。

(二)法律史、比较法学的研究理论

清末法律变革的历史语境是清末法律新术语群得以繁衍生存的沃土,离开新旧法律体系更迭的历史语境,清末法律新术语群就失去了其术语的功能。因此,我们如果研究清末法律新术语群,就必须将其置于新旧法律体系更迭的历史语境中,法律史的研究成果为理解清末法律新术语群的生成及语义演变提供了必要的理论指导。例如在《新尔雅》中,对"刑法"的语义解释用到了"被治者"这个词,如果对中国传统法律体系的性质和特点没有充分了解的话,便很难判断清楚这一语义所反映出来的刑法观念其实依然是传统刑法观,并不是清末新产生的刑法观。

清末新法律体系的建立是对西方、日本法律体系借鉴、吸收的成果,新的法律体系从本质上来说就是日本化的西方大陆法,所以我们在研究清末法律新术语群的过程中,需要借鉴比较法学的相关理论作为指导。比较法学比较的法律是不同国家的法律,通过这种比较,找到不同国家法律体系之间的渊源关系,这对于正确理解清末法律新术语群的来源来说,也具有重要意义。例如,我们分析"民法"的语义演变,如果没有经过法律比较,就很难理解"民法"中的"民"为何意。"民法"其实指的就是罗马法中的"市民法","民"即"市民",所以"民法"可以译为"civil law",在罗存德的《英华字典》中就已经首次出现了类似的解释(没有明确使用"民法"这一术语),罗存德用"邑例"翻译"municipal law","municipal"有"市、市民"的含义,这与我们中国传统法律中的民法是有相似之处的。由此,我们通过法律体系的比较,发现中国传统法律中所蕴含的民法思想与西方的民法从某种程度上来说是一致的,只不过因为在中国传统法律中,没有独立的民法法典,所以民法不作为一门独立的法律体系范畴

---

① 李无未.汉语史研究理论范畴纲要[M].长春:吉林人民出版社,2012:4.

存在。通过比较法学理论,比较中西方的法律体系,我们得以正确理解"民法"的语义范畴,对中国的民法体系范畴形成较为客观的认识。

(三) 史学、新史学的研究理论

新史学的研究其实是采用跨学科的研究方法,以语义演变来解释历史现象。陈寅恪先生曾说过,"解释一字自是做一部文化史",可见文字词汇与文化历史有着密切的关系。放眼西方世界,早在20世纪60年代,德国学者就已经开始在历史研究中,以词语的语义演变为线索,通过研究词语的语义史,或者说是"概念史",来研究社会的变迁,并形成了系统的研究方法。西方学术界关于词语语义变迁的研究,德国称之为"概念史",剑桥学派称之为"观念史",还有关键词的研究,这些研究成果都为我们研究清末法律新术语群和清末新的法律体系的关系提供了较为扎实的理论指导。

(四) 术语学的研究理论

术语学是20世纪30年代才兴起的一门学科,以奥地利学者维斯特教授发表的《工程语言特别是电工语言的国际标准化》(1931年)一文为标志。术语学自诞生伊始,就得到学术界的普遍重视,至20世纪中叶,正式成为一门独立的学科。术语学的一些基本理论,如对术语概念的界定、对术语性质特点的认识,对于我们研究清末法律新术语群来说,都是极为重要的理论基础。我们以术语学理论为基础,分析清末法律新术语群的意义和价值,特别是对其所承载的构建清末新的法律体系的功能的研究,更是离不开术语学理论的指导。

二、研究方法

清末法律新术语群研究需要进行跨学科的研究,我们以语言学、法理学、比较法学、历史学、新史学、术语学等理论为基础,综合运用以上各种理论中的研究方法,具体如下:

(一) 语义成分分析法

关于清末法律新术语群的研究,我们尽可能用最为直观的方式去描写其术语语义的演变过程。语义学理论给我们提供了很好的研究方法,即语义成分分析法。词语的语义是由一组语义成分构成的,清末法律新术语的语义也可以描写为一组语义成分的组合。语义成分分析法一般是针对同一语义场中的词语,从共时的角度做对比分析,而我们是将不同时期表示同一语义的清末法律新术语置于同一语义场之内,从历时的角度加以分析。例如,我们对"法律"这一词语在不同时期不同文献材料里的语义进行了概括,然后再进一步提取出构成这些语义的语义成分,其中不仅包含共同性语义成分,而且还包括区别性语义成分。共同性语义成分反映出"法律"语义中相对稳定的语义,而区别性语义成分则反映出"法律"语义的变化过程,二者在我们的研究中同样重要。如从"法律"的语义中可以提取出"规则"这一共同性语义成分,这是"法律"语义中较为稳定的语义,足见"法律"是一种衡量对与错的手段,是工具,是评判标准,"国家""权利"等都是不同时期的"法律"语义中所包含的区别性语义成分,可以反映出"法律"语义的发展变化,即随着人们对法律体系认识的深入,"法律"一词的语义中增加了国家意识、法律应该公平公正、法律应该尊重人们所享有的权利等语义。因此,用语义成分分析法可以直观再现清末法律新术语语义范畴的演变轨迹。

(二)历时研究与共时研究结合法

历时研究与共时研究相结合的研究方法,可以全面考察清末法律新术语群的生成及语义范畴的演变过程、彼此之间的共性与差异性,以及清末法律新术语群生成的"内质""外质"因素。从历时层面上进行考察,通过溯源,我们可以找到清末法律新术语的最初出处。无论是源于传统法律体系中的旧有法律术语,还是始于清末新的法律体系移植过程,新生的法律术语,都可以用历时的、溯源的方法推究其产生来源,并且在此基础上分析其语义范畴的演变过程。语言演变本身就是一个动态的过程,因此用历时的研究方法研究清末法律新术语群是十分必要的;同时,清末法律新术语群具有搭建清末新的法律体系的功能,对清末法律新术语来源的考证有利于我们分析清末新的法律体系的来源问题。但是光有历时的研究是不够的,我们还需要从共时的角度对清末法律新术语群进行研究,解释清末法律新术语群与清末新的法律体系之间的关系,分析和解释清末法律新术语群的特点、性质和功能。所以说,采用历时研究与共时研究相结合的方法,能够更为全面地研究清末法律新术语群,用历时的研究方法动态描写语义范畴的演变过程,用共时的研究方法静态解释语义关系的影响,二者相得益彰,互为依托。

(三)描写与解释相结合的研究方法

描写与解释分别是语言研究的重要方法,在对清末法律新术语群的研究过程中,仅用描写一种方法是不够的,还需要在描写的基础上进行分析和概括,分析和概括属于解释的范畴。充分的描写是解释的基础,详细的解释是描写的目的。李无未教授在其《汉语史研究理论范畴基本纲要》中提及:在汉语史研究理论中,要建立两种模型,一是描写模型,二是解释模型。描写模型与解释模型在汉语史研究中具有重要的意义。①

我们在对清末法律新术语群进行研究的过程中,首先采用描写的研究方法,建立一套完整的描写体系,描写是主要手段,并以解释为目的,以语义场理论为指导,以语义成分分析法为具体方法,将清末法律新术语群的内在规律再现或揭示出来。同时,由于语言研究具有可解释性(可解释性不仅包括静止的语言结构和完整的符号体系,还包括阐明语言与人类经验、与世界、与存在的关系)②,因此,在对清末法律新术语群的研究过程中,我们必须建立解释模型,解释清末法律新术语群与人们的法律认知、法律体系之间的密切关系。

描写与解释相结合的研究方法,就是要我们在对清末法律新术语群的研究中,建立两种模型,一是描写模型,二是解释模型。通过这两种模型的建立,我们既可以再现清末法律新术语群所隐含的内在规律性,又能够揭示清末法律新术语群与清末社会、清末新的法律体系的密切关系。

第四节　确立清末"法、刑、罪、权"新术语群的文献来源

陈寅恪先生说,做论文要有新材料和新方法。可见材料和方法在史学研究中很重要,对于语言学研究来说,这样的观点同样适用。我们对清末法律新术语群的研究,离不开对文献材料的搜集和整理,尤其是对第一手文献材料的发掘和整理,是至关重要的。李无未教授指出:汉语史研究是一个庞大的工程,语言学进展、理论和方法等问题是其上层结构,而基本文献史料则是这个庞大工程的基础设施。③ 李无未教授认为在汉语史研究中应该建立史料科学研究范畴,其内涵包括④:

---

① 李无未.汉语史研究理论范畴纲要[M].长春:吉林人民出版社,2012:112-140.
② 李无未.汉语史研究理论范畴纲要[M].长春:吉林人民出版社,2012:130.
③ 李无未.汉语史研究理论范畴纲要[M].长春:吉林人民出版社,2012:42.
④ 李无未.汉语史研究理论范畴纲要[M].长春:吉林人民出版社,2012:42-43.

(1)汉语史研究基本资料的整理,包括传世文献中语言论著的校点、笺注、辑佚、著录、辨伪、目录索引、活的区域方言和与汉语研究相关的民族语言调查记录,以及出土文献考订等。

(2)学术人物、学术著作基本史料的整理和研究,包括学术人物的传记、学术活动编年、著作系年、著作发表相关事项研究,以及写作本事、流派的记述与考证等。

(3)基本工具书资料库的建立,包括学术人物词典、著作书录、著作词典、包括电子检索数据库、出土文献、民族语言文献和方言音档等。

(4)学术活动过程史料文献,如学术调查、学术会议、学术刊物编辑、出土文献的发掘等。

(5)活的汉语方言和与之相关语言史料调查整理文献。

除上述史料外,李无未教授还提出在汉语史研究中,要重视域外"汉学"语言学文献,包括域外汉字书写的语言学文献、域外汉字文化圈文字书写的语言学文献以及域外其他文字书写的汉语语言学文献。① 我们在对清末法律新术语群的研究中,也试图建立起关于清末法律新术语群研究的相关史料范畴,这些史料构成我们研究清末"法、刑、罚、权"新术语群的文献依据。

一、清末新编纂的法令法规

清末新的法律体系的建立是以新的法令法规的编纂和实施为标志的,新的法典替代旧的法典意味着旧有的法律体系被新的法律体系所取代。同时,由于我们对于清末法律新术语的认定有一条重要标准,那就是必须应用于法典编纂之中,所以清末新编纂和颁布的法令法规是我们划分清末"法、刑、罪、权"新术语群语义范畴的首要文献依据。我们选用的清末新编纂和颁布的法令法规具体包括②:

(一)宪法类

我们选用的清末新编纂和颁布执行的宪法类法律法规共有 17 部,分

---

① 李无未.汉语史研究理论范畴纲要[M].长春:吉林人民出版社,2012:52-58.
② 这部分史料主要来自怀效锋主编,李俊、王志华、王为东、叶士东、黄延廷、王新举点校的《清末法制变革史料》(上、下卷),中国政法大学出版社 2010 出版。

别是：

(1)《谘议局章程》，光绪三十四年(1908年)六月二十四日颁布；

(2)《宪政编查馆办事章程》，光绪三十三年(1907年)七月十六日颁布；

(3)《谘议局议员选举章程》，光绪三十四年(1908年)六月二十四日颁布；

(4)《钦定宪法大纲》，光绪三十四年(1908年)八月初一日颁布；

(5)《城镇乡地方自治章程》，光绪三十四年(1908年)十二月二十七日颁布；

(6)《城镇乡地方自治选举章程》，光绪三十四年(1908年)十二月二十七日颁布；

(7)《自治研究所章程》，宣统元年(1909年)三月十六日颁布；

(8)《资政院院章》，宣统元年(1909年)七月初八日颁布；

(9)《资政院议员选举章程》，宣统元年(1909年)九月十三日颁布；

(10)《京师地方自治章程》，宣统元年(1909年)十二月二十四日颁布；

(11)《京师地方自治选举章程》，宣统元年(1909年)十二月二十四日颁布；

(12)《府厅州县地方自治章程》，宣统元年(1909年)十二月二十七日颁布；

(13)《府厅州县并设自治职分股细则》，宣统元年(1909年)十二月二十七日颁布；

(14)《府厅州县议事会议员选举章程》，宣统元年(1909年)十二月二十七日颁布；

(15)《弼德院官制》，宣统三年(1911年)四月初十颁布；

(16)《弼德院办事及议事细则》，宣统三年(1911年)六月二十二日颁布；

(17)《宪法重大信条十九条》，宣统三年(1911年)九月十三日颁布。

(二)行政法类

我们选用的清末新编纂和颁布执行的行政法类法律法规共有18部，分别是：

(1)《学务纲要》，光绪二十九年(1904年)十一月二十六日颁布；

(2)《路务议员办事章程》，光绪三十二年(1906年)三月十二日颁布；

(3)《改订路务议员章程》，光绪三十二年(1906年)五月二十三日颁布；

(4)《大清印刷物专律》，光绪三十二年(1906年)六月颁布；

(5)《审计院官制草案》，光绪三十二年(1906年)颁布；

(6)《行政裁判院官制草案》，光绪三十二年(1906年)九月颁布；

(7)《钦定行政纲目》，光绪三十四年(1908年)颁布；

(8)《调查户口章程》，光绪三十四年(1908年)颁布；

(9)《各学堂管理通则》,宣统元年(1909年)颁布;
(10)《民政部暂定京师调查户口规则》,宣统元年(1909年)颁布;
(11)《户口管理规则》,宣统元年(1909年)二月颁布;
(12)《出使章程十四条》,宣统元年(1909年)五月颁布;
(13)《大清监狱律草案》,宣统元年(1909年)五月颁布;
(14)《试办全国预算暂行章程》,宣统三年(1911年)颁布;
(15)《试办特别预算暂行章程》,宣统三年(1911年)颁布;
(16)《习艺所办法》,光绪二十九年(1903)年颁布;
(17)《各部官制通则草案》,光绪三十二年(1906)年颁布;
(18)《军谘府官制草案》,光绪三十二年(1906)年颁布。

(三)诉讼法类

我们选用的清末新编纂和颁布执行的诉讼法类法律法规共有19部,分别是:
(1)《刑事民事诉讼法》,光绪三十二年(1906年)四月初二日颁布;
(2)《大理院审判编制法》,光绪三十二年(1906年)十月二十七日颁布;
(3)《各级审判厅试办章程》,光绪三十三年(1907年)十月二十九日颁布;
(4)《试办诉讼状纸简明章程》,光绪三十三年(1907年)十月二十六日颁布;
(5)《营翼地方办事章程》,光绪三十三年(1907年)十二月颁布;
(6)《司法警察职务章程》,光绪三十三年(1907年)十二月二十四日颁布;
(7)《大理院稽查票传人证出入章程》,光绪三十四年(1908年)颁布;
(8)《补订高等以下各级审判厅试办章程》,宣统元年(1909年)七月初十日颁布;
(9)《拟定各省城商埠各级审判检查厅编制大纲》,宣统元年(1909年)颁布;
(10)《拟定各省城商埠各级审判厅筹办事宜》,宣统元年(1909年)颁布;
(11)《酌拟京师审判检察各厅员缺任用升补章程》,宣统元年(1909年)九月十八日颁布;
(12)《推广诉讼状纸通行章程》,宣统元年(1909年)十二月二十三日颁布;
(13)《法院编制法最初之稿》,宣统元年(1909年)颁布;
(14)《法院编制法》,宣统元年(1909年)十二月二十八日颁布;
(15)《法官考试任用暂行章程》,宣统元年(1909年)十二月二十八日颁布；

(16)《司法区域分化暂行章程》，宣统元年（1909年）十二月二十八日颁布；

(17)《初级暨既地方审判厅管辖案件暂行章程》，宣统元年（1909年）十二月二十八日颁布；

(18)《大清刑事诉讼律草案》，宣统二年（1910年）颁布；

(19)《大清民事诉讼律草案》，宣统二年（1910年）颁布。

(四) 刑法类①

我们选用的清末新编纂和颁布执行的刑法类法律法规共有3部，分别是：

(1)《大清新刑律草案》，光绪三十三年（1907年）颁布；

(2)《大清现行刑律》，宣统二年（1910年）颁布；

(3)《大清新刑律》，宣统二年（1910年）颁布。

(五) 民商法类

我们选用的清末新编纂和颁布执行的民商法类法律法规共有5部，分别是：

(1)《钦定大清商律》，光绪二十九年（1903年）一月十二日颁布；

(2)《商部奏定公司注册试办章程》，光绪二十九年（1903年）十二月颁布；

(3)《破产律》，光绪三十二年（1906年）四月颁布；

(4)《大清商律草案》，宣统二年（1910年）颁布；

(5)《大清民律草案》，宣统三年（1911年）颁布。

---

① 李贵连.《大清新刑律》与《大清现行刑律》辨证[J]. 法学研究，1982(2)：44-49.
根据李贵连（1982）的观点，《大清现行刑律》与《大清新刑律》为不同法律，它们之间没有直接的承袭关系。尽管这两部法律都是沈家本主持制定的，但是它们编定的时间、过程、理由、体例、内容是各不相同的。《大清现行刑律》是通过删订《大清律例》编纂而成的，光绪三十四年（1908年）正式编定，宣统二年（1910年）完成刊印，并援引审理案件。《大清新刑律草案》于光绪三十三年（1907年）由沈家本进奏，并于宣统二年（1910年）定名为《大清新刑律》，是近代中国的第一部刑法。本书所分析的"刑""罪"术语主要来自《大清新刑律》。此律又称《钦定大清刑律》，除引文及相关文献名外，本书一律称为《大清新刑律》。

二、清末汉译法律教科书

上述清末新编纂的法令法规是我们提取清末"法、刑、罪、权"新术语群的首要文献依据,但是我们只能考察到这些法律术语的用法,至于它们具体的语义,还需要进一步借助清末汉译法律教科书和法律辞典才能描写得清楚。我们选取的清末汉译法律教科书包括:

(一)宪法类

(1)《宪法要义》,高天早苗著,张肇桐辑译,上海文明编译印书局1902年出版发行;

(2)《比较宪法》,美浓部达吉著,刘作霖编,政法学社1911年出版发行;

(3)《比较国法学》,末冈精一著,上海商务印书馆编译所编译,商务印书馆1906年出版发行。

(二)行政法类

(1)《行政法》,有贺长雄著,陈运鹏编译,南洋公学1904年出版发行;

(2)《行政法》,清水澄著,黄履贞编译,湖北法政编辑社1905年出版发行。

(三)诉讼法类

(1)《刑事诉讼法》,朝阳大学笔记,冈田朝太郎讲授,汪有龄整理,1911年出版;

(2)《民事诉讼法》,黄祖诒编译,丙午社1911年出版;

(3)《民事诉讼法》,板仓松太郎著,欧阳葆真、朱家壁编译,湖北法政编辑社1905年出版发行。

(四)刑法类

(1)《汉译刑法讲义案》,冈田朝太郎著,法政大学编译,富山房、有斐阁1905年出版发行;

(2)《刑法各论》,李碧编译,湖北法政编辑社1905年出版发行。

(五)民商法类

(1)《民法总则》,严献章、匡一、王运震编译,湖北法政编辑社1905年出版发行；

(2)《商法总则》，法政学社1913年编辑出版；

(3)《商法－会社－商行为》，志田钾太郎口述，熊元襄等编译，安徽法学社1911年出版发行。

(六)法学通论类

(1)《中学教科法制新编》，葛冈信虎讲义，朱孔文笔述，译书汇编社1903出版发行；

(2)《师范讲义》，湖北师范生编，湖北学务处1905刊行；

(3)《法政速成科讲义录·刑法总论》，冈田朝太郎讲述，江庸笔译，法政大学1905年出版发行；

(4)《汉译法制问答》，冈松参太郎著，关口隆正汉译，吉川弘文馆1906年出版发行；

(5)《汉译法学大纲》，新田义彦、外山喜园著，森田活版印刷所1906出版发行；

(6)《法制教科书》，下冈忠治讲述，金太仁译，东亚公司1907出版；

(7)《法学通论》，织田万著，刘崇佑译，商务印书馆1907年出版发行；

(8)《法学通论》，冈田朝太郎著，张孝栘译，富山房、有斐阁1908出版发行；

(9)《法制经济通论》，户水宽人编，何燏时等译，商务印书馆1909年出版发行；

(10)《法学通论》，岸本辰雄著，陈崇基译，翔鸾社井上印刷所1911年印刷。

三、清末各类辞书

我们选取的辞书主要包括3类，分别是：

(一)早期双语辞书

早期双语辞书以马礼逊的《华英字典》和罗存德的《英华字典》为主。

(二)清末法律辞典

清末法律辞典指的是编纂于清末的各类法律辞典，我们主要选用了如下

三本:

(1)清水澄主编,张春涛、郭开文翻译的《汉译法律经济辞典》,奎文馆1907年出版发行;

(2)朱树森、孙德震、孙德泰、胡贤炬合编的《法政辞解》,并木活版所1907年出版发行;

(3)钱恂、董鸿祎合编的《日本法规解字》,商务印书馆1908出版发行。

(三)语文辞典

语文辞典主要有汪荣宝、叶澜合编的《新尔雅》,上海明权社1903年出版发行;黄摩西主编的《普通百科新大词典》,中国词典出版公司1911年出版发行。

四、清末新创办的报纸和杂志

在我们确立清末"法、刑、罪、权"新术语群的过程中,还选取了清末一些有影响力的报纸和杂志,具体有《万国公报》《东方杂志》《格致新报》《交通官报》《新闻业报》这五种报纸和杂志。

第一章 "法律"的语义演变与"法"术语群的语义范畴

在清末"法、刑、罪、权"新术语群中,"法"术语群地位较为突出。之所以说这一术语群地位突出,并不是因为"法"术语群的数量庞大,而是因为"法"术语群在整个清末法律新术语语义场内,与其他术语群处于不同的层级范畴。"法"术语群的层级范畴要高于其他术语群的层级范畴,与其他术语群构成上下位的语义关系。"法"术语群概括了法律所能够调整的一切社会关系的范畴。在中国传统法律体系范畴中,法律范畴的层级性并不突出,"法律"的语义与清末"法律"的语义也有差别,因此,"法"术语群基本上是清末法律术语体系中新产生的一个术语群。我们通过对清末新编纂的法令法规的调查,发现"法"术语群包含了六个法律术语,即"宪法""刑法""民法""诉讼法""亲属法""继承法"。[①] 其中"亲属法""继承法"与其他几个术语不是一个层次范畴中的术语,是"民法"范畴中的子范畴,其余四个术语都是一个层次范畴中的术语,具有将法律体系分类的作用。"宪法""刑法""民法""诉讼法""亲属法""继承法"这六个术语[②]都包含有共同的语义成分,即"法律","法"术语群以"法律"为共同的类属语义成分,构成分类义场。"法律"的语义演变对于"法"术语群的形成来说,起到了奠基石的作用。"法"这一新术语群的形成标志着清末"法"范畴的形成。

[①] 在清末新编纂的法令法规中,有属于行政法范畴的法令法规,但是没有"行政法"这个术语。

[②] 除了本书中所列明的这六个术语外,在清末法律文献中,我们还可见"公法""私法""国际法""国际公法""国际私法"等"法"术语,但是这些法律术语没有正式用于我们所依据的清末新颁布的法律法规中,所以本书不做讨论。另外,在清末新颁布的法令法规中,有相当于行政法的法规,但是没有应用到"行政法"一词,所以,本书也不做论述。

第一节 "法律"的语义演变

讨论"法"术语群的构成,应该从"法律"这一词语的语义演变谈起。尽管"法律"不是术语,但是它的语义的演变对于理解清末法律新术语,尤其是"法"术语群的生成及语义演变来说,是非常重要的。"法"术语群其实是以"法"为核心语素构成的术语群,而"法"又是"法律"一词的缩略成分,因此,"法"术语群的核心语义成分为"法律"。"法律"这一词语的语义演变,对于"法"术语群的形成来说,至关重要。

一、中国传统法律体系中"法律"的语义范畴

对于中国传统法律体系中的"法律"这一词语语义的分析,我们也可以采用语语义成分分析的方法,离析出传统法律体系中"法律"这一词语的语义成分。"法律"一词在中国传统社会中就已经存在了,"法律"由"法"和"律"这两个语素构成。在中国传统社会中,汉语词汇以单音节词为主,"法""律"在不同的历史时期分别表达了传统社会中"法律"一词所表示的语义,即君王制定的法令法规。在相当长的一段时期内,"法律"所表达的语义在古代汉语中用"法"和"律"来表示,这是"法"和"律"合为"法律"一词所需要的必要的物质基础。

在传统法律体系中,作为法律术语,"法"的出现比"律"要早。后来随着"律"的使用范围越来越明确,"法"的语义出现变化,由指称"具体的法令法规"这一语义抽象为指称制定法令法规所依循的指导原则。"法"与"律"的语义遂出现分化。尽管"法"与"律"的语义出现分化,但是二者在意义上依然具有相关性,所以"法"与"律"在古代汉语中经常对举出现。依据《汉语大词典》所释,"法律"一词的连用情况,在中国古代早已有之。如《庄子·徐无鬼》:"法律之士广治。"《晋书·贾充传》:"今法律既成,始班天下,刑宽禁简,足以克当先旨。"在上述例子中,"法律"是由两个单音节词合用为并列结构的短语。随着"法"与"律"连用的情况越来越多,"法律"逐渐变为一个固定的双音节词。从汉语词汇发展史的角度来看,由短语结构的"法律"发展至复合词的"法律",这种发展变化符合汉语双音节词的发展规律。从语义发展的角度来看,清末"法律"一词的语义根植于中国传统"法律"的语义,后来随着清末中西方法律文化的接触融合,清末新的法律体系中的"法律"语义发生了变化。

在清末新的法律体系中,"法律"所表达的语义与中国传统法律体系中"法律"一词所表达的语义虽有差别,但核心内涵,即"法律是统治者管理国家的工具",这一点是一致的。但由于清末新的法律体系中的"法律"在中西方法律文化的接触融合中,语义发生了一些变化,因此,虽然"法律"的书写形式没有变化,但是在中国传统法律体系和在清末新的法律体系中,"法律"的语义大相径庭。如果要了解清末新的法律体系中"法律"的语义是如何变迁的,我们首先要弄明白其构成要素,即"法"与"律"在传统法律体系中的语义范畴及其演变过程。

(一)传统法律中"法"的语义演变

"法",古代写作"灋",《说文解字》释:"灋,刑也。平之如水,从水;廌,所以触不直者去之,从去。法,今文省。"① 段注:"刑者,罚罪也。《易》曰:'利用刑人,以正法也。'引申为凡模范之称。木部曰:'模者,法也。'竹部曰:'范者,法也。'土部曰:'型者,铸器之法也。'平之如水,从水。说从水之意。"② 许慎对于"法"的解释,反映了人们对于"法"的最初认识:即"法"是用刑来对有过错的人实施惩罚的规定,"法""平之如水",公平公正。③ "廌"是一种神兽,有识别曲直的能力,可以"触不直者去之"④。在传统法律中,"法"之所以能够"平之如水",是因为"法"是由神兽"廌"来掌控的。因此,在传统法律中,"法"是神的旨意。结合《说文解字》中关于"法"的释义,我们可以将"法"的语义成分用以下形式表示:

---

① 许慎.说文解字[Z].徐铉,校定.北京:中华书局.1963:202下.
② 段玉裁.说文解字注[M].许惟贤,整理.南京:凤凰出版社,2007:820.
③ 现在学术界对于"法"和"律"依据《说文》表示"平之如水""均布"意义的解释存有争议,一些学者认为"法"和"律"表示"公平、公正"之意,另有学者如蔡枢衡则认为"灋"是"法"的古字,"灋"古音为"废",所以"废"的含义就是"法"的含义,"法"是禁止和使命的概括词。参见蔡枢衡.中国刑法史[M].南宁:广西人民出版社,1983:40-41.另有学者武树臣认为,"平之如水"的"水"除了有象征意义,即象征公平公正之意外,还有实践性功能,即禁忌与流放。在原始社会,个人必须生活在氏族之中才能获得安全,氏族与氏族之间一般是以水为界,对氏族内部触犯禁忌的人的惩罚就是将其驱逐出氏族,也就是赶到河对岸去,这是最严厉的惩罚。参见武树臣."法"字新考[J].中外法学,1994,(1):63;寻找最初的"法"——对古"法"字形成过程的法文化考察[J].学习与探索,1997,(1):87-89.
④ 武树臣根据对出土文献的考证,认为廌并非莫须有的一种神兽,商代以"御廌"为法官之名。参见武树臣.寻找最初的"法"——对古"法"字形成过程的法文化考察[J].学习与探索,1997(1):90.

第一章 "法律"的语义演变与"法"术语群的语义范畴

法₁：＋(刑)＋(客观公正)＋(神的旨意)＋(规范)

除了用《说文解字》对"法"的释义来分析"法"的语义内涵之外,我们还可以一些先秦文献典籍为语料,在具体的上下文语境中分析"法"的语义内涵。在先秦典籍中,我们以《管子》对"法"的论述为例加以说明。

(1)置法出令,临众用民,计其威严宽惠,行于其民与不行于其民可知也。法虚立而害疏远,令一布而不听者存,贱爵禄而毋功者富,然则众必轻令,而上位危。

——《管子·八观》

(2)法制不议,则民不相私。刑杀毋赦,则民不偷于为善。爵禄毋假,则下不乱其上。三者藏于官则为法,施于国则成俗,其余不疆而治矣。君壹置则仪,则百官守其法。上明陈其制,则下皆会其度矣。君之置其仪也不一,则下之倍法而立私理者必多矣。

——《管子·法禁》

(3)夫法者,所以兴功惧暴也。律者,所以定分止争也。令者,所以令人知事也。法律政令者,吏民规矩绳墨也。夫矩不正,不可以求方。绳不信,不可以求直。法令者,君臣之所共立也。权势者,人主之所独守也。故人主失守则危,臣吏失守则乱,罪决于吏则治,权断于主则威,民信其法则亲。是故明王审法慎权,上下有分。

——《管子·七臣七主》

(4)于以养老长弱,完活万民,莫明焉,夫不法法则治。法者,天下之仪也,所以决疑而明是非也,百姓所县命也。故明王慎之,不为亲戚故贵易其法,吏不敢以长官威严危其命……

——《管子·禁藏》

(5)明主者,一度量,立表仪,而坚守之,故令下而民从。法者,天下之程式也,万事之仪表也。吏者,民之所悬命也。故明主之治也,当于法者赏之,违于法者诛之。故以法诛罪,则民就死而不怨;以法量功,则民受赏而无德也。此以法举错之功也。故明法曰:"以法治国,则举错而已。"

——《管子·明法》①

---

① 文献来自台湾"中研院"新汉籍全文语料库,标点稍做修改。

在《管子》中,作者多次对"法"的语义进行了解释,如"尺寸也,绳墨也,规矩也,衡石也,斗斛也,角量也,谓之法""法者,天下之仪也,所以决疑而明是非也,百姓所悬命也""法者,天下之程式也,万事之仪表也"。简而言之,"法"指的就是衡量人们言行是非、功过、曲直的客观标准,是人们必须遵守的行为规范。我们也可以将"法"的语义成分用以下形式表示:

法$_2$:+(惩罚)+(客观公正)+(规范)-(神的旨意)

随着法律制度的发展,"法"的语义内涵也在不断地变化和调整。在《康熙字典》中,对"法"语义的解释与《说文解字》大不相同,具体如下:

又《尔雅·释诂》:法,常也。《释名》:法,偪也。逼而使有所限也。《礼·月令》:乃命太史守典奉法。注:法,八法也。又制度也。《礼·曲礼》:谨修其法而审行之。又礼法也。《孝经·卿大夫章》:非先王之法服不敢服。又刑法也。《书·吕刑》:惟作五虐之刑曰法。又象也。《文心雕龙·书记篇》:申宪述兵,则有律令法制。法者,象也。兵谋无方,而奇正有象,故曰法。又效法也。《易·系辞》:崇效天,卑法地。又执法,星名。《史记·天官书注》:端门次东第一星为左执法,廷尉之象;端门西第一星为右执法,御史大夫之象。又姓。《后汉·法雄传》:齐襄王法章之后。[1]

"法"在《康熙字典》中有八个义项,分别是"常也""制度也""礼法也""刑法也""象也""效法也""星名""姓"。在这八个义项中,与古代社会中的"法"在语义上有关联的义项是"常也""制度也""礼法也""刑法也"。其中,"常也"体现了法的公正性,"制度也"体现了法的规范性,"礼法也"体现了法是受道德伦理约束的,不再是神的旨意,"刑法也"体现"法"具有惩罚性。

我们也可以将"法"的语义成分用以下形式表示:

法$_3$:+(惩罚)+(客观公正)+(规范)+(道德)-(神的旨意)

我们可以将上述三个不同时期的"法"归入同一个语义场内,即中国传统法律体系中"法"的语义场。我们把上述三个关于"法"的语义分析放在一起比

---

[1] 张玉书,等.新修康熙字典[Z].上海:上海书店出版社,1988:882.

较,基本可以得出传统法律中"法"的语义内涵:

法$_1$:+(刑)+(客观公正)+(规范)+(神的旨意)
法$_2$:+(惩罚)+(客观公正)+(规范)-(神的旨意)
法$_3$:+(惩罚)+(客观公正)+(规范)+(道德)-(神的旨意)

在上述三个语义成分分析图示中,"法"的语义所含有的共同语义成分是"客观公正"和"规范"。另外"惩罚"出现两次,但"刑"的目的也是惩罚,因此"惩罚"也算是三者共同的语义成分。"神的旨意"出现一次,不是三者共同的语义成分。所以,我们可以说在中国传统法律体系中,"法"指的是对有过错的人施以惩罚的客观公正的规范。

(二)传统法律中"律"的语义演变

根据《说文解字》,"律:均布也。从彳,律声。吕戌切"[①]。后《康熙字典》对"律"的解释如下:

> 又《玉篇》:六律也。《广韵》:律,吕也。《说文》:均布也;十二律均布节气,故有六律、六均。《尔雅·释器》:律谓之分。《注》:律管,所以分气。《前汉·律历志》:律有十二,阳六为律,阴六为吕,黄帝之所作也。黄帝使泠纶自大夏之西,昆仑之阴,取竹之解谷,生其窍厚均者,断两节间而吹之,以为黄钟之宫,制十二筒以听凤之鸣。其雄鸣为六,雌鸣亦六,比黄钟之宫而皆可以生之,是为律本。《后汉·律历志》:殿中候用玉律十二,惟二至乃候,灵台用竹律六十候,日如其历。《史记·律书注》:古律用竹,又用玉,汉末以铜为之。《书·舜典》:同律度量衡。《礼·王制》:考时月,定日同律。又《尔雅·释诂》:法也。又常也。注:谓常法。《正韵》:律吕万法所出,故法令为之律。《管子·七臣七主》:律者,所以定分止争也。《释名》:律,累也。累人心,使不得放肆也。《左传·桓二年》:百官于是乎戒惧,而不敢易纪律。又军法曰律。《易·师卦》:师出以律。又刑书曰律。《前汉·刑法志》:萧何捃摭秦法,取其宜于时者,作律九章。《晋书·刑法志》:秦汉旧律起自李悝。悝著网捕二篇,杂律一篇;又以其律具其加减,是故所著六篇而已。又爵命之等曰律。《礼·王制》:有功德于民者,加地

---

① 许慎.说文解字[Z].徐铉,校定.北京:中华书局,1963:43下.

进律。《疏》:律即大行人上公九命。缫籍九寸,冕服九章,建常九斿之等,是也。又《尔雅·释言》:述也。《礼·中庸》:上律天时。又《尔雅·释言》:铨也。所以铨量轻重。又理发曰律。《荀子·礼论》:不沐则濡栉,又律而止。注:律,理发也。又诗律。杜甫《遣闷诗》:晚节渐于诗律细。又戒律。《佛国记》:法显慨律藏残缺,于是以弘始二年至天竺,寻求戒律。又《尔雅·释器》:不律谓之笔。注:蜀人呼笔为不律也。又斛律,耶律,<u>太</u>复姓。《姓谱》:斛律代人,世为部落统军,号斛律部,因氏焉耶律辽之后。又《韵补》:与禅通。《诗·小雅》:南山律律。司马相如《大人赋》:径入雷室之砰磷郁律兮,洞出鬼谷之堀礨嵬衰。①

在《说文解字》中,"律"被释为"均布"。何为"均布",清代段玉裁在《说文解字注》中的解释是:"律,均布也。均律双声。均古音同匀也。《易》曰:师出以律。《尚书》:正日,同律度量衡。《尔雅》:坎律,铨也。律者,所以范天下之不一而归于一,故曰均布也。"

关于"律"的本义,有学者做出了考证,如祝总斌、吴建璠、武树臣、李力等,都对"律"的本义进行过研究。我们对于"律"语义的考察,主要参考了武树臣的研究成果。

武树臣从甲骨文入手,认为"律"最早的写法,相当于现代汉字"聿",从又从丨,又即手形。丨盖指细长之物,或为木杖,或为石杵,或为兽骨。该字随着社会的发展,朝着三个方向衍生,一是官职,二是制度,三是器物。其中"律"就是"聿"朝着制度的方向衍变出来的,即聿演变为肀,肀演变为聿,聿演变为率,率演变为律。在远古时代,"国之大事,在祀与戎",战争是非常重要的,战争必须击鼓,甲骨文资料中有"师唯律用",《周易》中有"师出以律",都强调的是击鼓在战争中的重要意义。

武树臣引用《墨子》等典籍,说明鼓声是指挥军队统一行动、沟通情报的重要手段。如《墨子·号令》中所云,"屯陈,恒外、衢、术、街皆为楼。高临里中,楼一鼓,即有物故。鼓,吏至而止""卒有惊事,中军疾击鼓者三,城上、道路、里中、巷街皆无得行,行者斩""昏鼓鼓十,诸门亭皆闭之",《备梯》中所述,"令贲士主将皆听城鼓之音而出,又听城鼓之音而入",这些都是强调鼓声具有指挥军队统一行动的作用。又如《墨子·备城门》中说:"寇在城下,闻鼓音,燔苣,复鼓。"《号令》中说:"寇至,楼鼓五。有周鼓杂小鼓而应之。"《旗帜》中云:"(左军、右军、中军)各一鼓,中军一三,每鼓三十击之。诸有鼓之吏,谨以次应。

---

① 张玉书,等.新修康熙字典[Z].上海:上海书店出版社,1988:487.

第一章 "法律"的语义演变与"法"术语群的语义范畴

当应鼓而不应,不当应而应鼓,主者斩。"这些均旨在说明鼓声在战争中具有沟通情报的作用。

《说文解字》:"击鼓也。从支从壴,壴亦声。"①鼓声在战争中具有重要的作用,因此鼓声具有神圣性,如《抱朴子》说:"雷,天之鼓也。"《太平御览》十三引《河图帝通纪》:"雷,天地之鼓。"因此,鼓声在战争中具有至高无上的权威性,它与赏赐特别是刑罚联系密切。诸葛亮《将苑·重刑》:"吴起曰:鼓鼙金铎,所以威耳;旗帜,所以威目;禁令刑罚,所以威心。"至此,古代的"律"字便由击鼓者演变成战鼓,进而演变成战鼓发出的声音,最后演变出"军令""军纪"的语义。

武树臣认为,用战鼓的鼓声来指挥军队,沟通情报,首先必须具备两个前提条件:第一,鼓点要一致,并且其包含的需要表达的内容必须是统一而明确的信息;第二,鼓的设置地点要符合战争需求,太近则没有必要,太远则听不到。战鼓的鼓点由首领发出,像水波一样一波一波地传出去,又一波一波地反馈回来,非常有节律。这就回到了许慎关于"律"的解释上,即"均布"。

"律"是在"率"的基础上衍生出来的。"率"就是标准、尺度。在商鞅变法中,商鞅规定,"有军功者各以率受上爵""宗室非有军功论不得为属籍""告奸者与斩敌首同赏,匿奸者与降敌同罚"。这些政策必然会通过立法渠道变为更加详细的规定。如杀敌若干、晋爵何级、授田几许,这就是"率","率"有军法、法纪的含义。《礼记·王制》:"有功德于民者,加地进律。""率"与"律"字义已十分接近了。及至汉代,此义仍被沿用。《汉书·李广传》:"诸将多中首虏率为侯者,而广军无功。"颜师古注:"率,谓军功封赏之科著在法令者也。"此"首虏率"与商鞅的"军功率"也许有着内在联系。青川木牍载:"二年修为田律。"其中"二年",指秦武王二年,即公元前309年。这是律字以法律字义出现的首例。②

可见,"律"在古代社会表达"法律"的语义是来源于战争中的击鼓,后引申出了音律、律管、军令法纪、法律等含义。"律"表达"法律"这一语义,包含如下语义成分:

律$_1$:+(约束)+(规定)+(权威)+(强制执行)

---

① 许慎.说文解字[Z].徐铉,校定.北京:中华书局.1963:69上.
② 武树臣.寻找最初的"律"——对古"律"字形成过程的法文化考察[J].法学杂志,2010(3):105-113.

"聿"朝着制度的方向衍变出了"律","律"被赋予了法律意义。武树臣还指出"聿"朝着器物的方向衍变出了"律"的另一个语义,即"刑罚"。"律"与"笔"有关,根据甲骨文的字形解释,是执鹰尾画五刑,也就是用鹰为笔书写了刑罚规定,并进而使之成为典章。因此,"律"被赋予了"刑罚""国之典章"之意。①

到了秦代,商鞅改法为律,使得"律"的语义进一步明确下来。"改法为律"中的"律"主要指的是秦律。1975年睡虎地秦墓竹简的出土,充分证明了这一点。② 睡虎地秦墓竹简中有大量的律名律文,涉及的秦律律名包括《田律》《仓律》《金布律》《工律》《徭律》等,这些律名向我们展示了秦代法律的框架体系,这种用"律"表示法律名称的方式,一直沿用至清代。清末草拟的新的法令法规依然沿用这种方式,如《大清民律草案》《大清新刑律草案》等,这些都是用"律"来表示法律名称的。

综上,"法"与"律"都表达"法律"的语义,但是二者还是有差别的,如朱贞白在《最新法学通论》指出:

> 至法与律之区别,在今日已全泯灭。而在古代,则法与律似同而稍异。法则使人为准则,而律则专以诘奸禁暴。于相同之中,稍显其不同。故历代法律大概不称法而称律。唯至最近,则以律之范围稍狭。凡一切法律,皆概称法而不称律。以法专在诘奸禁暴。而法则兼含积极意义,可以使人取为准则也。③

朱贞白的看法虽然有不尽如人意之处,比如他指出"故历代法律不称法而称律"就略显不当,但是他确切地指出了"法"和"律"在内容上的差异,"法"为规范,"律"则为具体的规则和制约形式。

(三)传统法律中"法律"的语义演变

"法"与"律"在意义上的相关性,是二者在古代社会慢慢融合并固定为一个词的物质基础。"法律"在古代汉语中有三种用法:第一种用法是"法"和

---

① 武树臣.寻找最初的"律"——对古"律"字形成过程的法文化考察[J].法学杂志,2010(3):105-113.
② 武树臣.秦"改法为律"原因考[J].法学家,2011(2):31.
③ 朱贞白.最新法学通论[M].上海:上海法政学社,1934:3.

第一章 "法律"的语义演变与"法"术语群的语义范畴

"律"意义的总和,表示统治者用以统治管理百姓的手段;第二种用法是指创作诗文所依据的格式和规律;第三种用法是指道行戒律,这种用法基本属于佛教中的专用术语。通过查阅历史文献,我们发现这三种用法在古代社会普遍存在,在这里,我们只考察第一种用法。

"法"和"律"合用为一个词,有其内在的语言机制,是汉语词汇化的必然结果。前面我们谈到"法"与"律"在传统法律体系中,开始是分开单独使用的,但是由于二者的语义具有相关性,因此,在具体的使用中,常常相伴出现。例如:

(1) 臣故曰:明于治之数,则国虽小,富;赏罚敬信,民虽寡,强。赏罚无度,国虽大,兵弱者,地非其地,民非其民也。无地无民,尧、舜不能以王,三代不能以强,人主又以过予,人臣又以徒取。舍法律而言先王以明古之功者,上任之以国。①

——《韩非子·饰邪》

在韩非子的论述中,"法"与"律"并用,强调要重视法律、法度。这是在文献中能够见到的较早的将"法""律"合用的例证。《管子》卷二、卷六、卷十七也偶见"法"与"律"并用的情况。例如:

(2) 居身论道行理,则群臣服教,百吏严断,莫敢开私焉。论功计劳,未尝失法律也。便辟、左右、大族、尊贵、大臣,不得增其功焉。疏远、卑贱、隐不知之人,不忘其劳。

——《管子·七法》

(3) 故不为重宝轻号令,不为亲戚后社稷,不为爱民枉法律,不为爵禄分威权。故曰:势非所以予人也。政者,正也。正也者,所以正定万物。

——《管子·法法》

(4) 法者,所以兴功惧暴也;律者,所以定分止争也;令者,所以令人知事也;法律政令者,吏民规矩绳墨也。②

——《管子·七臣七主》

---

① 语料来自栾贵明先生主持建设的汉语典籍语料库——扫叶库。根据需要,本书作者自己标注了标点。

② 上述语料均来自栾贵明先生主持建设的汉语典籍语料库——扫叶库。根据需要,本书作者自己标注了标点。

在上述例子中，尽管"法"和"律"连在一起用，但是由于二者都各自承担着自己的表意功能，"法"指法制思想，"律"是规章制度，特别是《管子》最后一个例子，足以证明"法"与"律"的语义在古代社会是存在差别的。

随着"法"和"律"连用的情况越来越多，二者逐渐合为一个固定的词，例如：

(5)皇帝廿六年，初兼天下，以为郡县，正法律，同度量。

——《金狄铭》（秦·李斯）

(6)今汉法律贱商人，商人已富贵矣；尊农夫，农夫已贫贱矣。故主之所贵，俗之所贱。

——《前汉纪·前汉孝文皇帝纪上卷第七》（汉·荀悦）

(7)今限法曹郎令史，意有不同为驳，唯得论释法律，以正所断，不得援求诸外，论随时之宜，以明法官守局之分。

——《上疏言断狱宜守律令》（晋·刘颂）

(8)羡之议曰："自然之爱，虎狼犹仁。周之凶忍，宜加显戮。臣以为法律之外，故尚弘物之理。"

——《朱兴妻周事议》（南宋·徐羡之）

(9)顷者详诸条目，已从简易，至于结断，尚虑深刻，所贵从宽，示其知禁。宜令中书门下与刑部大理寺法官审更详定。法律之间，有所不便者，具条目闻奏。

——《加天地大宝尊号大赦文》（唐·李隆基）

(10)寺司每奉敕旨断案，准格须委法直司据罪人所犯，检定法条，本断官将所犯罪名，并所检法律及法书本卷，对验不差，然后逐件于法上署名，下法定断。

——《条具切要逐件奏》（五代唐·李延范）

(11)臣料青本武人，不知法律，纵有使过公用钱，必不似葛宗古故意偷谩，不过失于点检，致误侵使而已。

——《论乞不勘狄青侵公用钱札子》（北宋·欧阳修）

(12)今分按之任止二人，乞增置一员，自后常置三员。

检法一人，掌检详法律；主簿一人，掌受事发辰、勾稽簿书。宋初置推直官二人。专治狱事。凡推直有四：曰台一推，曰台二推，曰殿一推，曰殿二推。

——《宋史·志第一百十七》

第一章 "法律"的语义演变与"法"术语群的语义范畴

(13) 刑部：尚书三员，正三品；侍郎二员，正四品；郎中二员，从五品；员外郎二员，从六品。掌天下刑名法律之政。

——《元史·列传第三十五》

(14) 用汲驳奏曰："按律，刑部及大小官吏，不依法律，听从上司主使，出入人罪者，罪如之。盖谓如上文，罪斩、妻子为奴、财产入官之律也。仕期之死，橁非主使者乎？宗武非听上司主使者乎？今仅谪戍，不知所遵何律也。"

——《明史·列传第一百十七》

(15) 冬十月癸酉，多尔衮等师还。丁亥，遣大学士希福等往察哈尔、喀尔喀、科尔沁诸部，稽户口，编佐领，谳庶狱，颁法律，禁奸盗。戊戌，朝鲜国王李倧以书来，却之。

——《清史稿·本纪三·太宗本纪二》①

上述例子是按时间顺序排列的，从秦代文献到《清史稿》，随着时间的推移，"法"与"律"连在一起用的情况越来越多，其关系也越来越紧密。从语言具体的指称功能来看，"法"与"律"由两个词变为一个词组是语义表达的需要。在传统法律中，"法"的出现较"律"要早一些，秦代改"法"为"律"。当"律"出现以后，"法"的意义逐渐抽象，意义发生了转移，由具体的法律制度进而抽象为一种普遍法则、一种思想。"律"替代"法"指称看得见的具体的法律法规。"律"在指称法律法规这一意义上替代了"法"，成为最重要的一个法律术语。在具体的应用过程中，指称抽象意义的"法"和指具体意义的"律"逐渐合为一个词，指在传统社会中，统治者用以统治、管理百姓的思想和手段。

从语言演变规律来看，"法"与"律"由两个词合用为一个词，即"法律"是汉语词汇化的结果。"法律"从句法结构的"法律"固定为词语的"法律"，也是汉语双音节化的必然趋势。在汉语双音节化的初始阶段，双音词主要通过句法关系获得，即词组衍化定型为双音节词，也就是经由词汇化过程，句法关系逐渐淡化，词组定型为词。这在学界基本上达成了共识。张博曾依据先秦五书《尚书》《左传》《论语》《孟子》《荀子》，对双音节并列式连用中的同义、类义、反义连用情况（共有 1819 个词）进行了统计，同义连用占并列式连用的 54.2%，在数量上占有一定的优势。② 也就是说，具有同义关系的成分最易连用在一起，组成成分具有同义关系的词组也更易成词。"法"和"律"具有同义关系，在

---

① 以上语料均来自扫叶库。根据需要，本书作者自己标注了标点。
② 张博. 先秦并列式连用词序的制约机制[J]. 语言研究, 1996(2):13-26.

古代汉语中,二者经常连用表意。在具体运用中,其意义逐渐凝固,音节上停顿消失,能够连在一起独立运用,已然不知不觉地变为一个词。尽管"法律"在历史文献中并列使用的情况非常多,但是我们很难说清楚它是在何时完成词汇化过程的。由于汉语词与词组的无界性,要解释清楚这个问题似乎更难了。我们认为,"法律"的词汇化过程应该始于秦汉,形成于唐代。秦代,"律"取代"法","法"的指称意义弱化,但是并未消失。这个阶段,"法"与"律"是替代关系,而非并列关系。秦律巩固了"律"在指称法律这一语义时的权威地位,到了汉代,该用法得到了极大的推广,而在此之前,尽管"法"的意义逐渐虚化,但是与"律"的差别还是比较明显的。通过上述各例,我们也可以证明这一点。而《二年律令》的颁布和实施,突出了"律"的地位,其概括性越来越强,指称所有的法律法规,进而指称统治者管理百姓的手段,这就使得"律"的意义上升到和"法"的意义同样重要的地位,意义差别缩小。到了唐代,"法律"变为一个词也就成了顺理成章的事情。例如:

(16)范传式,御史府多以法律见征,苟覆视之不明,于薄责而何逭?传式在先朝时,尝为监察御史。

——《范传式可河南府寿安县令制》(唐·元稹)

(17)爰逮朝贤,详定法律。酌前王之令典,考列辟之旧章,适其轻重之宜,采其宽猛之要,使夫画一之制,简而易从……

——《详定刑名诏》(唐·李治)

(18)本来施与寺家之物,若自盗窃,法律有文,今乃不为私情,事缘常住,正当施与之意,岂合书以罪名?若施与而令存……

——《答府司推勘景公寺纲维干俊等典卖赐御衣奏请科罪口谕》(唐·李适)①

"法"与"律"固定为一个双音节词,各自的语义在构词的过程中也要发生变化,"法"的语义弱化,"律"的语义增强,使得本来为并列结构的"法律"一词的语义发生转移,偏移到了"律"上,如例(12)、(13)、(14)、(15),这里的"法律"指的是法律法规,其语义都偏移到了"律"上。

通过对上述引例的分析,我们不仅可以了解"法律"一词的形成过程,而且通过对这些引例所提供的语境的分析,我们还可以看出在中国传统法律体系中"法律"的语义及其语义成分,即:

---

① 以上语料均来自扫叶库。根据需要,本书作者自己标注了标点。

第一章 "法律"的语义演变与"法"术语群的语义范畴

法律：+（统治者制定）+（管理百姓）±（强制性）+（规则）

也就是说在中国传统法律体系中，"法律"指的就是由统治阶级制定，用以管理百姓的具有一定强制性的规则。在"法律"的语义中，除了"强制性"这一语义成分不是必不可少的，而是有条件的以外，其余的语义成分都是必不可少的。"强制性"之所以不作为必要的语义成分，是因为法律在中国传统社会中，其所发挥的强制性作用是有条件的。在中国传统社会中，法律是由统治者制定的，统治者个人意志凌驾于法律之上，因此，法律的强制性一旦面对统治者的命令，便会削弱。

在中国传统社会中，历朝历代的君主都是非常重视法律的，在中央集权的统治之下，形成了严密的传统法律体系。中国传统法律表现为重视"礼"教，强调德主刑辅；以刑为主要的法律手段；重视对以天子为代表的特权阶级的利益的维护，法律是少数人管理大多数人的工具。这样的法律观念统治了中国2000余年，直到19世纪末20世纪初，西方具有平等、自由观念的法律文化传入中国，在大量翻译的日本法律教科书、词典等工具书的宣传教育之下，中国传统社会古老而保守的法律观念随"法律"语义的变化而发生变化，进而形成了具有近代启蒙意义的新的法律观念。

二、清末新法律体系中"法律"的语义演变

"法律"一词从词源上来说是中国本土词语，其语义在漫长的封建社会中一直是封闭的。"法"与"律"最开始是两个词，有各自的语义，如《嘉佑集·衡论下》："然则今之法不劣于古矣，而用法者尚不能无弊。何则？律令之所禁，画一明备，虽妇人孺子皆知畏避，而其间有习于犯禁而遂不改者，举天下皆知之而未尝怪也。"但古汉语中词和词组本无界，"法律"连用的情况又较多，所以古代汉语中的"法律"可以被看作是一个并列式的复合词。

法律作为统治者管理国家的必要手段，随社会、国家的形成而产生。在没有语言接触和外来文化影响的情况下，汉语中"法律"一词的语义一直在封闭的历史语境中发生变化，历朝历代的刑律所具有的相似性则充分说明了这一点。抛开上古汉语"法律"语义中的"天授""天罚"的语义内涵不说，单就儒家思想统治几千年的传统社会来看，从礼法不分到礼法分离，"法律"本身的语义一直在不断地演变，但是万变不离其宗，"法律"所表达的语义不过是天子一言堂，是封建

集权的皇家观念,只要"法律"所依托的意识形态没有变化,没有外来文化及语言接触等因素的影响,那么"法律"的语义还是在封闭的范围内进行变化的,以适应封建王朝的统治。直到18世纪末19世纪初,马礼逊、罗存德等西方人将西方工业革命后的文明引入中国,古汉语中的"法律"一词与西方的"law"发生接触,互为翻译,使得"法律"语义发生变化。"法律"与"law"的对应虽为偶然的尝试,在当时并未产生重要影响,但却如蝴蝶效应一般在19世纪末20世纪初自上而下地掀起对"法律"语义的大讨论,影响极其深远。我们以清末法律教科书等工具书为语料,重点考察第二次"法律"语义的演变情况。

18世纪末19世纪初,西方完成了工业革命,马礼逊、罗存德等西方人将西方工业革命后的文明引入中国,首先引入的是物质文明(西方的科技文明成果,如数学、化学等),然后是制度文明(政治、法律等)。在这场中西文明交流中,首先要解决的就是词语的翻译问题,否则文明的传播无从下手。清末"法律"语义的早期演变就是从此时开始的。随着西方法律文明的传入,"law"与汉语的"法律"相对应,"法律"被赋予了西方"law"的语义,旧有"法律"语义的封闭系统被打破,其语义自此发生前所未有的变化。

艾儒略在《职外方纪》中有这样的记载:

   欧逻巴诸国赋税不过十分之一。民皆自输,无征比催科之法。词讼极简。小事里中有德者自与和解;大事乃闻官府。官府听断不以己意裁决,所凭法律条例,皆从前格物穷理之王所立,至详至当。①

艾儒略作为意大利来华的传教士,其所宣传和介绍的法律是以罗马法为主的法律。罗马法是成文法,法典成熟而且门类多样,不仅包括中国传统法律中的刑法,还有民法等法律,就"法律"语义的外延来说,与中国传统法律体系中"法律"的语义已然大不相同。再者,艾儒略作为教士,因其信仰天主,在其表达的"法律"语义中,包含了一定的"天命""道德"等观念,而在中国传统法律体系的"法律"语义中,尽管"礼"为指导思想,但这与耶钱稣会信仰中的道德观念不同。

艾儒略关于"法律"的运用实际上是将"法律"与西方的"law"对应起来,这对于后世西方文明的传播者来说,也有一定的影响,比如马礼逊和罗存德。

由马礼逊编纂的《华英字典》,是世界第一部英汉—汉英对照字典,这部字

---

① 谢方.职方外纪校释[M].艾儒略,原著.北京:中华书局,1996:72-73.

典也是中国境内最早使用西方活字印刷术排印的中文书籍。《华英字典》由基督教新教来华传教士马礼逊编辑完成,由隶属英国东印度公司的澳门印刷厂印制。全书共为6册,于1815年至1823年在澳门陆续出版。在马礼逊的《华英字典》中,"法律"与"law"互为翻译,如下所示:

> 法律:the laws;a law
> LAW:to which penaltics annexed,or a rule of action. 法、法律、法度①

在西法东传的过程中,词语的翻译是必须迈出的第一步,只有将中西法律词语对应起来,才能进一步进行法律体系上的移植。在《华英字典》中,汉语的"法律"与英语的"law"相对应,通过这样的对译方式,"法律"获得了由"law"所指称的西方世界的法律意义。"law"指的是"to which penaltics annexed, or a rule of action",即"施以刑罚的规则,或者是行为规则"。可见,在"law"的语义中,"法律"是一种规则,这种规则不仅仅包括施以刑罚的规则,还可以指普通行为规则,这与中国传统的"法律"语义不同。在中国传统的"法律"语义中,"刑罚"是最为核心的语义成分,"法律"基本上可以看作是刑罚的依据,但是西方"law"的语义中还包括了普通行为规则,"law"与"法、法律、法令"的互译,使"法律"具有了"普通行为规则"这一语义,这无疑扩大了"法律"的语义外延。

继马礼逊之后,传教士罗存德也在中西文明交流中发挥了巨大的作用,他编写了一部汉英双语辞典,即《英华字典》。我们所选用的《英华字典》并不是罗存德1866的版本,而是经由日本学者井上哲次郎增订的《增订英华字典》。《增订英华字典》也有"law"这一词条:

> Law:法、例、律法、律例、法度、法制、制度、制令、格法、规例、规制、禁令、规条、条例、决法、国法、范、轨、宪、索、卞。②

在《英华字典》中,虽然"law"并没有与"法律"对应起来,但是却和"律法"③对应起来了,这也是将中西语言中表达同类语义的词语进行对译,"律法"被赋予了"law"的意义。

---

① 马礼逊.华英字典[Z].澳门:英国东印度公司,1815:1132.
② 井上哲次郎.增订英华字典[Z].罗存德,原著.东京:藤本氏藏版,1883:668.
③ "律法"与"法律"在中国传统法律体系范畴中,表达的意义相近。

在"law"的词条之下,附有很多引例,这是罗存德《英华字典》的一大特色。在引例中,我们可以大致了解西方"law"的语义内涵是怎么样的。例如引例中有"divine law(上帝之法)""the laws of God(上帝之禁令、上帝之戒)""the law of heaven(天之法)""the law of state(国法、王法、国之律例、三尺法)""human laws(人法)""munieipal laws(民法、民例)"、"laws of nature(性之法、理)"等。

在罗存德时代,"law"所代表的法律也是一种神权思想的体现,但是由于宗教信仰的不同,法律所表现出来的神权思想与中国是不同的。在西方传教士看来,西方世界的法律,是上帝制定的,人人都是上帝的子民,都要顺服于上帝,遵守"上帝之法",在上帝面前,人人平等。因此在"上帝之法""天之法"中,又规定了"人法"和"民法",保证了人民的权利和义务。在当时的西方,已经有了关于法理学的探讨,如"性之法、理",其实这是对"法律"本源的一种探索。在"上帝之法"统治之下,在"国法、王法"的管理之下,人们为了追求平等,为了使自己的利益得到保障,开始对"法律"的本源进行思考,因此有了关于"性之法、理"的研究。翻译者在将"law"与"律法"或"法律"进行互译时,也不自觉地将西方"law"所包含的具有宗教观念的法律思想传入中国,于是在中国传统"法律"语义中又增添了"公平""公正""平等"等语义成分,这些都对清末"法律"语义的演变起到了促进作用,并在清末"法律"的语义中有所体现。

上述是通过"法律"一词与"law"在双语辞书中的互译所分析出的清末"法律"一词早期语义演变情况,早期的双语辞书是值得信赖的第一手材料。18世纪末19世纪初,"法律"一词的语义尽管已经发生了变化,但是当时并未引起人们的重视。这是由于:一方面,当时中国固有的中华法系依然能够牢固地维护统治者的统治;另一方面,"法律"新的语义并未得到当时朝野内外自上而下的认同,"法律"的语义依然是个别人的观念,并未形成"普遍性的观念",即"概念"。"语言和语言在最初接触时产生的一系列的可译性和互解性问题,其意义不一定在那时的历史语境中能够得以呈现,很可能要经过相当长一段时间,在后人的语言中才能获得一定的清晰度。"[①]"法律"语义"清晰度"的真正获得是在清末民初通过翻译大量的来自日本的法律教科书、词典等工具书实现的。

清末的法律教科书、词典等工具书是传播"法律"概念的生力军。清政府

---

① 刘禾.帝国的话语政治:从近代中西冲突看现代世界秩序的形成生活[M].杨立华,等,译.北京:生活·读书·新知三联书店,2014:169.

在内忧外患之下不得已进行改革,这需要培养大批谙熟西方法律知识的人才,清末大量的法政学堂随之兴起。法政学堂采用日本教习和中国译员共同上课的方式,教科书多是翻译自日本的,也有中国译员自己编写的。这些教科书在传播、普及和定型法律新知识、新思想的过程中,发挥着重要作用。其中,法律术语的引入及其概念的生成更是离不开教科书的普及推动作用。

在研究近代法学知识的社会化、普及或中国法理学"近代化"等问题时,教科书的意义是其他文本所无法比拟的。①

从编著者的角度来说,这一时期的法律教科书以翻译自日本的法律教科书为主,据程波(2012)统计,1902年至1911年,光晚清以"法学通论"命名的教科书就有数十种,几乎清一色是来自日本的译著。② 我们选取其中五部具有代表性的、在当时较为普及的教科书,按时间顺序排列,分析其中关于清末"法律"语义的表述内容,并通过语义成分分析法,进而概括出清末"法律"语义中发生变化的语义成分或新产生的语义成分,并加以分析。

表1-1 清末"法律"的语义范畴及其语义成分

文献来源	语义范畴	语义成分
《中学教科法制新编》	法制之大原,由人类交际而起。 …… 所谓有物有则者,凡事皆有定则,即凡事皆有法。然此统论法之大概,未及国家制定之法也。国家制定之法,其意义亦不相远。如杀人者死,伤人及盗抵罪,此为事理之当然,而即为制定之法律。国家立法,所以治人。杀人不死,伤人及盗不抵罪,则人类不相安,而国何由治。故国法者,又谓之百姓行为之章程。然法非百姓能定,而定于主权以限制百姓之行为,故又谓之国家主权所定百姓行为章程。 法律既定之后,有使人必从而不得违者,是谓之强行力。有人不遵从,而敢犯法律之所规定者,即加以裁制,是谓之强制力。[1]	1.国家制定; 2.百姓行为; 3.强行力; 4.强制力。

---

① 程波.中国近代法理学(1895—1949)[M].北京:商务印书馆
② 程波.中国近代法理学(1895—1949)[M].北京:商务印书馆

续表

文献来源	语义范畴	语义成分
《汉译法律经济辞典》	【法律】ホーリツ 宪法上所谓法律者,国家的命令,而有形式的意义,经帝国议会之协赞,天皇之裁可者是。[2]	1. 国家命令; 2. 强制性。
《法制教科书》	至于单为人类行为之准则,无强行之要者,即道德、宗教共相为区别之原因,是法律之所以发源也。毕竟法律者,人类行为之准则,即权力的意思之发表也。[3] 法律有公法与私法之区别……夫公法与私法之区别,本于法律关系之性质的差异,即法律关系有本于权力关系与权利关系之性质的差别。规定前者之法律,公法也;规定后者之法律,私法也。[4]	1. 行为准则; 2. 权力; 3. 权利。
《法学通论》	定义曰:法律者,国家之强行规则也。[5]	1. 国家; 2. 强行; 3. 规律。
《法制经济通论》	……法律者,所以定国家及私人之行为范围者也。[6]	1. 行为范围; 2. 国家; 3. 私人。

注:

[1]葛冈信虎(讲义),朱孔文(笔述).中学教科法制新编[M].东京:译书汇编社,1903:2-5.

[2]清水澄.汉译法律经济辞典[Z].张春涛,郭开文,译.东京:奎文馆,1907:172.

[3]下冈忠治(讲述).法制教科书[M].金太仁,译.东京:东亚公司,1907:3.

[4]下冈忠治(讲述).法制教科书[M].金太仁,译.东京:东亚公司,1907:14.

[5]织田万.法学通论[M].刘崇佑,译.上海:商务印书馆,1907:28.

[6]户水宽人,等.法制经济通论[M].何燏时,等,译.上海:商务印书馆,1909:13.《法制经济通论》共分为两卷十二编,由十二位日本法学士和法学博士完成。其中第一卷"法制"第一编"法律学纲领"由户水宽人编著。

我们看到,上述关于"法律"的语义表述各不相同,语义成分的变化反映了"法律"语义的变化。在《中学教科法制新编》中,其语义成分包含了"百姓行为",后面的各条语义均把这一语义成分给删掉了。"百姓行为"这一语义成分体现了法律的不平等性,尤其是"百姓"二字体现了法律所管理的对象为百姓,而且仅为百姓,不包括统治阶级,这是传统法律不平等观念的一种延续。

在《法制教科书》中,增加了"权利"这个概念,"权利"一词来自《万国公法》,我们在"权"术语群部分会详细分析这个词,此处暂不赘述。"权利"体现了对人的尊重,"权利"一词进入"法律"的语义,使法律具有了相应的人道主义关怀的思想,体现了对人的重视,进而体现了清末新的法律所具有的平等、公正性,这是清末新的"法律"语义中较为重要的一个内容。

通过表1-1,我们可以看到每部教科书中关于"法律"语义的表述各不相同,但是就语义内涵所包含的语义成分来看,其意义的解释在各类法律教科书中逐渐趋于一致,清末"法律"的语义最终得以定型。在黄摩西的《普通百科新大词典》中,对于"法律"一词的解释是对前人关于"法律"语义解释的总结和概括,并且也进一步说明:"法律"语义经过近十年的变化(从1902年清政府宣布实行修律变法至1911年新的法典修订编纂完成),最终得以定型。

> 法律:旧义,法为则效,律为限制;而于政治上,则法为纲,律为目,而佐之以例与成案。今日法律之说,则法者规定各人格间之秩序,及人格意思之范围,而为人格间权利义务之章程。可分为实质上之法律、形式上之法律。宪法第五条,所谓立法权之法,及第三十七条之所谓法律者,皆实质之义。形式法律之制定,办法有五层,一提出法律案,二议会协赞,三皇帝裁可及下公布之命令,四国务大臣副署,五公布。惟形式上法律,不尽限于法之制定,而有时亦为行政之制定。①

在上述关于"法律"的释义中,用"旧义"做标记,突出了"法律"新的语义。"今日法律"指的是以规则的形式维系人与人之间的秩序,保证人民应该遵守的权利和义务。"实质上之法律"指的是成文法典,"形式上之法律"指的是立法的过程。特别是对立法过程的表述,强调立法不再仅是皇帝的个人行为。立法过程有明确的法律规定,分五个步骤:由立法部门提出"法律案"并经由"议会协赞",再由皇帝"裁可"并允许公布实施,最后经国务大臣"副书"后,方可正式公布实施。这些关于"法律"的定义在上述法律教科书中都有所述及,词典中"法律"的语义之所以能够生成概念,是因为得到自上而下的普遍接受。清末新的"法律"概念是在清末法律移植的历史语境中形成的。

根据《现代汉语词典》(第六版)所示,我们现在所理解的"法律"指的是"由立法机关或国家机关制定,国家政权保证执行的行为规则的总和"。通过表1-1对清末法律教科书、词典等工具书中关于"法律"语义成分的提取,我们可以发现有相当一部分语义成分在清末就已经生成了,如"立法机关或国家机关

---

① 黄摩西.普通百科新大词典[Z].上海:中国词典出版公司,1911:补16.

制定""保证执行""行为规则"等,我们可以用语义成分分析图示表示清末"法律"的语义:

法律:＋(国家制定)＋(保护权利)＋(强制性)＋(规则)

根据上述"法律"所包含的语义成分,我们可以给清末"法律"下个定义:法律指的是由国家制定的、维护权利的具有强制性的规则。

首先,清末"法律"的语义含有"国家制定"这一语义成分。

"国家的观念,成法学之基础者也,伴人类之进步……"①可见,"国家"这一概念对理解何为"法律"具有重要意义。

如前所述,清末法律体系的移植是从国际法的移植开始的,大部分法律术语的形成和语义的演变都与国际法的移植和修订密切相关。在国际法中,最为重要的术语即为"国家"。清政府为了收回领事裁判权,与他国进行交涉,首先就要具有独立的主权国家的身份。"国家""主权"的语义被泛化运用到对清末"法律"语义的理解中。如《中学教科法制新编》(1903)就认为:

法制之大原,由人类交际而起。
....

所谓有物有则者,凡事皆有定则,即凡事皆有法。然此统论法之大概,未及国家制定之法也。国家制定之法,其意义亦不相远。如杀人者死,伤人及盗抵罪,此为事理之当然,而即为制定之法律。国家立法,所以治人。杀人不死,伤人及盗不抵罪,则人类不相安,而国何由治。故国法者,又谓之百姓行为之章程。然法非百姓能定,而定于主权以限制百姓之行为,故又谓之国家主权所定百姓行为章程。②

此段关于"法律"语义的论述,从内涵上来说,与中国传统"法律"语义并无大的差别,强调"法律"是"百姓行为之章程",这也是皇权意识的体现,"百姓"一词再次强调了法律中的不平等性。这里还提及"法非百姓能定""国家主权所定百姓行为章程",借用了国际法中的"国家"和"主权"的概念,此处的"法

---

① 下冈忠治(讲述).法制教科书[M].金太仁,译.东京:东亚公司,1907:3.
② 葛冈信虎(讲义),朱孔文(笔述).中学教科法制新编[M].东京:译书汇编社,1903:2-5.

律"语义中包含"法律由国家制定"这一语义成分。尽管这里的"国家主权"指的依然是统治者,也就是皇权,但是"国家"一词的运用,对后来法律教科书中"法律"的语义表述却产生重要影响。

例如在《汉译法律经济辞典》中,关于"法律"的表述如下:

【法律】
宪法上所谓法律者,国家的命令,而有形式的意义,经过帝国议会之协赞,天皇之裁可者是。法律与命令之差异如左:
(一)法律之成立,手续上须经帝国议会之协赞。命令反是。
(二)关于其效力:(甲)自实质的方面言,则强制臣民之意思自由之点,两者相同;(乙)自形式的方面言,法律得废止或变更命令。命令则不能废止或变更法律。唯紧急命令,则属例外。①

在上述关于"法律"语义的表述中,"法律"是"国家的命令",并不是"天皇的命令"。尽管天皇有裁决权,但法律并不是由天皇制定的,而是由帝国会议来制定,由此可以看出"国家"并不等于天皇,"国家"与统治者是两个层次的概念,这就将"国家"从皇权中分立出来。

再如《法学通论》(1907)的表述:

定义曰:法律者,国家之强行规则也。
由此定义分析之,则凡法律,必具规则、强行、及国家三观念。今就此三观念,更说明之。
....
法律者,于国家始行之。法律既为强行,则必有其强行之之权力。此权力,惟国家有之。盖国家者,一定人类于一定之土地,服从于一定之政权,因而组织者也。惟其有一定之政权,故得定为法律而强行之。故法律与国家之关系,为相密接而不可离。彼所谓社会者,虽亦人类共同生活之一形体,然于单纯之社会,则法律未得成立,以无一定之政权故也。②

在此论述中,"国家"被提及并成为"法律"语义中的核心语义成分,根据后

---

① 清水澄.汉译法律经济辞典[Z].张春涛,郭开文,译.东京:奎文馆,1907:172.
② 织田万.法学通论[M].刘崇佑,译.上海:商务印书馆,1907:28-30.

文解释,"国家"同《中学教科法制新编》中所强调的"国家"略有不同。此处的"国家"虽然也是国际法中"国家主权"意识的延伸,但是对"国家"的认识更加深刻,即"国家"需要有一定的人类群体,生活在共同的土地上,服务于一定的政权,有了这三要素,"国家"才称之为"国家",而不在简单地将"国家"等同于"皇权"。

随着中日法律文化交流日益深入,在"法律"语义中的"国家"内涵再次发生变化,例如《法制经济通论》(1909):

> 法律者,所以定国家及私人之行为范围者也。①

在上述定义中,我们可以发现,"国家"和"私人"在"法律"的定义中处于同等地位,无论"国家"代表何种含义,都将置于和"私人"平等的地位。"法律"语义中既包含"国家的行为范围",也包括"私人的行为范围",而"国家的行为"里的"国家"是范围更大的一个集体,不再仅指称统治者的"国家"。

至此,"国家"在"法律"语义中的内涵由"主权代表者"即"皇权"演变为与"私人"对等的意义,即"长期占有一块固定领土,政治上结合在一个主权政府之下的人民的实体;一种特定形式的政府、政体或政治上组织起来的社会"。"法律由国家制定"意味着"法律"的制定不是少数人或者某个人的行为,而是"国家"行为。中国封建社会的法律是由皇权统治者制定的,其法律体系中的"法律"语义具有狭隘性,没有"国家"的内涵,"国家制定"这一语义成分使清末"法律"的语义较中国传统法律体系中的"法律"的语义来说进一步具有了公平、公正性。

其次,清末"法律"语义具有"强制性"这一语义成分。

所谓"强制性"指的就是"法律"具有"必须遵守"性。"强制性"不仅体现在违反法律必须接受的"强制"处罚上,还体现在对法律条文的"强制"遵照执行上。例如《中学教科法制新编》所述:

> 法律既定之后,有使人必从而不得违者,是谓之强行力。有人不遵从,而敢犯法律之所规定者,即加以裁制,是谓之强制力。②

---

① 户水宽人,等.法制经济通论:第一编[M].何燏时,等,译.上海:商务印书馆,1909:13.
② 葛冈信虎(讲义),朱孔文(笔述).中学教科法制新编[M].东京:译书汇编社,1903:5.

此论述强调了"法律"的不可违抗性,即"必须遵守"法律,"法律"是"必从"的,不遵从就要"加以裁制",足见"法律"的权威地位。

再者如《法学通论》所述:

> (二)法律者,强行者也。
>
> 强行云者,与人之意思无涉,乃与以形体上之检束之谓也。故若以一规则,一听于人之自然而行之,或依于人之意思而左右之者,则无强行之性质。……①

这里所谓"强行者"也指的是"法律"语义中所包含的"强制性"这一语义成分。"强制性"指的是不以个人意志为转移的固定规则。

就法律"强制性"的问题而言,中国传统法律体系中的"法律"语义也具有"强制性"。清末新法律体系的"法律"语义对中国传统法律体系"法律"语义中的"强制性"虽有继承,但是二者建立、存在的基础不同。在中国传统法律体系中,"法律"语义所包含的"强制性"是对普通百姓的强制,而非对全体社会成员的强制。例如中国传统法律体系中的"刑不上大夫"、《唐律》中的"八议"制度反映的都是中国传统法律体系中"法律"语义所包含的不平等的"强制性"。简而言之,清末新法律体系"法律"语义中的"强制性"是建立在法律公平、公正基础之上的,而中国传统法律体系"法律"语义中的"强制性"是建立在皇权个人观念之上的。

再次,清末"法律"语义演变出了"法律是规则"这一语义成分。

既然"法律"具有"强制性","法律"是"必须遵守"的,那么,就需要一整套的行为规则来对此进行限定说明。例如《中学教科法制新编》所述:

> 故国法者,又谓之百姓行为之章程。然法非百姓能定,而定于主权以限制百姓之行为,故又谓之国家主权所定百姓行为章程。②

这里的"章程"即"规则"。

再如《法制教科书》所述:

---

① 织田万.法学通论[M].刘崇佑,译.上海:商务印书馆,1907:29.
② 葛冈信虎(讲义),朱孔文(笔述).中学教科法制新编[M].东京:译书汇编社,1903:5.

毕竟法律者，人类行为之准则，即权力的意思之发表也。①

这里所说的"准则"也是指的"规则"。

再如《法学通论》所述：

（一）法律者，规则也。

规则者，事物一定之秩序也。宇宙间所有万象，皆有其一定秩序而始成。《论语》曰：有物必有则。孟德斯鸠曰：法者，以其广义，则本于事物性质之必要关系也。故日月星辰之灿然而丽，草木禽兽之杂然而成育蕃息。悉有自然之规则而不紊，以为行为之准绳。法律者，即其准绳之一种。豫想其有何等原因，则必有何等结果，以表章一定之秩序者也，是则法律所以为规则者也。《尔雅》曰：法，常也。《说文》曰：律，均布也。《唐律疏》曰：律者，训诠、训法也。《尔雅》郭璞注曰：法律皆所以诠量轻重也。然则法律之字虽异，而义则同，皆为使天下不一而归于一之谓也。《尚书·大传》注亦曰：奉天之大法，法亦律也，故谓之律。又《说文》注曰：律者，所以范天下之不一而归于一。故曰均布。由此观之，法律之语，即在支那，亦有表章一定秩序之意，可知。②

"规则"既可以指看得见的规章制度，也可以指看不见的约定俗成的法则。"规则"即规章制度，需要以文字形式将法律规定下来，以便监督管理和遵照执行。法律的公布与否在中国传统社会中一直是个存有争议的问题，直到清末民初，这个问题才得到解决，民国政府颁布法典并公布于众。从这个意义上来说，"法律"语义中的"规则"这一语义成分也是清末才兴起的。

"规则"指看不见的约定俗成的法则，虽然中国传统法律体系中的"法律"语义也含有这一语义成分，但是二者是有差别的。中国传统法律体系中的"法律"语义也强调"规则"，但是这种"规则"是以皇权的命令为核心的，"规则"可以随着天子观念的变化而发生变化。如在中国封建社会中，凡皇家有嫁娶、登基、诞生、丧葬之事时所施行的大赦就是法律规则随意性的体现。

最后，清末"法律"语义中包含了"权利"这一语义成分。

表1-1在关于清末"法律"语义的各种解释中，都内在地包含"权利"思想，

---

① 下冈忠治（讲述）．法制教科书[M]．金太仁，译．东京：东亚公司，1907：3．
② 织田万．法学通论[M]．刘崇佑，译．上海：商务印书馆，1907：28-29．

但是真正在定义中写明的,只有《法制教科书》这一部教材:

> 夫公法与私法之区别,本于法律关系之性质的差异,即法律关系,本于有权力关系与权利关系之性质的差别。规定前者之法律,公法也;规定后者之法律,私法也。①

"权"和"利"在古代汉语中所表达的意义都是相当不讨人喜欢的,比如"权势""见利忘义"等。可是,丁韪良在翻译《万国公法》时,却大胆地创造了"权利"来翻译西方法律中具有积极进步意义的"right",后来丁韪良在翻译吴尔玺的《公法便览》(1898)时,对"权利"一词的创制做出了解释:

> 公法既别为一科,则应有专用之字样。故原文内偶有汉文所难达之意,因之用字往往似觉勉强。即如一"权"字,书内不独指有司所操之权,亦指凡人理所应得之分;有时增一"利"字,如谓庶人本有之权利云云。②

"权利"表示"凡人理所应得之份"的意义,是清末新起之意,经由日译教科书的传播,得以定型,并与清末"法律"语义相结合,丰富了清末"法律"的语义内涵,并成为其中非常重要的一个语义成分,扩大了其语义范畴。"权利"的出现体现了清末新的法律思想对法律保护民众作用的重视,法律规定了人们应该遵守的规则,通过对规则的遵守,也保护了个人的权利。《周礼·秋官·司寇》中说:"小司寇以五刑听万民之狱讼,凡命夫命妇不躬坐狱讼;凡王之同族,有罪不即市。"中国传统法律为了维持统治秩序,也会保护普通百姓的一些权利,但是范围有限,而且主要还是保护统治阶级的利益,不能平等地保护普通百姓的利益,甚至普通百姓想通过诉讼维护自己的权益都是不合时宜的事情,何谈保护权利。清末"法律"语义中增加了"权利"这一语义成分,法律中的"权利"观在清末新的法律语义中出现并发展。

综上所述,"法律"一词是中国本土的词语,随着社会的变迁,其语义也逐渐发生变化。在中国传统法律体系中,"法律"指的是由统治阶级制定,用以管理百姓的具有一定强制性的规则(法律$_1$);在清末新的法律体系中,"法律"指

---

① 下冈忠治(讲述).法制教科书[M].金太仁,译.东京:东亚公司.1907:14.
② 刘禾.帝国的话语政治:从近代中西冲突看现代世界秩序的形成生活[M].杨立华,等,译.北京:生活·读书·新知三联书店,2014:171.

的是由国家制定、维护权利的具有强制性的规则(法律₂)。

法律₁:＋(统治者制定)＋(管理百姓)±(强制性)＋(规则)
法律₂:＋(国家制定)＋(保护权利)＋(强制性)＋(规则)

清末"法律"的语义与传统"法律"的语义都含有"规则"这一语义成分,说明传统"法律"与清末"法律"在表现形式和功能上是一致的。二者的不同点在于法律的制定者不同、制定法律的根本目的不同以及法律的强制性程度不同。清末"法律"是由国家制定的用以保护权利的规则,任何人都不能凌驾于国家之上,因此,清末的"法律"具有绝对的强制性;而传统"法律"是由统治者制定的,皇权凌驾于法律之上,法律不具有绝对的强制性,统治者的命令才具有绝对的强制性。通过对清末新的法律体系中的"法律"和中国传统法律体系中的"法律"的语义成分的分析,我们看到,二者既有相似性,又有差异性。清末"法律"语义的变化是在新旧法律体系更迭中发生的,"法律"语义的变化反映了清末人们法律观念的变化,而法律观念的变化又是推动清末新的法律体系朝着规范化方向发展的必要条件。清末法律体系的规范化首先表现为清末法律体系范畴的分类越来越清晰,清末"法"术语群的形成充分说明了这一点。我们接下来分析一下清末"法"术语群的形成及其语义演变过程。

第二节 "法"术语群的形成及语义范畴

在清末法律新术语中,有一类术语具有相同的构词方式,语义上也具有相关性,在清末新的法律体系范畴中承担的功能一致,具有划分法律体系范畴的作用,我们称之为"法"术语群。这一术语群的术语虽然数量不多,但是在清末新的法律体系中发挥着支撑作用。我们通过对清末新颁布的法令法规的调查,认为"法"术语群共包含六个术语,分别是:"宪法""刑法""民法""诉讼法""亲属法""继承法"。[①]

一、"宪法"的来源及其语义范畴

《中国大百科全书·法律》对"宪法"解释如下:

[①] 通过对清末法律文献的调查,我们发现还有"海商法"这个"法"术语,"海商法"与当时签订的一些国际条约有关,适用于处理国际纠纷,故未将其列入清末"法"术语群。

第一章 "法律"的语义演变与"法"术语群的语义范畴

【宪法】国家的根本大法。具有最高法律效力的法,是据以制定其他法的法律基础。

"宪法"一词在中国古代典籍中就已经存在了,如《国语·晋语》中"行穆子伐狄"章曰:"善赏伐奸,国之宪法也。"《淮南子·修务训》曰:"列藏庙堂,著于宪法。"古代典籍中的"宪法"与清末新的法律体系中的"宪法"术语词形相同,但是意义不同。古代典籍中的"宪法"是指法令、制度、法律法度、刑法等意义。"宪"在《尔雅》中即解释为"法",《管子·立政》有"布宪于国",其中"宪"即"法"也。可见,"宪法"一词在中国传统法律中也可以被看作是一个法律术语,但是其意义仅相当于法令、制度、刑法等,相当于"法"的意义,而没有清末新的法律体系中的"宪法"的含义。

> 宪法西文曰Constitution,此为悬意名物字,由云谓字Constitute而来。其义本为建立合成之事,故不独国家可以言之,即一切动植物体,乃至局社官司,凡有体段形干可言者,皆有Constitution。今译文宪法二字,可用于国家之法制,至于官司局社尚可用之,独至人身草木,言其形干,必不能犹称宪法。①

近代意义的"宪法"一词起源于西方,后传入日本,经过改造并被赋予了新的含义。日语中本来有"宪法"一词,是从中国借用的,如在推古天皇12年,相传由圣德太子制定的《十七条宪法》,这部法典主要包括对官僚和贵族的道德规范和一些佛教思想。据说这是日本第一部成文法典,在维护皇权统治中发挥了重要作用,"宪法"一词的语义与中国传统法律体系中"宪法"的语义相近。在新的法律被移植的过程中,日本法学的先驱们对"宪法"进行了改造,使其表达新的含义。随着日本法律文化的广泛传播,被日本改造了的"宪法"一词,又被传入中国,使得中国古代旧有的"宪法"一词也被赋予了新的含义,例如:

> 【宪法】₁立万事不易之宪典,以为国家一切法度之根源,巩固有权限之政体者谓之宪法。②

---

① 王栻.严复集:第2册[Z].北京:中华书局,1986:239.
② 汪荣宝,叶澜.新尔雅[Z].上海:上海明权社,1903:29.

【宪法】₂宪法者,定主权之主体客体,及规定统治机关之组织,与统治作用之大纲之国法也。①

【宪法】₃宪法之意义,得分为实质的与形式的二种:实质的宪法者,国体政体,与其他国权之本末,及行为等根本的规定之意也;而形式的宪法者,宪法法典之意,即成文宪法之规定是也。②

【宪法】₄凡称之曰宪法者,乃一切之根本法也。然在今日,特与法律相区别,而称之为宪法者,则指立宪君主国之根本法而言。③

根据上述定义,我们可以提取出"宪法"的语义成分如下:

宪法:＋(根本的)＋(国体)＋(政体)＋(法律)

在清末新的法律体系中,宪法是用以维护国家统治的最为根本的法律。"不问洋之东西,国之文野,宇内各国,苟成国家者,无不有宪法。"④可见,宪法对于一个国家来说,是非常重要的。"宪法"明确了国体和政体,是国家的根本大法,"宪法"一词的产生,对于从法律的角度维护国家政权来说,具有重要意义。

二、"刑法"的来源及语义范畴

"刑法"是由"刑"和"法"两个语素构成的合成词,"刑"指的是处罚,"法"表示法令法规,是制度。例如:

利用刑人,以正法也。

——《周易·蒙》

惟作五虐之刑曰法者。

——《尚书·吕刑》

法者,刑罚也。所以禁强暴也。

---

① 冈田朝太郎.法学通论[M].张孝杉,译.东京:富山房,有斐阁,1908:79.
② 清水澄.汉译法律经济辞典[Z].张春涛,郭开文,译.东京:奎文馆,1907:512.
③ 户水宽人,等.法制经济通论:第二编[M].何燏时,等,译.上海:商务印书馆,1909:2.
④ 岸本辰雄.法学通论[M].陈崇基,译.东京:翔鸾社井上印刷所,1911:39.

第一章 "法律"的语义演变与"法"术语群的语义范畴

——《盐铁论·诏圣》①

"法"是规则,是实施"刑"所依据的规则,二者在意义上构成一定的依存关系,这是"刑法"一词产生的物质基础。"刑法"一词也是中国传统法律体系中的专有术语,主要有三个义项:第一,"刑法"等同于"法律"的功能,即为统治阶级管理国家和百姓的工具,如"世世通行者也,独设刑法以守之""然为国之要,在于刑法"等;第二,"刑法"等同于"刑罚",即对身体所实施的刑罚,如"慢弃刑法""故国家治则刑法正"等;第三,"刑法"被看作是法律体系的一个组成部分,如"惟刑法科如旧"。到了清末,在日本法律思想文化的影响之下,"刑法"的语义发生了变化。正如《清史稿》所言:

> 德宗末叶,庚子拳匪之变,创巨痛深,朝野上下,争言变法,于是新律萌芽。迨宣统逊位,而中国数千年相传之刑典俱废。是故论有清一代之刑法,亦古今绝续之交也。爰备志之,俾后有考焉。②

"中国数千年相传之刑典俱废。是故论有清一代之刑法,亦古今绝续之交也",清末新刑法较前代刑法已然发生了巨大的变化,"古今绝续之交","刑法"的语义遂必然随之发生变化。

【刑法】1 对被治者之不法行为,科以一定之恶报者,谓之刑法。③
【刑法】2 刑法者,谓定犯罪及刑罚之法令也,有广狭二义。……广义之刑法,包括定犯罪及刑罚之法令全体,以下称之曰刑罚法令。狭义之刑法,即刑罚法令中所特著有刑法之名者是也,以下专称之曰刑法。④
【刑法】3 定犯罪,与刑罚关系之法律,谓之刑法。⑤
【刑法】4 刑法者,定国民行为之当为犯罪,并对其行为之制裁者也。⑥
【刑法】5 我国旧法,只有刑律,而无特定之刑法,今就各国法律通则解

---

① 文献来源于书同文古籍数据库。
② 语料来自扫叶库,根据需要,本书作者自己标注了标点。
③ 汪荣宝,叶澜.新尔雅[Z].上海:上海明权社,1903:33.
④ 冈田朝太郎.刑法总论[M].江庸,译//吉川左一郎.法政速成科讲义录:第一号.东京:法政大学,1905:1-2.
⑤ 清水澄.汉译法律经济辞典[Z].张春涛,郭开文,译.东京:奎文馆,1907:105.
⑥ 岸本辰雄.法学通论[M].陈崇基,译.东京:翔鸾社井上印刷所,1911:91.

释,则刑法者,适用于一般国民之刑罚法,如何行为为犯罪,则科以如何刑罚之规定也。陆军海军刑法在外。①

通过上述各类教科书、词典中关于"刑法"的释义,我们可以提取出"刑法"的语义成分如下:

刑法:＋(定犯罪)＋(定刑罚)＋(制裁)＋(法律)

在清末新的法律体系中,"刑法"的语义与传统法律体系中"刑法"的语义已经有了很大的不同。清末的"刑法"指的是由国家制定的,通过定订犯罪以及犯罪与刑罚的关系,实施制裁的法律。在清末新的法律体系中,刑法不再是统治者管理百姓的工具,而是有了明确的调整对象,这进一步说明刑法不是法律的全部,而仅属于法律体系的一个范畴。

三、"民法"的来源及语义范畴

我们的传统法律观是重刑轻民的,在传统法律体系中,刑法体系较为严密和成熟,但是民法的发展却相对落后,甚至没有"民法"这一法律术语。"民法"这一术语的引入应该是在清末。《汉语大词典》对"民法"一词只下了定义,即"规定并调整平等主体的公民间、法人间及公民与法人间的财产关系和人身关系的法律规范的总称",没有揭示出"民法"一词的语源问题。《近现代辞源》则对这个问题有所涉及:

【民法】规定公民和法人的财产关系以及跟社会关系的各种法律。1879年黄遵宪《日本杂事诗》卷一:"近又由司法省撰《民法》、《刑法》二书,专用法兰西律,交元老院议之,未及颁行。"1902年吴汝纶《东游丛录·学校图表》:"法律学科授业科目如左:宪法、民法、商法、民事诉讼法、破产法、刑法、刑事诉讼法、行政法、国际公法、国际私法。"②

由上可见,"民法"一词较早见于黄遵宪的《日本杂事诗》,即"民法"一词的

---

① 黄摩西.普通百科新大词典[Z].上海:中国词典出版公司,1911:寅集80.
② 黄河清.近现代辞源[Z].上海:上海辞书出版社,2010:527.

第一章 "法律"的语义演变与"法"术语群的语义范畴

使用始于黄遵宪。而黄遵宪所使用的"民法"一词又是从日本借用而来的。目前学界普遍认可"民法"是由日本人创造并传入中国的。①"民法"的来源问题,学界似乎已经达成了共识。"民法"究竟从何时起出现在汉语词汇中,是个复杂的问题,但是就"民法"在法律语境中的运用情况来看,大概始于清末大规模介绍移植日本法律之时。"民法"在清末的各类法律教科书和词典中有不同的释义,我们可以对这些释义中的共同语义成分进行提取,从而描写出清末"民法"的语义范畴。

【民法】$_1$ 规定私人互相之关系者,谓之民法。②

【民法】$_2$ 民法有广狭二义。广义对于公法,而用于私法全体之意义。狭义则对于私法中之商法等特别法,而用于普通法之民法法典。故民法之定义,得谓之为普通私法,普通云者,即对于他之特别法,而有关于一般人民通常生活之谓。私法云者,谓规定一个人相互间关系之法律,详言之,即关于私权之发生消减移转变更等之规定也。日本现行民法法典,分总则、物权、债权、亲族、相续五编。③

【民法】$_3$ 民法为私法,又普通法也。

一、民法所规定者,非权力之关系,(即政治上命令服从之关系),乃国内法上对等之关系也。(即权利义务之关系)故民法为私法。

二、民法非如商法之定商人及商行为规则,仅属于私法的权利义务之

---

① 根据何勤华等著的《法律名词的起源》所述,关于"民法"的来源问题,学术界有两种观点:一是认为"民法"是由日儒箕作麟祥氏首先创制的。富井政章在其《民法原论》中做了详细的阐述:"'民法'之名称,乃日儒箕作麟祥氏,翻译法兰西法典始用之。"富井政章的这本专著在中国是由陈海瀛、陈海超翻译,杨廷栋修正的,商务印书馆于1907年出版。本书所引上述文字详见富井政章《民法原论》,此书是何勤华等著的"中国近代法学译丛"系列丛书之一,王兰萍点校,中国政法大学出版社2003年版,第35页。二是认为"民法"一词是日本在倍里叩关之后,为废除领事裁判权,制定西方化的法律,由学者津田真道于1868年从荷兰语 Burgerlyk Regt 翻译的。参见徐国栋:《市民社会与市民法——民法调查对象研究》。梁慧星教授所著《民法总论》讲述民法之语源时,同样指出:日语之"民法"二字,乃庆应四年,学者津田真道由荷兰语翻译而来(法律出版社1996年版,第1页)。另可参见刘士国:《论民法是市民社会的一般私法》,载《法学杂志》1999年第6期。(何勤华,等.法律名词的起源[M].北京:北京大学出版社,2009:531-534.)

② 汪荣宝,叶澜.新尔雅[Z].上海:上海明权社,1903:30.

③ 清水澄.汉译法律经济辞典[Z].张春涛,郭开文,译.东京:奎文馆,1907:82.

一部,乃包括私法一般之原则,故民法为普通法。①

【民法】4民法者,普通私法也。普通法者,所以规定普通人间通常所行之事项也,而私法者,所以规定一私人相互之关系者也。要之民法者,乃规定个人互相关系之普通事项之法规也。②

【民法】5立宪国民法之内容,有各人身份能力之规定,财产上权利之规定,关于亲族之规定,家督及遗产相续之规定等。③

通过上述各类教科书、词典中关于"民法"的释义,我们可以提取出"民法"的语义成分如下：

民法：+（私人）+（身份能力）+（财产权利）+（法律）

根据上述图示,可以将"民法"的定义总结为：民法指由国家制定的用以限定私人的身份能力以及维护私人的财产权利的法律。我们以1912年岸本辰雄编写的《法学通论》中关于"民法"的解释作为这一时期对"民法"语义范畴认识的总结：

民法之性质范围等,虽为颇有议论之问题。要之民法者,规定国民私权的关系之原则者也。私权可大别为财产权与亲族权。财产权之最大者,为物权债权二种,故民法先规定物权债权之种类效力及得丧等。次于亲族权,规定亲族、户主、家族、婚姻、亲子及后见等之关系,更加以相续之规定。日本民法,即依是而分物权、债权、亲族、相续四编。……④

岸本辰雄对于"民法"的认识可以说是集大成者,尤其是在民法内容上做出了更为准确的解释。"民法"即"规定国民私权的关系之原则",岸本辰雄进而对"私权关系"做出了解释,指出其既包括财产权中的物权和债权、涉及物权债权之种类效力及得丧等,还包括亲族权,规定亲族、户主、家族、婚姻、亲子及后见人等之关系,更加以相续之规定。我们认为,尽管岸本辰雄也是按照日本

---

① 冈田朝太郎.法学通论[M].张孝杉,译.东京：富山房,有斐阁,1908：175.
② 户水宽人,等.法制经济通论：第四编[M].何燏时,等,译.上海：商务印书馆,1909：1.
③ 黄摩西.普通百科新大词典[Z].上海：中国词典出版公司,1911：丑集90.
④ 岸本辰雄.法学通论[M].陈崇基,译.东京：翔鸾社井上印刷所,1911：127.

民法法典将民法的内容进行了罗列,但是他不是简单列举,而是将其中的关系解释出来,如物权、债权与财产权的关系等。

"民法"的语义随着学术界对民法认识的深入而逐渐清晰。在各种汉译日本法律教科书、词典等工具书的助推之下,处于混沌状态的"民法"语义越来越清晰,最终在学界形成统一的认识并在更广泛的范围内进行了传播。我们一般认为民法是清末新形成的法律体系范畴,虽然在中国传统法律体系中也有民事关系的存在,但是没有独立为法律体系的一个门类。到了清末,在西方法律思想的影响下,根据从日本移植来的法律体系,清末新的法律体系将传统法律中用以调整民事关系的部分独立出来,并固定为一门新的法律门类,即民法。因此,在对"民法"的语义表述中,基本上包含将民法置于整个法律体系范畴之中并对其进行明确定位的语义成分,即"法律"。

四、"诉讼法"的来源及语义范畴

"诉讼"是具有悠久历史的司法活动,但是由于中国传统法律体系没有区分实体法和程序法,所以,尽管"诉讼"作为司法活动一直都客观存在,但是没有以"法"的形式明确下来。到了清末,随着法律体系越来越规范,实体法与程序法相区分,"诉讼"活动才以"法"的形式固定下来。在清末新的诉讼法中,诉讼法分为刑事诉讼法和民事诉讼法。"诉讼"根据《现代汉语词典》的解释是:

> 司法机关在案件当事人和其他有关人员的参与下,按照法定程序解决案件时所进行的活动。分为刑事诉讼、民事诉讼和行政诉讼。俗称打官司。

根据上述解释,"诉讼"是一种司法活动。据邓继好、王铁雄考证,这种司法活动在中国有着悠久的历史。例如《周礼·秋官·乡士》中有:"司寇听之,断其狱,弊其讼于朝,群士司刑皆在,各丽其法,以议狱讼。"这里的"狱讼"指的就是诉讼活动。再如《后汉书·陈宠传》云:"时司徒辞讼,久者数十年,事类溷错,易为轻重,不良吏得生因缘。宠为昱撰《辞讼比》七卷,决事科条,皆以事类相从。昱奏上之,其后公府奉以为法。"再如在《唐律》中有《斗讼》篇:"斗讼律者,首论斗殴之科,次言告讼之事。""辞讼""斗讼"都是指一种诉讼活动。[①]

---

① 何勤华,等.法律名词的起源:上[M].北京:北京大学出版社,2009:464-465.

诉讼：从法律规定，关于其事件，求国家以适用法令之行为，曰诉讼。①

诉讼法者，诉讼上规则之总称也。②

结合上述"诉讼"和"诉讼法"的定义，我们可以提取出"诉讼法"的相关语义成分如下：

诉讼法：＋（规定诉讼程序）＋（寻求适用法令）＋（法律）

"诉讼"一词也是中国传统法律中的固有术语。如《玉篇》中有："诉讼也，告冤枉也。"在这一语义中，"诉讼"具有非常重要的一个语义成分，即"冤枉"，说明诉讼的使用范围，较当代法律术语中的"诉讼"来说，明显要狭窄。《后汉书·陈宠传》谈道："西州豪右并兼，吏多奸食，诉讼日摆数。"这里的"诉讼"从语义范围上来说，变宽了，基本上相当于我们现在所说的"诉讼"。到了宋元时代，"诉讼"基本上已经成为固定的法律术语了。但是我们需要指出的是，尽管"诉讼"一词被看作是正式的法律术语是很早的事情，而且在中国传统法律体系中，民事和刑事案件是单独诉讼的，但是"民事诉讼法"和"刑事诉讼法"这两个术语是在清末才出现的。

据邓继好、王铁雄考证，"民事"一词也是中国古代典籍中可以查阅到的词，例如《尚书·商书·太甲子》："无轻民事，唯难。"这里的"民事"指的是民众力役之事；再如《孟子·滕文公上》："滕文公问为国，孟子曰：'民事不可缓'也。"此处的"民事"表示农业活动。《国语·鲁语》："天子及诸侯，合民事于外朝，合神事于内朝。"这里的"民事"指的是政事。③ 古代汉语中的"民事"都不作为法律术语使用，唯到近世，在日本法律体系的影响之下，作为法律术语的"民事"始应用于清末新的法律体系之中。作为法律术语的"民事"指的是：

【民事】法律上所谓民事云者，对于刑事之语也，关于一私人相互间、

---

① 清水澄.汉译法律经济辞典[Z].张春涛，郭开文，译.东京：奎文馆，1907：371.
② 冈田朝太郎.法学通论[M].张孝杉，译.东京：富山房，有斐阁，1908：433.
③ 何勤华，等.法律名词的起源：上[M].北京：北京大学出版社，2009：466.

或一私人与公共团体间私权裁判之总称。商事亦包含其中。①

"刑事"一词在中国古代典籍中也可以查阅得到,例如《隋书·天文志》中:"又曰,军于野,辰星为偏将之象,无军为刑事。和阴阳,应其时。"②这里的"刑事"表示星相。在古代典籍中,"刑事"不作为法律术语使用,其表示法律意义也是从清末才开始的。在清末新的法律体系中,作为法律术语的"刑事"指的是:

【刑事】刑事者,犯当科之刑法,及其他刑罚法规之事云。③

"民事"和"刑事"这两个词在清末被借用并作为表示法律意义的法律术语,并不是偶然的。首先,在中国传统法律中,诉讼活动就已经区分民事诉讼和刑事诉讼了,民事案件和刑事案件是分开审理。《周礼·秋官·司寇》说,"争财曰讼,争罪曰狱"。郑注:"讼,谓以财货相告者。狱,谓相告以罪名者。"显然"讼"指民事诉讼,"狱"指刑事诉讼。因此对刑事案件的审理称作"断狱",对民事案件的审理称作"弊讼"。④ 虽然在中国传统法律中,没有"民事诉讼法"和"刑事诉讼法"这样的专业术语,但是从司法实践的角度来看,民事诉讼和刑事诉讼是客观存在的,所以"民事"和"刑事"这两个法律术语的产生有其客观的物质基础。其次,在清末新的法律体系中,民法成为一门独立的部门法,刑法法典、民法法典的相继出现,使得诉讼行为有了明确的依据,因此,"民事诉讼法"和"刑事诉讼法"的产生有其外在的推动因素。

在清末法律教科书、词典等工具书中,关于"民事诉讼法""刑事诉讼法"的解释如下:

【民事诉讼法】民事诉讼法者,谓规定以保护私权为直接目的之诉讼手续之公法也。⑤

根据上述定义,我们可以提取出"民事诉讼法"的语义成分如下:

---

① 清水澄.汉译法律经济辞典[Z].张春涛,郭开文,译.东京:奎文馆,1907:82.
② 魏徵,等.隋书[M].台北:鼎文书局,1990:557.
③ 清水澄.汉译法律经济辞典[Z].张春涛,郭开文,译.东京:奎文馆,1907:105-106.
④ 张晋藩.中国古代民事诉讼制度通论[J].法制与社会发展,1996(3):55.
⑤ 欧阳葆真,朱家壁.法政丛编:民事诉讼法[M].东京:湖北法政编辑社,1905:7.

民事诉讼法：＋(国家)＋(保护)＋(私权)＋(法律)

【刑事诉讼法】刑事诉讼法者,规定处分刑法,及其他刑事上犯罪人手续之法律,而兼证实犯罪,且详明适用刑法顺序之方法也。①

根据上述定义,我们可以提取出"刑事诉讼法"的语义成分如下：

刑事诉讼法：＋(规定处分)＋(证实犯罪)＋(依据刑法)＋(法律)

诉讼活动在清末更加明确地被看作是法律体系的组成部分,而且,通过诉讼内容和程序的差异性,还进一步划分了民事诉讼法和刑事诉讼法,使诉讼活动更加规范,也体现出了清末新的法律体系的进步性和规范性。

五、"亲属法"的来源及语义范畴

在清末新的法律体系中,"亲属法"是民法体系范畴中的一个子范畴,这也是通过效仿日本明治时期的法律体系,在清末新建立的一个民法子类,亲属法也来源于异邦。

> 中国有亲族,无亲族律之称。亲族律之称,译自日本。日本亲族律之称,又译自欧、美。考日本亲族律中之亲族,不专指同宗之血族,即异性之配偶者及姻族,均包在内,均谓之亲族。然中国律例中,凡亲族两字,仅专指同宗族之亲。……按中国律例,凡指同宗族之亲,多用亲族两字,其指(族姻)亲之全体时,则多用亲属两字。……由是观之,吾国律例,凡包括(族姻)亲之处,均用亲属。律中所云亲族,盖专指同族之亲而言。亲属包括全体,亲族不过指亲属中之一种,按诸律例,文义显别。现拟定名为亲属律(以后均用亲属名)。至于亲族,则为专指同宗亲族之名,不包姻族于其内。

---

① 清水澄.汉译法律经济辞典[Z].张春涛,郭开文,译.东京：奎文馆,1907：106.

> 亲属律者,规定亲属与亲属关系之法律也。①

由上可知,"亲属法"是源自日本明治时期的"亲族法"。"亲族"一词在中国传统法律体系中,其语义范围较为明确,仅指"同宗族"之亲,与日本亲族法中的"亲族"一词的外延不是对等的,因此在移植日本法律的过程中,清政府在修订亲属法时采用了"亲属"一词与之对应。

亲属法是规定亲属与亲属之间关系的法律,我们可以通过这个定义提取出"亲属法"的语义成分如下:

亲属法:+(民法)+(规定)+(亲属关系)+(法律)

民法是清末新的法律体系中最为基础的私法之一,规定了债权、物权、亲属关系、继承关系。亲属法的制定是对清末民法体系的进一步完善。明确了民法中的亲属关系。

六、"继承法"的来源及语义范畴

继承法与亲属法一样,也不是中国传统法律体系中固有的法律门类之一,"继承法"也是借用自日本的法律术语。

> 继承者,私法上相续前者之权利,而立于同一地位也。宪法上所谓皇位继承者,相承而践皇位之谓也。皇位继承,与民法上之相续,异其法理,不可混同。②

继承既可以说是一种关系,也可以说是一种行为,在中国有着悠久的历史。三代以上,宗法盛行,宗法关系的表现之一就是等级森严的继承关系。"凡以礼制立教之国,不甚注重乎家产。故吾国数千年来,于分析祖父遗业之事,一委诸习惯。"③中国传统法律体系并无继承法。清末修订的继承法并非

---

① 怀效锋.清末法制变革史料:下卷 刑法·民商法编:亲属法草案总则说明[G].李俊,王志华,王为东,等,点校.北京:中国政法大学出版社,2010:729-730.
② 清水澄.汉译法律经济辞典[Z].张春涛,郭开文,译.东京:奎文馆,1907:551.
③ 怀效锋.清末法制变革史料:下卷 刑法·民商法编:亲属法草案总则说明[G].李俊,王志华,王为东,等,点校.北京:中国政法大学出版社,2010:781.

中国传统法律体系之本宗,同样也是借自日本,乃为日本相续法的改良版。

> 人死,而继承之事以生,此古今东西所同者。考继承之历史,继承人所得权利,或宗祀权,或身份权,或财产权,事实虽不同,而其为继承一也。唯以继承事汇订以一定之规则,成为完全法典者,实自近代始。日本谓继承曰《相续法》,夫相续云者,即相为继续之意也。此等字句,若缀诸文字之内,其意固自可通。然以此作为名词,实未得取义之正。查中国于嗣续、宗祧等项,多通用继承字。故此编改曰"继承",而关于继承之法曰《继承法》。①

所谓继承法就是规定继承关系的法律,从这个定义中,可以提取出四个语义成分,即:

继承法:＋(民法)＋(规定)＋(继承关系)＋(法律)

继承法的制定既有对清末新的法律思想的吸收,也保留了对中国传统法律的继承,是对传统宗族继承关系的进一步完善。继承法是清末民法体系不可分割的内容之一。

综上所述,清末"法"术语群中的术语,除了"刑法"以外,基本上是清末新产生的术语。这些"法"术语的上位概念都是"法律",所以这些术语可以聚合在一起,形成"法"术语群。例如:

宪　法:＋(根本的)＋(国体)＋(政体)＋(法律)
刑　法:＋(定犯罪)＋(定刑罚)＋(制裁)＋(法律)
民　法:＋(私人)＋(身份能力)＋(财产权利)＋(法律)
诉讼法:＋(规定诉讼程序)＋(寻求适用法令)＋(法律)

上述四个法律术语,无论是新产生的还是旧有的,都包含共同的语义成分,即"法律",说明这四个术语可以放入共同的语义场,即"法律"语义场。这四个术语又分别具有各自的区别性语义成分,区别性语义成分说明了该术语

---

① 怀效锋.清末法制变革史料:下卷　刑法·民商法编:亲属法草案总则说明[G].李俊,王志华,王为东,等,点校.北京:中国政法大学出版社,2010:781.

的适用范围。"宪法"是"根本的用以限定国体、政体"的法律,"刑法"是"规定犯罪行为及实施刑罚制裁"的法律,"民法"是"保护私人身份、权利"的法律,"诉讼法"是"规定诉讼程序"的法律,它们分别从国体、犯罪、私权、法律程序这四个角度指明了清末新的法律体系的范畴。

小　结

本章通过对"法"术语群语义范畴的描写进而确立了清末新的法律体系范畴。"法"术语群中的术语将清末新的法律体系划分为不同的子范畴,因此,在整个清末法律新术语体系中,这些"法"术语处于比较特殊的地位,承担着将清末新的法律体系分类的功能。传统的中华法系作为世界五大法系之一,具有悠久的历史,并形成了自己独有的特点,其特点之一就是"刑民不分,诸法合体"。清末新的法律体系在继承传统法律体系的基础之上,充分借鉴了日本明治时期的法律体系框架,通过"法"术语群将法律体系分类,使清末新的法律体系朝着更全面、更规范的方向发展,在维护国家安定团结、保护民众权利方面,最大程度地发挥法律的效力。清末"法"术语群从不同角度分别限定了清末新法律体系的内涵和外延,并且形成了一定的层次性。清末"法"新术语群的层次性与清末新的法律体系的层次性是一致的,"法"术语群的形成说明清末新法律体系中各个部门的法范畴已初步形成了。

第二章 "刑罚"的语义演变与"刑"术语群的语义范畴

在中国传统法律体系中,存在着大量的刑名术语,如"执""锢""刖""鞭""贯耳""杀""刺""烹""戮尸""贵薪""城旦""笞""黥""士午""车裂""腰斩""罚作""司寇作""贵薪""白粲""完""腐刑""杖""箠""断趾""廷杖""凌迟处死"等。这些刑名术语集中代表了中国传统法律体系在不同时期的刑罚方式和刑罚观念。到了清末,在新的法律观念的影响之下,传统的刑罚观念发生变化,新的具有启蒙意义及人道主义精神的西方刑罚观念逐渐被接受。在新的刑罚观念的影响之下,用以指称刑名的术语从用词到语义都发生了变化,新的"刑"术语群替换了旧有的刑名术语,诸如"车裂""腐刑""廷杖"等刑名术语都消失了,代之以"死刑""自由刑""无期徒刑"等"刑"术语。传统刑名术语被清末新"刑"术语替换,反映了清末刑罚观念的变化。

第一节 "刑罚"的语义演变

"刑"术语群是以刑罚为上位概念聚合成的一组"刑"术语。要理解"刑"术语群术语的语义及其演变方式,首先要掌握其上位概念"刑罚"的语义是如何演变的。"刑罚"是中国传统法律体系中的旧有术语。"刑罚",《汉语大词典》解释为:

【刑罚】刑指肉刑、死刑;罚指以金钱赎罪。后泛指依照法律对违法者实行的强制处分。《书·吕刑》:"刑罚世轻世重,惟齐非齐,有伦有要。"《史记·吕太后本纪》:"刑罚罕用,罪人是希。"《旧唐书·韦凑传》:"善善者,悬爵赏以劝之也;恶恶者,设刑罚以惩之也。"鲁迅《且介亭杂文末编·写于深夜里》:"我叫不出这刑罚的名目。"

通过上述解释,可以看出"刑罚"的构词方式不是状中关系的偏正结构,即"刑"与"罚"不是修饰关系,不是"以刑的方式处罚",而是并列关系,"刑"即指肉刑、死刑,而"罚"则指"金钱赎罪","刑"与"罚"是两种形式的处罚方式。在中国传统法律体系中,"刑罚"无论是词还是短语,都可以被看作是一个法律用语。

一、中国传统法律体系中"刑罚"的语义范畴

中国传统法律体系中的"刑罚"是个上位概念,其语义是由一系列刑名术语的语义体现出来的。这些刑名术语就构成了中国传统法律体系中的刑罚范畴。

中国法制史学研究界对"刑"的认识有"刑始于兵"之说,如《汉书·刑法志》认为:"大刑用甲兵,其次用斧钺;中刑用刀锯,其次用钻凿;薄刑用鞭扑。""刑始于兵"之说始于此,我们不去考察这一说法是否准确,单看斧钺、刀、锯、钻、凿、鞭、杖这些刑具,便可知"刑"与伤害性的身体处罚有关。"罚",根据《说文解字》,意思是:"罪之小者。罪,犯法也。罚为犯法之小者。"也就是说,"罚"是对犯法行为较轻的处罚,"刑"为重,"罚"为轻,二者共同表示对犯罪行为的处罚。

以残酷的身体处罚为主的刑罚方式,一直在中国传统法律体系中占有非常重要的地位。尽管历朝历代的君主都试图调整刑罚方式,尤其是不断地修改以肉刑为主的酷刑方式,但是以伤害身体为主要手段的刑罚依然是传统法律体系中的主流刑罚方式。

根据杨阳、徐岱等学者对中国法律发展史的考察(下文也主要参考了二人的研究成果),中国传统法律体系中的刑罚方式由一系列具体的刑名术语构成,可以说刑罚系统即为刑名体系。关于中国传统刑名体系的研究一直以来都是中国法制史研究的热点,目前,学术界普遍认可中国传统刑名术语所表现出的法律意义即为残暴的酷刑的观点。"中国古代社会的刑罚,实际上是以制造、加剧、延长受刑者痛苦为目的,想方设法制造出血淋淋的场面,以达到震慑犯罪的效果,从而体现国家法律和暴力惩戒的威慑力。"[①]

根据中国传统刑名术语在不同发展阶段的特点,其可以分为"旧五刑"和"新五刑"。所谓"旧五刑"是指在中国奴隶社会时期形成的以肉刑为主要方式的刑名体系,即墨刑、劓刑、刖刑、宫刑和大辟。这些刑罚是社会发展到阶级社会的产物,"天罚""天授"是这一时期的法律指导思想,因此其刑罚表现为残酷

---

① 杨阳.中国古代刑罚命名变态现象之初探[J].修辞学习,2005(2):41.

的肉刑。"旧五刑刑名体系的最大特质就是肉刑占据显要位置,除大辟为生命刑外,其他四种刑名都是肉刑,或称身体刑,即都是以残害人的肌肤、身肌体或机能为对象的,故其残酷性和非人道性可见一斑。"①

所谓"新五刑"是指社会进入封建社会之后所订立的刑罚体系,即笞刑、杖刑、徒刑、流刑和死刑。

> 我们所说的新五刑就是唐律中形成的日臻完善的由轻到重的五刑体系,包括笞、杖、徒、流、死。笞刑,是封建五刑中最轻的一种刑罚,主要适用于轻微或过失犯罪,是用笞杖捶打犯人。笞刑在汉代是一种重要的独立的刑罚手段,至南北朝成为流徒刑的附加刑,至隋废除鞭刑,改笞刑为五刑之一。唐随隋制,将笞刑列为五刑之首,分五、十至五十三个等级。杖刑,是较笞刑重的一种刑罚,用比笞杖稍大、稍重的"常行杖"捶击犯人,并对杖刑的部位、杖刑刑具的规格作了限制性规定,以免产生杖杀死犯人的后果。徒刑,就是在法定的时间内剥夺犯人的行动自由并强迫其从事劳役的一种刑罚。秦时称徒刑为作刑,两晋时正式定名为徒刑。唐之徒刑从一年至三年分五等。流刑,流刑重于徒刑而轻于死刑,是指将犯人遣送到指定地区,强制其劳动,而不准许擅自迁回原籍的刑罚措施。流刑源于《尚书·舜典》"流宥五刑",秦称为迁刑,汉随秦制,至隋,将五刑改为三等,最近一千里,一千五百里和二千里。唐在此基础上,增加了流刑的里数,一等二千,二等二千五百,三等三千里,刑罚惩罚性加强。死刑,剥夺犯人生命权的最为严重的刑罚。其源于奴隶社会时期的大辟,执行方式繁多而残酷。隋开皇律废除了历代枭首、车裂等酷刑,定死刑为绞、斩二种,但至隋炀帝时却恢复了前两种酷刑。唐律废除了枭首、车裂之酷刑,将死刑执行方法确定为绞、斩两种。②

我们在这里之所以大段引用徐岱的观点,是为了说明"新五刑"的形成较"旧五刑"来说,更为复杂,其影响更为深远。《宋刑统》《元典章》《大明律例》《大清律例》中的刑名系统都沿袭了《唐律》所形成的"新五刑"刑名体系。"中国刑名体系作为时代的产物,虽不同时期的侧重点有所不同,但各个朝代间的

---

① 徐岱.中国刑名及刑罚体系近代化论纲[J].吉林大学社会科学学报,2001(6):16.
② 徐岱.中国刑名及刑罚体系近代化论纲[J].吉林大学社会科学学报,2001(6):16-17.

因袭性是很强的,其嬗变是由低到高、由不成熟到成熟,逐步形成体系。"①

从宏观的角度来看,刑名体系无论是在奴隶社会还是在封建社会都呈现出一定的稳定性、系统性。从微观角度来看,刑名术语的构词方式体现出一定的规则性,例如:

  以施刑的刑具命名,如笞、杖、鞭、枷、夹棍、站笼等。
  以施刑方式(或过程)命名,如墨、劓、刖、醢、烹、鬼薪、白粲、支解、凌迟等。
  以施刑的结局命名,如枭首、著即求、求即死、求破家、死刑等。②

不仅如此,刑名术语还具有层级性,每一个大范畴的刑罚术语之下,包含若干的次级术语,等级森严。例如"死刑"之下,有若干子系统,而且不同朝代的子系统不同。李悝《法经》中规定的死刑有诛、夷族、夷乡;秦朝的死刑有腰斩、车裂、弃市、夷三族、枭首、戮等十几种;《唐律》中的死刑有绞、斩两种;《大清律例》中的死刑有斩监候、斩立决、绞监候、绞立决四种。可见中国传统的刑名系统体系严密。

刑名系统之术语,按照刑罚轻重排列,在中国传统刑罚体系中发挥着惩罚、警戒、教育、威慑等重要功能,直到清末新的法律体系的移植和建立,这些传统刑名术语才退出中国法律术语的体系范畴。

二、清末新法律体系中"刑罚"的语义演变

中国传统刑罚与西方传统刑罚一样,其发展经历了由野蛮到残酷再到人道的过程,无论在传统中国还是西方,对野蛮酷刑的反思一直存在。由于中国传统法律经历了一段漫长的"儒家独霸时代",在儒家思想的影响下,以肉刑为主的酷刑逐渐被废止。这充分说明在中国传统的刑罚观念中,我们现在所追求和强调的人道主义思想是存在的。但是,由于中国传统社会采用的是家族式管理模式,统治者如同大家庭的家长,必要的酷刑也是需要的。刑罚的目的是维护家族秩序。因此,中国传统刑罚一直强调德主刑辅,刑罚没有脱离道德的制约。但是西方社会的刑罚,经历了古代社会的野蛮、专制社会的残酷后,

---

① 徐岱.中国刑名及刑罚体系近代化论纲[J].吉林大学社会科学学报,2001(6):16.
② 杨阳.中国古代刑罚命名变态现象之初探[J].修辞学习,2005(2):41.

最终在 18 世纪,在西方人道主义刑罚观的影响下,由以酷刑为主的方式转为以自由刑为主的方式。① 马礼逊、罗存德等人编写的英汉双语词典,都将"刑罚"与西方的"punish(punishment)"相对应,但是源于拉丁语的"punish"经历了 18 世纪欧洲人文主义启蒙运动,其意义已经发生了变化。18 世纪末 19 世纪初,"刑罚"与"punish"初次偶然地相遇不仅使"刑罚"融入了"punish"的语义,而且为后来"刑罚"与"punish"的频繁碰撞提供了可以参考的依据。直到 19 世纪末 20 世纪初,清政府迫于国内外的压力,深刻感受到确有变革法律的必要性,法律词语的接触由自发转为自觉,"刑罚"术语在此时与来自日本明治时期的法律术语进行接触,从而使语义发生变化。首先,我们来看一下被称作日本明治时期刑法之父的冈田朝太郎博士对于"刑罚"的认识:

【刑罚】$_1$刑罚者,国家为犯罪之制裁,剥夺私人之利益之谓也。②

在冈田氏关于"刑罚"的语义表述中,我们可以提取该语义的语义成分如下:

刑罚$_1$:+(国家)+(犯罪)+(制裁)+(剥夺)+(私人利益)

我们逐一分析一下上述五个语义成分在清末"刑罚"语义中的重要作用。

第一,"国家"这一语义成分明确了施以刑罚的主体,是国家而不是某个人。"国家"是"刑罚"语义中的一个重要语义成分。一方面,从中国传统刑罚观来看,刑罚是统治者用以维护统治的手段,统治者拥有刑罚权,对任何犯罪行为都可以以统治者的命令来施以刑罚,所以,在中国传统法律体系中,对罪犯施以刑罚的是统治者而不是国家。冈田氏的定义,明确说明了刑罚权的拥有者是国家而不是个人,这是清末新的法律体系由人治转向法治的一个重要表现。另一方面,从刑罚的起源来看,复仇说是刑罚产生的根源,在中国传统社会中,家族、血亲观念非常强烈,甚至某些家族法在宗族内的地位高于国家法,宗族之间的争斗或者宗族内部的违反族规行为,都会以类似于刑罚的方式来解决,也就是说宗族的族长可以拥有刑罚权。在冈田氏的定义中,强调"国家"的概念则是强调刑罚是国家制裁犯罪的有效手段,是国家管理工具之一,

---

① 徐爱国.论近代刑法和刑法观念的形成[J].环球法律评论,2005(4):471-475.
② 冈田朝太郎.汉译刑法讲义案:第二编[M].法政大学,编译.东京:富山房,有斐阁,1905:1.

任何人都不可僭越于国法之上,这就维护了国法的权威地位。

第二,"犯罪"这一语义成分明确了刑罚对象。在刑法相关规定中,刑罚仅对犯罪行为实施制裁。在刑法的子范畴下,"刑罚"和"犯罪"是一种互相依存的因果关系,有犯罪就有刑罚,无犯罪则无需刑罚。

第三,"制裁"这一语义成分体现了刑罚的惩治性。《汉语大词典》对"制裁"的解释是:

【制裁】惩处;管束。《资治通鉴·后唐明宗天成三年》:"及安重诲用事,稍以法制裁之。"梁启超《十种德性相反相成义》二:"有制裁之主体,则必有服从之客体。"鲁迅《书信集·致郑振铎》:"他们可以任意续印多少,虽偷工减料,亦无可制裁。"

"制裁"具有"惩处""管束"之意,通过"制裁"在"刑罚"语义中的运用,"制裁"的语义转移到了"刑罚"上,进而使"刑罚"有了"惩处""管束"之意,以此表明刑罚是刑法中具有惩治、管束能力的一种行为,具有执行力并配以相应的措施,预示了刑罚存在的可能性和必要性。清末新的法律体系中的"刑"术语群,如"死刑""有期徒刑""无期徒刑"等,都是具有制裁性的惩罚措施。

第四,"剥夺"这一语义成分体现了"刑罚"这一行为是以何种手段施以制裁的。刑罚由多个"刑"术语所指称的概念构成,这些"刑"术语所表达的刑罚则是以"剥夺"为手段展开的制裁方式。"剥夺"一词产生于中国古代,但是意义和用法与清末作为法律术语的"剥夺"是不同的。

《汉语大词典》中对"剥夺"的解释如下:

【剥夺】(1)盘剥,掠夺。唐·陈子昂《上蜀川安危事》:"实缘官人贪暴,不奉国法;典吏游容,因此侵渔。剥夺既深,人不堪命。"茅盾《林家铺子》二:"他就觉得自己的一份生意至少是间接的被地主和高利贷者剥夺去了。"(2)依照法律取消。毛泽东《关于正确处理人民内部矛盾的问题》八:"对于明显的反革命分子,破坏社会主义事业的分子,事情好办,剥夺他们的言论自由就行了。"(3)用强制的方法夺去。柯灵《香雪海·序二》:"'四人帮'……割断了她的喉管,剥夺了她最后呼号的权利。"

"剥夺"是古汉语中的固有词语,但是在古代汉语中,"剥夺"不是法律术语,表示的是"盘剥、掠夺"之意。"剥"按《说文解字》的解释是:"裂也。从刀从录。录,刻割也。录亦声。"①"剥"的本义为裂,指用刀去掉物体表面上的东西。"夺"在《说文解字》中的解释是:"手持隹失之也。从又从奞。徒活切。""夺"是会意字,上面为振翅欲飞的鸟,下面是手,其意思是表示这只振翅欲飞的鸟,眼看着就要从手中失脱掉,因此其本义为丧失。根据"剥"与"夺"在《说文解字》中的解释,"剥夺"一词具有"盘剥、夺去"之意。

正因为"剥夺"具有如此意义,在清末中西法律文化接触中,马礼逊、罗存德用以对照西方的"deprivation"等词语,从而使"剥夺"一词成为法律术语,再传到日本,成为日本明治时期法律体系中的规范术语。如黄遵宪在《日本国志·刑法志》中使用了"剥夺"一词,如"被剥夺公权或停止公权者""凡国民固有权力曰公权,剥夺之最为损声名、丧品行者""处重罪刑者不待宣告剥夺终身公权"等,一共有9处用到这个词,而且与之搭配的词语基本上是以"权"为构词语素的术语,如"公权""财产权"等。可见,在当时的日本,"剥夺"已经是其法律体系范畴中规范的术语了。在此之后的诸如《新译日本法规大全》等各类日本法律制度的翻译本中,"剥夺"也是必然要使用的一个规范术语。由此可见,"剥夺"一词生于中国古代社会,在清末经由与西方法律词语的互译,其意义引申出新的含义,而且这一含义经由日本发扬光大后传回中国。

现代学者李伟民在其《法学辞源》中收录并解释了"剥夺"一词的内涵:

【剥夺】(1)盘剥,掠夺。唐陈子昂《上蜀川安危事》:"实缘官人贪暴,不奉国法;典吏游客,因此侵渔。剥夺既深,人不堪命。"元稹《钱货议状》:"又以为黎庶之重困,不在于赋税之暗加,患在于剥夺之不已。"(2)今指采用强制方法取消或者夺去。法律常用来作为剥夺的工具。如剥夺公权、剥夺政治权利。见"剥夺自由"、"剥夺国籍"、"剥夺政治权利"条。②

通过上述释义,我们可以明确:"剥夺"具有法律上之专属意义,其确实产生于中国古代,后经日本法律体系的规范使用变为法律术语,而后在学习日本的过程中又传回中国。

"剥夺"在"刑罚"的语义表述中,具有非常重要的作用,一方面"剥夺"体现了对人权的尊重,国家实施"剥夺"这一行为,"国家"是主体,"犯罪者"是客体,但是这里没有用"夺取"等词,用"剥夺"体现了"国家"作为主体对客体的尊重,

---

① 许慎.说文解字[Z].徐铉,校定.北京:中华书局.1963:92 上.
② 李伟民.法学辞源[Z].哈尔滨:黑龙江人民出版社,2002:2831.

第二章 "刑罚"的语义演变与"刑"术语群的语义范畴

因为"剥夺"的是人的权利而非其他,这就充分肯定了人的权利;另一方面这也体现了"刑罚"惩治的强制性。

第五,"私人利益"这一语义成分体现了刑罚制裁的目标。"私人"明确了刑罚的对象是人,不是机构,不是国家。日本明治时期的法律体系是全面移植自德国和法国的大陆法系,其法典翻译的是《拿破仑法典》。这部法典产生于18世纪,当时欧洲的法律基本上已经从宗教的控制之下分离出来,人们不再受神权的管理,在平等、自由、独立的启蒙思想的影响之下,普通人的地位得到提升,权利得到法律的保护。因此,在近代西方法律观念中,"人"是非常重要的一个概念。日本明治时期进行的法律体系移植,不仅移植了法律制度,还伴随产生了一系列源自西方的法律新术语和新语义,如"人"的语义,在《汉译法律问答》一书中就有详细的解释:

> 问:所谓人者何意?
> 答:既曰权利义务,则必含蓄斯人。何则权利义务,固属于人,苟无其人,则不有权利义务也。故法律学所谓人者,固异于彼动物学、生理学之所谓人者。今就科学上言之,四支五官身体具备,皆尽称人,不然则非人类也。然法律上之人,亦不相同。往昔,有殉死者,法律乃不看做人,至于近世则认非人类者,尚以为人也。①

作者冈松参太郎是在"私法大意"中论及"人"的意义的,认为"法律"上的"人"不同于动物学、生理学上的人。"法律"上的"人"不仅仅要四肢五官具备,而且最为重要的条件是具有权利和义务,二者兼备才可称之为"人"。正因为在当时的日本,有了对"人"的本质的认识,"刑罚"语义中剥夺"私人之利益"才可以存在。

"利益"指出了剥夺的内容。"利益"本义指好处,这里也表示刑罚所剥夺的是人拥有的好的东西,这从我们现在所理解的剥夺行为的对象来看,显然有失偏颇,不够客观,也不够全面。

上述五个语义成分,基本上体现了冈田朝太郎对于"刑罚"的认识,为了进一步解释"刑罚"的语义内涵,冈田朝太郎还做了如下的解释:

> 刑法上之刑罚,以国家与一私人之关系而存在,国与国之间、一私人

---
① 冈松参太郎.汉译法制问答[M].关口隆正,汉译.东京:吉川弘文馆,1906:75-76.

与一私人之间,无所谓刑罚关系,故(1)甲国对于乙国之不正处置,所加之应惩的处置;(2)及私人对于私人之罪恶,所加之制裁,皆非刑法上之刑罚。

国家有种种剥夺私人之利益处,然必以为犯罪之制裁,剥夺公益处为限,始有刑罚之性质,因此公用征集及征税之类,非刑罚可知。

古来以刑罚剥夺之利益,可大别之为五,生命身体自由名誉及财产是也。现今文明诸国,身体刑殆绝迹矣,名誉刑变其形为资格丧失之刑,即能力刑。(本编第二章第四节)

刑罚就其种类、其适用、其执行及其消灭原因之四点,说明其要旨。

注意:以苦痛认为刑之本质之当否,须区别解释论与立法论以考究之。(1)就解释论言,苟国法既为犯罪之制裁,剥夺一定之利益矣,犯人觉其苦痛否,不必论,刑罚概念之中不必置苦痛之分子;(2)就立法论言,以犯罪之减灭为目的之一切制度、名之曰刑罚耶,抑其中特与以苦痛者,始名之曰刑罚耶,此不过便宜之问题。①

冈田朝太郎可以说是日本明治时期的刑法之父,因此他的关于刑法的相关理论和意义的阐述,对近代日本及中国刑法体系的发展都产生了重要影响。在《汉译法律经济辞典》中,清水澄对"刑罚"做了如下解释:

【刑罚】$_2$ 刑罚者,国家科犯人之制裁,而剥夺一私人之利益,即于犯人之身体、财产、名誉、自由等,剥夺减杀其利益之谓也。②

我们就上述定义提取出的语义成分如下:

刑罚$_2$:＋(国家)＋(科犯人)＋(制裁)＋(私人利益)＋(剥夺)＋(减杀)

清水澄关于"刑罚"的语义表述其实是在冈田朝太郎观点的基础上发展出来的。在上述语义中,既有"国家"这一语义成分,也有"制裁""剥夺""私人之利益"等语义成分。不同之处在于:

---

① 冈田朝太郎.汉译刑法讲义案:第二编[M].法政大学,编译.东京:富山房,有斐阁,1905:1-2.

② 清水澄.汉译法律经济辞典[Z].张春涛,郭开文,译.东京:奎文馆,1907:106.

第一,冈田朝太郎的定义用的是"犯罪"而清水澄使用的是"科犯人","犯罪"既可以作为动词指称犯罪之行为,又可以作为名词指称犯罪之结果。而"科犯人"重点在"科"上,"科"有"惩罚、制裁"之意,与后面的"制裁"语义重复,而且"科犯人"在语义上未能很好地对犯罪行为进行区分,所以清水澄的定义在此处欠妥当。

第二,清水澄的定义明确了刑罚所"剥夺"的"私人"的"利益"范围,即"身体""财产""名誉"和"自由",这较冈田朝太郎的定义来说,有了很大的进步,因为明确了"剥夺"的范围和对象。

第三,清水澄的定义补充了"减杀"这一语义成分。在该定义中,"减杀"与"剥夺"处于同一层级,因为清水澄明确了"私人之利益"的所指,因此在具体刑罚手段上,补充了"减杀"以支配"身体""财产"等利益,用"剥夺"支配"名誉""自由"等利益。

所以说,从清水澄和冈田朝太郎各自关于"刑罚"的定义所包含的语义成分来看,前者对后者既有继承,也有发展,发展主要体现在对"私人之利益"的认识上。

随着日本刑法理论的发展,学术界对"刑罚"语义的认识也越来越深刻。1909 年,平沼骐一郎在《法制经济通论》中对"刑罚"又做了如下的论述:

【刑罚】$_3$ 刑罚者,为国家对于犯罪之法律上效果,而所以剥夺犯人之法律利益者也。[①]

我们就上述定义提取出的语义成分如下:

刑罚$_3$:+(国家)+(犯罪)+(剥夺)+(法律利益)

从上述定义所包含的语义成分来看,平沼氏之定义与冈田氏之定义并无差别,都强调了"国家""犯罪""剥夺""利益"等语义成分,如果想要进一步了解平沼骐一郎对于"刑罚"语义的认识,可以通过其对"刑罚""要件"的论述来分析。我们详列如下:

刑罚有左之要件:

---

① 户水宽人,等.法制经济通论:第五编[M].何燏时,等,译.上海:商务印书馆,1909:58.

(一)刑罚者,国家以之科于一私人者也,以一私人罚一私人,则非刑罚。盖刑罚权者,存在于国家与一私人之关系间,而于一私人与一私人之关系间,不存在者也。

刑罚权者,为国家自制,限其刑罚权力行使之范围,而其实件则依刑法而定,国家对于一私人而有刑罚权者,乃存于两者之间之法律关系,慎勿以之与存于两者之间之权力关系相混也。

(二)刑罚者,对于犯罪之制裁也,其于法律上不成为犯罪之行为相连结之制裁,则非刑罚也。

(三)刑罚为对于既往之行为而所生之法律上之效果,其因强制未来之行为及不作为而与之连结之制裁,非刑罚也。刑罚之目的,勿以为一般或特别之豫防而为违未来之事,而以之连结于未来之行为。

(四)刑罚者,为科于犯人以剥夺其法律利益者,刑罚之实质在对于加害者而与以痛苦,而非给被害者以救济也(勿以科刑罚于加害者而与被害者以满足为刑罚之实质)。

(五)刑罚者,为剥夺犯人所享有之法律利益,刑罚之实质以对于犯人自身而能及以效力之范围为限,于犯人以外及以效力之部分,则脱刑罚之范围,故为犯罪之结果,而于犯人以外之人及于法律上之效果者,不得为刑罚。

(六)刑罚以得为刑事裁判官(依法律有刑事裁判权之国家机关)所当宣告之有罪判决之内容者为限(不问其为可明言者与或为虽不明言而当然包含于其内者),故以法律之规定而连结于有罪判决之法律上之效果者,非刑罚也。①

在上述关于"刑罚"诸要件的论述中,平沼骐一郎从立法和司法两个角度分别对刑罚的语义进行了补足和规范。从立法的角度来说,刑罚制裁的范围是法律所规定的私人侵害国家利益之犯罪行为,私人与私人之间的犯罪行为不受刑罚制裁;国家拥有刑罚权,但此权力不能扩大至国家的一切权力之上;刑罚制裁已发生的犯罪行为,未发生的无须制裁。从司法的角度来说,刑罚的目的是惩戒犯罪,而不是安抚受害者使之满意;同时刑罚需要经由审判官裁判并宣布执行才可以施诸犯罪者。可见,平沼骐一郎对于"刑罚"语义的认识更

---

① 户水宽人,等.法制经济通论:第五编[M].何燏时,等,译.上海:商务印书馆,1909:58-59.

加深刻了。

1912年,岸本辰雄在其《法学通论》中,将平沼骐一郎关于"刑罚"的认识发扬光大。在该书中,岸本对"刑罚"的语义描述如下:

> 【刑罚】₄ 刑者,谓以犯罪为理由,由以国家权力科于犯人之痛苦也,略言之则刑即痛苦,是最适切之定义。日本刑法亦采用之。①

我们就上述定义提取出的语义成分如下:

> 刑罚₄:＋(国家权力)＋(犯罪)＋(科于犯人)＋(痛苦)

在上述语义中,我们可以提取出如下语义成分,即"国家权力""犯罪""科于犯人""痛苦"。岸本辰雄基本上还是沿袭前人对于"刑罚"的认识,可见在当时的日本,对"刑罚"的语义已经形成了较为统一的认识,即刑罚是基于国家权力机关向犯罪者依照刑法规定而实施制裁的一种法律手段,通过剥夺犯罪者的权利,使之痛苦,从而达到警戒犯罪者,使之不再犯的目的。岸本辰雄在定义之后对"刑"展开如下论述,体现出他对"刑罚"更为深刻的认识:

> 夫刑者,痛苦也,而与人以痛苦之方法有三种:一及于人之身体之痛苦,二及于人之权利之痛苦,三及于人心之痛苦是也。故刑亦分三种,曰对于身体之刑,曰对于权利之刑,曰对于心之刑。
>
> 刑之目的,不过警戒将来之犯者及防遏再犯,二者而已。凡有犯罪,不问大小轻重,不可不科之以刑。若宽恕焉,人必曰害他人以利己而不被刑罚,无若犯之。若有一犯罪,即必罚之,是罚一人而万人畏,足以警戒将来之犯者,示罪恶必罚之实,所以违刑之目的也。然更不可不加以防遏再犯之目的。苟不足使犯人悔前非,起将来不再之思念,则不但刑之目的失其半,即他之一半,警戒将来之犯罪者,亦至无其实效,是二个目的所以不可缺一也。
>
> 刑为公安,虽必要而不可缺,然若失之酷,陷于所谓矫角杀牛之愚,将反来有害之结果。夫生命自由财产,人所最贵重者,而刑乃直接毁损之,则国家设刑,万不可不致意,故刑以具备左之性质,为最良好妥当:

---

① 岸本辰雄.法学通论[M].陈崇基,译.东京:翔鸾社井上印刷所,1911:112.

一　刑要及于身体。
二　刑要止于一身。
三　刑要足警戒他人。
四　刑要惩戒犯者使得悔悟悛改。
五　刑要平等不偏。
六　刑要可分割者。
七　刑要可补偿者。①

岸本辰雄认识到比较恰当的刑罚方式应具备上述七个特征，刑罚既不可过轻也不可过重，适度为最。更难能可贵的是，岸本辰雄提出了刑要不偏不倚的观点，这是清末新的法律观念中平等精神的来源依据，他认为作为带有惩罚性的刑罚更需要平等。

我们将上述对"刑罚"语义成分提取的结果综合如下：

刑罚$_1$：＋（国家）＋（犯罪）＋（制裁）＋（剥夺）＋（私人利益）
刑罚$_2$：＋（国家）＋（科犯人）＋（制裁）＋（私人利益）＋（剥夺）＋（减杀）
刑罚$_3$：＋（国家）＋（犯罪）＋（剥夺）＋（法律利益）
刑罚$_4$：＋（国家权力）＋（犯罪）＋（科于犯人）＋（痛苦）

如上所示，清末"刑罚"的语义，基本上包含"国家""犯罪""权利""制裁"这样的语义成分，与中国传统法律体系中"刑罚"的语义已经大不相同。清末"刑罚"这一术语的语义变化，对于清末"刑"术语群的形成来说，也具有重要意义。

第二节　"刑"术语群的形成及语义范畴

在中国传统刑罚观念的影响之下，形成了一批系统的、以表达酷刑为主的刑名术语。随着清末"刑罚"语义的演变以及刑罚观念的转变，新的刑罚术语逐渐出现，以"刑"为共同构词要素（即为类属义素）聚集而成的"刑"术语群取代了传统法律体系中的刑名术语。

清末新的法律体系中的"刑"术语群的构成远远没有传统法律体系中的刑名术语多，《大清新刑律草案》第一编"刑名"一章（第七章）对刑名术语做了如

---

① 岸本辰雄.法学通论[M].陈崇基，译.东京：翔鸾社井上印刷所，1911：113-114.

第二章 "刑罚"的语义演变与"刑"术语群的语义范畴

下区分①:

> 本案分刑为主刑、从刑两种,死刑、徒刑、拘留、罚金为主刑,剥夺公权及没收为从刑。②

按照《大清新刑律草案》关于刑名的划分,清末"刑"术语群主要包括六个术语,即死刑、徒刑(包括无期徒刑和有期徒刑)、拘留、罚金、剥脱公权、没收。③ 徒刑和拘留属于自由刑。我们分别来论述一下这些清末新的"刑"术语的形成及语义范畴。

一、"死刑"的来源及语义范畴

死刑是历史最为悠久的刑罚方式之一,也是最为严厉的刑罚。在中国传统法律体系中,死刑一直存在,如自商周时便开始使用的弃市,自五代起延用至明代的凌迟等。我们也可以在中国传统典籍中找到关于"死刑"一词的例证,例如:

> (1)国皆有禁奸邪、刑盗贼之法,而无使奸邪、盗贼必得之法,为奸邪、盗贼者死刑,而奸邪、盗贼不止者,不必得。
> ——《商子·画策第十八》
>
> (2)饰邪说,文奸言,为倚事,陶诞、突盗、骄、悍、憍、暴,以偷生反侧于乱世之间,是奸人之所以取危辱死刑也。
> ——《荀子·荣辱第四》④

---

① 《大清新刑律》关于刑名的划分与之相同,但《大清现行刑律》中规定的五刑与之不同,其所划定的五刑包括:罚金、徒刑、流刑、遣刑、死刑。我们此处采用《大清新刑律草案》和《大清新刑律》的刑名划分系统。

② 怀效锋.清末法制变革史料:下卷 刑法·民商法编:大清新刑律草案[G].李俊,王志华,王为东,等,点校.北京:中国政法大学出版社,2010:86.

③ 在清末新的刑法法典中,还有"缓刑"一词,因为"缓刑"不属于刑名术语,所以本书不做分析。另外,"刑罚"虽然是清末新法律体系中的术语,但由于其是"刑"术语的上位概念,本书未将其置于"刑"术语群中。

④ 语料来自中国基本古籍库。

"死刑"在清末新的法律体系中,语义发生了变化。

【死刑】₁死刑者,夺犯者生命之刑也。①
【死刑】₂死刑者,对于国事犯、非国事犯之重罪所应科之极刑也。②

根据上述定义,我们可以提取出"死刑"的语义成分如下:

死刑:+(夺)+(犯者生命)+(刑罚)

死刑,在中国传统法律体系中又被称为极刑或者大辟,是刑罚体系中最为严厉的一种。死刑不是一种具体的刑罚方式,而是代表一类刑罚方式。在传统法律体系中,死刑具有"等差之序",在古代的任何刑法法典中,死刑都代表的是一类刑罚,具有多个等级(一般是具有两个或两个以上的等级)。《唐六典》说:"晋刑名之制:大辟之刑有三,一曰枭,二曰斩,三曰弃市。"《魏书·刑法志》云:"……分大辟为二科死:斩死、入绞。"《隋书·刑法志》云:"……死刑五,一曰磬,二曰绞,三曰斩,四曰枭,五曰裂。"③可见,中国传统法律体系中的死刑并不是一种具体的刑罚方式,而是代表某一类刑罚方式,这类刑罚具有相同的特点,即"夺取性命"。

死刑的"等差之序"旨在强调死刑有轻重之分。随着清末刑罚观念的转变,"死刑"的语义范畴也随之发生变化,死刑的"等差之序"逐渐消失,死刑由一类刑罚转变为一种具体的刑罚方式。清末修律时,由于受到日本刑罚观念的影响,死刑方式趋于人道化,新的刑律取消了传统法律体系中的凌迟、枭首、戮尸三项。在死刑方式上,通过对斩刑和绞刑短长的比较,并结合其他国家对死刑方式的记录,最终保留一种死刑方式,即"绞刑"。如《大清新刑律草案·总则·刑名》称:"斩、绞二者,各有短长,然身首异处非人情所忍见,故以绞为优。今用绞之国独多殆为此也,故本案拟专用绞刑。"④

"死刑"一词的语义经历了从传统法律体系到清末新的法律体系的变化,

---

① 岸本辰雄.法学通论[M].陈崇基,译.东京:翔鸾社井上印刷所.1911:115.
② 户水宽人,等.法制经济通论:第五编[M].何燏时,等,译.上海:商务印书馆,1909:64.
③ 张兆凯.从执行方式的古今对照看死刑的命运[J].河北法学,2007(6):100.
④ 怀效锋.清末法制变革史料:下卷 刑法·民商法编:大清新刑律草案[G].李俊,王志华,王为东,等,点校.北京:中国政法大学出版社,2010:87.

其核心语义,即"夺取人之性命"没有变化,但其外延发生了一些变化,即死刑的行刑种类发生了变化,"死刑"的语义随之缩小。① "中国古代死刑的行刑种类变迁过程与中国古代死刑发展历程是一致的,同时与中国古代法律发展总体特征相一致,经历了由简、适中到繁、残酷,由繁、残酷到简、适中,再由简、适中到繁、残酷,最后走向相对人道的历程。"② 伴随着死刑刑种的由繁到简,"死刑"的语义也发生了由繁到简的变化。

二、"自由刑"的来源及语义范畴

"自由刑"是清末新兴起的借用自日本的法律术语,即じゆうけい。我们首先来看一下清末各类法律教科书、词典等工具书对于"自由刑"的解释。

【自由刑】$_1$ 自由刑者,国家为犯罪之制裁,剥夺一私人之自由之谓也。③

【自由刑】$_2$ 谓国家为犯罪之制裁,剥夺私人自由权之刑也。④

【自由刑】$_3$ 自由刑者,剥夺一私人之自由之刑也。⑤

通过上述各释义,我们可以提取"自由刑"的语义成分如下:

自由刑:+(国家)+(制裁)+(剥夺)+(私人自由)+(刑罚)

自由刑是以剥夺犯罪者私人自由为主的刑罚方式。在日本明治时期的法律体系中,自由刑可以分为徒刑、流刑、惩役、禁狱、禁锢、拘留、监视七种。清末新的法律体系,借用了日本明治时期法律体系中"自由刑"的概念,但是没有借用"自由刑"的分类。根据《大清新刑律草案》的规定,自由刑仅分为徒刑和

---

① 本书仅就"死刑"概念的外延进行分析,认为其语义缩小,并未考虑"死刑"的适用范围。
② 胡兴东. 中国古代死刑刑种类考[J]. 云南大学学报(法学版),2009(1):14.
③ 冈田朝太郎. 汉译刑法讲义案:第二编[M]. 法政大学,编译. 东京:富山房,有斐阁,1905:4.
④ 朱树森,孙德震,孙德泰,胡贤炬. 法政辞解[Z]. 东京:并木活版所,1907:676.
⑤ 户水宽人,等. 法制经济通论:第五编[M]. 何燏时,等,译. 上海:商务印书馆,1909:65.

拘留刑两种。

(一)徒刑(有期徒刑、无期徒刑)的来源及语义范畴

徒刑本身是中国传统法律体系中的一种刑罚方式,不是新产生的法律术语,《汉语大词典》对徒刑的解释为:

> 【徒刑】其名始于北周,并列入"五刑"之一。年数为一至五年,隋改为一至三年,唐、宋、元、明、清因之,惟刑等有所不同。今分有期徒刑和无期徒刑两种。我国刑法规定,有期徒刑期限为六个月以上十五年以下,但在数罪并罚或死缓减为有期徒刑时,可到二十年。《周礼·秋官·司圜》:"司圜掌牧教罢民。凡害人者,弗使冠饰而加明刑焉,任之以事而收教之。能改者,上罪三年而舍,中罪二年而舍,下罪一年而舍。"按,此即后世的徒刑。《隋书·刑法志》:"〔北周《大律》〕三曰徒刑……四曰流刑。"《唐律疏议·名例一·徒刑五》:"徒刑五:一年,赎铜二十斤;一年半,赎铜三十斤;二年,赎铜四十斤;二年半,赎铜五十斤;三年,赎铜六十斤。"

可以说,徒刑也是历史较为悠久的一类刑罚方式,《周礼·圜土》中的"圜土之制""画地为牢"都可以被视为中国古代处于萌芽阶段的徒刑刑罚方式。在中国传统法律体系中,徒刑一开始并不是主要的刑罚方式,只是肉刑最为重要的补充方式,一般还伴随着一定的羞辱性惩罚方式。例如汉文帝时要废除肉刑,改革刑制,丞相张苍、御使大夫冯敬提出的方案是:"凡当完者,完为城旦舂;当黥者,髡钳为城旦舂;当劓者,笞三百;当斩左趾者,笞五百;当斩右趾者,弃市。"①其中,城旦舂是最重的徒刑。据东汉卫宏《汉旧仪》,城旦舂附加髡钳者(剃发曰髡,以铁束项曰钳)为五岁刑,不加髡钳者即完城旦舂为四岁刑。到了隋唐时期,徒刑被正式作为五刑之一保留下来,据《唐律疏议》的记载,唐律"徒刑"分五等,整体的刑期是一年至三年,每一等加半年。

到了清末,在西方刑罚观念的影响之下,徒刑又发生了变化,从以强制劳动、奴役和肉身羞辱为主的刑罚方式转变为以限制人身自由为目的的刑罚方式。在清末新的法律体系中,所谓徒刑指的就是"现行刑法上应科重犯罪人之主刑中一种"②。根据限制私人自由的时限长短,可以分为无期徒刑和有期徒刑。

---

① 曾宪义.中国法制史[M].北京:北京大学出版社,2000:102.
② 清水澄.汉译法律经济辞典[Z].张春涛,郭开文,译.东京:奎文馆,1907:278.

【无期徒刑】₁无期徒刑者,对于常事犯,科以重罪之主刑也,终身被派遣于岛地而服定役。①

【无期徒刑】₂为日本现行刑法,重罪中自由刑之一种,徒于岛地中,使服一定劳役,非国事犯适用此刑。②

在清末新的法律体系中,"无期徒刑"的语义内涵与上述定义略有不同,根据《大清新刑律草案》的规定,"凡囚人受无期徒刑之宣告者,则监禁于监狱使服法定之劳役,无期之自由刑,与死刑同"③。从本质上来说,清末的"无期徒刑"与日本略同,都为重罪,都是需要服劳役的,但日本的"无期徒刑"行刑地是荒岛,而中国的"无期徒刑"行刑地则是监狱。

【有期徒刑】₁有期徒刑,为科常事犯重罪之主刑,派遣于岛地,使服定役,其期为十二年以上,十五年以下。④

【有期徒刑】₂为重罪中自由刑之一种,刑期自十二年以上,十五年以下,徒于岛地,使服一定劳役,非国事犯,适用此刑,但妇女则不发住岛地,使于内地之惩役场,服定役而已。⑤

有期徒刑是有服役年限规定的,根据《大清新刑律草案》第三十七条的规定,有期徒刑可以分为以下几种:

一、一等有期徒刑:十五年以下十年以上。但加重及并科时,以二十年为其最长刑期。
二、二等有期徒刑:十年未满五年以上。
三、三等有期徒刑:五年未满三年以上。
四、四等有期徒刑:三年未满一年以上。

---

① 清水澄.汉译法律经济辞典[Z].张春涛,郭开文,译.东京:奎文馆,1907:384.
② 朱树森,孙德震,孙德泰,胡贤炬.法政辞解[Z].东京:并木活版所,1907:515.
③ 怀效锋.清末法制变革史料:下卷 刑法·民商法编:大清新刑律草案[G].李俊,王志华,王为东,等,点校.北京:中国政法大学出版社,2010:87.
④ 清水澄.汉译法律经济辞典[Z].张春涛,郭开文,译.东京:奎文馆,1907:114.
⑤ 朱树森,孙德震,孙德泰,胡贤炬.法政辞解[Z].东京:并木活版所,1907:434-435.

五、五等有期徒刑:一年未满一月以上。①

在《大清新刑律》中,有期徒刑也分为五等,但是"五等有期徒刑"指的是一年未满二月以上之刑罚。

(二)"拘留刑"的来源及语义范畴

"拘留"也是在中国古代典籍中可以查得到的一个词,根据《汉语大词典》所释,"拘留"在古代汉语中表示"扣留""拘禁"之意,如:

【扣留】《汉书·匈奴传赞》:"匈奴人民每来降汉,单于亦辄拘留汉使以相报复。"《北齐书·循吏传·张华原》:"周文密有拘留之意,谓华原曰:'若能屈骥足于此,当共享富贵,不尔,命悬今日。'"《续资治通鉴·元顺帝至正二十五年》:"使者去而不回,复遣人往,皆被拘留。"清代李渔《意中缘·求援》:"我被他拘留在此,不能脱身。"

在中国传统法律体系中,"拘留"不做法律术语之用,它只是一个普通的词语,其被用作法律术语,是从清末开始的。拘留刑就是以拘留为惩罚方式的刑罚。《大清新刑律草案》称之为"拘留刑",《大清新刑律》改称为"拘役",虽实为一种刑罚,但拘留的期限不同。在《大清新刑律草案》中,"拘留"指的是"一月未满一日以上"的刑罚。《大清新刑律》规定"拘役"为"二月未满一日以上"的刑罚。《大清新刑律草案》中关于"拘留"的规定是以日本明治时期的刑法为参考确立的,如:"拘留之期限,以一日以上,三十日以下为限,拘置于拘留场,而不科以定役。"②除了在拘留时间上两部刑法法典对拘留刑的规定有所差异外,在具体的拘留方式上也略有差别。

《大清新刑律草案》第七章第四十二条:

凡拘留,囚徒监禁之于监狱或巡警署内。拘留场不令服劳役。③

---

① 怀效锋.清末法制变革史料:下卷 刑法·民商法编:大清新刑律草案[G].李俊,王志华,王为东,等,点校.北京:中国政法大学出版社,2010:89.
② 冈田朝太郎.法学通论[M].张孝栘,译.东京:富山房,有斐阁,1908:373.
③ 怀效锋.清末法制变革史料:下卷 刑法·民商法编:大清新刑律草案[G].李俊,王志华,王为东,等,点校.北京:中国政法大学出版社,2010:90.

第二章 "刑罚"的语义演变与"刑"术语群的语义范畴

《大清新刑律》第七章第四十三条:

> 拘役之囚,于监狱监禁之,令服劳役。但因其情节,得免劳役。①

可见,尽管拘留刑是从日本借用而来的,一开始是完全照搬日本明治时期法律中关于拘留刑的规定,但是随着清末刑罚观念的变化,人们逐渐调整了拘留刑的语义内涵,在拘留时间、是否服劳役等问题上,都依据当时的国情做出了适当调整。

三、"罚金"的来源及语义范畴

罚金是中国传统法律中就已存在的一种刑罚方式,《汉语大词典》的解释为:

> 古制纳金赎罪,是为罚金。后亦泛指罚款。《史记·张释之冯唐列传》:"廷尉奏当,一人犯跸,当罚金。"裴骃集解引如淳曰:"乙令,'跸先至而犯者,罚金四两。'"《国语·齐语》:"小罪谪以金分。"三国吴韦昭注:"小罪不入于五刑者,以金赎。有分两之差,今之罚金是也。"《隋书·刑法志》:"将吏已上及女人应有罚者,以罚金代之。"宋苏轼《策别一》:"至于罚金,盖无几矣。"

在中国传统法律体系中,以金代刑主要有两种方式,一种是赎金刑,一种是罚金刑。虽都表现为用金代刑,但是二者是两种截然不同的刑罚方式。对此,沈家本做出了详细论述:

> 旧说罚金即赎刑,然以《吕刑》之文考之,则罚与赎当为二事。言五罚,是罚有五等,五罚次于五刑,则五刑当各有罚,此五罚常刑也,非疑而赦者也,五罚有疑则赦从免矣。《职金》之金罚,当亦常刑,乃周之旧制。穆王训夏作赎刑,专谓五刑之疑赦者,与旧制之金罚各为一法。
> ············
> 罚金之名,始见于《职金》而详于《管子》,罪之最轻者用之,罚与赎义

---

① 怀效锋.清末法制变革史料:下卷 刑法·民商法编:大清新刑律草案[G].李俊,王志华,王为东,等,点校.北京:中国政法大学出版社,2010:472.

有别……五罚轻于五刑,罚为犯法之小者,而刑为犯法之重者。凡言罚金者,不别立罪名,而罚金即其名在五刑之外自为一等。凡言赎者,皆有本刑,而以财易其刑故曰赎,赎重而罚金轻也。①

清末的罚金刑罚方式应该起源于西周中期,比赎刑要晚一些,"'罚丝''罚帷''罚幕'等是其萌芽形式。罚金是一种与赎刑有本质区别的刑罚,其真正的含义是对较轻的犯罪处罚一定的金钱或财物。"②

在清末的刑罚体系中,罚金刑发生了一些变化,规定了罚金的最少额度和最多额度。根据受刑者的贫富情况,罚金的最少额与最多额也会随之变化。如《大清新刑律草案》规定:

> 分则定三千圆为罚金之最多额,初疑失之过巨,然此种应科多额罪之犯人,以其地位而论,固有与少额之罚金不相适者,且易重大之自由刑亦必以巨额乃能相抵也。
>
> 其余情形,其最多额与最少额之距约在十倍以上,因人之贫富不同,审判官当查勘其境遇而定,庶其刑方有效力。例如过失伤人,贫人宣告百圆亦觉力有不逮,若在富人则五百圆犹太仓之一粟,此为刑律之精神。背乎精神,其裁判为不当矣。③

在《大清新刑律草案》中,编纂者认识到了贫富差距的问题,在进一步规定罚金刑的过程中,特别强调了如果确实不能交付罚金该如何处置的情况,也就是易刑问题,例如第七章第四十五条:"罚金于裁判确定后,令一月以内完纳。逾限不完纳者,从下例:第一,有资力者强制令完纳之;第二,无资力者,以一日折算半圆,易禁监处分……"④在《大清新刑律》中,易刑变为:"无资力者,以一

---

① 沈家本.历代刑法考:(一)[M].北京:中华书局,1985:328-330.
② 邵维国.中西方社会罚金刑起源比较研究[J].大连海事大学学报(社会科学版),2005(3):13.
③ 怀效锋.清末法制变革史料:下卷 刑法·民商法编:大清新刑律草案[G].李俊,王志华,王为东,等,点校.北京:中国政法大学出版社,2010:88.
④ 怀效锋.清末法制变革史料:下卷 刑法·民商法编:大清新刑律草案[G].李俊,王志华,王为东,等,点校.北京:中国政法大学出版社,2010:90.

圆折算一日易以监禁。"①

罚金刑属于财产刑的一种,就其在清末新刑罚体系中的地位而言,罚金刑一般轻于徒刑,主要适用于性质轻的犯罪行为。

四、"剥夺公权"的来源及语义范畴

"剥夺公权"也是清末新产生的刑罚术语之一,从其在刑罚体系中所属的地位来看,剥夺公权属于从刑的一种,从刑也被称为附加刑,"附随于主刑而科之者,曰附加刑。即主刑之外,复附科以何等刑罚是也"。②

"剥夺"一词在前面分析清末"刑罚"语义演变问题时已经论述过了,在这里,我们主要分析一下何为公权以及公权包含哪些内容。

"公权"一词在古代汉语中就有,根据《汉语大词典》的解释,"公权"即为"朝廷所赋之权",如唐人雍陶《罢还边将》诗:"白须房将话边事,自失公权怨语多。"到了清末,随着日本法律制度及法律思想的传播,人们的刑罚观念发生了变化,在"公权"上则表现为其语义范围的扩大。在日本明治时期的刑法中,"剥夺公权"是资格刑的一种,"公权"的范围具体包括以下九类:

> (1)国民之持权,即参政权;(2)为官吏之权;(3)有勋章、年金、位号、贵号、恩给之权;(4)佩用外国勋章之权;(5)入兵籍之权;(6)于裁判所为证人之权,但单为事实参考人无妨也;(7)为后见人之权,但得亲属之许可,为子孙之后见人无妨也;(8)为分财者之管财人,又管理会社及共有财产之权;(9)为学校长,又教师学监之权。③

"剥夺公权"这种刑罚方式传入中国后,在修律的过程中,官方就"公权"的范围做出了适当地调整,例如《大清新刑律草案》第七章第四十六条规定"公权"的范围包括:"一、为官吏之资格;二、膺封赐勋章职衔出身之资格;三、入军

---

① 怀效锋.清末法制变革史料:下卷 刑法·民商法编:大清新刑律草案[G].李俊,王志华,王为东,等,点校.北京:中国政法大学出版社,2010:472.
② 清水澄.汉译法律经济辞典[Z].张春涛,郭开文,译.东京:奎文馆,1907:189.
③ 冈田朝太郎.汉译刑法讲义案:第二编[M].法政大学,编译.东京:富山房,有斐阁,1905:7-8.

籍之资格;四、为学堂监督提调教习之资格;五、为律师之资格。"①《大清新刑律》第七章第四十六条规定:"剥夺公权者,终身剥夺其下列资格之全部或一部:一、为官员之资格;二、为选举人之资格;三、膺封赐勋章、职衔出身之资格;四、入军籍之资格;五、为学堂监督、职员、教习之资格;六、为律师之资格。"②《大清新刑律》补充了"为选举人之资格"这一项,这说明"公权"的范围随着法律体制的不断健全而出现的新内容。

五、"没收"的来源及语义范畴

"没收"被当作是刑罚术语,也是从清末才开始的。"没收"是借用自日本的法律术语。《日本刑法》第二章第一节第四十三条规定:"记载于左之物件者,宣告而没收于官,但于法律规则别定没收之例者,各从其法律规则:一、于法律禁制之物件;二、供犯罪之用之物件;三、因犯罪而得之物件。"③

虽然"没收"作为刑罚术语产生于清末,但是没收作为财产刑的一种,在中国古代就已经存在了。没收这种刑罚方式在中国究竟最早出现在何时,学者们的认识并不一致。有学者认为,关于没收财产刑的记载最早见于战国时魏国的《法经》。《法经》中的"籍"即是没收财产刑。④ 但是也有学者认为,没收财产刑起源于周朝。⑤《周礼·秋官·职金》记载:"掌受士之金罚、货罚,入于司兵。"蔡枢衡研究后认为,"货罚"虽在当时还不是普遍适用的制度,但成为后世征收财物制度的起源。⑥ 由此可推论,"货罚"可能是中国刑罚史上没收财产刑的雏形。秦朝出现了籍没刑,这也是早期没收财产刑的一种形式,也称为"收""收录"等,指的是将犯人的财产全部充公,也就是我们通常所理解的"抄家"。抄家不仅要没收财产,而且还包括罪犯的家属,罪犯家属要到官府做奴役。《唐律》对没收刑罚有了更明确的规定。《唐律》中的没官,分为一般财产

---

① 怀效锋.清末法制变革史料:下卷 刑法·民商法编:大清新刑律草案[G].李俊,王志华,王为东,等,点校.北京:中国政法大学出版社,2010:90.
② 怀效锋.清末法制变革史料:下卷 刑法·民商法编:大清新刑律草案[G].李俊,王志华,王为东,等,点校.北京:中国政法大学出版社,2010:472.
③ 李碧.刑法各论:附录:日本刑法:第一编[M].瞿宗铎,译.东京:并木活版所,1905:9.
④ 马登民,徐安住.财产刑研究[M].北京:中国检察出版社,2004:78.
⑤ 樊凤林.刑罚通论[M].北京:中国政法大学出版社,1994:232.
⑥ 蔡枢衡.中国刑法史[M].南宁:广西人民出版社,1983:85.

的没官和特定财产的没官。没官不在五刑体系中,只是作为对谋反、谋大逆之重罪适用的附加刑。《唐律疏议·盗贼》记载:"诸谋反及大逆者,皆斩;父子年十六以上皆绞,十五以下及母女、妻妾(子妻妾亦同)、祖孙、兄弟、姊妹若部曲、资财、田宅并没官……"① 按《明律》规定,贩卖私盐、私茶等官营商品的一般犯罪行为,罪人都该杖一百,徒三年,财产没官。②

没收是附加刑的一种,在中国传统刑罚体系中发挥着重要作用,随着"私有财产神圣不可侵犯"原则的确立,没收刑罚制度逐渐发生了变化,主要体现为没收的对象发生了变化。例如《大清新刑律草案》第七章第四十八条规定:"凡没收之物如下:一、违禁私造或私有之物;二、供犯罪所有及豫备之物;三、因犯罪所得之物。没收概以犯人以外无有权利者之物为限。"③《大清新刑律》关于没收的规定与此相同。

"没收"这一术语,虽然产生于古代,但是其作为刑罚术语使用是在清末才开始的。没收这种财产刑也是中国传统法律体系中就存在的,随着"私有财产神圣不可侵犯"原则的确立,"没收"的对象范围逐渐缩小,没收刑罚制度也越来越规范。

小 结

综上所述,清末"刑"术语群由"死刑""自由刑""徒刑""有期徒刑""无期徒刑""拘留刑""罚金""剥夺公权""没收"构成,这些术语的语义中都有一个核心语义成分,即"刑罚","刑罚"是这些术语的上位概念,因此上述术语共同构成表示刑罚的语义场,我们以"刑"术语群来概括这些术语。在这个语义场内,各术语之间的地位是不平等的,有明确的层次,如"徒刑"可以继续分为"有期徒刑"和"无期徒刑","死刑""徒刑""拘留""罚金"为主刑,"剥夺公权""没收"为从刑。

清末"刑"术语群与"法"术语群一样,基本上是从日本法律体系中借用来的新术语。从"刑"术语群的构成来看,清末新法律体系中的刑罚体系已经发生了较大的变化,从古代以肉刑为主的刑罚方式转变为以体现人道主义精神

---

① 长孙无忌,等.唐律疏议[M].刘俊文,点校.北京:中华书局,1983:321.
② 万志鹏.没收财产刑废止论——从历史考察到现实分析[J].安徽大学学报(哲学社会科学版),2008(5):68.
③ 怀效锋.清末法制变革史料:下卷 刑法·民商法编:大清新刑律草案[G].李俊,王志华,王为东,等,点校.北京:中国政法大学出版社,2010:90-91.

为主的刑罚方式。通过对"刑"术语群语义范畴的描写，我们可以看到"刑"术语群指称了清末新法律体系中的刑罚范畴，新旧"刑"术语群的差别说明了新旧法律体系中刑罚体系范畴的差异。

第三章 "犯罪"的语义演变与"罪"术语群的语义范畴

"罪"术语群可以说是清末法律新术语群中最大的词群之一,是以"犯罪"为核心语素聚合而成的语义场。明确犯罪行为,有利于维护国家的稳定秩序,有利于维护统治者的统治,因此,对于犯罪行为的认定,在历朝历代的法律体系中都是非常重要的一个范畴。清末"罪"术语群,其实是对整个"犯罪"概念的切分,将"犯罪"切分为各种具体的罪,从而能够更加明确地实施刑法的监督管理惩戒功能。在中国传统法律体系中,关于犯罪行为的认定未以术语的形式界定,也就是不是以词的形式来指称,而是以短语的形式来描述。词较短语来说,概括能力更强,用词来指称犯罪行为,不同罪行之间的界限更加清晰。从用短语对犯罪行为进行描述,到用词对犯罪行为进行概念定义,从认知的角度来说,体现了人们对犯罪行为认知程度的提高,将犯罪行为进行切分,进一步明确了犯罪行为的范畴。"人类的认知基于互动式体验,始于范畴化,先获得范畴,形成概念,概念系统是根据范畴(即概念)组织起来的,因此范畴化是范畴(或概念)形成的基础,范畴是范畴化的结果。"[①]在清末法律新术语群中,"罪"术语群已经明确为概念,概念的形成过程本身就是建立范畴的过程。清末"罪"术语群的形成,与"罪"术语群共同的核心上位概念"犯罪"的语义演变是密不可分的。

第一节 "犯罪"的语义演变

"犯罪"是中国传统法律体系中旧有的法律术语。清末以降,随着中外,尤其是中日法律文化的交流,"犯罪"这一术语的语义发生了变化,其新的语义进入了清末新的法律体系之中。不仅如此,随着"犯罪"进入新的法律体系,成为

---

① 王寅.什么是认知语言学[M].上海:上海外语教育出版社,2011:30.

新法律体系的核心术语,伴随其语义的演变又产生了一系列"罪"术语,并进一步形成"罪"术语群。

一、中国传统法律体系中"犯罪"的语义范畴

根据《汉语大词典》的记录,"犯罪"这个词在古代汉语中就已经存在了,例如《汉书·宣帝本纪》云:"今百姓多上书触讳以犯罪者,朕甚怜之。"《汉书·刑法志》有:"率天下犯罪者千口而有一人死。""犯罪"从字面上来理解就是表示"触犯法律以致罪"的意思。

"犯",《说文解字》的解释是:"犯,侵也。从犬㔾声。"①由此来看,"犯"的本意是"侵",由这一本意进而引申出"冒犯"之义,由"冒犯"引申出"违反""违背"之义。在"犯罪"这一术语中,"犯"所表示的意义即为"违反""违背"。

"罪",《说文解字》的解释是:"罪,捕鱼竹网,从网、非。秦以罪为'辠'。"②"罪"为"辠"的假借用法,其本字应为"辠",按照《说文解字》的解释:"辠,犯法也。从辛从自,言辠人蹙鼻苦辛之忧。秦以辠似皇字,改为罪。徂贿切。"③从"罪"的本字"辠"的意义来看,"罪"既包含了犯罪的违法性(犯法),也包含了犯罪的应受制裁性(蹙鼻苦辛之忧)。

"罪"是"犯法并处以惩罚",在奴隶社会、封建社会这样的专制社会中,所谓的规定其实就是天子的命令,天子的命令就是"法",因此有了"罪法"一词,我们现在所说的"犯罪"实则为"犯罪法"。例如"奸心藏于胸中,不敢以犯罪法,罪法恐之也""时犯罪法应配流者,其罪轻得免配行"等,用的都是"犯罪法"而不是"犯罪",指的是"触犯了罪法并处以惩罚","罪法"有"罪罚"之意义。

随着"犯罪法"使用的频率越来越高,按照汉语词汇双音节化发展的规律,"罪法"中"法"的语义弱化,"犯罪"作为一个固定的法律术语保留了下来。所以说,"犯罪"其实是由"犯罪法"简化而来的,是汉语词汇双音节化的必然结果,"犯"是表示施事的动作,而"罪法"则表示与事,是"犯"所涉及的对象。

在中国传统法律体系中,表达与"犯罪"相似语义的法律用语还有"犯法""犯禁""犯科""犯律"等,这些词最终都未能成为法律术语并被继承下来。因为在这些词语的语义中只有"触犯法律"的意思,而没有"因致罪而受惩罚"的

---

① 许慎.说文解字[Z].徐铉,校定.北京:中华书局.1963:205 上.
② 许慎.说文解字[Z].徐铉,校定.北京:中华书局.1963:157 下.
③ 许慎.说文解字[Z].徐铉,校定.北京:中华书局.1963:309 上.

含义,这一含义在"犯罪"的语义中,是经由"罪"的隐喻意义体现出来的,"犯罪"因此具有了"违反法律而招致处罚"的含义,这是其他词语所没有的。因此,"犯禁"等词语必然遭到历史的淘汰。同时,这些词语的淘汰也反映了古人对于法律体系认识的深入,是法律走向规范化的必然结果。

二、清末新法律体系中"犯罪"的语义演变

清末,在西法东渐的影响之下,"犯罪"的语义发生了一些变化。在马礼逊的《华英字典》和罗存德的《英华字典》中,"犯罪"都与"to commit a crime"互译。"crime"一词是指违反世俗法律的行为或称罪行,其词根是"sin"。"sin"为宗教概念,表示"原罪"。"sin"这个词来源于古英语的"synn",最早的使用记载是在9世纪。同样的词根也出现在其他几种日耳曼语中,如古诺斯语的"synd",或德语的"Sünde"。在西方人看来,所谓"原罪"是指人自出生以来,每个人都有罪的痕迹,人有动机上的扭曲的心(心术不正),很容易犯任何动机上的罪,这内在的罪性乃是一切实际上犯罪的根源。换言之,原罪表达的是这样一种观念:我们不是因为犯了罪才成为罪人,乃是因为我们是罪人,所以才犯罪,人生来就有受罪受奴役的性情。正因为存在人生而有罪的痕迹,人才需要赎罪。"赎罪"是基督教最为重要的教规,基督教认为,人的原罪需要经过赎罪才能得到救赎。基督教的文明对西方世界的犯罪观影响很大。正如美国学者伯尔曼所说:"西方法律体系的基本制度、概念和价值都有其11和12世纪的宗教仪式、圣礼以及学说方面的渊源,反映着对于死亡、罪、惩罚、宽恕和拯救的新的态度,以及关于神与人、信仰与理性之间关系的新设想……所有西方国家以及所有处在西方法律影响之下非西方国家的法律制度都是宗教态度与设想的一种世俗遗留。"[①]

基督教的宗教观念对西方法律思想的影响很大,使得"犯罪"的语义包含了一些宗教观,认为犯罪不仅仅是一种形式上的犯罪,而且判断是否为犯罪还要看是否有犯罪的意图,这是对犯罪行为认识的提高,更有助于划分犯罪类型。"犯罪"语义的这种变化,在清末法律教科书、词典等工具书中都有所体现。

1903年,在《新尔雅》中,汪荣宝等对"犯罪"一词的解释是:

---

① 哈罗德·J.伯尔曼.法律与革命——西方法律传统的形成[M].贺卫方,高鸿钧,张志铭,夏勇,译.北京:中国大百科全书出版社,1993:200-201.

> 犯罪:妨害国家之安宁秩序者,谓之犯罪。①

我们可以根据上述定义提取"犯罪"的语义成分,见下:

> 犯罪:＋(妨害)＋(国家)＋(安宁秩序)

在这个语义表述中,我们可以提炼出三个语义成分,即"妨害""国家""安宁秩序"。这三个语义成分体现了对"犯罪"本质属性的两方面认识:一是犯罪具有危害性,"妨害"一词体现了"犯罪"的这一内涵特征,危害性是"犯罪"的本质属性;二是犯罪损害的是"国家之安宁秩序",这与对个人的身体、财产等的妨害行为相区别,说明汪荣宝等已然认识到刑法的作用是维护国家的安宁秩序。汪荣宝等对"犯罪"语义的如此认识,与《万国公法》的影响密不可分,《万国公法》区分了"公法"和"私法"的概念,而这本属于国际法领域的概念被借用到了国内法领域,"公法"与"私法"的区分为国内法的分类提供了可以借鉴的范例,此处"犯罪"的语义就是从"公法"的角度概括出来的。

在《新尔雅》中,关于犯罪的认识,不仅将刑法中的"犯罪"从一般的违法行为中区分出来,重点强调的是"妨害国家之安宁秩序",而且还能够将刑法从诸法合体的法律体系中分离出来。

尽管汪荣宝等已经认识到"犯罪"具有危害性,"犯罪"不同于一般的违法行为,但是其对于"犯罪"所下的定义还是有缺陷的。上述定义明确了何种行为是犯罪,指明了"犯罪"的危害性和适用范围,但是未能指明"犯罪"应受处罚的这一语义内涵。刑法最为核心的内容是判断何种行为为犯罪并对犯罪施以何种刑罚。所以,《新尔雅》对于"犯罪"所下的定义,只指出了"犯罪"的一部分特征,而未能全面概括。

1905年出版的《法政速成科讲义录·刑法总论》对"犯罪"做了如下解释:

> 犯罪(形式上)者,科刑之不法行为,质言之,即刑罚法令所列举之有责不法举动也。②

---

① 汪荣宝,叶澜.新尔雅[Z].上海:上海明权社,1903:33.
② 冈田朝太郎.刑法总论[M].江庸,译//吉川左一郎.法政速成科讲义录:第一号.东京:法政大学,1905:12.

第三章 "犯罪"的语义演变与"罪"术语群的语义范畴

我们可以根据上述定义提取"犯罪"的语义成分,见下:

犯罪:＋(科)＋(不法行为)＋(刑法法令)＋(有责不法行为)

在上述语义中,我们可以提取出"科""不法行为""刑法法令""有责不法行为"四个语义成分。"科,断也。""科刑之不法行为"谓"定刑法上的不法行为"。在上述有关"犯罪"的语义表述中,首先,冈田朝太郎明确了"犯罪"是刑法体系范畴下的专业术语;其次,冈田氏指出关于"犯罪"行为的认定,应该在刑法法令中明确说明,对犯罪行为的含义有所限定;再次,"有责"二字表明在冈田氏所认为的"犯罪"中,分为"有责"和"无责"两种,"有责"犯罪需要刑罚制裁,"无责"犯罪则不需要。

为了进一步解释这个定义,冈田氏又从"国法上""解释上"两个角度解释刑法上的"犯罪"与"立法上""纯理上"的"犯罪"的区别,前者具有法定性、不可违抗性。

> 定义所标识之(形式上)一语,即国法上及解释上之意味,对于(实质上)(纯理上)(立法上)而言,解释上论犯罪之谓何,与立法上论犯罪之谓何,区别不可不审。如国法定某事为罪,其当否不必问,解释上亦不得不谓为罪。至于就纯理上论,如何行为为罪,如何行为非罪,可以任意判断,不必为国法所拘束。故解释上之谓罪,与立法上之定罪,确有区别,以后所论之犯罪,专属解释上国法上之犯罪,故定义中揭其意义,标以(形式上)之语也。①

就"不法行为",冈田氏也做了特别的说明,认为"不法行为"性质十分广泛,既包括行政法中的"不法行为",也包括民法中的"不法行为",而刑法中"犯罪"所指称的"不法行为"具有以刑法制裁的应受惩罚性。

> 泛言不法行为,有属于行政法上者,有属于民法上者,犯罪不外刑法上之不法行为。此等不法行为之中,区别其为犯罪、非犯罪,在视处分其行为之制裁如何。以强制执行、原状回复、损害赔偿之类为制裁之不法行

---

① 冈田朝太郎.刑法总论[M].江庸,译//吉川左一郎.法政速成科讲义录:第一号.东京:法政大学,1905:12.

为,无犯罪之性质也。必以刑罚为制裁,始得谓之犯罪。不法行为之性质亦甚广泛,犯罪之不法行为,必具有以刑罚为制裁之特性,故下犯罪之定义,为科刑之不法行为也。①

冈田氏所下定义较《新尔雅》对"犯罪"所下的定义来说,较为全面,既明确了"犯罪"的性质,又指明了"犯罪"的法定性。更可贵的是,冈田氏的定义论及了"犯罪"与"刑罚"之间的关系。但是,冈田氏关于"犯罪"的认识也有缺憾,虽然他认识到犯罪分为"有责"和"无责",但是何为"有责",冈田氏并未提及,这在后来学者编写的法律教科书、词典等工具书中得到了补充。

在《汉译法律经济辞典》中,清水澄对"犯罪"的语义进行了更为准确的概括:

【犯罪】形式的犯罪云者,即以刑罚制裁之有责不法行为也,其成立要素有三:

(一)犯意。
(二)刑罚法令。
(三)犯罪之所为。
三者缺一,则犯罪不能成立。

又实质的犯罪云者,凡侵害法令所保护之国家及个人利益之行为,皆为犯罪行为,由是而言则凡违反附有制裁之刑罚法令行为,不必皆实质的犯罪也。②

相对于前面《新尔雅》等关于"犯罪"的语义解释,上述关于"犯罪"的语义表述更为全面,也更清楚地揭示出"犯罪"的语义范畴。清水澄所指出的三个犯罪成立要素即为"犯罪"语义中可以提取出来的语义成分,分别是"犯意""刑罚法令""犯罪之所为"。清水澄将"犯罪"分为"形式上的犯罪"和"实质上的犯罪"。所谓"形式上的犯罪"即指刑法中以刑罚制裁的有责不法行为。同样,"有责不法行为"区分了一般的不法行为和刑法中的不法行为。可以看出,在当时学术界,对一般不法行为以及刑法中的不法行为已经有了明确区分。为了进一步说明形式上的"犯罪"究竟为何义,清水澄不仅概括出了"犯罪"的含

---

① 冈田朝太郎.刑法总论[M].江庸,译//吉川左一郎.法政速成科讲义录:第一号.东京:法政大学,1905:12.
② 清水澄.汉译法律经济辞典[Z].张春涛,郭开文,译.东京:奎文馆,1907:71.

第三章 "犯罪"的语义演变与"罪"术语群的语义范畴

义,还在此基础上进一步分析了"犯罪"成立的条件,即"犯意""刑罚法令""犯罪之所为"。所谓"犯意"指的是"犯罪意思"。这里"意思"的含义不同于现代汉语中的"意思",这里的"意思"指的是:

> 【意思】思定之新作用,即发动。如欲购一物,而决其意,显于外部之意思表示,则谓之行为;苟无表示,则人心内部之作用,非法律之所论。法律者,实论行为,但就意思状态,不能有完全决定效力,即所谓善意恶意者,亦据行为之效力责任等而区别。又意思能力之文字,对于行为文字,为学者所用,而意思不完全者,法律上为之保护。民法所谓能力,即设行为能力之规定也。[①]

首先,"犯意"其实是指犯罪动机,或者说是犯罪的主观意愿。任何犯罪从形式上来看,都是违法的,都具有一定的社会危害性,但是危害性和违法性都是犯罪的外在表现形式,如若认定某种行为为犯罪,还需要认定其具备主观意愿,即"犯意"。在犯罪行为中,对犯罪意图、动机的认定比犯罪的表现形式更为重要,也更为复杂,因为犯罪意图是隐藏在人内心深处的,是通过犯罪形式表现出来的,但是对于犯罪意图的定性,对于判断是否犯罪以及对犯罪行为的量刑来说,具有非常重要的作用。

其次,"刑法法令"旨在说明只有刑法法令中规定的违法行为才算是犯罪。这样的解释主要起到三方面的作用:

第一,将刑法中的犯罪行为从其他法律范畴的犯罪行为中区分出来,进一步明确刑法的独立地位,进一步明确"犯罪"语义的外延,体现了清末新刑法的独立性。何勤华在《法律文化史谭》中说道:"中国古代法律文化与西方法律文化的一个首要区别,是刑法在法律体系中占据着中心的位置。从《法经》、秦律、晋律,到南北朝、隋唐以及宋元明清各个朝代的法典,都是名副其实的刑法典。就是许多涉及民事合同、婚姻家庭、土地财产等的关系,也大多是用刑事手段来予以处理的。因此,中国古代法律的刑法化,成为中国传统法律文化的最鲜明特色。"[②]中国传统法律重视社会的和谐,刑法是维护社会和谐的有效手段,而近代西方法律重视正义、平等和公平,民法在其法律体系中占有重要的地位。因此,在清末新的法律体系的继受过程中,尽管新法律依然保留传统

---

① 黄摩西.普通百科新大词典[Z].上海:中国词典出版公司,1911:酉集22.
② 何勤华.法律文化史谭[M].北京:商务印书馆,2004:53.

法律重刑轻民的思想,但是刑法和民法逐渐分化,各司其职。

第二,区分法律上的"犯罪"与道德上的"犯罪"。我们知道,中国传统法律体系强调"德主刑辅","'礼'在是价值体系的同时,又是治理国家的'纲纪'、典章,并是每一个生于斯、长于斯的人的日常行为准则"。① 可见"礼"在传统中国社会中具有重要地位,关乎一切行为准则,是具有普世价值的准绳。"礼"的产生源于宗族血缘关系,由于中国古代封建社会形成了高度集权的管理模式,"礼"在这种集权统治之下逐渐演变为国家以及全体社会成员的社会规范,强调以"人治"维护"礼"所提倡和规约的道德规范,"德主刑辅"正是强调了"礼"的至高无上的权威。但是到了清末,随着西法的传入,西法强调法律的正义性,强调人对法律的服从,法律是限定一切行为的规则。因此,在西法的影响之下,清末法律在法理上力图区别"法律"与"道德"的内涵和外延,清末大量翻译或译介西法的法律教科书,凡论及"法律的意义"时,都首先与道德进行区分,以期实现法理上的合理性,使移植西法得到理论上的支持,进而能够落实到实践中。在关于"犯罪"的解释中,强调"犯罪"是"刑法法令"中规定的有责不法行为才是"犯罪",正是意在区分法律上的"犯罪"与道德上的"犯罪"。

第三,强调法治的重要性。中国传统法律在制定和实施的过程中重视"人定",西法既然赋予法律以至高无上的地位,自然是强调"法治"。如此,在清末西法移植的过程中,清末新的法律体系也要走上"法治"的道路,"刑法法令"强调"犯罪"是刑法中所规定的行为,不是人为认定的行为,这就是强调"法治"。

第四,清水澄强调了"犯罪之所为"。这一点与"犯意"是相对应的,也就是说构成犯罪的条件,除了要有"犯罪意思"之外,还需要具体的表现形式。我们说犯罪具有社会危害性,具有违法性,光靠"犯罪意思",没有犯罪行为,就不会危害社会,也没有构成违法行为,只有将二者结合,在刑法上才认定为犯罪。

犯罪意图、刑法法令和犯罪具体行为,三者共同构成犯罪的条件,这是对"犯罪"语义认识的进一步深入。在清水澄看来,"犯罪"除了有形式上的犯罪以外,还有实质上的犯罪。实质的"犯罪"从其本质上来说,凡具有违法性和社会危害性的行为,都是犯罪。也就是说,在刑法"犯罪"的基础上,扩大了犯罪的范围,甚至扩大到国际公法的范畴中,凡是侵害法令所保护的国家、个人、利益的行为,都被视为犯罪。

《汉译法律经济辞典》关于"犯罪"的认识较前人来说,从犯罪的本质上来认识揭示"犯罪"的语义,无疑是一大进步。

---

① 马小红.礼与法:法的历史连接[M].北京:北京大学出版社,2004:28.

第三章 "犯罪"的语义演变与"罪"术语群的语义范畴

在刑法体系中,"犯罪"是最为核心的一个法律术语,各类汉译法律教科书、词典等工具书都对"犯罪"进行了语义上的说明,并通过对各种犯罪条件的论述以期将何为犯罪这一问题解释清楚。对于"犯罪"的语义认知,随着对法律体系认识的深入,对刑法范畴认识的深入,当时的学术界的认识也是越来越深刻的。

1909年,在《法制经济通论》中,平沼骐一郎对"犯罪"做了如下的语义描述:

> 犯罪者,国家科以刑罚之不法行为也。
> 于凡应生法律上效力之事实,分之为事件及行为,犯罪者,行为也。
> 分行为为适法行为与违法行为,犯罪者,违法行为也。
> 于违法行为中,有当归与本人之责者(有责行为),有不当归于本人之责者,犯罪者,有责行为也。
> 有责违法之行为,曰不法之行为,于不法行为中有以法令之明文而科以刑罚者,是之谓犯罪。①

在上述语义中,我们可以提取出四个语义成分,即"国家""科""刑罚""不法行为"。平沼骐一郎关于"犯罪"一词的语义表述条理清楚,环环相扣,从四个角度逐层离析出"犯罪"的内涵,即犯罪是刑法法令中规定的有责违法行为,是科以刑罚的有责违法行为。平沼骐一郎根据其所离析出的"犯罪"的语义成分,进而指出"犯罪"行为的要素构成:

> (一)犯罪者,行为也。行为者,本与人类意思之物界之现象也。凡物界现象,无关系于人类之意思者,非行为也。分行为为作为及不作为。
> ············
> 不基于意识作用之动静,则非行为,故无论有如何之结果,不得谓之犯罪。
> ············
> (二)犯罪者,违法行为也。所谓违法行为者,谓违背国家之禁令命令之行为也。违法之实质,为对于法律利益之攻击,所谓法律利益者,谓法

---

① 户水宽人,等.法制经济通论:第五编[M].何燝时,等,译.上海:商务印书馆,1909:7.

律所保护之生活利益也。对于法律利益之攻击为正当时，则犯罪不成立。

………

(1)职务之执行。

………

(2)惩戒行为并监督行为。

………

(3)正当业务之执行。

………

(4)正当防卫。

………

(5)紧急危难。

………

(三)犯罪者，有责行为也。有责行为云者，谓责当归于行为者之违法行为也。当以行为归于本人之责时，须有左之前提。

(1)本人有责任能力。决其责任能力之有与否，须视其精神作用之完全与否。因其精神之不发达与不健全而不能全其作用者，则无责任能力。

………

(2)故意及过失。故意者，谓犯罪事实之认识也。犯罪事实之认识包括左载之诸要素：

(甲)为犯罪要素之行动之观念。

………

(乙)为犯罪要素之结果之预见。

………

(丙)为对于其他之犯罪事实(为行动及结果以外之事实)之观念。

………

(四)犯罪者，当科刑罚之行为也。有责违法之行为中，有科以刑罚者，有不科以刑罚者，科刑罚者为犯罪。

………①

平沼骐一郎对于"犯罪"语义认识得比较深刻，而且十分清楚地揭示出犯

---

① 户水宽人，等.法制经济通论:第五编[M].何燏时，等，译.商务印书馆，1909:7-21.

罪行为的本质特征,即犯罪表现为一种行为,具有违法性,是有责行为,是科以刑罚的有责行为。

1912年,岸本辰雄在《法学通论》中,以冈田朝太郎关于"犯罪"的语义表述为基础,结合清水澄的论述,对"犯罪"做出较为全面的解释,不仅包括对"犯罪"语义上的解释,还包括对犯罪进行的分类以及对犯罪责任的论述。

> 犯罪为何?依前节可略窥知。然究极其本质,而下正确定义,则颇困难。古来学者,虽各竭力于兹,然详细评论,皆不免稍有瑕疵,故详细论究,让之专科刑法学。单由形式上示一定义,则"犯罪者,违反刑法规定之行为也"。此最简易明确者。盖刑法付以制裁而命令或禁制之行为,虽皆认为害国家安宁秩序之行为,然害安宁秩序与否,一依立法者之认定,而非有理论上之标准,故不得单云"害安宁秩序之行为",要云"立法者认为害安宁秩序之行为",遂归于所谓"违反刑法规定之行为"。犯罪之定义如此,毕竟只有法律上之犯罪,与宗教上或道德上之罪有区别,虽如何背德或有害之行为,若法律无规定者,总不得谓之法律上之犯罪,则最当注意者也。①

岸本辰雄认为"犯罪"是相当难以界定的一个术语,其意义很难解释清楚。岸本氏认为从形式上可以简单地将"犯罪"定义为"犯罪者,违犯刑罚规定之行为也",定义简洁明了地概括出"犯罪"的本质。就定义来看,这与前面几位学者关于"犯罪"的定义基本一致,但是岸本氏认识到在"犯罪"的语义中,除了需要说明犯罪的范围以外,还需要说明对于犯罪行为的认定问题。任何"害国家安宁秩序之行为",只要由立法者认定为犯罪行为,则确定为犯罪行为,不依据习惯而判断,也不必从理论上探究其犯罪的标准,一切皆以立法者所认定为依据。岸本氏的此种认识,在当时日本的法律体系中已经体现出来了,例如明治刑法典(1907)第二卷规定了各种犯罪类型,就反映出了上述"犯罪"的语义内涵。清末,在移植日本明治时期法律体系的过程中,"犯罪"新的语义也被引进来了。"犯罪"的新语义内涵一方面说明清末新刑法中的犯罪行为不依据传统习惯来判断,一切由专门的立法部门来认定,进一步反映了清末法律制度的规范化、清末法律组织的规范化;另一方面也将法律中的犯罪行为与道德中的有罪行为相区分,明确了何为法律上的犯罪。中国传统法律强调"德主刑辅","德"以"礼"为依据,触犯"礼"规定的一些行为就要受到刑法的处罚,而清末新

---

① 岸本辰雄.法学通论[M].陈崇基,译.东京:翔鸾社井上印刷所,1911:96.

的法律,强调法治,强调法与道德的相互分离。从"犯罪"的语义范畴上则可以看出,在清末新法中,法与道德已经分离,道德上认为有罪的行为只要没有经由立法部门认定,那么就不是犯罪。也许道德上的有罪行为会受到舆论的谴责,但是不会受到法律的制裁。

岸本辰雄重视"犯罪"和"刑罚"在"刑法"中的重要作用,因此,在《法学通论》的"刑法性质"一节,用了相当多的笔墨来解释何为犯罪以及犯罪的类型和责任,仅是犯罪类型就详细论述了九大类:

> 行为之犯罪者,不止千百,然由种种之点观察之,可为数种区别,即由犯罪之性质或犯罪之种类,及刑罚之轻重。

第一,行犯、不行犯。反乎命令法之规定(即命令当为或行为之规定)而不为其行为者,谓之不行犯。反乎禁止法之规定(即禁止为或行为之规定)而为之者,谓之行犯,犯罪之多数,皆属行犯。其为不行犯者,不过不修理家屋者,医师、化学家不肯解剖分析又鉴定者,数种而已。而此区别,实用上毫无利益,止于学理上明之。

第二,有意犯、无意犯。凡人之行动,虽非无意,然犯罪之时,有有犯意和无犯意之别。因有有犯意为犯罪,与不问其意之有无亦为犯罪之别,即以犯罪之意为犯罪一条件者曰有意犯,否者曰无意犯。犯罪之大部分,属于前者。过失罪及违警罪之大部分属于后者,此区别就识别或行为之为罪与否,为最必要。何则,意思之有无,与犯罪之成否有关系故也。

第三,单行犯、惯行犯。一次为或行为而直为犯罪者,曰单行犯。待数次为同种行为认定为惯行,始为犯罪者,曰惯行犯。

....

第四,即成犯、继续犯。即成犯者,或犯罪行为,即时终了。继续犯者,其行为须多少之时日间,无间断而续行。

....

第五,常事犯、国事犯。国事犯者,直接关于国家组织之犯罪,而以变换国体及政体,或颠覆政府,或减杀政权之一部,或改革施政上之方针,或变更以国宪所定国民之位置等之目的,直接害国家之秩序之行为也。故勿论国家之财产权,即与危害于警察权,亦不为国事犯,是当注意。而他之犯罪,皆常事犯。因此区别,而刑之种类异,加重减轻之例异,裁判管辖异,且国际间犯罪人引渡处分亦异,最见区别之实用焉。

第六,通常犯、特别犯。通常犯,谓规定于通常刑法之犯罪;特别犯,

第三章 "犯罪"的语义演变与"罪"术语群的语义范畴

谓规定于特别法律之犯罪。

....

第七,现行犯、非现行犯。此区别非关于犯罪之性质,唯关于犯罪发觉之时期,以于现行或现行既终之际发觉之犯罪为现行犯。以有犯罪事实之后发觉者为非现行犯。然虽发觉于现行或现行既终之际,而不能即时逮捕,则不能依现行犯之手续,尚为非现行犯。

....

第八,附带犯、非附带犯。附带犯,谓一罪与他之一罪相联络,非附带犯反之,谓独立存在之犯罪也。

....

第九,重罪轻罪及违警罪。
..........①

岸本辰雄对于犯罪的分类已经和中国传统法律体系中关于犯罪的分类大不相同了,这是受到法国《拿破仑法典》的影响并效仿其所做的分类。通过上述分类,我们可以看出,岸本辰雄是围绕"犯罪"的语义来将犯罪进行分类的,如对于"有意犯"和"无意犯"的划分就是根据"犯罪"语义中的"犯意"进行的。

表 3-1 清末"犯罪"的语义范畴及语义成分

文献来源	语义范畴	语义成分
《新尔雅》	妨害国家之安宁秩序者,谓之犯罪	1. 妨害 2. 国家 3. 安宁秩序
《法政速成科讲义录·形法总论》	犯罪(形式上)者,科刑之不法行为,质言之,即刑法法令所列举之有责不法举动也	1. 科 2. 不法行为 3. 刑法法令 4. 有责不法举动
《汉译法律经济辞典》	形式的犯罪云者,即以刑罚制裁之有责不法行为也	1. 犯意 2. 刑罚法令 3. 犯罪之所为
《法制经济通论》	犯罪者,国家科以刑罚之不法行为也	1. 国家 2. 科 3. 刑罚 4. 不法行为

从表 3-1 中,我们可以发现,对于清末"犯罪"的语义范畴来说,最早的《新

---

① 岸本辰雄.法学通论[M].陈崇基,译.东京:翔鸾社井上印刷所,1911:97-102.

尔雅》中的语义表述就已经奠定了"犯罪"在清末新的法律体系范畴中的地位,并揭示出"犯罪"语义中的主要语义成分。在接下来各家关于"犯罪"的语义表述中,逐渐增加了"科",表示"犯罪"是需要处罚的;增加了"法令",说明"犯罪"行为是经由法律裁定的;增加了"有责不法行为",区分了刑法上的不法行为与其他法律中的不法行为;增加了"犯意",表明法律对于犯罪行为的认定。"犯罪"的语义到《法制经济通论》基本上已经定型了,而岸本辰雄在《法学通论》中对于"犯罪"语义的讨论无疑是锦上添花,从犯罪的构成上来说,认识得更为深刻了,但是语义内涵较前几位的观点,确实没有发生大的变化,所以我们没有将其列入表中。

通过对清末以来汉译法律教科书、词典等工具书中关于"犯罪"语义内涵的分析,我们发现当代法律体系中的"犯罪"语义在清末基本就已经形成了。根据《中国百科大词典·法律》对"犯罪"的解释,"犯罪是危害统治阶级的阶级利益和统治秩序,依法律规定处以刑罚的行为"。在上述定义中,"危害""法律规定""刑罚""行为"等语义成分在清末业已形成,当代犯罪的特征,即"社会危害性""违法性""罪过""应受惩罚性"也在清末就已经形成了。

综上,"犯罪"是中国传统法律体系中就已经存在的术语,因为受到传统法律文化的制约,"犯罪"的语义范围较为宽泛,没有明确的外延,也没有和刑法联系起来。清末"犯罪"一词在西法的影响之下,增添了"犯意""犯罪之所为""刑法""立法机关"等语义成分,这些语义成分的出现反映出了清末新刑法中犯罪观的形成。在清末新的犯罪观的影响之下,一批"罪"术语应运而生,并聚合为以"犯罪"为核心上位语义的词群,即"罪"术语群。

第二节 "罪"术语群的形成及语义范畴

通过对《大清新刑律草案》和《大清新刑律》的调查,清末"罪"术语群[①]一共有41个,其中总则中有5个,分别是"不为罪""未遂罪""累犯罪""俱发罪""共犯罪"。分则中有36个,分别是"侵犯皇室罪""内乱罪""外患罪""妨害国交罪""泄漏机务罪""渎职罪""妨害公务罪""妨害选举罪""骚扰罪""逮捕监禁人脱逃罪""藏匿罪人及湮灭证据罪""伪证及诬告罪""放火决水及妨害水利罪""危险物罪""妨害交通罪""妨害秩序罪""伪造货币罪""伪造文书印文罪""伪造度量衡罪""亵渎祀典及发掘坟墓罪""鸦片烟罪""赌博罪""奸非及重婚

---

① "犯罪"这个术语是"罪"术语群的上位概念,本书未将其放入"罪"术语群之中。

罪""妨害饮料水罪""妨害卫生罪""杀伤罪""堕胎罪""遗弃罪""私滥逮捕监禁罪""略诱及和诱罪""妨害安全信用名誉及秘密罪""窃盗及强盗罪""诈欺取财罪""侵占罪""赃物罪""毁弃损坏罪"。我们主要分析分则中的这36个"罪"术语。

上述36个"罪"术语，其实主要是根据日本明治刑法典，对中国传统法律中的犯罪行为进行重新分类，借用日本明治刑法典的书写形式概括而形成的。其所指称的犯罪行为基本上是中国传统法律体系中所包含的犯罪行为，但是在日本明治刑法典的影响之下，加上"罪"字就使中国传统法律中作为描述性的法律用语定型为法律术语。通过术语的名称，我们依然可以从中得知这个术语的语义内涵大致是什么。

例如"侵犯皇室罪"，虽然在清末各类法律教科书、词典等工具书中，我们找不到关于这些术语的明确解释，但是通过其字面含义，我们也能够大概得知其语义内涵。

"侵犯皇室罪"，顾名思义，指的就是侵犯了皇室的各种罪行。在《大清新刑律》中，"侵犯皇室罪"包括：加危害于乘舆、车驾或将加者；因过失生危害于乘舆、车驾者；加危害于皇帝缌麻以上之亲者；因过失致生危害于皇帝缌麻以上之亲者；对乘舆、车驾有不敬之行为者；对太庙、山陵有不敬之行为者；对皇帝缌麻以上之亲有不敬之行为者；阑入太庙、山陵、宫殿、禁苑或受命令而不退出者等。① 这些都属于侵犯皇室罪。这些罪行不是清末才产生的，在中国传统法律体系中就已经存在了。《唐律疏议》把性质最严重的十类犯罪概括为"十恶"并罗列在《名例律》中，其中的"谋大逆"，指的就是谋毁宗庙山陵及宫阙罪，这也属于清末新法中的"侵犯皇室罪"。

《大清新刑律》第二编"分则"第三十章是"略诱及和诱罪"，在这一章中，给"略诱罪"做出了解释，即"以强暴、胁迫或诈术拐取妇女或未满二十岁之男子者，为略诱罪"②。在《唐律疏议》中，我们同样可以找到对"略诱及和诱"罪行的规定，如在《贼盗》中，有关于"略人、略卖人""略奴婢""略卖期亲以下卑幼"等罪行的规定。

---

① 怀效锋.清末法制变革史料：下卷　刑法·民商法编：亲属法草案总则说明[G].李俊，王志华，王为东，等，点校.北京：中国政法大学出版社，2010：476-477.
② 怀效锋.清末法制变革史料：下卷　刑法·民商法编：亲属法草案总则说明[G].李俊，王志华，王为东，等，点校.北京：中国政法大学出版社，2010：494.

> 诸略人、略卖人……【疏】议曰：略人者，谓设方略而取之。略卖人者，或为经略而卖之。……【疏】议曰："和诱"，谓和同相诱……①
> 诸略奴婢者，以强盗论；和诱者，以窃盗论。②
> 诸略卖期亲以下卑幼为奴婢者，并同斗殴杀法。③

可见，"略诱及和诱罪"在中国传统法律体系中也是存在的，而且根据略诱、和诱对象的不同而有不同的惩罚方式。

总的来说，清末"罪"术语群所规定的罪行，在中国传统法律体系中基本上可以找到原型，如上述的"侵犯皇室罪""略诱及和诱罪"；再如"泄漏机务罪"，在《唐律疏议》中有"泄漏大事"一罪；"渎职罪"在《唐律疏议》中有"在官应直不直""公事失措自觉举""上书奏事误""公事应行稽留"等罪行；"杀伤罪""遗弃罪""赃物罪""侵占罪""毁弃损坏罪""妨害公务罪""窃盗及强盗罪""诈欺取财罪"等，在《唐律疏议》中都有所涉及。可见，清末"罪"术语群基本上是在传统法令法规所规定的罪行的基础上发展起来的，但是在日本明治刑法典的影响下，借用了其中关于罪行术语的表达方式及部分语义，使得清末"罪"术语的内涵和外延都发生了变化。

从语义内涵上来看，清末"罪"术语群是对传统法律的继承，但是从语言表述上来看，清末"罪"术语群借鉴了日本明治时期法律中的术语，比如一些罪行中所使用的"妨害"一词，就是借用了日本明治时期法律中的术语。再如"妨害选举罪"，选举制度是在清末才介绍至中国的，因此，"妨害选举罪"也是清末新产生的"罪"术语，在中国传统法律体系中，找不到"妨害选举罪"的原型。除此之外，还有"妨害安全信用名誉及秘密罪"等。"妨害安全信用名誉及秘密罪"和"选举罪"都是在清末法律移植的过程中新产生的"罪"术语。

小　结

我们以"犯罪"的语义演变为线索，分析了"罪"术语群的生成及其语义范畴。从来源上看，尽管"罪"术语群中大部分术语的构成要素都来源于中国传统法律体系中的法言法语，或者说其所表达的语义在中国传统法律体系中可

---

① 长孙无忌，等.唐律疏议[M].刘俊文，点校.北京：中华书局，1983：369-370.
② 长孙无忌，等.唐律疏议[M].刘俊文，点校.北京：中华书局，1983：371.
③ 长孙无忌，等.唐律疏议[M].刘俊文，点校.北京：中华书局，1983：372.

以找到对应的指称形式,如"皇室""略诱""和诱""杀伤""侵占"等,但是我们认为这些术语还是清末新产生的法律术语。这是有原因的,主要出于两点考虑:一是由术语的概念决定的。"术语"指的是在特定专业领域中一般概念的词语指称,一个术语表示一个概念,表达形式是"词"。上述法律术语的语义所对应的法律指称形式在中国传统法律中是以短语的形式存在的,不是词;二是"罪"术语群的术语从构词方式上来看,是在清末翻译日本明治时期刑法典的过程中通过借用规则,以规范化的构词模式构成的新词,从术语学的角度来看,这是术语规范化的标志,也是术语形成的标志,所以我们认为"罪"术语都是清末产生的新术语。"罪"术语群是清末刑法体系中非常重要的一个词群,是对刑法中犯罪行为的规范性指称。一般来说,法律概念可以分为两类,一类是规范性概念,一类是描述性概念。规范性概念指的是对人的行为有规范意义、本身具有规范内容的概念;描述性概念指的是对外在事物进行描述的概念,通过描述使法律得到表达,通常是与法律有关的事物、时间、地点的描述。[①]"罪"术语群基本上属于规范性概念。法律通过"罪"术语群对犯罪行为的描述,进而从社会生活的方方面面对人们的行为进行规范,从而达到稳定社会治安,维护国家长治久安的目的,这体现了"罪"术语群的规范性。

---

① 张文显.法理学:第 4 版[M].北京:高等教育出版社,2011:68.

第四章 "权利"的语义演变及"权"术语群的语义范畴

在清末新的法律体系中,有一类很特殊的术语群,这一术语群所包含的术语数量最多,而且分散于各个部门法中,这一术语群就是"权"术语群。"权"术语群的形成与"权利"这一术语的产生有着密切的关系。"权利"从《万国公法》而来,随之传入日本,在清末又传回中国。清末新的法律体系的建立和完善离不开"权利"这个关键术语的生成和传播。从法理学上来看,"权利"在整个法律体系中表示的是一种法律关系。"权利"是丁韪良在翻译《万国公法》时新创造的词,用来翻译西方的"right"。我们引用《中国大百科全书·法学》的解释来看一下近代西方启蒙时期的权利观是如何体现的:

【权利】在马克思主义出现以前,影响最大的权利学说是17—18世纪资产阶级启蒙思想家和德国古典唯心主义思想家康德等人所主张的"天赋人权论"。他们关于权利的观点鲜明地体现在资产阶级的宪法性文件上,例如1776年美国《独立宣言》宣称,人人生而平等,都具有天赋人权,其中包括"生命权、自由权和追求幸福的权利"。……1789年法国《人权宣言》亦把这种天赋人权规定为"自由、财产、安全和反抗压迫"四项。①

西方的权利观集中体现为人对生命、财产、安全、自由的向往和追求,认为人所拥有的权利是生而具有的,是天赋的。西方的这种权利观经由"权利"与"right"的互译,将"right"的语义引入中国,并使"权利"成为清末新的法律体系中用以表达最为重要的法律关系的术语之一。清末新的法律体系中的术语如"选举权""物权""债权""所有权""财产权"等的产生,都与"权利"的生成与

---

① 中国大百科全书出版社编辑部.中国大百科全书:法学[Z].北京:中国大百科全书出版社,1984:485.

第四章 "权利"的语义演变及"权"术语群的语义范畴

传播密不可分。

第一节 "权利"的语义演变

"权利"可以说是在西法东渐的过程中,新产生的法律术语,尽管这个术语在中国古代汉语中就有,但就语义范畴来看,二者虽说并无迥别,但也是相距甚远。对"权利"的考证,一直都是法律史学界的一个热点,而且已经获得了一致共识。

一、"权利"的来源

关于"权利"来源问题的研究,我们认为就目前的研究成果来看,李贵连教授《话说"权利"》一文分析得最为透彻,我们借用其观点以解释"权利"的生成问题。

首先,李教授认为"权利"二字古已有之,他指出:

> 古代"权利"虽然没有近代"权利"的含意。但是模糊地表述近代"权利",特别是"所有权"含意的字还是有的,这个字就是"分"。如《荀子·礼论》:"人生而有欲,欲而不得,则不能无求,求而无度量分界,则不能不争。争则乱,乱则穷。先王恶其乱也,故制礼义以分之,以养人之欲,给人之求。"荀子把"分"与人的"欲""求"相联结,"分"满足人的"欲""求"。这种"分"显然包含近代的"权利"意蕴。恐怕正是这个原因,本书后面要说的《公法便览》解释"权利"时,才毫无犹豫地使用这个"分"。[①]

这是李教授关于中国古代"权利"用法的解释,我们亦受李教授启发,深以为是。现在我们所理解的"权利"即为"公民或法人依法应享有的权力和利益",抛开前面表示法律术语的相关语义成分不看,我们可以简单地将"权利"概括为"权力"和"利益",那么这与李教授所举古代汉语中"权利"之意义较为贴合。在分析中国传统社会中"权利"语义的基础之上,李教授又进而分析了"权利"在清末新法律体系中的用法,即"'有司所操之权'与'凡人理所应得之分'"之义的创造。

---

① 李贵连.话说"权利"[J].北大法律评论,1998(1):118.

需要指出的是,《万国公法》中不仅有"权利"一词,与此相关的或派生的"权"、"自主之权"、"主权"、"公权"、"私权"等等,几乎涵盖了《万国公法》的所有卷和章(参见附录)。通观这些用词,今天我们即使不做认真推敲,也不会将它理解为"权力和货财"。它是丁韪良这个中国通,与协助他进行翻译工作的中国人一起,借用古代的"权"和"权利",所做的改造或创造。这是中国近代文献中,所能见到的最早的"权利"。①

李教授考证出《万国公法》首先使用了"权利"这一术语,除"权利"外,《万国公法》还大量使用"权"术语,如"主权""公权""私权"等,形成了"权"术语群。以下为李教授所引《公法便览》凡例中对"权利"一词创制的论述:

> 公法既别为一科,则应有专用的字样。故原文内偶有汉文所难达之意,因之用字往往似觉勉强。即如一"权"字,书内不独指有司所操之权,亦指凡人理所应得之分,有时增一"利"字,如谓庶人本有之权利云云。此等字句,初见多不入目,屡见方知为不得已而用之也。

通过丁韪良自己的解释,我们可以看出,其所创制的"权利"具有以下两个含义,即"有司所操之权"和"凡人理所应得之分"。我们现在所理解的"权利"意义在此处已经初步表露出来了。

李贵连教授通过这篇文章清楚地解释了"权利"的来龙去脉。他认为《万国公法》中的"权利",实为清末法律中"权利"的滥觞,在《万国公法》和《公法便览》中,通篇"充斥'权'和'权利'"。丁韪良不仅将"权利"与"right"对应起来,使"权利"获得了西语"right"的语义内涵,而且还将古代汉语中作为普通词语使用的"权利"纳入清末法律新术语范畴中,这是值得肯定的创举。如上所述,"权利"在现代汉语中的解释是"公民或法人依法应享有的权力和利益",这一语义并非一开始就通过《万国公法》对"权利"的使用而获得,其语义是在清末法律移植过程中发展并最终定型的。我们还是以清末翻译自日本的法律教科书、词典等工具书以及各种译介著作作为文献依据,分析在清末法律移植的历史语境中,"权利"的语义是如何演变的。

---

① 李贵连.话说"权利"[J].北大法律评论,1998(1):119.

二、清末新法律体系中"权利"的语义演变

根据《新尔雅》的释义,"权利"表示:"人之生存为法律所保护者谓之权利。"①在这个语义中,我们可以提取出四个语义成分,即"人""生存""法律""保护"。这四个语义成分体现出"权利"的本质,即权利是受法律保护的,人生而拥有权利,权利是与人有关的。"权利"是法律体系范畴中的术语,"权利"由法律制定并受法律保护。但是,在《新尔雅》的定义中,"人之生存"这个提法太过笼统,"人之生存"的具体内容是什么没有解释清楚。

1905年,湖北师范生编的《师范讲义》(第三册),对"权利"做了如下的解释:

> 人于法律上所得之利益,谓之权利。权利者,束缚人之不我犯,而亦束缚我之不犯人。我有权利,人即有义务,我有义务,人即有权利,二者相因而行者也。权利二字,系由罗马居斯译出,在英国曰奈脱,皆含正字之义。盖权利者,正也,谓有守正之权,即有守正之利,不正者不可谓之权利明矣。又有理字义,故或译为权理。②

在上述语义中,我们可以提炼出"人""法律""所得""利益"四个语义成分。"人"说明权利的主体。"法律"说明"权利"是法律体系范畴下的术语,"权利"是受法律保护并由法律认定的。"所得"这里将人生而具有之权利与法律上的"权利"区分开来,经由法律认可的才是权利。"利益"指明"权利"人应得的好处,是人受法律保护的相关利益。较《新尔雅》中的释义来说,此处关于"权利"的解释明确了法律所赋予的人之生存的内容是什么,即利益。

继"权利"的定义之后,作者又对"权利"做了进一步的解释。作者认为"权利"和"义务"是相伴而生的,每个人都拥有权利,相应地每个人都拥有对其他人的义务。"权利"和"义务"互相平衡才能够实现人与人之间的和谐关系,所以才有"守正之权"和"守正之利",每个人都要恪守正道,维护自己的权利,不破坏别人的权利。"权利"与"守正"联系在一起,反映出传统"礼"的思想对清末新的法律体系的确立依然存有根深蒂固的影响。

1906年5月,冈松参太郎编写《法制问答》一书,再次对"权利"的语义进

---

① 汪荣宝,叶澜.新尔雅[Z].上海:上海明权社,1903:28.
② 湖北师范生.师范讲义:第3册[M].武汉:湖北学务处,1905:33.

行了解释:

> 权利者,谓据准法律保护,享得利益之权力也。夫法者,人间行为之秩序也,人人各须法律保护,然后可得身体之安宁。倘遇被侵害之事,则有救济之力也。又债权者,亦须法律保护,然后可得督促缴还于债务者之类,皆是权利也。①

在上述定义中,同样有"人""法律""保护""利益"四个语义成分,和前引各教科书关于"权利"定义中的语义成分具有同样的作用。在此语义中,增添了"权力"这一语义成分。"权利"与"权力"仅一字之差,"利"表示"利益","力"表示"效力""势力",因为"力"的语义带有强制性,所以"权力"也具有了强制性,《政法辞解》对于"权力"的解释为:

> 统治权与基于其作用之诸权利,谓之权力。申言之,即以一人之意思,强制他人之意思之法律上之力也。②

"以一人之意思,强制他人之意思之法律上之力",其实说的就是每个人都享有权利,每个人对他人也有一定的义务,对他人的义务通过法律所赋予私人的"权力"来体现并维系。人生而平等,所以每个人都不可以侵犯他人的权利,如果侵犯,被侵犯者可以要求侵犯者做出相应的补偿,这就是"权力"在发挥作用。因此,在上述语义中,对于"权力"的提出无疑是对由法律认可并由法律保护的权利提供了切实的法律上的依据。该定义后面所举的例子,是债权者可依据法律,要求债务者还债,这是债权者的权利,也是债务者应尽的义务,因为"权利"包含"权力"的强制性,所以债权者催讨债务的行为是受法律保护的,债务者还款也具有强制性。

1906年,在《汉译法学大纲》中,新田义彦、外山喜园对"权利"做了非常详细的解释,我们在此引用如下:

> 权利及义务之观念者,在法律上,尤为紧要之事。
> 人类立于平等地位,在各个人相互间之法律关系,即权利义务之关

---

① 冈松参太郎.汉译法制问答[M].关口隆正,汉译.东京:吉川弘文馆,1906:15.
② 朱树森,孙德震,孙德泰,胡贤炬.法政辞解[Z].东京:并木活版所,1907:461.

系也。

此权利义务之性质不明,则法律之性质及作用、到底不可明白了解。

权利是法律所作之物,如无法律,随亦无权利。若夫自然权利或天赋人权等,皆非法律上所认之权利。在外国(西洋)则所谓权利与法律,其文字相同。

又义务是权利之里面的观察,而此二者互有表里之关系,即权利者由主观的观察而生,义务者由客观的观察而生。

试述权利义务之思想发达之顺序:在未开发的时代,则无论何地,独义务之观念发达,未有权利之观念也。随社会之发达,渐生权利之观念,至近世,乃达于义务为保护权利而设之观念。

盖古昔国家之团结未坚固,如认各个人之权利,则主权者难为之统一,故专规定义务也。至团结渐巩固而无坏乱之恐,乃义务之外更认权利,终至以权利为第一观念,以义务为第二观念。比之古昔,正相反对。所以法学者曰,法律从义务本位而进于权利本位,即此意也。……

就权利之定义,则异说纷纷,虽未归一,而大别之,则分为利益说及意思说之二。左述二三学说,然后将述余辈所信之说。

第一,自由说;第二,意思说;第三,利益说。

…………

权利者,对个人又团体,强制行为不行为,法律上之力也。分析之则如左:

第一,权利者,对个人又团体者也。

故权利者非对物者,而对特定之人,若全般之人者也。古昔对人之权利谓之对人权,对物之权利谓之对物权,以说明之。然此不可谓正确,抑人与物之关系,非权利关系也。一人对物,曰有所有权,或曰有特许权,是非对其物之谓也。亦是对他人之权利之意也。

第二,权利者,行为又不行为之强制也。

权利者,强制他人之行为,又不行为,而本是关于人之行为,故权利之主体即人也。人者或是自然人,或是法人,都是不拘。就客体则有议论,俟后详说之。

权利者有强制之力,无之非权利也。然强制之方法,则各有法律规定,第一普通手段是诉讼也。

第三,权利者,法律上之力也。权利非腕力,而法律上之力也。所谓法律上之力者,因法律之积极的容许,以实行一定之意思之谓也。故法律不积极的许容之者,不可以为权利,或是散步,或是饮食,并皆非权利也。何者?是法律虽不禁之,而非积极的容许之故也。

意思之实行,不必有其力者自为之,他人代决其一定之意思,而实行之亦可。幼者及法人,纵是无意思能力,亦可得为权利主体。此因代人实行其一定之意思也。①

上述关于"权利"的论述,可以大致告诉我们当时人们所理解的"权利"的语义是什么。作者之所以用了相当长的篇幅来解释"权利",是因为"权利"在法律体系中具有重要作用,"权利及义务之观念者,在法律上,尤为紧要之事"。作者对"权利"语义认识得很深刻,让我们不得不在此也全面引用,实在难以割舍其中的任何一句话。作者没有明确"权利"的语义究竟是什么,但是我们可以就其上述观点,将"权利"的语义提炼如下:

第一,"权利"的范围是由法律规定的,并不是人生而具有的一切都是权利。正如作者所言,"权利是法律所作之物""权利者,法律上之力也"。"权利"的核心语义成分就是"法律",这依然与前人观点一致,"法律"在"权利"的语义中是很重要的语义成分,具有将"权利"定性的作用。

第二,"权利"不是人所特有的。这里可以提炼出的语义成分是"人""团体"。前述几种关于"权利"的表达,都可以提取出"人"这个说语义成分,在《汉译法学大纲》中,我们还可以提取出"团体",这指出"权利"不是人所独有的,也是以人为单位聚合而成的团体所拥有的。

第三,"权利"的主体是人,在这里明确了"人"的范围,自然人、法人都可以是权利主体。

第四,"权利"既包含人与人的关系,也包含人与物的关系,"所有权""特许权",就是人与物的关系。

第五,"权利"具有强制性。这里可以提炼出来的语义成分自然就是"强制"。法律具有强制性,法律体系范畴中的一切规则都具有强制性。"权利"是法律体系范畴中的术语之一,表达一定的法律关系。因此,权利也具有一定的强制性。人的权利一旦遭到破坏或侵害,任何人都可以通过诉讼来使自己的权利得到法律的保护。

根据《汉译法学大纲》关于"权利"的论述,至少可以总结提炼出四个语义成分,分别是"法律""人""团体""强制性"。这较前人所列举之语义来说,增加

---

① 新田义彦,外山喜园.汉译法学大纲[M].东京:森田活版印刷所,1906:95-105.

了"团体"和"强制性"这两个语义成分,同时对"人"的范围也做出明确划分,这表明人们对"权利"的认识更深入了,区分了法律上的"权利"和"自然权利""天赋人权"中的"权利"的差别,从法律的角度来看,对"权利"的定义更加具体和规范。但遗憾的是,作者只认识到了"权利"是由法律制定的,但权利的内容究竟有哪些,却没有提及,未能论述。

1907年,《政法辞解》对"权利"做了如下解释:

> 谓得据法律,使他人认自己行为为正当之力也。例如自己于所有土地上造屋,邻人置障碍物于其地,而我令其除去之,邻人必不能以我之行为,为不正当,何则?以法律上有物权之规定,而我得使彼认为正当之行为也,此其使认之力,即称权利。①

《法政辞解》中关于"权利"的解释,其实是延续了《汉译法学大纲》中的解释,从其语义中可以提炼出三个语义成分:即"法律""行为""正当之力","法律"自不必多说。"行为"体现了"权利"是人所特有的,表示的是人与人之间的关系,以及人与物之间的关系。"正当之力"的作用有两个,一是呼应"据法律"的语义表述,强调"权利"是经由法律认定的,具有约束力、强制力,所以是"正当之力";二是区分法律中的"权利"与人生而有的"自然权利"之间的差别,用"正当"二字概括准确精当。

清水澄在《汉译法律经济辞典》中对"权利"有如下描述:

> 权利之意义,学说纷纷,无所归一。然大别为三种:曰意思说、利益说、折中说是。意思说论者曰:权利者,法所认定意思之力。利益说论者曰:权利者,法律所保护之利益也。此二说互有短长,于是折衷说出焉,曰:权利者为享受利益,故法律所付与意思之力也。他尚有行为范围说、持分说等。余辈亦属于折衷说派,因下定义如左:权利者,据法律所许得主张为自己利益之意思的力也。②

清水澄首先梳理了一下关于"权利"语义的多种解释,即"意思说""利益说"及"折中说",这和前面《汉译法学大纲》中的观点略有不同,后者认为关于

---

① 朱树森,孙德震,孙德泰,胡贤炬.法政辞解[Z].东京:并木活版所,1907:463.
② 清水澄.汉译法律经济辞典[Z].张春涛,郭开文,译.东京:奎文馆,1907:560.

"权利"的意义也有不同的解释,即"自由说""意思说""利益说"。造成此不同的原因主要是编者所接受的法学理论不同,以及对"权利"的认识处于不同的阶段。在清水澄关于"权利"的语义表述中,我们可以提炼出的语义成分有"法律""利益之意思""力"。通过这三个语义成分,我们可以看出清水澄还是延续了《汉译法学大纲》中关于"权利"的认识,只不过这里增加了"意思"一词。所谓"意思",不过是主观意愿或是实施某种行为之动机。在此语义中,"意思"表达了人们都有维护自己权利的主观意愿,而这种主观意愿是受法律保护的,对他人具有强制力的观点。

"权利"的语义经过不同人的诠释,逐渐形成了较为统一的认识,即"权利"的语义一定包含"法律""力""人"或与之相类似的语义成分。如1908年,冈田朝太郎在《法学通论》中对"权利"的语义进行了如下描述:

权利者,国法之所赋予于吾人而保护之力也。其意义如左:

(一)国法上之权利,即由国法所发生者也,往古既置不论已。今之法治国制度,已无复有认自然的权利之存在者。盖国法犹权利之母,或以为权利之性命焉可也。

(二)何为权利之实质?曰力、曰能力、曰势力、曰威力、曰为自己利益而得以钳制他人之行动之原力也。

(三)凡人皆有一切之能力,虽然,未得即以其力为权利也,必由国法附与之,且为国法之所保护者,乃得谓为国法上之权利耳。[①]

冈田朝太郎对"权利"的解释更加准确,更贴近于我们现在所理解的"权利"。在其语义中,同样包含上述我们总结的三个语义成分,即"国法"(法律)、"人"、"保护力"。"权利"的语义历时五年的演变最终形成了较为普遍性的认识。但是也有例外情况,如1908年,钱恂、董鸿祎在其所编写的《日本法规解字》中,对"权利"做了如下解释:

权利:人人当循之理,曰权,有权即有利,故曰权利。人人既享此权利,即人人有当尽之义务。[②]

---

① 冈田朝太郎.法学通论[M].张孝栘,译.东京:富山房,有斐阁,1908:43.
② 钱恂,董鸿祎.日本法规解字[Z].上海:商务印书馆:1907:52.

我们前面所举的各种材料基本上是翻译自日本的法律教科书或词典（《新尔雅》除外），而不是中国人自己编写的。《日本法规解字》则例外，不是翻译著作，而是原创著作，也就是根据翻译出版的《新译日本法规大全》，选取其中一些生僻的法律词语进行解释，最终汇集而成。《日本法规解字》的编者是钱恂、董鸿祎翁婿二人。钱恂不仅对旧学有研究，而且对当时兴起不久的新学也有较深了解，是个思想开明的学者。钱恂早年奔走于薛福成、张之洞幕下，是薛福成的得意门生之一，为张之洞帮办洋务。我们知道，在清末的法制改革中，张之洞高举保守派的大旗，与以沈家本为代表的改革派分庭抗礼，钱恂也是张之洞阵营的一分子，其对于中国传统法律体系中的"礼"的认同是不言而喻的。因此，在《日本法规解字》中，时时可见其对传统礼学思想的拥护。我们前面已经用大量的材料论证了在20世纪初期，也就是1907年左右，关于"权利"已经形成了普遍性认同的事实，但是钱恂的定义，没有按照"权利"既成的语义来解释，而是另辟蹊径，回归传统，与1903年《新尔雅》中的释义略有相似之处，强调"理"在"权利"语义中的重要性。其实"理"与汉译日本法律教科书中所强调的"正当"是一个意思，但是"理"在中国传统礼学思想中有着更为深刻的含义，"理"不仅体现出要合乎法律规定，还体现出要合乎礼法的规范。钱恂关于"权利"的语义表述回归到了传统法律观中，他强调"人人既享有权利，即人人有当尽义务"，明确了"权利"和"义务"的辩证关系，又与当时关于"权利"的认识相一致。因此，我们说钱恂关于"权利"的语义表述立足中国传统法律思想，又融合了一定的近代西方传入的关于"权利"的新的语义内涵。

第二节 "权"术语群的形成及语义范畴

"权"术语群可以说是清末法律新术语体系中数量最多、覆盖面最广的一个术语群。通过对清末新编纂的法令法规进行穷尽式调查，我们共找出49个"权"术语。这些"权"术语分散于不同部门法的法令法规中，具体可见表4—1：

表 4-1　清末"权"术语群[1]

法律范畴	"权"术语群	数量
宪法	选举权、被选举权、特定职权、选民权、表决权、提案权	6个
诉讼法	裁判权、审判权、监督权、管辖权、勾摄权、保管权、公诉权、起诉权、上诉权、上告权、代理权	11个
刑法	公权、共有权、质权、物权	4个
民法	债权、物权、所有权、不动产所有权、动产所有权、地上权、永佃权、地役权、抵押权、不动产质权、动产质权、亲权、代理权、撤销权、财产权、请求权、抵挡权、质权、选择权、优先权、取回权、担保物权、求偿权、解除权、买回权、业务权、允许权、主诉离婚权、共有权、占有权	30个
商法[2]	留置权、决定权、请求权	3个

注：

[1]此表没有将"权利"纳入其中，尽管"权利"是清末新出现的法律术语，但因其是所有"权"术语的上位概念，前文已做专门分析，所以此处不将其列入表内，此表只详列与"权利"有关的"权"术语。

[2]在第二章中，本书没有将"商法"一词收入"法"术语群，因为在清末新颁布的法令法规中，我们只能查到"商律"，没有"商法"一词。

我们通过对清末新编纂的法令法规的调查，总共找出54个"权"术语，除去其中5个（"代理权""共有权""物权""质权""请求权"）重复的术语，"权"术语一共有49个。"权"术语群是以"权利"为上位义位构成的语义场。例如：

【占有权】占有权者，因自己之意思，得以物为所持之权利也。①

【地上权】地上权者，于他人之土地，为所有之工作物，及竹木，而有使用其土地之权利也。②

【地役权】地役权者，从以设定行为，所定之目的，使他人之土地，供自己土地便益之权利也。③

【留置权】留置权者，他人之物之占有者，因关于其物所生之债权，至

---

① 清水澄. 汉译法律经济辞典[Z]. 张春涛，郭开文，译. 东京：奎文馆，1907：90.
② 清水澄. 汉译法律经济辞典[Z]. 张春涛，郭开文，译. 东京：奎文馆，1907：106.
③ 清水澄. 汉译法律经济辞典[Z]. 张春涛，郭开文，译. 东京：奎文馆，1907：111.

受其债务之辨济时止,得留置其物之权利也。①

【代理权】代理人所有之权利,曰代理权。②

【物权】物本属我,我实有左右此物之权利,名曰物权。③

【质权】债主有占负主之物(物者包含不动产、动产及无形之权利)以作担保之权利,名曰质权。④

根据符淮青《词义的分析与描写》(1996)一书所述,表名物词的基本释义模式是"种差+类词语"。⑤ 在上面的释义中,"权利"为类名词,表达这些名词所属的类别,类名词在释义中起到将词语进行归类和限定的作用。"权"术语群在释义上有相似性,这种释义上的相似性也是清末法律各个新术语群所拥有的共性特点。

如前所述,"权利"是清末新产生的术语,因此,"权"术语群中的术语也都是在清末法律移植的过程中新生成的术语。通过表4-1可以看出,尽管清末各个部门法,都会运用到"权"术语来表达其专门的法律意义,但是在民法体系范畴中,对"权"术语的运用尤其多。"权利"是近代西方启蒙思想家和法学家想象出来的一个概念,以"权利"为出发点,认定"权利"是人的本质属性,以此要求人们能够相互尊重、互相友爱,并在这一基础上试图构建一种和谐的社会秩序和有效的法律保护机制。因此,可以说"权利"是清末新的法律体系中最为关键的概念之一,这一点在清末民法体系范畴中体现得尤其明显。

以"权利"为上位概念构成的"权"术语群是清末民法术语系统中最大的一个术语群。一个专业体系的建构离不开表达其专业意义的术语群,从这个角度来说,术语群足够支撑起一个专业知识系统。"权"术语群具有表意的独立性,语义与语义之间又具有一定的关联性,在构建清末民法体系范畴的过程中,发挥了重要作用,尤其是在清末新的法律体系中,在民法独立为一门部门法的过程中,更是发挥了不可替代的作用。

根据学术界的普遍观点,一门法律要成为独立的部门法需要具备五个条件:有明确的指导思想,有能够支配整个体系范畴的基本原则,有固定的调整对象,有恰当的调整方式以及专门的法典。只有具备上述五点,一门法律才能

---

① 清水澄.汉译法律经济辞典[Z].张春涛,郭开文,译.东京:奎文馆,1907:294.
② 钱恂,童鸿祎.日本法规解字[Z].上海:商务印书馆,1907:11.
③ 钱恂,童鸿祎.日本法规解字[Z].上海:商务印书馆,1907:62.
④ 钱恂,童鸿祎.日本法规解字[Z].上海:商务印书馆,1907:86.
⑤ 符淮青.词义的分析和描写[M].北京:语文出版社,1996:108.

被看作是一门独立的部门法。清末民法在独立的过程中,基本具备了上述五个条件,而且这五个条件都需要以"权"术语来表达。

第一,清末民法有明确的指导思想,即权利思想。

清末民法有明确的指导思想,即"权利"思想,清末民法系统中所含有的丰富的"权"术语充分说明其指导思想为"权利"。刘凯湘教授认为:民法之所以为权利法,在于它的起源。众所周知,民法这个词来源于罗马法的市民法一词。"民法者,实乃市民法之简称,而市民法者,当为市民社会之法。"①在市民社会中,人人皆有两种身份,一种面对国家,一种面对个人,面对国家的关系受公法之管理,面对个人的关系则由民法来协调。在面对个人的私人关系中,每个人的利益都要得到正当保护,因此,民法以保护市民社会中人的权利为己任。"民法以权利为其本位。它的一切制度都是为了人们能更好地、充分地获享权利,使人们更安宁、美满地生活。"②所以说,民法是以保护人民的权利为指导思想的。

第二,清末民法有能够支配其整个体系范畴的基本原则,即平等、正义之原则。

平等、正义之原则是在西方权利思想的影响之下产生的,中国传统法律体系中的民法并不以此为原则。中国古代民法的基本原则是以"礼"为指导思想的封建礼教原则,其表现为明显的阶级性和不平等性。在相关条令的制定上,忽视个人利益,强调君主、国家、宗族、家族的利益,形成了君君臣臣、父父子子的专制宗法观念。随着清末西方法律思想的传入,以平等、自由、公平、正义为核心的清末民法思想传入中国,其重视私人权利、强调契约自由和过错原则,这些原则在清末民法修律中都有所体现。所以说,清末民法有其能够支配整个体系范畴的基本原则。在《大清民律草案》的总则中,反复强调的就是私人"权利"的界定问题,因为对私人"权利"的重视是清末民法平等、正义原则的必然要求。

第三,清末民法有固定的调整对象,即人的私人权利保护。

民法是最为基础的国内法。人作为独立的个体,在社会生产活动中,与他人可以围绕"物"发生各种"人的关系"。同时,人又生活在家庭这样的小集体中,因此,人还可以围绕亲族关系建立各种"人的关系"。这两种关系就是清末民法所明确的固定调整对象。清末民法是维系"人的关系"的法律,"人的关

---

① 刘凯湘.权利的期盼[M].北京:法律出版社,2003:4.
② 刘凯湘.权利的期盼[M].北京:法律出版社,2003:27.

系"可以分为两大类,一类是人与人之间的亲族关系,一类是人与人之间因物引起的所有关系,但无论哪种关系,都是个人的私人权利。个人的私人权利如果受到侵害,都将得到民法的保护,个人也可以依据民法的相关规定要求得到赔偿,以维护自己的权利。所以说,清末民法有其固定的调整对象。

第四,清末民法有恰当的调整方式,即强调权利与义务的相互制约。

在中国传统社会中,封建集权的统治方式使得中国传统法律体系以义务为先。清末以降,西方以权利为指导思想的民法体系传入中国,在清末法律的移植和变革中,权利取代义务而成为民法最为核心的思想和内容。权利是人生而具有的,有些并不需要以义务为前提,如穷人不纳税,残疾人不当兵等,但是当个人行使权利时,则会使其他人承担一定的义务。例如:债权人行使债权时,债务人负有清偿的义务,而且债务人必须清还债务,因为一旦债权人与债务人的借贷契约关系存在,债权人便享有向债务人讨债的权利,而债务人则承担必须还款的义务,而且这种义务是带有强制性的。因为行使权利会影响他人,所以行使权利与履行义务,应该依诚实信用之方法,并且不得以加损害于他人为主要目的,否则即为"权利滥用"。权利与义务的互相制约则是民法对民事关系进行调整所选择使用的恰当而合理的调整方式。

第五,清末民法有专门的法典,即《大清民律草案》。

中国传统法律体系中就有民法的客观存在,但是因为没有成文的名义上的法典形成,所以一直以来容易让人产生误解,即中国传统法律体系中没有民法。民法大师梅仲协先生在其《民法要义》中指出:

> 我国春秋之世,礼与刑相对立。刑为镇服庶民之工具,礼则为贵族生活之规范,礼所规定之人事与亲属二者,周详至极,远非粗陋残酷之罗马十二表法所敢望其项背者。依余所信,礼为世界最古最完备之民事法规也。唯礼为贵族之禁脔,庶民无权援用,所谓"礼不下庶人"也。①

由此可见,中国古代是有民法的,"礼"即是民法的基本原则,正如梅先生所言,"礼所定者,大抵以关于人事及亲属二方面为多耳"②。

从鸦片战争开始,清政府的统治遭受到了前所未有的打击,迫于形势压力,清廷发出"世有万古不变之经长,无一成罔变之治法""法令不更、锢习不

---

① 梅仲协.民法要义[M].北京:中国政法大学出版社,1998:14-15.
② 梅仲协.民法要义[M].北京:中国政法大学出版社,1998:15.

破,欲求振作,须议更张"的上谕,开始变法修律。《大清民律草案》是按照西方民法法典的模式编纂的,非常系统且条例清楚,贯彻了清末民法的指导思想和指导原则,突出强调以"权利"为指导思想,以平等、正义为基本原则。

在《大清民律草案》的基础上产生了《民国民律草案》。《民国民律草案》相对于《大清民律草案》来说,做出了一些调整,如:"一是在总则编削弱个人主义色彩,弱化私权观念,同时增加对外国法人的规定,以适应各国通商的需要;二是将债权编改为债编,更强调保护债权关系双方的利益,而非只保护债权人的利益;三是在物权编中删除仿照德国制定的土地债务,重新规定中国固有的典权制度;四是在亲属编中改变了《大清民律草案》已经有了进步的规定,更多地因袭了封建礼教的内容,扩大家长权,强化封建包办婚姻的制度,在继承编中也增加了宗祧继承等封建制度。"①这两部法典具有重要的历史意义:

第一,两部民律草案脱胎于中国社会的封建传统,采用了先进的西方民事制度和民法典编制方法,初步实现了中国民法发展史上划时代的历史转变。

....

第二,两部民律草案摒弃了中国民事法律的封建礼教核心,采用了公平、正义的先进民法观念,实现了中国民法思想的革命性变革。

....

第三,两部民律草案采用了明确的编修指导思想,注重社会调查,初步体现了立足本土、中西结合的立法思想。

....

第四,两部民律草案吸纳大量的欧陆民法的先进制度,为中国民法的近代化和现代化奠定了扎实的基础。

....

第五,两部民律草案忠实记载了中国民法历史进展的过程,为今天研究中国民法的发展进程提供了详实的历史资料,并为今天制订民法典提供了重要的参考依据。②

---

① 大清民律草案·民国民律草案[M].杨立新,点校.长春:吉林人民出版社,2002:点校说明 8.

② 大清民律草案·民国民律草案[M].杨立新,点校.长春:吉林人民出版社,2002:点校说明 10-15.

根据杨立新的观点,我们认为清末民法有明确的指导思想,有能够支配其整个体系范畴的基本原则,有固定的调整对象,有恰当的调整方式以及专门的法典。清末民法已经从中国传统法律体系中独立出来并成为一门独立的法律门类。在民法体系范畴建立的过程中,以"权利"为核心的"权"术语群发挥了重要的作用,"权"术语群的语义范畴与法律体系中权利的范畴是对应的。无论是清末民法的指导思想,还是基本原则、调整对象、调整方式和法典的编纂,都离不开"权利"及"权"术语群的生成、定型与传播,其相互间的语义关系共同构建了清末民法体系范畴。

小　结

"权利"可以说是在翻译国际法的过程中产生的一个新术语,"权利"的引入和生成,对中国社会各个阶层都产生了重要的影响,引起了人们法律观念的变化。伴随权利观念的发展,"权"术语群逐渐形成,而且被广泛应用于清末新法律体系中的各个法律范畴,成为清末新法律术语体系中最大的一个术语群。"权"术语群中的各个术语,从构词要素上来看,尽管有很多是中国古代汉语中旧有的词语,但是通过与表达新的法律意义的"权"相组合,生成为新的法律术语,所以,从这个角度来看,"权"术语群的术语都是清末新产生的法律术语。随着"权利"及"权"术语群的形成及其语义范畴的确定,清末民法体系范畴逐渐建立起来,并且越来越规范和完备。

第五章 清末"法、刑、罪、权"新术语群的关系范畴

清末"法、刑、罪、权"新术语群作为清末新形成的术语群,彼此之间既有共性特征也有差异性特征。清末"法、刑、罪、权"新术语群中的术语基本上是清末以来新生成的术语,这些术语在演变方式、来源、构词方式、表意方式等几个方面形成了一些共性特征。同时,由于这些术语的语义范畴是有差异的,因此其在法律体系范畴中所充当的角色也是不同的。因此,这些术语也形成了一些差异性特征。我们通过对清末"法、刑、罪、权"新术语群共性特征和差异性特征的描写和解释,力求分析清末"法、刑、罪、权"新术语群的关系范畴。

第一节 清末"法、刑、罪、权"新术语群的共性特征

尽管清末"法、刑、罪、权"新术语群作为法律术语,有其特殊的功能,但是这些法律术语依然属于语言词汇系统的一部分,我们可以从语言学,尤其是词汇学、语义学的角度对清末"法、刑、罪、权"新术语群的共性特征加以分析。

一、新术语的演变方式一致

清末"法、刑、罪、权"新术语群的演变既包括术语群整体性演变,也包括术语群内部每个术语的词位和义位的演变。清末"法、刑、罪、权"新术语群的演变是通过新旧法律术语体系的比较所获得的。清末"法、刑、罪、权"新术语群的演变基本表现为新术语的产生,旧术语的消亡以及词义的转变,包括词义的扩大、缩小以及转移。新术语的产生和旧术语的消亡不仅是术语本身词位的变化,而且还会导致术语群的变化。通过前面几章的分析,我们可以看出清末"法、刑、罪、权"新术语群的变化方式以"丰化""新生"和"简化"为主,如"法"术语群是"丰化",在中国传统法律体系中,"法"术语群仅有"刑法""宪法",在清

末新的法律体系中,增加了"民法""继承法""诉讼法"等。"法"术语增多,这是"法"术语群的"丰化"。"罪""权"术语群都是在清末法律移植过程中新产生的,因此这两个术语群是"新生"术语群。再如"刑"术语群,其内部术语与传统刑名术语不同,有些被保留下来了,但是大部分消失了,这是"刑"术语群的"简化"。词义的转变是术语内部语义的变化,即义位的变化。通过上述对清末法律新术语群形成过程和语义范畴的详细描写,我们发现与中国传统中华法系中的法律术语相比,清末法律新术语体系已经颇具规模,而且体系完备。清末"法、刑、罪、权"新术语既有对中国传统法律体系中法律术语的继承,如"死刑""罚金""刑法",也有对其他国家(主要是明治时期的日本)法律术语的借用,如"权"术语群。从现代语义学、词汇学的观点来看,考察词语及语义的演变应该从以下几个角度入手,即词群、词位、义位、语义成分。词群和词位的变化是从词汇学的角度进行的考察,义位、语义成分的变化是从语义学的角度进行的分析。清末"法、刑、罪、权"新术语群是汉语词汇系统不可切分的部分,因此我们也可以从上述两个角度分别论述这些新术语群的发展演变情况。清末"法、刑、罪、权"新术语群的演变既包括清末法律术语群整体性的演变,也包括每个法律术语内部的语义演变。尽管术语群整体演变方式存在差异,主要有三种方式,即"新生""丰化""转移",但是术语群内部的术语的演变方式基本上是一致的,下文将主要分析这些术语群的演变方式。

(一)词位的演变方式

清末"法、刑、罪、权"新术语群的变化不仅体现在术语群,也就是语义场的变化上,而且也体现在术语群内部构成术语的变化上,也就是词位的变化。词位是某些语言学家给语言词汇的基本单位起的名称,被认为是一种具有不同变体的抽象的语言基本单元。高名凯认为:"作为词汇单位的词又可以称为词位。正如音位是由许多音素组合而成的,义位是由许多义素组合而成的,词位也是由许多词素组合而成的。"[①]"词位"是对语言词汇系统中的单个词语的指称,反映到清末法律新术语体系中则指称的是清末"法、刑、罪、权"新术语群中的单个术语。清末法律新术语体系中的词位变化属于清末法律新术语群内部的变化。清末法律新术语群内部词位的变化也可以用"新生""消亡""改造"这三种词位变化形式进行概括。

术语词位的"新生"指的是在一个术语群内部,新增加了一些术语,也就是

---

① 高名凯.论语言系统中的词位[J].北京大学学报(人文科学),1962(1):33.

增加了新的词位,如大部分"法"术语和全部的"权"术语是新生的词位。清末"法、刑、罪、权"新术语群的"新生"和"丰化"就是由清末法律新术语词位的"新生"所导致的。例如从清末新的法律体系中的"法"术语群的内部构成来看,"民法""诉讼法""继承法""亲属法"都是在清末"新生"的法律术语。在传统中华法系中,"法"术语群还不是一个处于核心地位的术语群,因为只有"刑法""宪法"这两个术语,并不具备将法律体系进行分类的功能。在清末新的法律体系中,"法"术语群随着"法"术语的增多而逐渐壮大,并成为清末新的法律体系中最为重要的术语群之一。在清末新的法律体系中,"法"术语群的"丰化"是清末"法"术语不断"新生"的结果。再如在清末新的法律体系中,"新生"了大量的"权"术语,这些术语聚合为一个术语群,即"权"术语群。"权"术语群是在清末新的法律体系中新产生的一个术语群,清末"权"术语群的"新生"也是清末"权"术语大规模"新生"的必然结果。

术语词位的"消亡"指的是在一个术语群内部,随着法律体系的变更,有些术语被弃用并逐渐消失了。如上所述,传统法律体系中的刑名术语比清末新的法律体系中的"刑"术语数量多得多,但是其中一些与肉刑密切相关的刑罚方式,如"锢""刖""鞭""贯耳""杀""刺""烹"等,已经被弃用了。从数量上来看,传统法律体系中的"刑"术语的数量更为庞大,而清末新的法律体系中的"刑"术语群包含的术语要少一些,这是因为传统法律体系中的一些刑名术语已经"消亡"了,刑名术语的"消亡",新的"刑"术语的出现,导致"刑"术语群发生"转移"。

术语"改造"指的是传统法律体系中的法律术语为了适应新的法律体系的表意需求,语义和语用都被从不同角度进行了调整。法律术语的"改造"主要是对旧有法律用语的改造,使之变为法律术语。"改造"有两种形式:一种是进行词汇化改造,使之由一个短语结构变为一个词,进而丰富了清末"法、刑、罪、权"新术语群的内部构成,促进了清末法律新术语群的生成。如从清末新的法律体系中的"罪"术语群的构成情况来看,"罪"术语基本上是清末才生成的新术语,但是从"罪"术语群的构成要素来看,很多是传统法律体系中的法律用语,如"国交""略诱""和诱"等。这些法律用语经由清末法律术语的词汇化改造后,通过加上"罪",使之由短语变为词,从而聚合为"罪"术语群。对传统法律用语进行改造,将其变为新的法律术语,是清末法律新术语生成的一种重要方式。从新术语生成的角度来看,这也是一种词位的"新生",但是我们认为这种"新生"并不是完全意义上的新生,不是从无到有的新生,而是重新包装后的新生,强调的重点是"改造"而不是"新生"。另一种形式是对古汉语中的词汇进行语义改造,使其能够表达清末法律新概念,进而生成为法律新术语。如"权利"这一术语,在古代汉语中,指的是"权势及财货",虽然体现的不是清末"权利"的含意,但是模糊地含有清末"权利"的部分语义。后经由丁韪良在《万国公法》中首次应用,翻译西方的"right",被赋予了新的意义,并且用以表达清末新的法律体系中的核心思想。本作为普通词语使用的"权利"经过语义改造之后("权利"一词的语义演变可见第五节第一点),被纳入清末法律新术语范畴中,成为清末法律术语体系中的核心术语之一。

术语词位的"新生""消亡""改造",从形式上来看,是术语形位的变化,从本质上来看,词位的变化反映了法律新术语群的变化。词位的变化是清末法律新术语外在形态的变化,接下来,我们分析一下清末法律新术语内在的义位演变方式。

(二)义位的演变方式

无论是清末法律新术语群的整体性变化还是内部词位的演变,基本表现为一个语言形式的有无,也就是语义场的有无和词位的有无,而清末法律新术语的演变除了外在形态的变化外,内在的语义演变也是一个非常重要的方式。清末"法、刑、罪、权"新术语群语义范畴的演变,主要体现在义位的演变上,义位是词语语义的基本单位、核心单位,义位的变化能够反映出词语语义的演变。

1908年瑞典语言学家诺伦首先提出义位的概念。义位指的是一个意义单位,是义素的集合,学术界对于"义位"有不同的认识:

> sememe:义位,某些语义学理论用来指意义的最小单位;对有的人而言"义位"则等于意义特征,相当于某些理论中的"语义成分"或"语义特征"。[①]

根据上述定义,学术界对"义位"的认识形成两种观点:一种观点认为义位就是语义中最小的意义单位;另一种观点是把义位当成具有区别语义作用的"语义特征"或"语义成分"。如果把义位作为"语义特征"或"语义成分"的话,那么义位与语义成分就没有差别了,语义系统就会缺少一个重要的语义单位。所以我们倾向学术界对义位的第一种观点,也就是把义位看作是语言中最小

[①] 戴维·克里斯特尔.现代语言学词典[Z].沈家煊,译.北京:商务印书馆,2000:320.

的意义单位。从直观形式上来看,义位相当于词典中的义项;从功能上来看,义位是能够独立运用的、自由的、语义系统中的最小单位;从属性上来看,义位是最基本的语义单位,是从语义系统中抽象出来的意义单位;从内涵上来看,义位是语义成分的集合,是能够跟语音结合的最小的语义单位,义位和语音匹配成词。①

既然义位是最基本的语义单位,所以一个词语语义的演变,基本上集中在对词语义位变化情况的分析上。义位的变化表现为义位的"新生""消亡""扩大""缩小""转移""简化"这六种变化形式,前五种变化形式是就单个义位的变化来说的,后一种变化形式是就多个义位(一词多义)的变化来说的。

义位的"新生"指的是一个词位新增加了一个义位。② 比如"权"术语群中的术语,因为是新生的词位,所以其义位也都是新生的。义位的"消亡"指的是术语所表达的语义的消失,如"流刑""枭首"等术语已经消失了,所以其义位也随之消失。义位的"新生"和"消亡"比较好理解,我们主要分析一下义位的"扩大""缩小""转移""简化"这四种变化形式。

所谓义位的"扩大",指的是义位变化后,"义位指称的范围大于并包含原先的义位指称范围"③。例如"宪法"一词,古代典籍中的"宪法"指法令、制度、法律法度、刑法等意义。"宪"在《尔雅》中即解释为"法",《管子·立政》有"布宪于国",其中"宪"即"法"也。可见,"宪法"在中国传统法律体系中也可以被看作是一个法律术语,但是其意义仅相当于法令、制度、刑法等,相当于"律"的意义,而没有其在清末新的法律体系中的"宪法"的含义。作为清末法律新术语的"宪法",指的是"国家的根本大法"。所以,我们说"宪法"义位的指称范围扩大了。

所谓义位的"缩小",指的是义位变化后,"义位的指称范围小于并被包含在原先义位的指称范围之内"。④ 例如"死刑",在中国传统法律中,它是一直存在的,死刑是历史最为悠久的刑罚方式之一,在中国传统法律体系中又被称为极刑或者大辟,是刑罚体系中最为严厉的一种。死刑不是一种具体的刑罚方式,而是代表一类刑罚方式。在传统法律体系中,死刑具有"等差之序",在古代的任何

---

① 张志毅,张庆云.词汇语义学:修订本[M].北京:商务印书馆,2005:13-16.
② 根据张志毅、张庆云的观点,义位包含基义和陪义,基义指的就是词义的理性意义,陪义指的是词义的附加意义,因为清末法律术语没有附加意义,只有理性意义,所以我们这里分析的义位都是理性意义,并且统称为"义位",不做基义和陪义的区分。(张志毅,张庆云.词汇语义学:修订本[M].北京:商务印书馆,2005:17-61.)
③ 贾彦德.汉语义位演变中扩大缩小转移的模式[J].语文研究,1990(3):35.
④ 贾彦德.汉语义位演变中扩大缩小转移的模式[J].语文研究,1990(3):36.

刑法法典中，死刑代表的都是一类刑罚方式，一般具有两个或两个以上的等级。"死刑"在传统法律体系中，是个上位概念术语，但是在清末新的法律体系中，"死刑"仅有一种形式，其义位指称范围缩小，不再表达一个上位概念，所以我们说"死刑"的义位也在清末新的法律体系建立的过程中被"缩小"了。

所谓义位的"转移"，指的是义位变化后，"指称范围转移而意义上仍有联系"①。例如"权利"，在古代汉语中，指的是"权势及财货"，这与清末丁韪良所翻译的"权利"的语义虽不是完全一致，但也不是毫无联系的。"权势及财货"本就包含于人的所有权之中，是人的所有权的一部分，只不过这里指称的不是庶民，也就是普通人的所有权而已，其语义本身具有消极性。随着清末西方"权利"思想的传播，"权利"的语义经由丁韪良的改造，发生了变化，其指称范围转移，即指称"造物主从造人之日起，即赋于人享受权利，履行责守的秉性，各国制法必须以这种人性为准绳。遵守这种制法，遵守这种人性之道，人类便能平安相处"。②"权利"由古代汉语中表示消极意义的词语转变为具有积极意义的法律术语。所以，我们说"权利"的义位发生了转移。

上述五种变化形式都侧重于对某个义位的考察，除此之外，我们还可以对具有多个义位的术语进行考察，考察含有多个义位的术语的义位变化情况。通过分析，我们发现在法律术语中，本身包含多个义位的术语很少，因为术语具有单一性，如果义位过多，会引起使用上的混乱。在我们分析的术语中，仅"刑法"一词具有多个义位，其义位在变化中发生了简化。

所谓"简化"，指的是在义位变化的过程中，多个义位中的某些义位消失了，只保留较少的义位，这就是义位的简化。术语义位的简化意味着指称范围的缩小。例如"刑法"，是传统法律体系中的旧有术语，包含有三个义位：第一，"刑法"等同于"法律"的功能，即为统治阶级管理国家和百姓的工具，如"世世通行者也，独设刑法以守之""然为国之要，在于刑法"等；第二，"刑法"等同于"刑罚"，即对身体所实施的刑罚，如"慢弃刑法""故国家治则刑法正"等；第三，"刑法"被看作是法律的一个组成部分，如"惟刑法科如旧"。在清末新的法律体系建立的过程中，"刑法"的义位发生变化，仅保留了第三种义位，表示前两种义位的语义成分，如"法律""刑罚"等消失，"处罚""犯罪"等语义成分与第三个义位的语义成分融合到一起，即"刑法"是法律的一个分类，是规定犯罪行为并处以刑罚的法律。所以，我们说"刑法"的义位在语义演变中被"简化"了。

---

① 贾彦德.汉语义位演变中扩大缩小转移的模式[J].语文研究,1990(3):37.
② 李贵连.话说"权利"[J].北大法律评论,1998(1):121.

(三)语义成分的演变方式

清末"法、刑、罪、权"新术语义位的变化主要有六种形式,其中义位的"扩大""缩小""转移"主要是由构成义位的语义成分的变化所导致的,接下来我们分析一下清末"法、刑、罪、权"新术语语义成分的演变方式。

从语义学的观点来看,义位是由一组语义成分构成的,义位的变化,无论是义位的"扩大""缩小"还是"转移",实则都是语义成分的变化。例如"法律"作为中国传统法律体系中的旧有用语,在清末新的法律体系的变革过程中,受到西方法律文化的影响,其义位扩大了,这通过构成其义位的语义成分便可以表现出来。如根据表1-1所示,在清末"法律"的语义中,包含了"国家""权利"等语义成分,这些是传统法律体系下"法律"所没有的语义成分,但是传统法律体系下的"法律"所包含的"刑罚""道德""刑名"等语义成分消失了。清末"法律"一词所包含的语义成分发生了变化,但是与传统法律中的"法律"一词所包含的语义成分相比较来看,其语义成分减少了,我们说是语义成分的"缩小"。正是因为"法律"语义成分的缩小,"法律"所限定的范围就变大了,所以"法律"的义位随之"扩大"。再如"刑法"一词,它也是中国传统法律体系中的旧有术语,但是在清末新的法律体系中,"刑法"的义位不仅被"简化"了,就简化后的义位来看,其义位还"缩小"了。但义位缩小后的"刑法"语义中增加了"定犯罪""定刑罚""制裁""法律"等语义成分(关于对"刑法"的语义演变问题的详细分析可见第一章第二节),这些语义成分明确了"刑法"的义位,即限定了刑法的作用、适用范围,特别是强调了"刑法"是法律的一种。通过清末"刑法"所包含的语义成分的增多,我们发现"刑法"的语义范围变小了。再如"宪法"义位的转移是由其语义成分的改变所导致的。所以,我们说,语义成分的增加、减少或者是改变,直接影响到义位的"缩小""扩大""转移"或者"简化"。

综上所述,无论从词位,义位,还是语义成分来看,清末"法、刑、罪、权"新术语的演变方式都基本一致。从宏观到微观逐层分析,清末"法、刑、罪、权"新术语的变化都是从微观领域,也就是从语义成分的变化开始的,语义成分的变化影响了义位、词位乃至词群的变化。从词位的角度,也就是从清末"法、刑、罪、权"新术语群的内部构成所进行的分析,立足于清末法律新术语体系范畴,分析整个清末法律新术语群内部个体的变化,主要侧重于新术语的产生和旧术语的消亡;从清末法律术语的义位和语义成分演变的角度所进行的分析,立足于清末法律新术语语义系统,分析新旧法律术语在语义上的继承关系与演变方式,主要侧重于具有继承关系的新旧法律术语之间的语义演变方式。上述几个论述角度,分别立足于不同的范畴,既兼顾了宏观的整体性演变,又兼顾了微观的义位与语义成分的变化,充分论述了清末法律新术语的演变及生成方式。但是无论是从哪个角度来看清末法律新术语的演变,其成因都离不开语言自身、社会环境等客观因素的影响以及人的主观因素的影响,也就是张志毅和张庆云所说的语言世界、客体世界和主体世界的影响。① 我们认为,清末"法、刑、罪、权"新术语群演变的原因也是可以从上述几个角度来分析的,但是我们对于客体世界和主体世界的认识与张志毅、张庆云的观点略有不同。我们认为,清末法律新术语群演变的客体因素指的是社会环境,正如索绪尔所认为的那样,语言史和种族史、文化史、政治史之间存在联系,语言和各种制度有关。这里的种族史、文化史、政治史和各种制度就是语言的"外部要素",即社会环境。② 清末中国社会的变革,尤其是清末新的法律体系的变革是术语演变所赖以生存的客观环境。主体因素主要指的是清末从事法律教育及法律工作的法政人,这些法政人在对清末法律新术语的改造、创造和传播的过程中发挥着重要作用。我们将在第六章详细分析清末"法、刑、罪、权"术语群演变生成的原因。

二、新术语的来源一致

所谓"来源",指的是清末"法、刑、罪、权"新术语的词源出处。从来源上看,清末"法、刑、罪、权"新术语群最明显的特征就是以外来借用术语为主。在我们分析的101个清末"法、刑、罪、权"新术语中,除了少量的术语是中国传统法律术语中的固有术语之外,其余都是借用自日本的法律术语。

表5-1 清末法律新术语的来源[1]

古代汉语	日语
5个	96个

注:
[1]此表根据附录一统计获得。附录一不包括前文详细分析过的"法律""刑罚""犯罪"和"权利"。虽然这四个词除"法律"外都可以看作是清末新法律体系中的新术语,但因其是这些术语群的上位概念,所以不算作术语群中的一个词位。

---

① 张志毅,张庆云.词汇语义学:修订本[M].北京:商务印书馆,2005:255.
② 费尔迪南·德·索绪尔.普通语言学教程[M].高名凯,译.岑麒祥,叶蜚声,校注.北京:商务印书馆,1980:43-44.

由表 5-1 可以看出，在清末法律新术语中，来自古代汉语的有 5 个，分别是"宪法""刑法""死刑""徒刑""罚金"，这 5 个术语是中国传统法律中的旧有词语，但是其语义在清末发生了变化，从词形上看，是源自古代汉语。其他的都是来自日语的法律术语，有 96 个。在这里，我们要特别强调的是，清末法律新术语都为复合词，而且字节数较长，尽管有些法律术语中的构词成分是古代汉语中的旧有用语，而且也作为法律用语被应用于法律典籍之中，如"略诱""和诱""国交""治安""危害"等等，但是在传统法律体系中，这些法律用语没有明确地划归某一范畴，而且彼此之间的系统性也不强，从形式到语义，都没有体现出术语的性质和特点，而且最为重要的是，这些存在于古代法律典籍中的法言法语，多数不是词，而是一个短语，这些短语只有在清末法律移植的过程中，由于受到了日本明治时期的法律术语的影响，加上了一个类词缀，才变为了词。同类范畴的词语从形式到语义呈现出一定的相似性，体现出词语之间的系统性联系，至此，我们才将这些根植于中国传统法律体系中的法言法语看作是法律术语。

在语言接触中，词语的借用形式主要有三种，即借音、借义、借形。借音的词我们称之为音译词，借义的词我们称之为意译词，借形的词我们称之为借形词。当然，词语的借用形式也可以很复杂，比如将借音和借义形式混合在一起，形成音译兼意译词等。在 96 个借用而来的清末法律新术语中，借义和借形是主要的借用形式，也就是说清末法律新术语以意译词和借形词为主，形成形译兼意译词。我们以"罪"术语群为例，将清末新刑法法典中的"罪"术语与日本明治时期刑法典中的"罪"术语进行比较，具体如表 5-2 所示：

表 5-2　清末新刑法法典与日本明治时期刑法中的"罪"术语群之比较[1]

法典	"罪"术语群	数量
《大清新刑律》中的罪名术语	侵犯皇室罪、内乱罪、外患罪、妨害国交罪、泄漏机务罪、渎职罪、妨害公务罪、妨害选举罪、骚扰罪、逮捕监禁人脱逃罪、藏匿罪人及湮灭证据罪、伪证及诬告罪、放火决水及妨害水利罪、危险物罪、妨害交通罪、妨害秩序罪、伪造货币罪、伪造文书印文罪、伪造度量衡罪、亵渎祀典及发掘坟墓罪、鸦片烟罪、赌博罪、奸非及重婚罪、妨害饮料水罪、妨害卫生罪、杀伤罪、堕胎罪、遗弃罪、私滥逮捕监禁罪、略诱及和诱罪、妨害安全信用名誉及秘密罪、窃盗及强盗罪、诈欺取财罪、侵占罪、赃物罪、毁弃损坏罪	36 个

续表

法典	"罪"术语群	数量
日本明治时期刑法法典中的罪名术语	皇室ニ對スル罪,內亂ニ關スル罪,外患ニ關スル罪,國交ニ關スル罪,公務ノ執行ヲ妨害スル罪,逃走ノ罪,犯人藏匿及ヒ罪證湮滅ノ罪,騷擾ノ罪,放火及ヒ失火ノ罪,溢水及ヒ水利ニ關スル罪,往來ヲ妨害スル罪,居住ヲ侵スル罪,秘密ヲ侵スル罪,阿片煙ニ關スル罪,飲料水ニ關スル罪,通貨偽造ノ罪,文書偽造ノ罪,有價證券偽造ノ罪,印章偽造ノ罪,偽證ノ罪,誣告ノ罪,猥褻、姦淫及ヒ重婚ノ罪,賭博及ヒ富籤ニ關スル罪,禮拜所及ヒ墳墓ニ關スル罪,瀆職ノ罪,殺人ノ罪,傷害ノ罪,過失傷害ノ罪,墮胎ノ罪,遺棄ノ罪,逮捕及監禁ノ罪,脅迫ノ罪,略取及ヒ和誘ノ罪,名譽ニ對スル罪,信用及ヒ業務ニ對スル罪,竊盜及ヒ強盜ノ罪,詐欺及ヒ恐喝ノ罪,橫領ノ罪,贓物ニ關スル罪,毀棄及ヒ隱匿ノ罪	40个

注：

[1]本表格依据的是《大清新刑律》[怀效锋主编,李俊、王志华、王为东,等,点校,《清末法制变革史料》(下卷),中国政法大学出版社 2010 年出版]和日本明治时期的刑法典(帝国成法会编,帝国成法会于明治四十四年出版)。

通过对比我们发现,在我们所调查的两部法典中,不仅"罪"术语的命名和数量基本一致外,连排列的顺序也大致相同。《大清新刑律》中的"泄漏机务罪""妨害选举罪""危险物罪""妨害秩序罪""伪造度量衡罪""妨害卫生罪"在明治刑法典中没有找到对应的术语。明治刑法典中仅有"有價證券偽造ノ罪"没有引入《大清新刑律》中。《大清新刑律》中有 30 个"罪"术语是从日本明治刑法典中引入的,经过改造变成了清末新的法律术语。清末"罪"术语对日本刑法"罪"术语的改造主要有几下几种方式：

第一种是仅去掉假名,如"渎职罪""骚扰罪""堕胎罪""遗弃罪"就是将日语中的"ノ"去掉而形成的新术语,"竊盜及ヒ強盜ノ罪"去掉了"ヒ"和"ノ"形成了汉语的"窃盗及强盗罪"。

第二种是为了符合清末法律法规的实际表意需要,去掉假名并且改换汉语词,如"橫領ノ罪"改造为"侵占罪","逃走ノ罪"改造为"逮捕监禁人脱逃罪";有些术语不仅改换了汉语词而且还根据汉语的表达习惯,改变了语序,如"通貨偽造ノ罪"改造为"伪造货币罪","往來ヲ妨害スル罪"改造为"妨害交通罪","犯人藏匿及ヒ罪證湮滅ノ罪"改造为"藏匿罪人及湮灭证据

罪","猥褻、姦淫及ヒ重婚ノ罪"改造为"奸非及重婚罪","逮捕及監禁ノ罪"改造为"私濫逮捕监禁罪","略取及ヒ和誘ノ罪"改造为"略诱及和诱罪","毀棄及ヒ隱匿ノ罪"改造为"毁弃损坏罪","公務ノ執行ヲ妨害スル罪"改造为"妨害公务罪"。

第三种是将日语中的"罪"法律术语合并并去除其中的假名,如"偽證ノ罪"和"誣告ノ罪"合并为"伪证及诬告罪",或者根据清末法律法规的实际表意需要改换汉语词,如"放火及ヒ失火ノ罪""溢水及ヒ水利ニ關スル罪"合并改造为"放火决水及妨害水利罪","文書偽造ノ罪""印章偽造ノ罪"合并改造为"伪造文书印文罪","殺人ノ罪""傷害ノ罪""過失傷害ノ罪"合并改造为"杀伤罪","信用及ヒ業務ニ對スル罪""秘密ヲ侵スル罪""名譽ニ對スル罪""居住ヲ侵スル罪"合并改造为"妨害安全信用名誉及秘密罪","詐欺及ヒ恐喝ノ罪""脅迫ノ罪"合并改造为"诈欺取财罪"。

第四种是去掉假名和"關""對"字样。如"阿片煙ニ關スル罪"改造为"鸦片烟罪","外患ニ關スル罪"改造为"外患罪","內亂ニ關スル罪"改造为"内乱罪","贓物ニ關スル罪"改造为"赃物罪";或者在去掉假名和"關""對"字样的基础上根据清末法律法规的实际表意需求,更换汉语词或者调整语序,如"禮拜所及ヒ墳墓ニ關スル罪"改造为"亵渎祀典及发掘坟墓罪","皇室ニ對スル罪"改造为"侵犯皇室罪","國交ニ關スル罪"改造为"妨害国交罪","賭博及ヒ富籤ニ關スル罪"改造为"赌博罪","飲料水ニ關スル罪"改造为"妨害饮料水罪",

在清末"法、刑、罪、权"新术语借用的过程中,直接借形是借用的初级阶段,借用规则是高级阶段。在这里我们借用认知语法研究中的两个概念,即"临摹原则"和"抽象原则"来解释由借形到借用规则的变化成因。戴浩一、谢信一也借用了这两个概念进行汉语语法的研究。戴浩一认为汉语没有曲折,它的语法范畴是模糊的,汉人的思维趋于着重对具体事物的感知。[①] 汉字是二维的平面文字,由汉字对应的语素可以自由组合创造出新的词语。所以在法律术语的借用过程中,人们正是利用汉字的优势,充分进行了以临摹为主要手段的借形。谢信一指出,语言符号的组合可以依据两种规则:一种是感知或概念上促成的规则,即临摹原则;一种是以逻辑——数学为基础的规则,即抽

---

① 戴浩一. Temporal Sequence and Chinese Word Order, Zconicity in Syntax[J]. 黄河,译. 外国语言学,1981(1). 转引自蒋绍愚. 抽象原则和临摹原则在汉语语法史中的体现[J]. 古汉语研究,1999(4):2-5.

象原则。前者反映了现实世界的情景,后者则否。① 在借用日本法律术语的过程中,人们首先凭借感觉,临摹这些术语,也就是借形,当临摹了一段时间后,逐渐可以进一步抽象出这些借形词所隐含的构词规则,因此借用形式就转为了借用规则。借用规则是借用的高级手段。

从来源上看,清末"法、刑、罪、权"新术语基本上是借用自日本明治时期的法律术语,无论是直接借形还是借用规则,尽管最终指向是对意义的借用,但是成词的方式其实是对日本明治时期法律术语的仿造,所成之词可以称之为仿造词,也可以称作是借译词。借译词也是语言词汇化过程中的一种手段。② 一旦借用的法律术语进入汉语词汇系统以及当时清政府的法律体系,其构词规则立即发生作用,并在法律术语的创制过程中蔓延,对新创造的法律术语提供了可参考的具有规范性质的构词模式。

三、新术语的构词方式一致

借用是清末"法、刑、罪、权"新术语来源上最为明显的共性特征。通过对清末"法、刑、罪、权"新术语借用词的分析,我们发现,这些借用词的构词要素基本上是古代汉语中的旧有词语,而且大部分在传统法律中就已经被使用了,如"诉讼""未遂""俱发""伪造货币""亵渎祀典及发掘坟墓"等,这些法言法语都是在传统法典中可以找到的。在清末新的法典中,这些短语与表达其上位概念的语素构成一个词,形成范畴化的术语体系。

(一)基本上包含一个类词缀

清末"法、刑、罪、权"新术语从构词上来看,最为直观的共性特征,就是基本上包含一个类词缀。③ 所谓类词缀又称为类语缀、准词缀、准语缀,是指介乎词根和词缀之间的半实半虚的语素。这种语素有向词缀转化的倾向,但意

---

① 谢信一.汉语中的时间与意象[J].叶蜚声,译.外国语言学,1991(4).转引自蒋绍愚.抽象原则和临摹原则在汉语语法史中的体现[J].古汉语研究,1999(4):2-5.
② 劳蕾尔·J.布林顿,伊丽莎白·克洛斯·特劳戈特.词汇化与语言演变[M].罗耀华,等,译.北京:商务印书馆,2013:71.
③ 除"刑"术语群的部分术语外,其余三个术语群都包含一个英词缀。如第二章所述,"刑"术语群包含"死刑""自由刑""徒刑""有期徒刑""无期徒刑""拘留刑""罚金""剥夺公权""没收"9个术语,"罚金""剥夺公权""没收"不含"刑"这个类词缀,但是在语义中包含"刑罚"这个上位概念。

义还没有完全虚化。早在1932年,瞿秋白就在《新中国文草案》中指出:汉语的字尾分为两种,"一是意义上的字尾,二是文法上的字尾。凡是意义上的字尾,其实也同样是字根,所以拼法上没有变更"①。瞿秋白认为的"意义上的字尾"指的是如"主义""家"这样的有实在意义,但是意义又确实有些虚化的类词缀。1979年吕叔湘在《汉语语法分析问题》中正式提出"类词缀"的概念,他认为:"有不少语素差不多可以算是前缀或后缀,然后还是差点儿,只可以称为类前缀或者类后缀。……说它们作为前缀和后缀还差点儿,还得加个'类'字,是因为它们在语义上还没有完全虚化,有时候还以词根的面貌出现。"②除吕叔湘外,陆志伟、丁声树、赵元任等老一辈学者,也都对类词缀做出过论述,认为类词缀是汉语的特点之一,其意义既发生了虚化,也有实在意义,是词根的一部分。现代学者徐枢、刁晏斌、董秀芳等,也对类词缀有所论述,观点与前人基本一致。也就是说,类词缀是汉语的特点之一,从词法的角度来看,类词缀是构成新词的手段之一,其意义发生虚化但依然是词根语素。

  清末,汉语大规模地向日语借词,不仅丰富了汉语词汇,而且也产生了很多类词缀,如"学""部""人""化""法"等,类词缀具有将同类词语归类的作用。例如以"学"为类词缀,产生了大量的学科名称,如"生物学""化学""法学""政治学"等;以"部"为类词缀,聚合了大量的表示机构名称的词语,如"民政部""财政部""司法部""教育部"等。清末法律新术语中也有诸如类词缀的成分,但是这与其他学科领域范畴内的类词缀略有不同,其意义虽然也发生了虚化,但是虚化的方式是概括,类词缀的语义被浓缩概括进入术语之中。例如以"法"为类词缀,产生了"诉讼法""继承法""亲属法"等,在这些术语中,"法"还是有实在意义的,指的是"法律"。类词缀在语言词汇系统中具有重要的作用,可以将复杂的词汇系统进行范畴化归类,体现了人们对客观世界范畴化的认知方式。

  在清末"法、刑、罪、权"新术语中除少量的"刑"术语外,基本上包含了一个类词缀,类词缀作为后缀出现。"后缀法是最常见的术语形态构词方式。"③清末法律新术语中的类词缀具有以下功能:

  第一,表意功能。如上所述,大部分类词缀的意义都虚化了,但是其核心意义却被保留下来。类词缀之所以不同于其他的典型词缀,就是因为其具有实在

---

① 瞿秋白文集编辑委员会.瞿秋白文集:二[M].北京:人民文学出版社,1953:720.
② 吕叔湘.汉语语法分析问题[M].北京:商务印书馆,1979:48.
③ 格里尼奥夫.术语学[M].郑述谱,等,译.北京:商务印书馆,2011:142.

第五章 清末"法、刑、罪、权"新术语群的关系范畴

的意义,而且在构词过程中,其意义融进了术语的语义之中。我们在对清末法律新术语进行解释的时候,也要将类词缀的意义解释出来,例如:

【伪证罪】即被裁判所传来之证人、鉴定人等,故意为不实之陈述<u>之罪</u>,及以贿赂使人为伪证之罪之总称也。①

【伪造罪】即伪造某物<u>之罪</u>也,如货币伪造罪,官印伪造罪,官文书伪造罪,私印私书伪造罪,及免状鉴札、疾病证书伪造罪,总称伪造罪。②

【无期徒刑】为日本现行刑法,重罪中<u>自由刑</u>之一种,徒于岛地中,使服一定劳役,非国事犯适用此刑。③

上述三个术语的释义,分别包含了类词缀"罪"和"刑"的含义在其中(如下划线部位所示),如果不解释类词缀的意义,那么这些法律术语的意义就是不完整的。

第二,归类功能。清末法律新术语具有系统性,法律术语可以根据其所表达的语义,聚合为不同的词群。聚合为同一个词群的法律术语都有一个形式上的共同点,即包含同一个构词语素,也就是类词缀。类词缀作为重要的构词语素,其本来的意义发生虚化并进而形成范畴化的抽象概念,指明术语所属的范畴类别。虽然类词缀的意义发生虚化,但是依然有具体的实在意义,类词缀对于建立清末法律新术语的范畴化系统,具有重要的作用。例如"法"术语,核心语素是"法",作为类词缀的"法"的语义发生了虚化。"法"是"法律"的缩略形式,其语义是指"国家的命令,而有形式的意义,经过帝国议会之协赞,天皇之裁可者是"。④ "法律者,国家之强行规则也。"⑤ 在上述定义中,"法律"的语义包含了"国家""命令""强制性""规则"等语义成分,这些成分在以"法"作为缩略形式进入"法"术语的语义后,都被隐去了,也就是说,这些语义成分不被当作"法"术语的语义成分,在"法"术语的释义中,这些语义成分并未包含在其中。例如:

【宪法】凡称之曰宪法者,乃一切之根本法也。然在今日,特与法律相

---

① 朱树森,孙德震,孙德泰,胡贤炬.法政辞解[Z].东京:并木活版所,1907:91.
② 朱树森,孙德震,孙德泰,胡贤炬.法政辞解[Z].东京:并木活版所,1907:92.
③ 朱树森,孙德震,孙德泰,胡贤炬.法政辞解[Z].东京:并木活版所,1907:515.
④ 清水澄.汉译法律经济辞典[Z].张春涛,郭开文,译.东京:奎文馆,1907:172.
⑤ 织田万.法学通论[M].刘崇佑,译.上海:商务印书馆,1907:28.

区别,而称之为宪法者,则指立宪君主国之根本法而言。①

【刑法】定犯罪,与刑罚关系之法律,谓之刑法。②

【民法】民法为私法,又普通法也。

一、民法所规定者,非权力之关系(即政治上命令服从之关系),乃国内法上对等之关系也(即权利义务之关系)。故民法为私法。

二、民法非如商法之定商人及商行为规则,仅属于私法的权利义务之一部分,乃包括私法一般之原则,故民法为普通法。③

【民事诉讼法】关于民事之诉讼(即关于私权之诉讼)规定其办法之法律也。不仅裁判当时者之是非曲直,依强制之方法,而伸张权利回复权利之办法,亦规定其中,规定事项,主为公力之作用,故视为公法之一。④

我们看到,在上述"法"术语的释义中,没有包含"法律"本身的语义成分,"法律"本身的语义成分在释义中被隐去。但是这并不等于"法"术语不具有"国家""强制性""规则""命令"等语义成分,这些语义成分是"法"术语所共有的,并且已经内化进了"法"这一类词缀的语义之中。也就是说"法"作为类词缀,虚化了一些本来的意义,只保留了范畴化的具有概括性质的语义,类词缀将"法"术语归类到同一范畴之中,其本来的语义成分伴随"法"的语义虚化而进入了"法"术语的语义中。

类词缀具有将词语归类的功能,这符合人们的认知规律。"由于人们倾向于将相同或相似的事体进行概括和归类,同类事体就归结为一个类别,可对其作概括性思考和表述,这样才符合经济原则,便于认知加工,进行范畴化并形成范畴和概念。"⑤类词缀的产生就是人们对同类事物或现象进行概括性思考和表述的结果。通过类词缀,可以建立同类事物或现象的家族相似性,使同类范畴内成员之间的相似性达到最大程度,使得不同范畴的各个成员之间的区别度也达到最大程度。"法""刑""罪""权"作为类词缀,将其所属的下位概念归类到一起,形成清末新的法律体系中"法""刑""罪""权"新术语群的范畴。同时,"法""刑""罪""权"明确了本词群术语的相似性,使之具备相同的核心语

---

① 户水宽人,等.法制经济通论:第二编[M].何燏时,等,译.上海:商务印书馆,1909:2.
② 清水澄.汉译法律经济辞典[Z].张春涛,郭开文,译.东京:奎文馆,1907:105.
③ 冈田朝太郎.法学通论[M].张孝栘,译.东京:富山房,有斐阁,1908:175.
④ 黄摩西.普通百科新大词典[Z].上海:中国词典出版公司,1911:丑集90.
⑤ 王寅.什么是认知语言学[M].上海:上海外语教育出版社,2011:31.

义成分,并以此为基础与其他术语群相区分。所以说,类词缀具有将词语归类的功能。

第三,成词功能。在清末法律新术语中,有一些术语的构词语素也被广泛应用于中国传统法律体系中,但是有些语素被作为术语使用,有些被作为短语使用,在构词中能够起到规范限定作用。例如"谋杀"等词,在《唐律疏议》中就可以找到具体用例。例如唐律规定了"十恶","十恶"中第八恶为"不睦",具体规定如下:

> 八曰不睦。谓谋杀及卖缌麻以上亲,殴告夫及大功以上尊长、小功尊属。①

到了清末,这些术语通过被冠以"罪"而成为术语词。作为类词缀,"罪"明确了这些术语所属的范畴类别,以范畴观统摄原有的对犯罪行为的描述,其实是对犯罪行为认识的进一步深入。"人类的认知基于互动体验,始于范畴化,先获得范畴,形成概念,概念系统是根据范畴(即概念)组织起来的,因此范畴化是范畴(或概念)形成的基础,范畴是范畴化的结果。"②概念本身就是建立范畴的过程,词语是表达概念的语言形式,因此,建立范畴的过程是词语的形成过程。在传统法律体系中,具有规范描述性质的短语,如"奸盗略人受财""略诱和诱人""盗诈取人财物"等,在《唐律疏议》中指的都是犯罪行为,但是都是以短语的形式存在的,而且旨在说明犯罪行为的性质和内容,不是词,也不是真正意义上的术语。清末法律新术语,以多音节短语加上类词缀的形式来构词,使得短语变成了词,规范了清末新的法律体系的范畴类别。表达上位概念、指示清末法律新术语所属法律范畴的类词缀最开始也是作为词使用的,如在清末新颁布的诉讼法中,经常会见到"××之权"的结构,例如:

> (1)第三十三条:凡巡警员弁,或平民别项人,请发拘提及搜索房院等票者,必须在承审官前具呈、签押、宣誓,该承审官查明所具呈词,实系近理可信,始准签发。如情节支离,或迹近挟仇妄控,均有<u>驳斥之权</u>。③

---

① 长孙无忌,等.唐律疏议[Z].刘俊文,点校.北京:中华书局,1983:14.
② 王寅.什么是认知语言学[M].上海:上海外语教育出版社,2011:30.
③ 怀效锋.清末法制变革史料:上卷 宪法·行政法·诉讼法编:刑事民事诉讼法[G].李俊,王志华,王为东,等,点校.北京:中国政法大学出版社,2010:439.

(2) 第一百十二条:证人之在堂听审者,承审官有令其暂<u>在堂外候审之权</u>。①

(3) 第十六条:凡审判官皆有<u>发厅票之权</u>。②

在上述引例中,画线部分从语义内涵上来看,有无助词"之"对于表意来说,并没有大的影响,无论有"之"还是无"之",其所表达的意义是一样的。但是从语法层面上来考察,有"之"和无"之"是不同的语法单位,有"之"是短语,无"之"是词。可见,清末法律新术语中的类词缀也经历了由词到类词缀的演变过程,类词缀直接作为构词语素,取消助词"之",使短语变为词,去语言的形态化是词汇化的必然过程。

以《唐律疏议》为例,《唐律疏议》共分12篇,即名例、卫禁、职制、户婚、厩库、擅兴、贼盗、斗讼、诈伪、杂律、捕亡、断狱,共30卷,502条。在名例篇中,详细列举了一些刑名术语,但是在后面的11篇分则中,以短语的形式概括了一些犯罪行为,概括的力度却不是很强,没有概括为词,也就是说没有形成明确的罪名概念,因此只能用短语描述,而不能用词进行概括。在清末新的法律体系中,犯罪行为都以"罪"术语记录下来,也就是"罪"术语以词的形式对犯罪行为进行了概括,划分了犯罪行为的范畴。所以说,类词缀具有将短语概括成词的功能。

类词缀成词的过程也可以看作是语言演变过程中的词汇化过程。所谓词汇化过程指的是"构词法的普遍过程,如复合、派生和类转"③。词汇化可以分别从共时层面和历时层面来考察,从共时层面来看,词汇化就是将概念转变成词的过程,从历时层面来看,就是一个语法结构转变为词汇结构的过程。④ 清末法律新术语的词汇化,不能被简单地被看作是靠复合或是派生手段完成的。如前所述,类词缀依然是词根语素,那么,清末法律新术语的构词方式就不能被看作是派生,而是复合,复合的构词方式是语言词汇化的有效手段。但是作为类词缀的

---

① 怀效锋.清末法制变革史料:上卷 宪法·行政法·诉讼法编:刑事民事诉讼法[G].李俊,王志华,王为东,等,点校.北京:中国政法大学出版社,2010:443.

② 怀效锋.清末法制变革史料:上卷 宪法·行政法·诉讼法编:各级审判厅试办章程[G].李俊,王志华,王为东,等,点校.北京:中国政法大学出版社,2010:459.

③ 劳蕾尔·J.布林顿,伊丽莎白·克洛斯·特劳戈特.词汇化与语言演变[M].罗耀华,等,译.北京:商务印书馆,2013:51-52.

④ 董秀芳.词汇化——汉语双音节词的衍生和发展:修订本[M].北京:商务印书馆,2011:1-3.

词根,它的用法也与其他词缀相似,具有词缀派生所具有的黏着性,可以进行派生,"派生也会引起新词位的形成"。这为清末法律新术语的词汇化提供了一个非常重要的条件。所以,我们说复合和派生都是语言词汇化的重要手段,清末法律新术语在成词的过程中,将这两种手段相结合,创制新术语,因此我们在分析清末法律新术语时,才能够以术语群为范畴来进行研究。

第四,术语化功能。清末法律新术语中的类词缀,不仅将旧有的表达法律意义的短语进一步概括成词,而且将一些常见的普通词语变成术语。例如在"权"术语中,很多构词语素在传统社会中,都没有表达法律概念的用法,但是进入清末新的法律体系之后,加上具有法律意义的类词缀,这些普通词语就变成了术语。例如"所有""决定""选择""允许""买回",分别与"权"构成"所有权""决定权""选择权""允许权""买回权",这些"权"术语在清末新的法律体系中,尤其是在清末民法体系中发挥着重要作用。在我们调查的49个"权"术语中,有36个"权"术语是由普通词汇加上类词缀"权"构成的,所以说,类词缀具有将词语术语化的功能。

(二)构词方式均为定中式偏正复合词

尽管清末"法、刑、罪、权"新术语基本上包含一个类词缀,但是类词缀的意义并不是完全虚化的,只是在原有词义的基础上做了进一步的概括,其原有词义的语义成分都内化进了类词缀的语义之中,因此,类词缀与一般语言学上所指的词缀还是有很大的差别的。从构词方式上来看,清末"法、刑、罪、权"新术语不能被看作是附加式的派生词,而是定中式的偏正复合词,类词缀表达的是上位概念,因此被看作是中心语。由于中心语的性质和内容各不相同,因此,其限定语的性质也是各不相同的。

表 5-3 清末"法、刑、罪、权"新术语构词方式一览表[1]

术语群	N.＋N.	Adj.＋N.	V.(VP)＋N.
"法"术语群	4		2
"刑"术语群[2]	2	2	2
"罪"术语群	5		31
"权"术语群	16	1	32

注:

[1]此表根据表附录一统计获得。

[2]"刑"术语群仅分析包含"刑"的术语,"拘留""罚金""没收""剥夺公权"4个术语不做分析。

通过表5-3，我们可以看出，尽管清末法律新术语的构词方式是一致的，都是定中式偏正复合词，但是不同术语群中的术语，其限定语的性质是不同的。在"法"术语群中，限定语是名词性成分的有4个，分别是"宪法""刑法""民法""亲属法"；限定语是动词的有2个，即"诉讼法"和"继承法"。在"刑"术语群中，使用名词性限定语的有2个，即"有期徒刑"和"无期徒刑"；使用形容词性限定语的有2个，即"主刑"和"从刑"；使用动词性限定语的有2个，即"死刑"和"徒刑"。在"罪"术语群中，使用名词性限定语的有5个，分别是"内乱罪""外患罪""鸦片烟罪""危险物罪""赃物罪"；其余术语的限定语都是动词性的。在"权"术语群中，使用名词性限定语的有16个，分别是"特定职权""选民权""质权""物权""债权""地上权""地役权""担保物权""亲权""所有权""动产所有权""不动产所有权""动产质权""不动产质权""业务权""财产权"；使用形容词性限定语构成的术语有1个，即"公权"；其余术语都是由动词性限定语加中心语构成的。

从语义上看，"法"指的是由国家制定并强制执行的法令法规，根据法令法规的内容及所调整对象范围的不同，其可以划分为不同的部门法，即"宪法""刑法""民法"等。"法"术语群的限定语多为名词性成分，这也与其所表达的语义密切相关，"法"术语群的限定语指的是"法"的范畴类别和属性，多以名词性成分表示。"刑"指的是刑罚，既然是刑罚，那么便可以对刑罚的性质、时限以及刑罚的方式加以限定，因此"刑"术语群的限定语既有名词性成分，也有形容词和动词性成分。"权"是权利，表示的是公民或法人依法应享有的权力和利益。公民或法人依法享有的权力和利益既可以指公民做某事享有的权力和利益，也可以指公民对某物享有的权力和利益，因此"权"术语群的限定语既可以是名词性成分，也可以是动词性成分，以动词性成分居多。可见在清末，在日本和西方法律文化的传播过程中，随着新法的确立，人们渴望获得更多做某事的权利，人们对行为的诉求多过对事物的诉求。人们对事物的权利主要体现在财产、土地等物上，所以"权"术语群中名词性的限定成分多为与财产、土地有关的名词。

"罪"术语群中的核心语素"罪"指的是犯罪行为，凡是犯罪行为必然与一定的动作行为有关，所以在"罪"术语群中，动词性的限定成分占86.1%。在"罪"术语群中，有5个术语的限定语是名词性成分。我们可以用当代的生成词库理论来解释"罪"术语群中的名名组合和动名组合现象的成因。

根据张秀松和张爱玲翻译的 J. Pustejovsky 的《生成词库论简介》所述，可以将词义按照论元结构、物性结构（qua lia structure）、事件结构和词汇承继结构

(lexical inheritance structure)四个层次来分别进行描写。其中物性结构从形式角色(formal role,FORMAL)、构成角色(constitutive role,CONST)、功能角色(telic role,TELIC)和施成角色(agen tive role,AGENT IVE)四个方面说明了事物的性质。形式角色把物体与周围事物区别开来,包括物体的数量、形状、维度、颜色、位置等。构成角色说明物体与其构成成分或组成部分之间的关系,或者物体在更大范围内构成或组成哪些物体。功能角色说明了物或人的功用。表示人造物的词语的功能角色,说明人造物的功用。施成角色用以说明物体是如何形成的。[①] 物性结构的引入,尤其是功能角色的引入,影响了对整个语义系统的解释与构建。我们可以以物性结构为理论基础,还原"罪"术语群中名名组合、动名组合隐含的谓词。在"罪"术语群中,"罪"的限定语有名词性和动词性两种,以动词性限定语为主。"罪"表示犯罪行为,在其语义中隐含了一个表示动作行为的语义成分,因此,如果"罪"前面的限定语是动词性成分,其包含的动作行为刚好可以填补到"罪"所隐含的表示动作行为的语义位置。如"妨害交通罪","妨害交通"是个动词性短语,"妨害"表示"妨碍""危害",有"破坏""违反"的意思,"破坏""违反"刚好是"罪"所隐含的动作行为。再如"骚扰罪","骚扰"本身也包含了"破坏""伤害"之意,这也是填补了"罪"所隐含的表示动作行为的语义。由此看来,动词性成分与"罪"组合构成定中结构的复合词是合情合理的,限定语补充出了"罪"所隐含的表示动作行为的语义。但是,在"罪"术语群中,还包含一些使用名词性限定成分的术语,这似乎是不合乎情理的。"罪"术语群中的名词性限定语分别是"内乱""外患""鸦片烟""赃物""危险物"。这些名词性限定成分都有一个共同点,就是都必然与某些动作行为相关,如"内乱"和"外患"是具有破坏性的后果,而这一破坏性后果的产生与某些破坏行为是密不可分的;"赃物"中的"赃"显然表明了物品是非法所得的,既然是非法所得,那么也与违法行为有关;而"危险物""鸦片烟"是违禁品,如果某些动作行为涉及的对象是违禁品,这种动作行为就是违法行为。由此,我们通过还原这些名词性限定语的适用场景,给这些名词性限定语补充或者重建了一个相关的表示动作行为的语义,尽管名词性限定语与"罪"从语义类型上来看,是不搭配的,但是通过重建一个与名词性限定语有关的动作行为,还原名词性限定语的适用场景,那么这些名词性限定语就与"罪"相关联了。类词缀"罪"在释义中隐含动词,与事件活动密切相关。[②] 作为类词缀

[①] J. Pustejovsky.生成词库论简介[J].张秀松,张爱玲,译.当代语言学,2009(3):267-268.

[②] 宋作艳.类词缀与事件强迫[J].世界汉语教学,2010(4):449.

的"罪"具有激活限定语适用场景的作用。

清末法律新术语是以类词缀作为词根构成的定中式偏正复合词,限定语与中心语在语义范畴和语义特征上基本保持一致,限定语物化了一个具体情境、对象性质特征或功能等,以语义成分的身份进入中心语的语义中,使得限定语与中心语能够和谐共存。

(三)以多音节词为主

所谓多音节词指的是由两个或两个以上的音节构成的词。在汉语中,一个音节对应一个字,我们可以以字为单位,统计清末"法、刑、罪、权"新术语的音节数量。从构词方式上来说,清末"法、刑、罪、权"新术语为定中式偏正复合词;从构词字节数量上来看,清末"法、刑、罪、权"新术语以多音节词为主。我们对所调查的101个清末"法、刑、罪、权"新术语的构词字节做了统计,具体见表5-4:

表5-4 清末法律术语字节长度统计表[1]

单位:个

术语群字节数	2个	3个	4个	5个	6个	7个	8个	9个	10个及以上
"法"术语群	3	3							
"刑"术语群	7		3						
"罪"术语群		10	2	11	6	2	1		4
"权"术语群	4	38	2	3	2				

注:
[1]此表根据附录一统计获得。

根据表5-4所示,"法"术语群是由两个、三个字节的术语构成的,"刑"术语群以两个字节的术语为主,"罪"术语群以三个和五个字节的术语为主,"权"术语群以三个字节的术语为主。我们调查的清末"法、刑、罪、权"新术语的字节数,与冯志伟、那日松等学者所统计的当代法律术语的字节数是基本一致的。那日松对法律术语库进行分词处理后,"统计发现法律术语词长分布在1~28个之间,其中单词型术语所占比例为5.5%。由2~4个单词组成的术语最多,共占整个法律术语库的55.3%。由1~12个单词组成的术语占整个法律术语库的96.2%"①。我们统计的结果是,由2~4个字节构成的术语有70

---

① 那日松,刘青,朱磊.法律术语特征研究[J].中国科技术语,2011(4):23-24.

个,占 70.1%。这些数据足以说明清末法律新术语是以多音词为主的。

综上,从构词特点上来看,清末"法、刑、罪、权"新术语具有共性特征,都是以表示上位概念的类词缀为中心语,以多音节的名词性、动词性和形容词性的成分做修饰语构成的多音节定中式偏正复合词。清末"法、刑、罪、权"新术语群的产生是个词汇化过程,具有相同类词缀的术语聚合成群,成为术语群,彼此之间表现出紧密的系统性关系。

四、新术语的表意方式一致

从构词方式上来看,清末"法、刑、罪、权"新术语为定中式偏正复合词,其语义模式为"提取特征+事物类"。但是仔细分析这些清末法律新术语的释义方式,我们能够进一步找到清末"法、刑、罪、权"新术语在表意上的共性特征。

(一)术语的语义都比较单一

语义单一可以从两个方面来看,一是一个术语对应一个概念,也就是说一个术语的语义表达一个概念,术语不能有歧义现象;二是一个术语只包含一个语义,术语不能有多义现象。术语语义的单一性是术语与普通词汇的区别之一。清末"法、刑、罪、权"新术语是术语系统的有机组成部分,因此其语义也具有单一性的特点,即一个法律概念对应一个法律术语,不能有歧义,一个法律术语只含有一个法律意义,不能多义。例如:

【内乱罪】一国国民以紊乱朝宪为目的,而动干戈者,曰内乱罪。[1]
【遗弃罪】刑法第三编第一章第九节所定之犯罪,有抚养之义务者,与不满八岁者,及不能自为生活之老者疾病者,有遗弃之罪。又自己之所有地,与应看守之地,所有遗弃之幼老疾者,又罹病而昏倒,知而不扶助之,又不申告于官府者,总称之曰遗弃罪。[2]
【主刑】不附带于他之刑,而独立的科以刑罚之总称也。[3]
【死刑】重罪主刑之一。绝犯罪人生命之刑也。[4]

---

[1] 清水澄.汉译法律经济辞典[Z].张春涛,郭开文,译.东京:奎文馆,1907:25.
[2] 清水澄.汉译法律经济辞典[Z].张春涛,郭开文,译.东京:奎文馆,1907:505.
[3] 清水澄.汉译法律经济辞典[Z].张春涛,郭开文,译.东京:奎文馆,1907:79.
[4] 清水澄.汉译法律经济辞典[Z].张春涛,郭开文,译.东京:奎文馆,1907:139.

通过上述引例可以看出,清末"法、刑、罪、权"新术语从语义的角度来看,其语义是单一的,每一个术语的语义对应一个法律概念,而且是唯一一个概念,比如说"死刑","重罪主刑之一。绝犯罪人生命之刑也"是对其唯一的解释,没有歧义没有多义,不会有人对"死刑"产生其他的理解。所以我们说清末"法、刑、罪、权"新术语的语义都比较单一。从法律功能来看,法律术语不允许出现多义或歧义现象,这是法律体系对术语提出的客观要求。

我们说清末"法、刑、罪、权"新术语从单个术语来看,其语义是单一的,但是从整个术语群来看,其语义又是充足且完整的。所谓充足,指的是在整个术语群中,"不存在空缺现象(即不缺乏表达相应概念体系中的概念的术语)"①。语义的充足性使得在整个术语群中,不存在脱离术语群主体的独立区域,术语群内部的术语与术语之间关系密切,其语义互相关联,共同切分术语群的核心语素(核心语素指的是术语群中的术语所拥有的共同构词语素)所表达的上位概念,术语群与概念系统具有同构性。也就是说,概念系统切分为多少子系统,那么术语群就划分出多少个术语。例如"罪"术语群除去总则中的术语②,分则一共有 36 个术语,这些术语切分了当时刑法体系所认定的犯罪行为,每一种犯罪行为都可以找到一个术语来指称,而每一个术语都可以指称一种犯罪行为,术语与概念系统是一一对应的关系,没有交叉。

(二)术语的语义都可以通过字面意义获得

清末"法、刑、罪、权"新术语从构词的角度来看,都包含一个核心语素,也就是我们前面所说的类词缀。类词缀不仅可以提示术语所属的法律范畴,而且也提供了术语的部分语义信息。不仅类词缀能够提供词语的部分语义信息,限定语也能够直接地提供术语的语义信息,二者相合就是清末"法、刑、罪、权"新术语的语义了。所以我们说清末"法、刑、罪、权"新术语的语义可以通过字面意义直接获得。例如"死刑",我们通过字面意义便可得知这是一种以剥夺生命权为处罚方式的刑罚。再如"所有权",可以通过字面意义对其进行解释,即指对所拥有的物品的权利。我们可以还原"所有"所涉及的场景,补足"权利"所隐含的语义,即"处置",也就是可以进一步将"所有权"的字面意义解释为对所拥有的物品有处置的权利。"物权"经由字面意义可以理解为与物品有关的权利。

---

① 格里尼奥夫.术语学[M].郑述谱,等,译.北京:商务印书馆,2011:79.
② 总则中的"罪"术语群切分的不是犯罪行为这一概念系统,而是犯罪性质。

【所有权】所有权者,于法令范围内,对于自己所有有物,自由使用收益处分之权利,而在物权中为最完全之支配权也。故所有权者,不仅于法令范围内,有完全支配所有物之权,且所有权之不可侵害,亦为宪法所保障,非据法律,则无受人侵害之事也。①

【物权】物权者,直接行于物上之绝对的对世权也。民法内规定之物权,分为占有权、所有权、地上权、永小作权、地役权、留置权、先取权、质权、抵挡权九种。而占有权者,一种特别之权利,因使用他种权利而发生者也。所有权为最完全之物权,地上权及永小作权,则为不完全之物权。地役权者,土地所有权之从属,因行使土地所有权而发生者。若留置权以下,则不过债权担保之物权而已。②

尽管"所有权"和"物权"这两个术语通过字面意义获得的意义与词典中的解释略有差别,但是其字面意义至少解释了这两个术语最为核心的内涵意义(可以参考上述两条释义中的画线部分)。

在清末"法、刑、罪、权"新术语群中,"刑"和"罪"术语更容易经由字面意义获得其术语意义,如"无期徒刑""有期徒刑""妨害交通罪""侵犯皇室罪""妨害国交罪"等,顾名思义,其术语意义都可以经由字面意义直接获得。

术语在命名上要体现出一定的理据性,所以,一般来说,术语的意义都可以经由字面意义直接获得。"术语的语义外延是根据所指的关系而不是根据能指的关系而定义的。事实上,在术语学中问题不在于知道某个语言形式指的是什么,而在于知道当某个概念有了明确的定义后,用哪个语言形式代表这一概念。"③由此可见,术语的命名比其能够表达的概念更为重要,因此,术语的命名应该体现为一定的理据性,要做到望文生义。

(三)释义都可以采用"种差+属"的释义模式

我们所选取的清末"法、刑、罪、权"新术语都是名词性术语,名词在释义上有较为统一的模式。"表名物词的释义模式绝大多数都是归类、限定型,即利用词语表示的概念的上下位系统关系,将被解释的词放入适当的上位概念中,

---

① 清水澄.汉译法律经济辞典[Z].张春涛,郭开文,译.东京:奎文馆,1907:193-194.
② 清水澄.汉译法律经济辞典[Z].张春涛,郭开文,译.东京:奎文馆,1907:178.
③ G.隆多.术语学概论[M].刘钢,刘健,译.北京:科学出版社,1985:19.

再加以各种修饰、限制。"①以限定语或修饰语加上位概念构成的释义模式就是"种差＋属"的释义模式。"种差"是被释词,也就是法律术语的性质特征,"属"是法律术语所属的上位概念,也就是类词缀所表示的概念。如上述所举"无期徒刑""有期徒刑""民法""刑法"等术语的释义,都采用了"种差＋属"的释义模式。符淮青根据"种差"的性质和内容,将"种差"分为12类,即种差表示领属、种差表示种类、种差表示形态、种差表示结构、种差表示功能、种差表示产生、种差表示时间、种差表示空间、种差表示数量、种差表示评价、种差表示内容、种差表示其他。② 我们所分析的清末"法、刑、罪、权"新术语,虽然也为名词,释义方式也为"种差＋属"的释义模式,但是因为术语具有特殊的功能,因此,其释义中的"种差"与普通名词释义中的"种差"是有差别的。例如:

【刑法】定犯罪,与刑罚关系之法律,谓之刑法。③
【亲属法】亲属律者,规定亲属与亲属关系之法律也。④
【地役权】他人之土地依特定之方法有使用之权利者,谓之地役权。(如借邻家之路作通行路是)⑤
【地上权】地上权者,于他人之土地,为所有之工作物,及竹木,而有使用其土地之权利也。⑥
【死刑】死刑者,对于国事犯非国事犯之重罪所应科之极刑也。⑦
【无期徒刑】为日本现行刑法,重罪中自由刑之一种,徒于岛地中,使服一定劳役,非国事犯适用此刑。⑧
【未遂罪】未遂罪者,于犯罪之实行,既着手以后,乃因意外之障碍,不能遂其初意之犯罪是。⑨
【外患罪】外患罪者,直接或间接,援助外国,加危害于日本帝国之独

---

① 符淮青.词义的分析和描写[M].北京:语文出版社,1996:108.
② 符淮青.词义的分析和描写[M].北京:语文出版社,1996:112-114.
③ 清水澄.汉译法律经济辞典[Z].张春涛,郭开文,译.东京:奎文馆,1907:105.
④ 怀效锋.清末法制变革史料:下卷 刑法·民商法编:大清民律草案[G].李俊,王志华,王为东,等,点校.北京:中国政法大学出版社,2010:730.
⑤ 汪荣宝,叶澜.新尔雅[Z].上海:上海明权社,1903:32.
⑥ 清水澄.汉译法律经济辞典[Z].张春涛,郭开文,译.东京:奎文馆,1907:106.
⑦ 户水宽人,等.法制经济通论:第五编[M].何燆时,等,译.上海:商务印书馆,1909:64.
⑧ 朱树森,孙德震,孙德泰,胡贤炬.法政辞解[Z].东京:并木活版所,1907:515.
⑨ 冈田朝太郎.法学通论[M].张孝杉,译.东京:富山房,有斐阁,1908:363.

<u>立之罪也</u>。①

上述释义中的画线部分,我们称之为"种差"。在不同的术语群中,"种差"表示不同的意义范畴。在"法"术语群中,"种差"表示性质,"种差"所描述的性质状态限定了"属",进而明确了被释词所属的范畴类别,也就是"法"的子范畴类别。在"权"术语的释义中,"种差"表示内容,也就是"权利"的不同内容。在"刑"术语的释义中,"种差"表示方式方法,也就是不同的刑罚采用不同的方式方法。在"罪"术语的释义中,"种差"表示动作行为,也就是不同的动作行为表示不同的犯罪行为,也就是不同的"罪"。

"种差+属"的释义模式通过突出"属"在释义中的特殊地位,强调了清末"法、刑、罪、权"新术语的层次性,揭示了术语之间的层次关系。不仅如此,因为术语具有表达学科专业概念的功能,因此"种差+属"的释义模式可以从术语的角度,揭示清末新的法律体系的范畴关系,使得清末新的法律体系各个范畴之间界限分明。

(四)语义都具有模糊性

模糊的概念与理论是美国加利福尼亚大学控制论专家扎德教授1965年在《信息和控制》杂志上发表的一篇题为《模糊集》的文章中首次提出来的。在扎德看来,"模糊性所涉及的不是一个点属于集合的不确定性,而是从属于到不属于的变化过程的渐进过程"②。语言模糊性指的是语言中的词语语义所具有的不确定性和不清晰性。以追求精确为主的法律术语,同样具有模糊性。清末法律新术语的模糊性表现为外延的不确定性以及核心区域的确定性。

法律的功能是"定分止争",维持社会稳定,法律术语是"定分止争"的工具,因此,从法律的角度来看,法律术语应该明确而具体,不能模棱两可。清末新的法律体系是在日本及西方法律思想的影响下建立起来的,其核心思想是公平公正,清末"法、刑、罪、权"新术语也尽可能地体现出清末新的法律体系的这一核心思想,但是与其他普通词语一样,清末"法、刑、罪、权"新术语依然不能摆脱语言模糊性的特点。

清末"法、刑、罪、权"新术语语义模糊性的产生,可以从两个方面来看:

一方面,清末"法、刑、罪、权"新术语表意的模糊性是由语言词汇的局限

---

① 冈田朝太郎.法学通论[M].张孝栘,译.东京:富山房,有斐阁,1908:387.
② 史红梅.法律语言的模糊性及功能辨析[J].社会科学家,2011(8):153.

性造成的。这正如伍铁平所说,"词语是表达概念的。但是许多界限分明的概念—用词表达时,却可能把这些界限打破,产生许多模糊词"①。也就是说,在清末新的法律体系中,有些法律概念的界限是清晰的,但是在将概念概括成词的过程中,本来界限清晰的概念变得模糊了。清末"法、刑、罪、权"新术语语义的模糊性来源于人们对法律世界的范畴化认识,但是由于"语言符号本身具有离散性和有限性"②,所以,清末"法、刑、罪、权"新术语具有了模糊性。

"权"术语群中的一些术语,如"所有权"等,就是在概括的过程中,将本来外延清晰的概念模糊化了。就以"所有权"为例,其指的是"于法令范围内,对于自己所有物,自由使用收益处分之权利,而在物权中为最完全之支配权也,故所有权者,不仅与法令范围内,有完全支配所有物之权,且所有权之不可侵害,亦为宪法所保障,非据法律,则无受人侵害之事也"③。从清末新的法律概念系统来看,"所有权"所对应的外延是清楚的,也就是何为所有物,其界限是清晰的。但是当用术语对人们的所有物进行概括时,虽然外延是确定的,但外延的边界比较宽,无法将所有权所涉及的范围全部概括到术语里,只能用"所有"这样一个模糊的词语来限定"权利",因此,"所有"模糊了"所有权"本来所指的外延,使"所有权"具有了模糊性。

另一方面,因为词语对应的是概念,如果概念系统本身的界限不够明确,存在模糊性,那么反映概念的词语也必然是模糊的。清末"法、刑、罪、权"新术语的模糊性有一部分是因为其所对应的概念系统的外延本身就是模糊的,所以术语也随之具有了模糊性。"认知语义学从心理学的角度对概念模糊性的分析表明:各种概念的典型、范畴内成员地位的级差、范畴边界的不确定性的存在导致了概念和词语语义的模糊性。"④

"罪"术语群中的一些术语,其模糊性的产生就是由其所对应的概念系统的界限不清造成的。例如"骚扰罪",指的是"系聚众以暴行胁迫害地方安静之罪也"⑤。从释义上来,只是概括了"骚扰罪"这种罪行大致的外延,基本解释清楚了"骚扰罪"的本质,但是这种犯罪行为的外延却是模糊的。"从刑法普通

---

① 伍铁平.模糊语言学[M].上海:上海外语教育出版社,1999:21.
② 鲁苓.多元视域中的模糊语言学[M].北京:社会科学文献出版社,2010:16.
③ 清水澄.汉译法律经济辞典[Z].张春涛,郭开文,译.东京:奎文馆,1907:193.
④ 鲁苓.多元视域中的模糊语言学[M].北京:社会科学文献出版社,2010:12.
⑤ 怀效锋.清末法制变革史料:下卷 刑法·民商法编:大清新刑律草案[G].李俊,王志华,王为东,等,点校.北京:中国政法大学出版社,2010:114.

之原则,可不问其宗旨所在,故其中非但赅有妨害信教、阻止营业、威服个人等不法之宗旨,即对于公署提出诉愿、对于官吏要求相当之处分,其事虽系合法,苟聚众以暴行胁迫之方法思遂其志者,亦皆含于此。"① 可见,对于何为"骚扰罪",人们可以对其本质的概念进行描写和限定,但是外延却无法说清楚,因为"骚扰罪"对应的概念的外延本就是模糊的,这导致"骚扰罪"这一术语具有模糊性。

无论是理论框架还是结构、原理,中国传统法学一直沿着精细化的道路发展,历代法典如《唐律》《宋刑统》《元典章》《大明律例》《大清律例》中所包含的纷繁复杂的条项,都充分说明了这个规律。到了清末,社会生活发生了深刻的变化,社会关系日趋复杂,尤其是在日本及西方法律思想的影响之下,时人对清末新的法律体系有了新的认识,人们用范畴化的方法重新定义和描写清末新的法律体系。在这一过程中,范畴化的概括使得界限清晰的概念的外延变得模糊。同时,人们也意识到,无论用多么复杂的语言去描述一种法律行为或者法律现象,都无法将其描写、限定清楚,人们无法再以传统的二值性来做简单判断,因为法律行为和法律现象本身就是模糊的,因此,人们只能建立一个原型范畴模式,将法律行为或法律现象所对应的概念的最核心的语义解释出来,模糊其边缘界限。

清末"法、刑、罪、权"新术语的语义不可避免地具有模糊性,这是受到客观法律世界概念系统的模糊性和语言本身的模糊性的制约的。清末"法、刑、罪、权"新术语的模糊性对于促进清末法律新术语构建清末新的法律体系范畴、描写清末新的法律概念来说,具有积极作用,比如通过范畴化的概括方式,扩大了清末"法、刑、罪、权"新术语所要表达的信息量,能够抓住复杂的法律现象的核心语义特征并以此为原型,进行边缘的概括,并且提供了法律术语的空间性,使得量刑等法律制度成为可能。正是法律术语模糊性的客观存在,才使得司法解释成为清末新的法律体系中必要的组成部分。虽然模糊性是清末法律术语必然具备的语义特征之一,但是这并不意味着法律术语的模糊性是无限合理的,也不可能完全取代精确表达。模糊性与精确性"互相依存,彼此消长,缺一不可。因此,模糊表达的使用也要界定其适用范围。只有这样才有可能与精确表达构成一个互补共存的描述体系"②。

---

① 怀效锋.清末法制变革史料:下卷 刑法·民商法编:大清新刑律草案[G].李俊,王志华,王为东,等,点校.北京:中国政法大学出版社,2010:114.
② 鲁苓.多元视域中的模糊语言学[M].北京:社会科学文献出版社,2010:229.

由上所述可以看出,清末"法、刑、罪、权"新术语的语义都具有单一性的特点,其语义可以直接由字面意义获得,"种差+属"的释义模式使得清末"法、刑、罪、权"新术语语义明确,层次清晰。清末"法、刑、罪、权"新术语在语义上的模糊性为这些法律术语在法律语境下的具体运用提供了丰富的空间。

五、新术语的本质属性一致

清末"法、刑、罪、权"新术语群的本质属性,是清末法律新术语所呈现出来的共性的、内在的、核心的属性,是剥离清末"法、刑、罪、权"新术语外在特点后所获得的深层属性,这些本质属性掩藏在清末法律新术语的特点之中,但是又不同于清末法律新术语的特点,是与历史、社会现实以及法律体系密切相关的内在共性特征。

(一)都具有双重阶级性

在阶级社会中,法律是统治阶级用以管理被统治阶级的工具,因此,法律被打上了鲜明的阶级烙印,具有明显的阶级性。在清末这样一个半封建半殖民地的社会背景下,新移植的法律体系依然是统治者管理被统治者的工具,新的法律体系依然具有阶级性。但是由于清末新的法律体系是移植自日本明治时期的法律体系,而日本的法律体系又是移植了以德国、法国为代表的欧洲大陆法系,所以,清末新的法律体系体现了新兴资产阶级的阶级思想和观念,这就使得清末新的法律体系的阶级性变得复杂了,既有代表西方资产阶级法律思想的法律术语,也有代表传统封建阶级的法律术语。清末"法、刑、罪、权"新术语基本上是外来的,原本代表西方资产阶级的利益,但是借用到中国后,是为中国的封建统治阶级服务的,所以我们说清末"法、刑、罪、权"新术语具有双重阶级性。

1. 具有传统封建集权的阶级性

清末的变法修律,从某种意义上来说,是清政府迫于国内外压力,不得已而为之的政治改革措施。清政府在内忧外患之下,为了收回领事裁判权,为了稳定国内局势,因此决定效仿日本实施变法修律。但是其变法修律的根本目的是维护皇权统治,也就是说,无论清政府如何修律,其根本目的还是维护自身统治,走出内忧外患的窘境。所以说,清末法律移植的根本目的是维护封建皇权的统治,清末新的法律体系具有封建集权的阶级性,而用以表达清末新的法律概念系统的术语也不可避免地具有封建集权性。例如

"侵犯皇室罪""内乱罪""外患罪"等罪行的规定,都以巩固维护皇权统治为目标。从本质上来看,清末新的法律体系术语维护的是旧有的封建统治阶级的利益。张晋藩认为,在《大清新刑律》的制定过程中,极力维护传统的封建保守势力发挥了重要的作用,以沈家本为首的改革派,也不可能完全实行"模范列强"的方针,而只能"折中各国大同之良规、兼采近世最新之学说,而仍不戾乎我国历代相沿之礼教民情"①。这就使得在《大清新刑律》中屡屡出现不协调的维护封建皇权、等级特权以及纲常礼教等的内容。例如在"内乱罪"中,将旧律"谋反"加以扩大,犯者除"首魁"和"执行重要事务者"处以死刑或其他重刑外,"预备犯""未遂犯""阴谋犯"及"附和随行者"也要处无期或有期徒刑。在"藏匿罪人及湮灭证据罪"中,"犯罪人或脱逃人之亲属,为犯罪人或逃脱人利益计而犯本章之罪者,免除其刑"。这是旧律中以伦理思想为基础的"亲亲相隐"原则的再现。在"伪证及诬告罪""亵渎祀典及发掘坟墓罪""奸非及重婚罪""杀伤罪"中,如侵害对象为尊亲属或本宗缌麻以上亲属,在处刑上予以减轻或加重,均依血缘关系的亲属为准。

从清末法律移植的目的这一角度来看,清末新的法律体系为维护清廷的皇权统治服务,所以清末法律新术语首先具有封建集权的阶级特性。例如"侵犯皇室罪"中的相关规定,很明显是为封建皇权服务的。当然,从其传播者和使用者的身份来看,这些法律术语不可避免地具有新兴资产阶级的阶级特性,例如"权"术语群的出现,就是在尽可能地为新兴资产阶级谋取利益,这些术语反映了新兴的资产阶级的阶级属性。

2.具有新兴资产阶级的阶级性

在我们调查的101个清末"法、刑、罪、权"新术语中,除个别术语如"刑法"等是中国传统法律体系中固有的之外,其余都是清末产生的新术语。这些新产生的术语,基本上是从日本传入的,借用自日本明治时期的法律术语。这些借用的术语都来自西方资产阶级的法律体系,因此,清末"法、刑、罪、权"新术语具有资产阶级的特性。在这些新术语的借用过程中,充当搬运工的清末法科留日学生中的一部分也为新兴资产阶级。法科留日学生是清末法律新术语最为主要的引入者与传播者。

据裴艳的调查与研究所示,清末的法科留学可以分为两个阶段:第一个阶段是1874—1895年,此时的留学活动处于无意识阶段,以自费留学为主;第二

---

① 张晋藩.中国近代社会与法制文明[M].北京:中国政法大学出版社,2003:331-332.

个阶段是1895—1911年,此时的留学活动进入蓬勃发展的阶段,官费、公费、自费留学生都很多,形成规模宏大的法科留学潮。"在职官吏出洋游历考察政治学术,亲贵子弟肄习政法以固国本。"[①]在留日法科学生中,既有官宦子弟,也有出身于商人、农民等家庭的,以后者为主。

表5-5 留日法科法学家家庭出身情况统计表[1]

教育	商人	幕僚	农民	牧师	官宦
13人	12人	2人	24人	2人	4人

注:

[1]此表据《留学生与中国法学》中的"留学出身法学家简表"(表2.15)制作,家庭出身主要依据父亲所从事的职业而定。我们选取"留学出身法学家简表"中的清末(1895—1911)留日法科学生为调查对象,共计58人,其中除孙润雨没有考证到家庭情况外,其余57人家庭情况全部可查。这57人分别是:丁惟汾、刁作谦、刁敏谦、王寵、王正廷、王世澄、王用宾、王印川、王有兰、王兆荣、王克家、王宠惠、王荫泰、王家驹、王景岐、王烈、王籙炜、孔昭焱、邓青阳、邓哲熙、古应芬、石志泉、龙鸣剑、叶夏声、白鹏飞、朱执信、朱学曾、吕复、刘恩格、刘崇杰、刘绵训、江庸、江天铎、汤化龙、许修宜、阮性存、杨度、杨廷栋、杨时杰、杨荫杭、杨霆垣、杨肇基、李文范、李肇甫、沈钧儒、沈家彝、宋教仁、张继、张一鹏、张君励、张知本、张耀曾、罗文干、周鲠生、居正、胡汉民、程树德。(裴艳.留学生与中国法学[M].天津:南开大学出版社,2009:103-130.)

由表5-5可见,在清末法律移植的过程中,充当主力军的并不是官宦子弟,而是教师、商人和农民家庭(一般家境较好)的子嗣。这些人在国内接受过良好的教育,成绩优秀,且心怀救国救民的抱负。与此同时,这些人不满意清政府的腐朽统治,期望通过改革来改变现状,当他们在日本接触到日本及西方的法律文化后,新的法律思想更能够满足他们对生活、社会、政府的诉求,因此,他们极其热心地将代表西方资产阶级法律思想的概念,即术语引入中国,在国内进行传播,唤起时人的觉醒。例如在表5-5所涉及的这些留日法学家中,有47位参加了同盟会,还有16位参加了译书汇编社的活动。这些都是他们积极传播清末"法、刑、罪、权"新术语的实际行动。从这个角度来说,清末法律新术语其实是这部分有革命意识的留学生积极吸纳的术语,这些留日学生是新兴资产阶级的代表,因此,清末"法、刑、罪、权"新术语带有了一定的资产阶级的阶级特性。

这些留日法科学生,不仅在日本学习期间积极参加翻译活动,传播新的法

[①] 裴艳.留学生与中国法学[M].天津:南开大学出版社,2009:70.

律思想,而且他们学成归来后大多学以致用,在清末立宪、变法修律活动中充当重要角色。表 5-5 所统计的留学出身的法学家,不仅是优秀的法学教员,而且在清政府以及后来的北洋政府、民国政府中都担任了重要职务。这就从传播及使用上,为清末"法、刑、罪、权"新术语蒙上了新兴资产阶级的阶级特性。例如在《大清新刑律》中,分则第三十一章是"妨害安全信用名誉及秘密罪",其中第三百五十八条,"以强暴、协迫使人行无义务之事,或妨害人行使权利者,处四等以下有期徒刑、拘役或三百圆以下罚金。"这里的"义务"和"权利"都是新生的以保护新兴资产阶级利益的术语。第三百六十三条,"僧道、医师、药剂师、药材商、产婆、律师、公证人或居此等地位之人,因其职业得知他人之秘密,无故漏泄者,处五等有期徒刑……"[①]律师、公证人也是为新兴资产阶级服务的,要求律师、公证人不得泄漏他人秘密,实则是保护新兴资产阶级的利益。这些"罪"术语反映了《大清新刑律》具有资产阶级的性质。

　　清末新的法律体系的移植是为清末皇权服务的,也就是说是为封建中央集权服务的,其体现了封建集权的阶级性;从另一个角度来说,新移植的法律体系是欧洲工业革命后的法律体系,是为新兴资产阶级利益服务的,其又体现出新兴资产阶级的阶级性。清末变法修律中的"礼法之争"足以说明清末新的法律体系所体现出来的阶级性是复杂且矛盾的。清末新的法律体系的阶级性矛盾使清末法律新术语的阶级性也随之变得复杂。所以,我们认为,清末"法、刑、罪、权"新术语具有双重阶级性。

(二)都具有系统性

　　清末"法、刑、罪、权"新术语可以按照同类关系,聚合成不同的术语群,这些术语群和术语群之间存在密切的联系,且层次分明,这就是清末"法、刑、罪、权"新术语的系统性。清末"法、刑、罪、权"新术语的系统性,是受清末新的法律体系范畴的系统性制约的。清末新的法律体系范畴具有系统性,因此用以切分清末新的法律概念的术语也必然具有系统性。正所谓"特定领域的各个术语,必须处于一个层次结构明确的系统之中,术语的命名要尽量保持系统性。同一系列概念的术语,其命名应体现出逻辑相关性"[②]。

---

① 怀效锋.清末法制变革史料:下卷　刑法·民商法编:亲属法草案总则说明[G].李俊,王志华,王为东,等,点校.北京:中国政法大学出版社,2010:494-495.
② 冯志伟.现代术语学引论:增订本[M].北京:商务印书馆,2011:40.

1. 从构词角度看来,清末"法、刑、罪、权"新术语具有系统性

从构词的角度来看,清末"法、刑、罪、权"新术语的构形规则具有一致性,这体现了清末"法、刑、罪、权"新术语具有系统性的特点。如前所述,在我们统计的101个法律新术语中,除"刑"术语群中有个别术语没有包含核心语素"刑"外,其余各术语群的术语,都包含相同的核心语素,以核心语素做中心语,前面加个限定成分,构成定中式偏正复合词。以限定语加核心语素构成的清末"法、刑、罪、权"新术语,结构性强,层次性突出,从整个术语群的构成来看,具有系统性。所以,从构词规则上来说,清末"法、刑、罪、权"新术语具有系统性。

除此之外,我们还可以从字节长度来分析。如前所述,清末"法、刑、罪、权"新术语基本由多音节语素构成,而且每个术语群的术语从字节长度来看基本保持一致。同一范畴下的术语,其术语构成的字节数应该基本一致,术语的平均长度是衡量术语规范与否的一个重要标志。① 同一范畴下的清末"法、刑、罪、权"新术语,也就是属于同一术语群的术语,在字节数上,应该尽可能保持一致,这也是清末"法、刑、罪、权"新术语系统性的表现。

从构词角度来看,无论是构词规则还是构词的字节数量,清末"法、刑、罪、权"新术语都具有一致性,因此我们说清末"法、刑、罪、权"新术语具有系统性。

2. 从语义角度来看,清末法律新术语具有系统性

从语义的角度来看,清末"法、刑、罪、权"新术语语义上同样具有系统性,我们可以从两个方面进行分析。

首先,从每个术语群的内部构成情况来看,术语与术语存在两种关系:一种是"整体—部分"关系,一些术语因为能够切分一个共同的整体概念,并构成这个整体概念,所以被归为同一个语义场。尽管从术语群内部看不出整体和部分的关系,但是这些术语共同隐含了一个整体的概念,表达了"整体—部分"的语义关系。术语与术语之间的地位是平等的,即处于法律体系范畴的同一个等级,与术语群的核心语素所表达的概念构成整体与部分的关系。例如"罪"术语群中,"罪"是核心语素,其语义即为犯罪,是一个整体概念,而所有的"罪"术语分别从不同角度切分了"罪"这一整体概念,各个"罪"术语表达的是"罪"的部分概念,如"鸦片烟罪""妨碍国交罪"等。再如在"权"术语群中,"权"是核心语素,其语义即指权利,"权利"表达的是一个整体概念,而"权"术语群中的术语从不同角度切分了这一整体概念,形成与"权利"有关的部分概念,如

---

① 格里尼奥夫.术语学[M].郑述谱,等,译.北京:商务印书馆,2011:77-78.

"所有权""债权""物权"等。另一种关系是"上位—下位"关系,即在同一术语群内部,术语与术语之间的地位是不平等,存在上位概念与下位概念的关系。术语在法律体系范畴中,处于不同的层级地位。例如"法"术语群中,有"民法"这一术语,但是还包括"亲属法""继承法","民法"是"亲属法"和"继承法"的上位概念。再如在"刑"术语群中,有"徒刑"这一术语,但是也有其下位概念——"有期徒刑"和"无期徒刑"。"整体—部分"关系和"上位—下位"关系,是术语彼此之间最为重要也最为普遍的两种关系,除"罪"术语群外,其余术语群内部基本包含上述两种术语关系。如"权"术语群,一方面"所有权""债权""物权"等共同切分"权"的概念,表现为"整体—部分"的语义关系;另一方面,在"物权"中,还包含"占有权""所有权""地上权""永小作权""地役权""留置权""先取权""质权""抵挡权"九种,这些"权"术语与"物权"又构成了"上位—下位"的语义关系。因为法律体系是十分严密的,因此,记录和表达法律体系概念的术语也具有严密且复杂的语义关系。

其次,术语群和术语群之间的关系呈现出一定的系统性。术语群和术语群之间的关系主要体现为"上位—下位"关系。例如"法"术语群,在整个法律体系中,其层次范畴高于其他三个术语群,它们之间是"上位—下位"关系。再如"法"术语群中的"刑法"与"罪""刑"术语群构成"整体—部分"关系,"民法"又与大部分"权"术语群构成"整体—部分"关系。虽然"罪""刑""权"术语群在整个清末新的法律体系范畴中,是属于同一层级范畴的术语群,地位是平等的,但是它们却归属于不同的范畴。

从清末"法、刑、罪、权"新术语的构词结构上来看,不同的法律术语群都包含一个共同的构词语素,这个共同的构词语素将不同的术语聚合成群,形成词群。从表层来看,清末"法、刑、罪、权"新术语群是以共同语素为标志构成的术语群;从深层次来看,"群"是以共同语义成分所表示的语义聚合而成的语义场。这是清末"法、刑、罪、权"新术语系统性的表现形式。

从深层原因来看,清末"法、刑、罪、权"新术语的系统性是受清末新的法律体系范畴的系统性制约的。清末"法、刑、罪、权"新术语的系统性与清末新的法律体系范畴的系统性是一致的。效力等级不同的法令法规之间应该有一个"纵向统领"的体例[①],如"法"与"刑""罪""权"所统领的术语在法律体系中处于不平等的地位,"法"所统领的术语地位高于其他术语,下级术语要服从上级术语的语义。例如,"刑法"指的是规定犯罪行为并施以刑罚的法律,那么这

---

① 张维仑.法律术语命名(选用)的方法及意义[J].语言文字应用,1995(3):30.

一语义就统摄了其范畴内的各类子范畴术语的概念,即"罪"术语群和"刑"术语群的命名和内涵。

综上所述,无论从术语群的内部构成情况来看,还是从术语群与术语群的外部关系来看,清末"法、刑、罪、权"新术语群都呈现出近乎严密的系统性,共同搭建了清末新的法律体系的各个层级范畴,使得清末新的法律体系范畴层次分明,结构清晰。

(三)都具有法定性

术语都必然具有专业性,专业性可以说是术语最为本质,也是最为重要的特征,清末法律新术语也具有专业性特征。但是,由于清末法律新术语记录和表达的是法律概念,而法律本身是一套规则系统,法律的法定性则需要由法律术语体现出来,所以,法律术语的专业性便表现为法定性。清末"法、刑、罪、权"新术语的法定性表现在两个方面:一是这些新术语仅称谓专门的清末新的法律概念;二是这些新术语适用于清末新法律领域,具有不可违抗性。

1. 清末"法、刑、罪、权"新术语指称专门的法律概念

清末"法、刑、罪、权"新术语指称的是清末新的法律系统中的专门概念,例如"选举权""被选举权""代理权"等,这是清末才出现的新的法律术语,这些新的法律术语指称清末法律系统中的新概念。法律概念是不可随意更改的,所以法律术语一经命名,也不可随意更改,具有法定性。

清末"法、刑、罪、权"新术语与清末新的法律体系范畴内的概念是一一对应的关系,每一个术语都指称一个概念,从释义的角度来看,"种差+属"的释义模式揭示出了清末"法、刑、罪、权"新术语所属的法律范畴,从而进一步称谓法律范畴内的专业概念。因为清末法律新术语指称或称谓清末新的法律概念,所以我们可以给每一个清末"法、刑、罪、权"新术语下个定义,而且每一个术语从修辞上来说,都是中立的。

我们说清末"法、刑、罪、权"新术语仅适用于清末法律这一专业领域,并且表达其专业领域内的专业概念,因此,清末"法、刑、罪、权"新术语具有专业性的特点,正因为如此,这些法律新术语才能够承担起构建清末法律新概念系统的功能。

所谓概念,指的是在头脑里形成的反映对象的本质属性的思维形式。把所感知的事物的共同本质特点抽象出来,加以概括,就成为概念,概念都具有内涵和外延,并且随着主观、客观世界的发展而变化。概念是基于人们对客观世界的认识的,这种认识乃是具有普遍性的共性认识,而非个体性认识。个体性的认识是观念,而非概念。概念是把各种观念互相集合在一起,经过验证使

之成为全体社会成员所共同接受并认可的共性认识,这样使得知识更为准确地发展和普及。钟少华认为,概念有三个作用。一是辨识的作用,即:"就固有概念,以辨定新生之事物。"二是比附的作用,即:"辨定新生事物,又就固有之概念,与之相近者,以推阐之、比附之,使其意义完全无缺。"三是归入系统的作用,即:"新事物必应有所属,于是就其性质而纳入某种系统之中。"①经由概念,我们得以使知识准确化、系统化。清末新的法律体系的完备,离不开清末新的法律概念的发展和完善,清末新的法律概念使清末新的法律体系层次分明,体系完备,使清末法律的知识系统更加完善。例如,清末"法"术语群指称的是清末法律各部门法的名称,表达的是其名称所指的概念,经由这些术语,人们可以使得清末新的法律体系范畴清晰,各部门法之间有了明确的界限。

概念需要用词语来记录和表达,离开词语,概念则成为无根之水。清末"法、刑、罪、权"新术语指称专业的法律概念,是清末法律术语专业性的表现形式之一。不仅如此,专业性还进一步体现为对称谓的准确命名。只有能够准确地指称专门法律概念的法律术语,才能被看作是具有专业性的法律术语。准确指称专业概念首先要选择专业的词语,选择通行的较为书面化的词语来指称。例如"鸦片烟罪"中的"鸦片烟",在同时代还有"大烟""鸦片土""土鸦片""阿片烟"等称谓。"鸦片烟"是个外来词,音译为"阿片",后逐渐写作"鸦片"。"鸦片烟"较其他称谓来说,更具有通行性,政府颁布命令禁烟,都统一使用"鸦片烟"这一词语。术语的命名应该具有简明性,"鸦片烟"能够更为直观形象地概括出"鸦片"的特点(因为吸食鸦片都需要类似于抽烟用的锅子,俗称鸦片锅子,所以用"鸦片烟"命名抓住了这一现象的本质特征),用"鸦片烟"与"罪"复合为"鸦片烟罪"这一术语具有专业性,指称凡是与吸食、贩卖、制造鸦片烟及鸦片烟吸食工具有关的行为都是犯罪行为。当有人参与吸食、贩卖、制造鸦片烟及鸦片烟吸食工具时,根据法律术语的表述,都属于犯罪行为,要接受刑罚制裁,所以说,清末"法、刑、罪、权"新术语表达专业的法律概念,是具有法定性的。

2. 清末"法、刑、罪、权"新术语仅适用于清末法律领域

清末"法、刑、罪、权"新术语具有专业性还体现在这些法律新术语适用于专门的清末法律领域。例如"骚扰罪",在清末法律领域指的是"系聚众以暴行

---

① 钟少华.中文概念史论[M].北京:中国国际广播出版社,2012:3.

胁迫害地方安静之罪也"①。"骚扰"指的是"扰乱,使不安宁"。其适用对象主要是社会治安、居民生活等,一般不适用于个人。尽管在日常生活中也存在扰乱个人生活正常秩序的情况,但是一般不能用"骚扰罪"来指称,因为一旦用"骚扰罪"来指称,那么就意味着已经进入法律领域,需要受到法律的制裁。

清末"法、刑、罪、权"新术语仅应用于清末法律领域,在法律范畴内具有权威性。例如,对于犯罪行为的判定需要借助"罪"术语群来指称,对于犯罪行为的惩罚需要用"刑"术语群来指称,对于民事关系需要用"权"术语群来界定和指称,因此,清末"法、刑、罪、权"新术语适用于专门的法律领域,并使法律具有无上的权威性。反过来看,法律的权威性又赋予了法律术语一定的权威性,也就是法定性。清末新的法律体系较中国传统法律体系来说,更加重视法律的地位,强调"法治",因此,清末法律具有更大的权力。清末"法、刑、罪、权"新术语表达清末法律专业语义,反映清末法律专业概念,清末法律的权威性由清末法律术语体现。福柯认为:"权力能够创造现实,它创造对象的范围和真理的仪式。"②权力的行使可以巩固权力,法律术语是清末法律行使权力的工具,法律术语通过行使权力以巩固法律的权力。因此,语言不仅仅是法律权力借以展开运作的工具,在许多至关重要的方面,语言就是法律权力。法律的权力体现在法律制度的各个层面,是法律术语互动的原因和结果。③ 权力由法律实践的语言细节决定,也就是法律的权力由法律术语决定。因此,我们说清末"法、刑、罪、权"新术语具有权威性。

综上,清末"法、刑、罪、权"新术语能够指称专业概念,并且仅适用于专门的法律领域,在法律实施管理的过程中,具有权威性,因此,我们说清末"法、刑、罪、权"新术语都具有法定性。

(四)都具有规范性

如前所述,清末"法、刑、罪、权"新术语基本上包含一个类词缀,而且从构词方式上来说,以偏正式的定中结构为主。类词缀从功能上来说,还是词根,

---

① 怀效锋.清末法制变革史料:下卷 刑法·民商法编:大清新刑律草案[G].李俊,王志华,王为东,等,点校.北京:中国政法大学出版社,2010:114.

② Foucault, Michel. Discipline and Punish: The Birth of the Prison[M]. London: Allen Lane; New York: Pantheon, 1977:194. 转引自约翰·M.康利,威廉·M.欧巴尔.法律、语言与权利[M].程朝阳,译.北京:法律出版社,2007:11.

③ 约翰·M.康利,威廉·M.欧巴尔.法律、语言与权利[M].程朝阳,译.北京:法律出版社,2007:18.

但是其意义发生了一些虚化。清末"法、刑、罪、权"新术语中类词缀的存在以及固定的构词模式使得清末法律新术语具有了规范性,而且是法律术语科学命名的依据。首先,清末"法、刑、罪、权"新术语可以提炼出统一的构词模式,即"词语模";其次,清末"法、刑、罪、权"新术语的词语模具有能产性。

1. 清末"法、刑、罪、权"新术语具有统一的构词模式——"词语模"

针对新词语在构词上所形成的特点,现代学者李宇明提出了"词语模"的概念。李宇明认为,新词语的产生有批量的情况,"大多数新产生的词语,都有一个现成的框架背景,这一框架就像是造词模子(简称'词语模')一样,能批量生产新词语,并使其所产生的新词语形成词语簇"①。大部分清末"法、刑、罪、权"新术语都是新产生的术语,是新词语,这些新词语在构词方式上,也确有共同的模式,并且我们可以将这个模式提炼出来,即"词语模"。

李宇明认为"词语模"包括"模标"和"模槽"两个部分,"模标"指词语模中固定不变的词语,"模槽"指词语模中的空位。② 在清末"法、刑、罪、权"新术语中,"法""刑""罪""权"就是"模标",前面空出来可以变化的内容就是"模槽"。"模标"固定不变,这就为法律术语的创制提供了无限的可能性。同类范畴的术语可以采用同一个"模标"进行无限扩展,随着社会生活的变化,随着法律调整内容的增加,"模槽"可以被反复调整,增加或者是删减,这样,法律术语也就有了多种变化。例如"法"是一个"模标",根据"法"的意义和所属层次范畴,以及旧有法律术语"刑法"的语义范畴和所属层次范畴,可以将处于"模槽"位置的"刑"进行替换,从而创制出新的"法"术语,如清末法律新术语中的"民法""诉讼法""继承法"以及后来的"商法""经济法"等各种指称部门法的"法"术语群中的术语名称。清末"法、刑、罪、权"新术语可以以"词语模"的形式来分析其构词方式,一旦这些术语进入"词语模"的结构,那么法律术语就具有了超强的能产性。这种"词语模"为科学命名法律术语提供了依据,使法律术语的命名科学化、规范化。所以,我们说清末"法、刑、罪、权"新术语具有规范性。

2. 清末"法、刑、罪、权"新术语的"词语模"能够规范法律术语的命名

我们不仅可以提炼出清末"法、刑、罪、权"新术语所具有的构词模式,即"词语模",而且可以利用词语模极强的能产性创造新的术语。一方面,"词语模"提

---

① 李宇明.词语模[M]//邢福义.汉语语法特点面面观.北京:北京语言文化大学出版社,1999:146.

② 李宇明.词语模[M]//邢福义.汉语语法特点面面观.北京:北京语言文化大学出版社,1999:146.

供了法律术语在命名过程中可以参考的现成模式,这就规范了法律术语的命名。法律术语具有约定俗成性,法律术语的构词模式也是约定俗成的,"词语模"是人们在使用和创造新词语的过程中约定俗成的一种模式。人们在创制法律术语的过程中,可以自由地在"模槽"的位置填上合适的语素、词或者短语,以此表示新的法律术语。这样,新产生的法律术语就不至于让人觉得陌生,更容易被接受。例如当代刑法体系中的"罪"术语群较清末刑法体系中的"罪"术语群已经发生了很大的变化,但是构词模式依然是一致的,其术语还是在清末"法、刑、罪、权"新术语"词语模"的基础上创造出来的。例如表5-6所示:

表5-6 清末刑法体系中"罪"术语群与现代刑法体系中"罪"术语群的比较

清末刑法体系中"罪"术语群	侵犯皇室罪;内乱罪;外患罪;妨害国交罪;泄漏机务罪;渎职罪;妨害公务罪;妨害选举罪;骚扰罪;逮捕监禁人脱逃罪;藏匿罪人及湮灭证据罪;伪证及诬告罪;放火决水及妨害水利罪;危险物罪;妨害交通罪;妨害秩序罪;伪造货币罪;伪造文书印文罪;伪造度量衡罪;亵渎祀典及发掘坟墓罪;鸦片烟罪;赌博罪;奸非及重婚罪;妨害饮料水罪;妨害卫生罪;杀伤罪;堕胎罪;遗弃罪;私滥逮捕监禁罪;略诱及和诱罪;妨害安全信用名誉及秘密罪;窃盗及强盗罪;诈欺取财罪;侵占罪;赃物罪;毁弃损坏罪
现代刑法体系中的"罪"术语群	危害国家安全罪;危害公共安全罪;破坏社会主义市场经济秩序罪;生产、销售伪劣商品罪;走私罪;妨害对公司、企业的管理秩序罪;破坏金融管理秩序罪;金融诈骗罪;危害税收征管罪;侵犯知识产权罪;扰乱市场秩序罪;侵犯公民人身权利、民主权利罪;侵犯财产罪;妨害社会管理秩序罪;妨害司法罪;妨害国(边)境管理罪;妨害文物管理罪;危害公共卫生罪;破坏环境资源保护罪;走私、贩卖、运输、制造毒品罪;组织、强迫、引诱、容留、介绍卖淫罪;制作、贩卖、传播淫秽物品罪;妨害国防利益罪;贪污贿赂罪;渎职罪;军人违反职责罪

姑且不管当代刑法体系中的"罪"术语群与清末刑法体系中的"罪"术语群在概念系统的切分上发生了怎样的变化,我们单单看构词方式,就可以发现,当代刑法体系中的"罪"术语群也可以提取出与清末刑法体系中"罪"术语群相同的"词语模"。所以,我们说,尽管概念切分系统不同,但是从构词模式上来看,清末法律新术语已经形成了固定的"词语模",而这种"词语模"能够根据法律现象的变化,生成不同的法律术语,具有极强的能产性,也就是说清末法律术语能够科学、规范地传承。

所谓清末"法、刑、罪、权"新术语的传承性,指的是"法律术语应尽量明白易懂,这是法律要为社会成员所遵循这一性质所决定的。这就要求术语要最大可能地与人们已有的语言知识相连接,在语言形式方面要符合现代汉语的习惯表述法,并避免使用简称和特有词语等"①。

在清末"法、刑、罪、权"新术语中,有一些术语的构成成分就是从传统法律用语中继承而来的,如"内乱""外患""略诱""和诱""遗弃""堕胎"都是传统法律用语,这些法律用语进入清末法律术语系统中,成为构词要素,与表示上位概念的术语复合成新的术语。再如"死刑""徒刑""罚金"等,其本身就是传统法律术语,后进入清末法律新术语系统,依然被当作是完整的术语。

通过表 5-6,我们可以看出,当代刑法体系中的法律术语除了继承清末法律术语的构词模式之外,也直接吸纳继承了一些清末"法、刑、罪、权"新术语的构词要素,如"妨害""秩序"等,清末"法、刑、罪、权"新术语中的"渎职罪"直接进入了当代刑法术语之中。

术语作为语言系统不可分割的一部分,其命名也具有普通语言词汇的约定俗成性。清末法律新术语同样具有约定俗成性。尽管清末"法、刑、罪、权"新术语从来源上看,大部分是外来词,但是经过意译,其命名是符合汉民族的语言表达习惯的,遣词用字尽可能选择人们所熟悉的字词。清末法律新术语从构词上来看,具有类词缀,因为加了类词缀,使得一些人们熟悉的普通词语成为专业术语。正是因为清末法律新术语具有约定俗成性,这就使得清末法律新术语具有传承性,使法律术语能规范地继承和发展。

清末"法、刑、罪、权"新术语具有统一的构词模式,既能产又可以传承,而且这种构词模式一旦形成,便约束了法律术语的命名,使法律术语朝着规范化、科学化、系统化的方向发展。所以,我们说清末"法、刑、罪、权"新术语具有规范性。

第二节　清末"法、刑、罪、权"新术语群的差异性

我们在上一节中,从术语演变方式、术语的来源、术语的构词、术语的表意特点,术语的性质这五个角度,分析了清末"法、刑、罪、权"新术语群的共性特征。我们说尽管清末"法、刑、罪、权"新术语基本产生于相同的历史背景,其来源也基本一致,但是由于其在清末新的法律体系中承担功能的不同,以及新旧法律体系之间的差异,所以清末"法、刑、罪、权"新术语彼此之间也还是有一些差异的。

---

① 张维仑.法律术语命名(选用)的方法及意义[J].语言文字应用,1995(3):30.

一、词群的演变方式不同

从词汇学的角度来分析清末"法、刑、罪、权"新术语的变化,首先是以清末"法、刑、罪、权"新术语群为一个整体来进行的。从术语群的变化分析清末"法、刑、罪、权"新术语的演变,其实是从宏观角度来审视清末法律新术语的变化。术语群的变化较单个术语的变化来说比较简单,不用涉及义位、语义成分等微观领域的变化。术语群的演变主要表现为术语群的"消亡和新生、简化和丰化"[①]。通过考察可以发现,清末"法、刑、罪、权"新术语群的发展演变也主要表现为"新生""丰化""简化"这三种形式。其中,除了"刑"术语群发生了"简化"以外,其余三个术语群都发生了"新生"和"丰化"的变化。

"新生"是清末"法、刑、罪、权"新术语群最为主要的演变形式。所谓"新生"指的是新术语群的生成。在上述四个术语群中,"权""罪"术语群是完全新生的词群。"权"术语群中的共同核心语素是"权","权"即"权利","权利"虽然可以在古代汉语中查考得到,但是其表示"权力和利益"这一用法,是清末才开始有的,是丁韪良在翻译《万国公法》时创制的新词。在西方法律文化的影响之下,人们的法律观念中萌生了"权利"这一观念,反映在法律术语上,则形成了"权"术语群,如"所有权""选举权""物权""债权"等,这些术语通过共同的核心语素聚合为词群。"权"术语群是伴随着"权利"观念的产生和"权利"的创制而新生的一个术语群。

"丰化"是清末"法、刑、罪、权"新术语群演变的主要趋势。所谓"丰化"指的是术语群内部术语数量的增加。中国传统法律也是体系非常严密的法律系统,也是由很多法律术语搭建起来的。法律术语也可以靠彼此之间的语义关系,进一步聚合成术语群。但是有些术语群仅由一两个术语构成,与清末法律术语群相比,比较单薄。如在传统法律体系中,"法"术语群仅有"刑法""宪法"这两个术语,"法"术语群很单薄。在清末法律新术语体系中,随着"民法""诉讼法""继承法""亲属法"等术语的出现,"法"术语群得到了"丰化"。清末"法、刑、罪、权"新术语词位的"新生"促进清末法律新术语群的进一步"丰化"。

"简化"并非清末法律新术语群演变的主要趋势,但是也是客观存在的一种变化形式。所谓"简化"指的是术语群内部术语数量的减少,与"丰化"相对。在传统的中华法系中,最为典型的术语群即为"刑"术语群,也就是刑名术语

---

① 张志毅,张庆云.词汇语义学:修订本[M].北京:商务印书馆,2005:230.

群。刑名术语群在传统法律体系中是相当庞大的一个词群,如"执""锢""刖""鞭贯耳""杀""刺""烹""戮尸""贵薪""城旦""笞""黥""土午""车裂""腰斩""罚作""司寇作""白粲""完""腐刑""杖""箠""断趾""廷杖""凌迟处死"等刑名术语。仅"死刑"之下,就包含多个刑名术语,如李悝《法经》中规定的死刑有:诛、夷族、夷乡;秦朝的死刑有:腰斩、车裂、弃市、夷三族、枭首、戮等十几种;《唐律》中的死刑有绞、斩两种;《大清律例》中的死刑有斩监候、斩立决、绞监候、绞立决四种。但是在清末新的刑法术语体系中,"刑"术语群的构成数量就少多了,仅包含"死刑""自由刑""有期徒刑""无期徒刑""没收""罚金""剥夺公权"这几个术语。这说明清末"刑"术语群随着传统刑名术语的消亡而发生了"简化"。

所以,就术语群的演变方式来看,清末"法、刑、罪、权"新术语群之间是有差异的,这是由于清末法律体系的范畴发生了变化以及法律观念发生了变化而导致的。在清末新的刑法体系中,刑罚以体现人道主义关怀的方式为主,所以,较中国传统刑罚来说,刑罚方式趋于简化,相应的"刑"术语群也发生了"简化"。

二、所属层级范畴不同

清末"法、刑、罪、权"新术语的语义范畴决定了其在清末新的法律体系中所处的层级范畴。法律体系是由不同的层级构成的,不同的层级范畴是由不同的法律术语构成的。在清末"法、刑、罪、权"新术语群中,由于"法"术语表达的是与"法律"相关的语义范畴,"法"术语群切分的是整个法律体系,指称的是法律体系中各个部门法的概念,因此"法"术语在清末法律体系中所处的层级范畴就比较高,"法"术语分别指称了法律体系范畴下的一级层次范畴("继承法"和"亲属法"除外)。

其余"刑""罪""权"术语群所处的层级范畴是平等的,"刑""罪"术语群根据其所表达的语义范畴,所处的层级范畴在"法"术语群中的"刑法"之下,是"刑法"的子范畴。"权"术语群根据其所表达的语义范畴,层级范畴主要在"法"术语群中的"民法"之下,是"民法"的子范畴。其他范畴也有,但是很少。

清末"法、刑、罪、权"新术语群的层级范畴是不同的,层级范畴的不同决定了术语群的大小,越是层级范畴高的术语群,如"法"术语群,其包含的术语越少,而越是层级范畴低的术语群,其包含的术语越多,术语群越大。"法"术语群起到了切分法律体系的作用,将整个法律体系切分为不同的子范畴,也就形成了不同的部门法。"刑、罪、权"术语群属于各个"法"范畴下的子范畴,"刑"术语群是对刑法体系中刑罚方式的切分,"罪"术语群是对刑法体系中犯罪行为的切分,所以,较"法"术语群来说,二者更为详细和具体,尤其是"罪"术语群。"权"术语群是对贯穿于整个法律体系中的人的权利内容的切分,所以,在全部法律新术语群中,"权"术语群是最大的术语群,所包含的术语最多。但是,无论"刑、罪、权"术语群包含的术语有多少,其术语的构成都是由其上位的"法"术语所表达的语义决定的。

从清末"法、刑、罪、权"新术语群的关系范畴上来看,"法"术语群的术语基本上是"刑""罪""权"术语群的上一级范畴,而"刑""罪""权"术语群则是"法"术语群中部分术语的子范畴。这些术语群互为依存,共同搭建清末新的法律体系范畴。

第三节 清末"法、刑、罪、权"新术语群的关系范畴

根据《现代汉语词典》(第 6 版)对"关系"一词的解释,我们认为所谓关系指的是两个或两个以上的事物、对象及其特性之间互相作用、互相影响、互相依赖、互相比较的一种形式。事物之间的关系,以及它们特性之间的关系,是由世界物质统一性决定的。清末"法、刑、罪、权"新术语群之间的关系由它们所反映的法律体系的层次和内容决定。通过上述对清末"法、刑、罪、权"新术语群共性特征和差异性特征的分析,我们可以发现这些术语群彼此之间有着密切的联系,互为依存,又彼此独立。通过对清末"法、刑、罪、权"新术语群彼此之间的关系进行的分析和概括,我们认为清末"法、刑、罪、权"新术语群存在以下几种关系范畴。从纵向聚合关系上来看,这些法律术语之间存在着一种上下级关系及整体与局部的关系范畴;从横向的组合关系来看,这些术语之间存在因果关系。

一、上下级关系范畴

法律体系作为上层建筑之一,其体系范畴应该是相当完备的,清末新移植的法律体系,其体系范畴也是非常清晰的。以语义学的观点来看,词语之间也存在一定的层级关系,词语语义上的层次关系是由其所反映的概念之间的层级关系决定的。法律体系具有一定的层级性,这种层级关系进一步体现在法律概念上,法律概念的层级性又进一步表现在法律术语上,所以法律术语是有

层级性的。法律术语的层级性主要表现为术语的地位不平等,有些术语的层级地位比较高,有些术语的层级地位比较低。从纵向的聚合关系来看,这就是一种上下级关系。如"民法"作为清末新产生的法律术语,是法律体系的一个分类,在民法体系中,包含继承法和亲属法,因此就术语的关系来看,"继承法"和"亲属法"被包含在了"民法"的语义之中。从逻辑关系上来看,"继承法"和"亲属法"与"民法"是种属关系。再如"有期徒刑"和"无期徒刑",也是包含于"徒刑"这一概念之中的,也是种属关系。

从逻辑关系上来看,具有上下级关系的术语之间具有包含性,也就是说当作为上位概念的"民法"和"徒刑"等术语划定了语义范围后,那么"亲属法"和"继承法"就被圈进了"民法"的类别内,而"有期徒刑"和"无期徒刑"则被划分进了"徒刑"的范畴内。这种包含与被包含的关系,给予清末法律新术语群以极大的包容性。随着社会的发展,人与人、人与物之间的关系越来越复杂,势必会出现一些表达新的法律概念的术语,那么这些术语可以根据其所表达概念的上位概念,进入其所应该被包含的种类中,按照上下级关系,自然而然地分好类别。

清末法律新术语之间的上下级关系,是一般词语所共有的关系。但是,因为法律体系的独特性,清末法律新术语不具有一般上下级词语之间的相对性,而是一种排他性。也就是说,当某个清末法律新术语被划分进了某个上位类别内,作为下位概念,一般不在作为其他术语的上位概念了。如"铅笔",其上位概念是"笔",在这个种属关系内,"铅笔"是下位词,但是"铅笔"又同时可以做"自动铅笔""二B铅笔"等词的上位词。"铅笔"被看作是上位词还是下位词,是视情况而定的,具有相对性;而清末法律新术语一般不具备这种相对性,在其上下级关系中,如果作为下位词,那么一般不会在同时作为上位词存在,比如"继承法""亲属法"之下没有继续划分子范畴。虽然"有期徒刑"在《大清新刑律草案》中被划分为六等,但是不能被看作是术语。

二、整体局部关系范畴

整体局部关系范畴不同于上下级关系范畴,虽然从语义上来看,二者都表示的是一种包含与被包含的关系,但是上下级关系范畴主要指的是语义上的种属关系,而整体与局部的关系范畴主要指的是构成关系。在上下级关系范畴中,我们可以说"乙是甲",如"继承法是民法",但是在整体与局部的关系范畴中,不能说"乙是甲",如"所有权是民法"。

"刑"术语群指称的刑法体系中的各种刑罚方式,"罪"术语群指称的是刑法体系中的各种犯罪行为,"刑"术语群与"罪"术语群共同构成了刑法体系的主体内容,因此"刑""罪"术语群与"法"术语群中的"刑法"构成了整体与局部的关系范畴。同样,"权"术语群是对权利范畴的划分,规定了人们所享有的权利,这是民法所要调整和规范的主要社会关系,因此"权"术语群是构成民法的主体内容,"权"术语群与"法"术语群中的"民法"构成了整体与局部的关系范畴。

从纵向的整体和局部的关系来看,清末法律新术语具有一般词语所具有的相对性和传递性。从上下级关系来看,清末法律新术语不具有相对性,是排他的,但是从整体和局部的关系范畴来看,清末法律新术语所具有整体和局部的关系具有相对性。例如"权"术语群的"所有权""质权"等,属于"民法"这个整体概念,但是在某些特殊情况下,能够被用作刑法的审判中;同样,"刑"术语,如"有期徒刑""无期徒刑""罚金""拘役"等,也可以被用于民法审判中,作为一种惩罚手段。因此,从整体和局部的关系来看,清末法律新术语不仅仅属于同一个整体概念,根据具体情况的需要,也可以属于其他类别。

从纵向逻辑关系来看,清末法律新术语具有上下级关系和整体与局部的关系,这两种关系范畴的存在,一方面使清末法律新术语群具有了包容性和灵活性,能够包容新产生的术语,也能够打破整体界限,将本属于某个整体的术语用于其他范畴,提高了清末法律新术语的经济性;另一方面,这两种关系范畴也使得清末法律新术语具有了排他性,不属于同一上位概念的术语不能随便归类,使得术语体系清晰,界限分明。

三、因果关系范畴

从层次等级关系来看,清末"法、刑、罪、权"新术语群形成了密切的上下级关系和整体与局部的关系范畴,但是就术语群的语义范畴来看,清末"法、刑、罪、权"新术语群之间的关系又可以概括为一种因果关系范畴,也就是这些术语群彼此互为因果关系。

首先,"法"术语群的形成,与"权"术语群的形成可以说是互为因果的关系。"权"术语群表达的是与人们权利相关的内容,规定了人们的权利范畴。在中国传统法律体系中,在封建集权的中央皇权的统治之下,人们的权利没有清晰完整地体现出来,更没有办法得到有效保护。随着清末以来中西、中日法律交流的日益频繁,西方权利思想涌入中国,并带来了大批的"权"术语,进而形成了"权"术语群。"权"术语群的形成标志着权利范畴的丰富和发展,这对于法律体系的分类来说,提出了更高的要求,传统法律体系中以刑法为依据,以刑罚为主要手段调整一切社会矛盾的方式已经不合时宜了。因此,在清末法律移植的过程中,民法体系独立出来,作为一门独立的部门法,用以调整、规范与人们权利范畴相关的社会关系,因此"民法"出现在了"法"术语群中。从这个角度来看,"权"术语群的形成与"法"术语群的形成构成了互为因果的关系范畴。

其次,从"刑"术语群与"罪"术语群所对应的法律概念来看,这两个术语群也是互为因果关系的。"刑"术语群与"罪"术语群都是刑法体系中的术语,共同为刑法实施法律效力服务。从本质上来看,刑法就是规定犯罪行为,并且惩治犯罪行为的法律。"罪"术语群规定了犯罪行为,"刑"术语群划分了惩治犯罪行为的方式,犯了什么样的"罪",就需要采用与之相适应的"刑"。所以,从这个角度来看,"刑"术语群与"罪"术语群彼此之间构成了因果关系范畴。

小　结

以上我们从演变方式、来源、构词、表意以及本质属性几个角度,分别论述了清末"法、刑、罪、权"新术语群的共性特征;从词群演变方式、法律体系层级性的角度,分析了清末"法、刑、罪、权"新术语群的差异性特征。通过对这些共性特征和差异性特征的分析,我们发现清末"法、刑、罪、权"新术语群彼此之间的关系非常密切,而且比较复杂。从清末"法、刑、罪、权"新术语群所对应的法律层次的范畴来看,这些新术语群彼此之间构成了上下级关系范畴和整体与局部关系范畴;从清末"法、刑、罪、权"新术语群语义之间的依存关系来看,这些新术语群又形成了因果关系范畴。

第六章　清末"法、刑、罪、权"新术语群生成的原因

在第一至第四章中，我们详细地描写了清末"法、刑、罪、权"新术语群的形成及其语义范畴；在第五章中，我们描写了清末"法、刑、罪、权"新术语群的共性特征、差异性特征以及彼此之间的关系范畴。从术语演变的角度来看，清末"法、刑、罪、权"新术语群的演变方式符合汉语词汇的发展规律，即新词的产生、旧词的消亡以及词义的变化，词义变化表现为词义的扩大、词义的缩小和词义的转移。新旧法律体系的更迭可以说是在顷刻之间完成的，而用以记录和表达清末法律新概念的清末法律新术语的形成也几乎可以说是速成的，尽管有些法律术语是中国传统法律体系中的旧有术语，如"徒刑""死刑""罚金"等，但是大部分是新产生的，如"民法"，以及"所有权""占有权"等"权"术语。从清末"法、刑、罪、权"新术语群的发展演变来看，新术语及新术语群的生成是主要演变趋势，但是对于旧有术语的改造也是其发展变化的一部分。语言系统尤其是词汇系统的变化，必然有其深刻的社会原因，清末"法、刑、罪、权"新术语群的生成及其语义范畴的演变也不例外。结合清末"法、刑、罪、权"新术语群生成的历史背景，分析清末"法、刑、罪、权"新术语群生成及其语义范畴演变的原因，我们认为：促使清末"法、刑、罪、权"新术语群生成及其语义范畴演变的原因是很复杂的，既有语言内部原因，也有人的因素和社会的因素，前者我们称之为"内质因素"，后者我们统称为"外质因素"。下文将重点分析导致清末"法、刑、罪、权"新术语群生成及其语义范畴演变的"内质因素"和"外质因素"。

第一节　清末"法、刑、罪、权"新术语群演变的"内质因素"

所谓导致清末"法、刑、罪、权"新术语群生成及其语义范畴演变的"内质因素"指的是语言内部原因。语言系统随着社会的发展而演变，特别是词汇系

统,与社会发展之间的关系尤其密切。由于词义反映的是客观世界的概念,因此,词汇系统受客观世界的影响是最为直观的。但是,由于语言本身是一套系统,有语音、语法、词汇、文字,有语用、语义、功能等,因此,抛开客观的外部世界对语言系统的影响,语言系统的发展演变离不开其体系内部各要素之间的调整,语言系统通过内部各要素的自我调整,彼此适应,能够更好地适应社会的发展变化。术语作为语言词汇系统的一部分,也必然受语言内部诸要素的互相制约而发生变化。在上一章中,我们对清末"法、刑、罪、权"新术语群的共性特点进行了详细的分析,发现大部分新术语是借用自日本明治时期的法律术语,汉语之所以要向日语借用法律新术语,是由于汉语法律术语系统中缺少能够对应新的法律概念的术语,所以不得不借用日本的法律术语,这就使得汉语旧有的法律术语体系发生变化。通过研究,我们发现清末"法、刑、罪、权"新术语群生成及其语义范畴演变的"内质因素"不仅有语义原因,而且还有语法原因。我们将从语义和语法两个角度来分析导致清末"法、刑、罪、权"新术语群生成及其语义范畴演变的"内质因素"。

一、语义原因

促使词汇系统发展演变的一个来自语言内部的非常重要的原因,就是客观外部世界的概念增多,所需要表达的语义也随之增多,但是有限的词语无法满足日益增长的表意需求,所以必须创造新的词语来满足表意需要。新的词语的创造又促进了构词法的发展变化。如汉语由单音节词发展到双音节词,本身就是在语义发展的推动下完成的。除此之外,因为同一范畴内的词语会互相影响,所以,某些词语语义的发展变化,如语义成分的增减等对范畴内的其他词语也会产生影响,引起其他词语语义范畴的演变。

(一)有限的法律术语不能满足多样化的法律语义需求

术语通过语义来表达概念,清末"法、刑、罪、权"新术语群表达的是清末法律的新概念。清末新的法律体系在移植的过程中,伴随产生了大量法律新概念,这些法律新概念在汉语旧有的法律术语体系中,找不到对应的词语,因此,不得不向其他语言,尤其是向日语借用法律术语。母语中缺少能够表达新概念的等值术语,是术语借用最为主要的原因。

例如,在旧有的法律体系中,缺少"权利"的概念,而在清末新移植的法律体系中,"权利"关系是非常重要的组成部分。清末新的法律体系的核心内涵就是"公平""公正""民主",这些核心内涵主要是通过"权"术语群来体现的。因此,在清末新的法律术语体系中,以表达"权利"为核心语义的术语群,即"权"术语群,占有相当大的比重。如个人对所拥有的财产具有"财产权",对所拥有的物品具有"物权",对所有物具有"所有权"。除此之外,还有明确债务关系的"债权"等。这些"权"术语体现了在清末新的法律体系中,对个人权利的维护是其非常重要的调整内容。这些"权"术语进一步体现了清末新的法律体系对于"民主""自由""公平""公正"的追求。

再比如,清末新的法律体系与中国传统法律体系最为显著的区别之一就是在清末新的法律体系中,法律范畴非常清晰,各个部门法已建立起来并配以完整的法典,不再是以刑法为主的法律体系。各个部门法由明确的法律术语来指称,除了"刑法"是传统术语外,还产生了新的术语,如"民法""诉讼法""刑事诉讼法""民事诉讼法""继承法"等。在这些法律术语中,尽管有些构成成分是旧有的法律术语,如"诉讼""继承"等,但是这些术语一旦和其上位概念"法"组合起来,便成为一个新的法律术语。这些新的法律术语具有分类的功能,将清末新的法律体系切分为不同的子范畴,使得清末新的法律体系范畴更加完备,层级更加清晰和明确。

有限的法律术语不能满足日益增多的法律概念的表意需求,因此,二者之间的不平衡性推动了清末"法、刑、罪、权"新术语群的产生。旧的法律术语的消亡也与法律概念所对应的语义密不可分。

(二)传统法律语义的消失使得部分法律术语消亡

清末"法、刑、罪、权"新术语群主要是由借用自日本明治时期的法律术语构成的,其通过借用日本的法律术语,对中国传统法律术语体系进行调整,以期能够适应新旧法律体系的变革,并为新的法律体系的建立提供物质保障。新的法律语义的出现,会催化新法律术语的产生,而旧有法律语义的消失则会使旧有的法律术语消亡。例如在中国传统法律体系中一直都存在的大量的刑名术语,如"凌迟""车裂""笞刑""流刑"等,便伴随着其所表达的语义的消失而消失。

(三)义位之间的互相影响促进术语的发展

清末"法、刑、罪、权"新术语群具有系统性的特点,通过术语之间的相互联系,术语可以聚合成群。在术语群内部,单个术语语义的变化会引起其他术语的生成或者导致语义范畴的演变。

例如"刑法"这一术语,在中国传统法律体系中,地位极高,甚至从某种程度上来说,超越了"法律"。在传统法律体系中,"刑"是判断和惩罚一切犯罪行为的依据。"刑法"在传统法律体系中,可以表达以下几种含义:

第一,等同于"法律",即为统治阶级管理国家和百姓的工具,如"刑法繁多""世世通行者也,独设刑法以守之""然为国之要,在于刑法""刑法上所大禁也"等;

第二,等同于"刑罚",即对身体所实施的刑罚,如"慢弃刑法""故国家治则刑法正"等;

第三,被看作是法律体系的一个组成部分,如"惟刑法科如旧"等;

第四,表示施以刑罚所依据的法令规章,如"凡刑法之书有四""郊祀、刑法、艺文"等。

"刑法"在中国传统法律体系中,其语义相当丰富,无论在奴隶社会还是封建社会,"刑法"在整个法律体系中都占据重要的位置。中国传统社会形成了刑法为主,诸法合体的法律观念,刑法基本上可以代表中国传统社会法律体系的全部内容。

"刑法"在中国传统社会经历了长期的演变,其语义范畴由最初等同于"刑罚"的语义发展至等同于"法律"的语义,随着社会的发展,又从"法律"这一语义演变为指称法律的一个门类,并在此基础上引申出"用于施以刑罚所依据的规章制度"的语义。但是无论"刑法"的语义范畴如何变化,在中国传统社会中,人们对于"刑"的认识并无大的变化,尽管有些统治者认为"刑"应该从轻,有些肉刑应该取消,有些统治者认为"刑"应从重才能从根本上维护统治,但是无论何种认识,对于"刑"的本质认识都是一致的。因此,在中国传统社会中"刑法"的语义内容虽然丰富,但都是在"刑"的本质属性上引申发展出来的。清末以降,在西方法律思想的影响之下,中华法系土崩瓦解,随着清末新的法律体系的建立,"刑法"的语义才发生深刻的变化。《清史稿》就指出:

> 德宗末叶,庚子拳匪之变,创巨痛深。朝野上下,争言变法,于是新律萌芽。迨宣统逊位,而中国数千年相传之刑典俱废。是故论有清一代之刑法,亦古今绝续之交也。爰备志之,俾后有考焉。[①]

"中国数千年相传之刑典俱废。是故论有清一代之刑法,亦古今绝续之交

---

① 引自扫叶库,根据需要,本书作者自己标注了标点。

也",可见清末的刑法较前代刑法已然发生了巨大的变化,为"古今绝续之交",那么,"刑法"的语义范畴也必然发生了变化。

通过第一章关于"刑法"语义的表述,我们可以看出,清末新刑法具有独立性、平等性、法定性。在"法律"语义演变的影响下,在"刑法"的语义中增加了"独立""平等""法定"等语义成分①,"刑法"的语义范畴也随之发生变化,其语义范畴缩小,由指称全部法律到单独指称刑法一门,统治者的意志不再凌驾于法律之上,法律高于一切,一切定罪惩罚皆依据刑法法规。"刑法"语义范畴的缩小,刑法的独立,使得"法"术语群中其他术语的地位提高。例如在中国传统法律体系中,一直有民法,但是因为刑法地位很高,加之民法没有独立的法典,因此,民法一直依附于刑法。随着"刑法"语义范畴的缩小,刑法在清末新的法律体系范畴中的地位降低,社会中的民事关系不再受刑法制约,从刑法调整的范围中独立出来,这样,就需要新的法律范畴来调整这一部分民事关系。伴随着"民法"术语群的产生,清末新的法律体系中有了民法范畴,民法与刑法在清末新的法律体系中处于同等地位,民法独立为与刑法平等的部门法。

所以说,"刑法"这一术语,作为整个"法"术语群中的一个词位,其义位的变化导致其语义范畴发生变化,其语义范畴的变化又进一步导致同术语群中其他术语的生成。再如,同为民法范畴内的术语,"权利"这一术语古已有之,但是其语义与清末"法、刑、罪、权"新术语群中的"权利"有着天渊之别,在清末新的法律体系中,"权利"的语义由传统的消极、否定的含义转变为积极、肯定的含义,"权利"的生成及语义范畴的变化导致清末民法体系范畴内其他新术语的产生,即"权"术语群的产生,这也是同范畴内术语语义之间的互相影响对于术语的发展所产生的促进作用。

二、语法原因

对于一门学科的术语来说,应该具有命名的规范性和科学性,但是在中国传统法律术语体系中,法律术语是零散的,从构词上来看,没有形成统一的特点。清末"法、刑、罪、权"新术语群从构词上来看,为定中式偏正复合词,基本上各包含一个类词缀,从术语学的角度来看,清末"法、刑、罪、权"新术语的命名已经具有了一致性。清末"法、刑、罪、权"新术语群命名上的规范性和科学

---

① 在"刑法"的语义成分分析图中没有列出"独立""平等""法定"等语义成分,因为这些成分内化在了"法律"一词中。

性,有其内在的语法因素的制约,也就是说,清末"法、刑、罪、权"新术语群的生成及其语义范畴的演变不仅有语义的原因,也有语法的原因。

语法引起清末"法、刑、罪、权"新术语群发生变化,主要体现在某些实词义位产生虚化的现象上。我们说,清末"法、刑、罪、权"新术语群从构词上来说,基本上各包含一个类词缀,在我们所调查分析的 101 个清末"法、刑、罪、权"新术语中,除去"剥夺公权""没收""罚金"等"刑"术语在构词上没有明显的类词缀外,其余术语全都包含类词缀。所谓类词缀又称为类语缀、准词缀、准语缀,指介乎词根和词缀之间的半实半虚的语素。这种语素有向词缀转化的倾向,但意义还没有完全虚化,如"法""刑""罪""权"。作为上位概念的"法律""刑罚""犯罪""权利"这四个词是实词,但是随着"法""刑""罪""权"作为构词语素进入其他的法律术语中,其实词意义发生虚化,本来所拥有的一些实词语义特征消失或者转移,比如说"法"的部分实词语义特征消失,在"法"术语群中仅表示"法律"这一意义,至于"法律"的具体含义,则已经转移进了"法"术语的语义中。"法"术语在释义时不需要解释何为"法",仅以"法律"或"国法"代之。

> 法:盖唯国家之法乃谓为法耳。……法之本质即人类国家的生存之规则是也。①
>
> 宪法:宪法者,定主权之主体客体,及规定统治机关之组织,与统治作用之大纲之国法也。②
>
> 行政法:行政法者,规定行政机关之组织权限,及其与人民相关系之国法也。③
>
> 民法:民法所规定者,非权力之关系(即政治上命令服从之关系),乃国法上对等之关系也(即权利义务之关系)。④
>
> 刑法:刑法者,定罪与刑之法令也。即明示可以为犯罪之行为,与其所应科之刑罚之国法总称也。⑤

在上述例子中,"法"的全部语义内涵都没有在"法"术语的释义中出现,以"国法"一言以蔽之,没有详细解释,只有概括性说明,因此,我们说"法"的语义

---

① 冈田朝太郎.法学通论[M].张孝栘,译.东京:富山房,有斐阁,1908:4.
② 冈田朝太郎.法学通论[M].张孝栘,译.东京:富山房,有斐阁,1908:79.
③ 冈田朝太郎.法学通论[M].张孝栘,译.东京:富山房,有斐阁,1908:120.
④ 冈田朝太郎.法学通论[M].张孝栘,译.东京:富山房,有斐阁,1908:175.
⑤ 冈田朝太郎.法学通论[M].张孝栘,译.东京:富山房,有斐阁,1908:343.

发生了虚化。

再比如"罪","罪"在"罪"术语中的语义也发生了虚化。根据《说文解字》的解释,"罪,捕鱼竹网,从网非。秦以罪为辠字"。"罪"为"辠"的假借用法,其本字应为"辠",按照《说文解字》的解释,"辠,犯法也。从辛从自,言辠人蹙鼻苦辛之忧。秦以辠似皇字,改为罪。徂贿切"。从"罪"的本字"辠"的意义来看,既包括了犯罪的违法性(犯法),也包括了犯罪的应受制裁性(蹙鼻苦辛之忧)。

> 犯罪:犯罪者,国法上应科以刑罚之不法行为也。……犯罪成立之普通要素有五:(一)以人为主体,以法益为其客体;(二)律有正条;(三)有动作;(四)有责任;(五)属于不法。①
>
> 内乱罪:以颠覆政府,潜窃邦土(于国境之一部发布政令之谓)及其他紊乱朝宪(即破坏宪法所定政治大纲之谓)为目的,而起暴动(多数之人,共同施以暴行胁迫者,曰暴动)者,曰内乱罪。②
>
> 外患罪:外患罪者,直接或间接援助外国,加危害于日本帝国之独立之罪也。如战事时之间谍罪,即其一例。③

上面"内乱罪"和"外患罪"的释义,没有进一步解释何为"罪",而是对"内乱""外患"进行了详细的说明。"罪"本来的语义是很丰富的,不仅是"不法行为",而且还要满足五个条件才可称之为"罪",这些"罪"的语义特征在"罪"术语中消失并融入进了"内乱"或"外患"等"罪"术语的语义中,"罪"的语义发生虚化,仅表示"不法行为"。

所以我们说,在同一范畴内,术语本来的实词性语义成分发生虚化,也会对其他的术语产生影响。不仅如此,作为上位概念的法律术语语义虚化为类词缀,就使得清末"法、刑、罪、权"新术语具有可以复制的"词语模",以类词缀为核心语素,其以类似于派生的构词方式粘着其他语素、词或短语,复合成法律新术语,并在法律术语的发展演变中,将这种构词模式规则化,具有继承性和规范性。因此,无论从构词规则还是法律术语语义范畴的演变来看,清末"法、刑、罪、权"新术语群的生成及其语义范畴的演变都离不开语言内部语法

---

① 冈田朝太郎.法学通论[M].张孝栘,译.东京:富山房,有斐阁,1908:344-345.
② 冈田朝太郎.法学通论[M].张孝栘,译.东京:富山房,有斐阁,1908:387.
③ 冈田朝太郎.法学通论[M].张孝栘,译.东京:富山房,有斐阁,1908:387.

规则的推动作用。

清末"法、刑、罪、权"新术语群的生成及其语义范畴的演变,首先是语言系统内部的变化,语言内部各要素的自我调整是清末"法、刑、罪、权"新术语群生成及其语义范畴演变的语言因素。这种语言要素的自我调整表现为用借用术语词代替描写性短语的形式,以满足细化、定义、概括清末新的法律体系范畴中法律新概念的需要。术语系统的演变,既有语言内部的因素,也有语言外部的因素,即"外质因素",如社会发展、法律体系的变革、人的推动作用等。下面我们将从清末"法、刑、罪、权"新术语群生成及其语义范畴演变的客体因素以及主体因素这两个角度分析一下清末法律新术语群演变及生成的语言外部原因,即"外质因素"。

第二节 清末法律术语演变及生成的"外质因素"(一)

从哲学的角度来看,语言与客体世界具有同构性,在语言诸要素中,词汇和社会环境等客观因素的联系最为紧密,尤其是词义,词义中包含着客体物质因素,词与客观世界的物是相对应的。客体世界的变化发展是推动词汇系统演变的第一动力,而推动清末法律新术语演变的客体因素则是鸦片战争后出现的新旧法律体系的更迭。新旧法律体系的更迭不仅是法律制度的变革,而且也致使两种法律体系中的法律术语进行了替换。社会的发展和新旧法律体系的更迭是清末"法、刑、罪、权"新术语群生成及其语义范畴演变的主要"外质因素"。

一、传统法律体系的瓦解

中国传统法律制度的开端大约为殷周时代,形成于秦汉,成熟于唐宋时期,衰败于清末,经历了4000多年的发展过程,积淀了深厚的法律文化内涵,对中国乃至相邻地区的法律制度的发展和完善都具有重要的影响,在世界法制文明史上独树一帜。

张晋藩认为,中国传统法律制度是以小农经济为基础建立起来的,一直以来在封建保守的社会环境下发展,以血缘纽带相维系的家族制度作为支撑,再经由专制政权的反复强化,从而形成了"稳定性、排他性、包容性和综合性"[①]

---

① 张晋藩.中国近代社会与法制文明[M].北京:中国政法大学出版社,2003:1.

的特点。但是,由于传统法律制度一直处于封闭的环境中,历朝历代的法律体系相承相续,因此中国传统法律制度具有纵向传承的特点。从横向来看,中国传统法律制度对周边国家的影响可谓深远。

> 此外则唐代武力日盛,朝鲜之日本势力减退,形势亦甚迫切,加以中国文化又陆续输入,故日本人心大受刺激,留学中国者又主张移植唐制于日本,《推古纪》三十一年条有云:"大唐学问者僧惠齐、惠光及医惠日、福因等并从智洗尔等来之,于是惠日等共奏闻曰:留于唐国学者,皆学以成业,应唤,且其大唐国者法式备定,珍国也,常须达",于是遂决意编纂法典。①

可见,中国传统法律制度对周边国家法律制度的发展、法律体系的完备及法典的编纂都具有重要影响。因此,也就导致了中国与周边国家的法律交流以单向输出为主,"夷夏之防"和"以夏变夷"是历朝历代统治者恪守的法律政策的传统。尤其是到了清代,清政府实行闭关锁国的政策,"使得以农业为本的自然经济结构,继续占统治地位;政治与文化的双重高压仍在桎梏着人们的思想和行为;统治集团中傲慢自大的心理,和顽固与保守的姿态,依然很少改动。因此,清朝法制不可能超越封建法制的藩篱,清朝统治也不可避免地从康乾盛世的顶峰滑落下去"②。

正所谓时移事移,清末以降,西方列强大举入侵,其坚船利炮敲开了清政府闭关锁国的大门。社会形势发生了翻天覆地的变化,统治了中国几千年的传统法律制度已经不能满足当时的社会需求,变革法律迫在眉睫。

二、清末新的法律体系的建立

关于清末新旧法律体系的变革问题,就法制发展史的研究来说,已经取得了丰硕的成果,如张晋藩、张德美、张玉法等,都对此做出过详细的论述,我们在本书中主要参考引用了上述三位学者的研究成果,以此解释清末"法、刑、罪、权"新术语形成的外质因素。孟德斯鸠在《论法的精神》中说道:"为某一国

---

① 宫琦道三郎.论律令[M]//杨鸿烈.中国法律在东亚诸国之影响.北京:中国政法大学出版社,1999:176.

② 张晋藩.中国近代社会与法制文明[M].北京:中国政法大学出版社,2003:1.

人民而制定的法律,应该是非常适合于该国的人民的;所以如果一个国家的法律竟能适合于另外一个国家的话,那只是非常凑巧的事。"① 但是,就全世界范围来看,法律移植是客观存在的,一国的法律体系同样有可能适用于其他国家。古罗马共和国借鉴吸收了希腊法律体系,西欧各国又继受了罗马法,日本移植了欧洲法律体系,可见法律移植是有成功案例的。清末的法律移植是被迫行为,但也是有先例可循的。

各国政府之所以要采取法律移植,建立新的法律体系,无非要努力实现以下目的:

  首先,外国的法律制度可以为立法的国际统一这一目的服务;

  第二,赋予某种由外国和本国共同产生的社会变化以法律上适当的效果;

  第三,在国内推动一项社会变革,对于这种社会变革,外国的法律或者试图表达,或者要产生。②

可见,政府进行法律移植并不是毫无目的的,清政府希望能够通过法律移植,一改内忧外患的窘迫现状,收回领事裁判权,与国际法律制度接轨,效仿日本,走上富国强兵之路。

进行法律移植,自然需要明确的动机,但是也需要符合一定的社会现实,法律移植需要天时、地利、人和。所谓"天时"指的是本国法律确有不适合本国发展的情况,原有法律发展滞后;所谓"地利"指的是移植的法律所属的国家与本国有相似之处;所谓"人和"指的是统治者及统治阶级的全面支持。张德美总结了法律移植的原因,他认为有两点:一是法律发展的需要;二是政治权力的推动。③ 我们也将从这两个方面分析清末法律移植的原因。

(一)清末法律移植是法律发展的客观需要

中国传统法律体系根植于自给自足的小农自然经济,"宗法与农业经济结构的结合,是中国古代社会稳固的基础"。④ 随着中国闭关锁国的大门被西方

---

① 孟德斯鸠.论法的精神:上册[M].张雁深,译.北京:商务印书馆,1961:6.
② 奥·凯恩-弗伦德.比较法与法律移植[J].贺卫方,译.比较法研究,1990(3):44.
③ 张德美.探索与抉择——晚清法律移植研究[M].北京:清华大学出版社,2004:2-14.
④ 张晋藩.中国法律的传统与近代转型[M].北京:法律出版社,1997:10.

列强的坚船利炮打开,西方国家的先进技术、先进思想也涌入中国,"冲击着中国的自然经济和传统社会结构"。① 中国的社会内部逐渐发生变化,加之外部的刺激,清末社会发生了巨变。关于清末法律移植历史背景的研究,张德美等学者已经取得了很多成果,我们在此借鉴并引用了其关于清末政治、经济、文化多元化的论述。张德美认为,无论是政治、经济还是文化方面,清末的中国都朝着多元化的方向变迁,整个社会呈现出多元化的社会状况。② 中国社会内部各个层面多元化的变迁,使得旧有的法律体系在调整各类社会关系时捉襟见肘,旧有的法律体系出现了严重的滞后性。

1.清末政治的多元化变迁

清末政治的多元化,指的是"参与政治的利益主体的多元化,它一方面表现为地方势力集团的兴起,另一方面表现为近代政党的出现"③。无论是地方势力集团的兴起还是清末政党的出现,都进一步加剧了清廷中央集权统治的日趋没落。

首先,地方督抚扩大了财权、军权,削弱了中央集权统治。在太平天国起义之前,清王朝完全处于中央集权统治之下,地方各级政府直接听命于朝廷,地方督抚没有独立的财政权和军事权。到了19世纪中叶,清王朝连年陷入自然灾害,加之镇压太平天国农民运动,清政府可谓绿营废弛,国库空虚,入不敷出。清政府面对巨大的压力,不得不下放一部分权力给地方督抚,如军事权和财政权。

太平天国以后,旧有的解协款制度被废除,每年冬季税收入库前,由户部规定数额,不定额解款改为定额摊派,这意味着户部不再过问地方政府的剩余饷银,地方政府可以自由支配。随着洋务运动的兴起,曾国藩、李鸿章等地方督抚的权力得到进一步扩大,中央政府将筹办新式企业的事项全部交予地方

---

① 张德美.探索与抉择——晚清法律移植研究[M].北京:清华大学出版社,2004:92-93.

② 张德美从政治、经济、文化三个角度详细地分析了晚清社会多元化的状况,本书在这一部分主要借鉴和参考了张德美的研究成果,也从这三个角度分析清末多元化的社会现实对清末法律新术语生成的影响。(张德美.探索与抉择——晚清法律移植研究[M].北京:清华大学出版社,2004:92-133.)

③ 张德美.探索与抉择——晚清法律移植研究[M].北京:清华大学出版社,2004:93.

督抚①,这意味着地方督抚有了更多的财政权。甲午战争之后,清政府欲向全国推行新政,地方的财政需求也随之扩大。光绪二十四年(1898年)闰三月,户部奏折称:"迭经钦奉谕旨,饬令各省考核钱粮,稽核荒田,开办桑蚕,振兴商务,并行令各省督抚就地筹款。"②筹款是各地方督抚公开财政扩大收入的一种途径,是中央政府准许的行为,这样使得清末的财政分成中央与地方两个部分。在地方政府扩大财政收入的过程中,建立了如厘金局等各种税收机构和铜元局等各种金融机构,至此,地方财政系统开始形成。③

从军事上来看,地方军队实力同样也有扩大的倾向。八旗、绿营这样的所谓的中央军队在镇压农民运动过程中损失惨重,湘军、淮军等地方性、私人化的军队顺势而起,这些地方性军队均由地方督抚直接管理,地方督抚掌握了兵权,军事权力扩大。

随着地方督抚财权、军事权的扩大,清政府的中央集权被逐渐削弱,同时也加剧了清末各地政治、经济发展的不平衡,这使得旧有法律体系与社会现实发生严重脱节。

其次,清末政党的出现削弱了中央集权统治。地方督抚财权、军事权的扩大直接削弱了中央政府的控制力,使得清政府不得不将权力下放,而政府的控制范围和力度则大大降低。清末政党的出现,使得参政议政的团体扩大,不再仅局限于中央统治集团内部,这就导致中央政权的议政权被削弱。

虽然中国古代社会有朋党和会社这样的社团,在政治生活中也产生过重要的影响,如唐代的牛党、李党,明代的东林党等,但是这些都不是真正意义上的政党,而且历朝历代对被称为"党"的团体总是有一些消极负面的评价。孔子云:"吾闻君子不党,君子亦党乎?"荀子曰:"不比周,不朋党。"《韩非子·有度》说:"交众与多,外内朋党,虽有大过,其弊多矣。"可见,在中国古代社会,人们对"党"都持有一种反对观念。④纵观中国发展的整个历史,党争情况时有发生,其结果小则影响政治安定,大则导致政权崩溃灭亡。

---

① 刘伟.重新认识晚清中央权威衰落的原因[J].华中师范大学学报,1998(6):41-47.
② 朱寿朋.光绪朝东华录:第4册[M].张静庐,点校.北京:中华书局,1958:3634、4080.转引自张德美.探索与抉择——晚清法律移植研究[M].北京:清华大学出版社,2004:96.
③ 张德美.探索与抉择——晚清法律移植研究[M].北京:清华大学出版社,2004:93-96.
④ 张玉法.清季的立宪团体[M].北京:北京大学出版社,2011:5-6.

"近代意义上的政党,是 19 世纪以来立宪政治的产物。"①甲午一战之后,救亡图存是全社会的主流,朝野上下有识之士意识到,要想生存就必须效仿西方进行政治体制改革,这为政党发展提供了良好的环境。外患日亟、西方民权思想的鼓吹、留学生的推动、教育的改良与普及、新政的刺激等,使得士绅阶层的民族思想进一步扩展。② 戊戌变法就是士绅阶层觉醒后所作出的变革之举。士绅阶层结社集会,发起了一系列的爱国运动。结社本是清政府禁止的行为,后在戊戌变法时期开放,随后又被禁止。当时士绅阶层的结社有两种性质,一种带有革命性质,一种带有保守的改革性质。抛开完全以革命为目的的结社不说,当时公开性的结社就不下 600 余个。③ 根据张玉法的统计,当时具有公开性的结社有 668 个,其中商业类 265 个,教育类 103 个,政治类 85 个,学术类 65 个,外交类 50 个,农业、风俗类各 26 个,青年类、文艺类各 17 个,宗教类 6 个,工业类、慈善类共 4 个。④ 通过这些数字,可以对当时士绅阶层的觉醒有更为直观的认识。

士绅阶层的觉醒是清末政党发展的必要条件。戊戌政变后,结社被禁止,清政府虽大兴党禁,但是也无法阻挡士绅阶层立宪的脚步。清朝末年立宪派人士掀起了一场呼吁朝廷速开民选国会、实行内阁制的政治运动,也就是国会请愿活动。从 1908 年 8 月发起第一次请愿活动,到 1910 年,清政府发布上谕定于"宣统五年实行开设议院",国会请愿被禁止,国会请愿活动一共进行了四次。在被清朝政府禁止后,请愿活动中的一部分激进分子与革命派走到了一起,而保守派则着手组织体制内的活动,以争取国会选举。此外,资政院成立之后,议员有钦选和民选两种身份,这两派代表不同的阶级利益,其政治观点亦大相径庭,其内部派别斗争激烈,在修订新刑律等问题上矛盾越发尖锐,形成不同的派别并积极向外扩充实力,争取更大范围的认同,清末真正意义上的政党随之孕育而生。清末的政党,代表不同的利益集团,他们通过宣传变法、推动立宪、迫使清政府在政府决策的过程中参考、听取来自民间的意见,因此,政党的兴起无疑是削弱了清政府中央集权的统治。

清末,不同地方、不同利益的政治主体的产生,直接削弱了清政府的中央集权统治,不同地方、不同利益集团的出现是清末政治朝着多元化方向变迁的

---

① 闻丽.清末政党观念产生的历史逻辑[J].江苏社会科学,2009(1):194.
② 张玉法.清季的立宪团体[M].北京:北京大学出版社,2011:56-64.
③ 具体可参见张玉法总结的表格。张玉法.清季的立宪团体[M].北京:北京大学出版社,2011:68-110.
④ 张玉法.清季的立宪团体[M].北京:北京大学出版社,2011:110.

主要表现形式。这些新兴的利益集团不仅可以调和减缓政府的高压统治,起到权力制衡的作用;而且其财政权力的扩大又促进了中央与地方之间以及政府各部门之间的权力分工的明晰化。这就使得作为管理工具的法律体系与现有的多元化的政治格局产生了严重的脱节,变革法律制度迫在眉睫。

2. 清末经济的多元化变迁

18世纪下半叶,以英国为代表的西方国家完成了第二次工业革命,西方各国走上了工业化道路,由以农业为主的传统社会转向以机器为主的现代社会。在西方的坚船利炮敲开清政府闭关锁国的大门后,西方先进的文明,尤其是工业革命后的文明也传入中国,引起了清王朝经济体系的变化。

清末经济的多元化变迁首先表现为清末工业化的序幕被拉开了。鸦片战争后,在西方资本主义的影响和刺激之下,中国也走上了工业化的道路。"中国近代工业化以19世纪后期国外新式产业(包括近代制造业、矿业、城市公用事业以及运输业)的移植引进为起点,其后近百年间,经历了缓慢曲折的发展过程。"①

中国最早的新式产业是由外国商人开办的。"五口通商"后不久,由于国际贸易的"拉动效应",在沿海地区,尤其是通商口岸,出现了第一批由外商开办的与进出口贸易紧密联系的新式工业企业。在这些外国商人开办的新式产业的影响之下,清政府也开始创办自己的新式产业,重点是军火制造部门。清末工业化直接发轫于19世纪60年代出现的官办军用工业等。

> 洋务工业化始于鸦片战争后,它是在外国资本主义的刺激和影响下,在清廷内外交困的情况下产生的。虽然鸦片战争前中国社会内部在技术、市场和资本等方面已有了一定程度的发展和积累,但这些要素的总量和总体水平距离工业化的产生还路途遥远。19世纪40年代初,英国用大炮轰开了中国的大门,西方先进技术开始涌入中国,并在沿海出现了西人开办的机器工厂。这些都对中国产生了刺激和示范作用。50年代广东、上海等地出现了甘章船厂、陈联泰机器厂等工厂,规模虽小,却意味着中国现代机器工业的滥觞。60年代前后,列强又通过第二次鸦片战争从中国掠获大量经济、政治利益和特权,把中国推向殖民地深渊;太平天国起义几乎使清王朝江山易主。为扶大厦之将倾,清廷内部部分开明官僚即所谓洋务派深感引进西方先进机器、自行设厂制造新式枪炮船舰之急

---

① 卢锋.对中国近代工业化进程的初步考察[J].教学与研究,1988(6):35.

迫,从60年代起陆续开办了一批军用工业和民用工业。官办工业又进一步带动了民间商人投资设厂,从而使中国开始走上了工业化道路。①

在洋务派的推动之下,大批机器工厂得以建立,中国走上了工业化的道路。"洋务运动,从它主线上说,是近代中国最大的一次带有改革色彩的经济运动。它以创办近代机器大工业工厂为主要内容,而成为19世纪世界工业化潮流的一个组成部分,把中国落后的生产力艰难地拖入了资本主义机器大工业生产的轨道。"②

工业的繁荣,促进了商业的发展。自鸦片战争后,随着通商口岸的开放,西方人在中国的活动更加自由了,他们积极从事贸易,琳琅满目的日用洋货充斥着中国国内市场。以"洋"为核心构词语素生成的"洋"词群,如"洋布""洋药""洋火""洋伞"等,充分说明了这一时期中国和西方国家贸易往来的频繁以及对中国普通人的生活所产生的影响。洋货的流行,带来了商业的繁荣。

紧跟着洋货的流行,城镇乡村的贸易买卖活动大大增加,带来了商业的繁盛。不仅一些沿海通商口岸迅速发展为繁华的商业城市,各种商业店铺林立,而且在广大内地的城镇,也出现了许多经营洋货的大小店铺。与此相伴而生的是,出现了大批依靠商务活动谋生的人们。其中有直接为西人洋行服务的买办、通事(翻译)、洋仔,有自己从事贸易活动的中间商、批发商、零售商,有依附于这些商人的店伙、帮工,以及活跃于边远山乡的行商坐贾。同时,在城镇也随之兴起了大批服务性商业,如饭馆、旅店、茶楼、戏院、妓馆、烟馆等等,不少男女在这些行业里作店主、店伙、招待、帮工。这些人形成了新兴的商人和市民阶层的主体。他们大多来自乡村,凭借同乡亲友等各种关系,来到城镇谋生。有的地区如广东、浙江、江苏的某些地方,甚至形成无论男女,纷纷弃农弃学,投亲靠友,争相入城,相继从商的状况,在一些城市形成了人数众多的地方商业帮群。③

工业化进程直接推动了商业贸易的发展,而商业的繁荣发展又促使新型的商业组织应运而生,即股份制公司。股份公司这种组织形式早在鸦片战争

---

① 陈向阳.晚清三次变革与中国现代化的产生[J].社会科学研究,1996(1):92.
② 陈彪.洋务运动与世界近代工业化潮流[J].史学月刊,1986(4):51.
③ 李长莉.晚清社会风习与近代观念的演生[J].社会科学研究,1993(6):88.

以前就已经出现了,主要由英国人在华开办,当时人们称之为洋行。随着清末闭关锁国的大门被西方列强打开,外国资本注入中国市场,其主要形式就是在中国大量创办各类公司。据马建兴、高志玲研究,从 19 世纪 40 年代到 70 年代,在各通商口岸开设和营业的外商公司数量相当庞大,而且其行业经营范围也很广,涉及贸易、保险、航运、公用事业以及少数加工制造业等,例如创立于 1862 年的旗昌轮船公司采取了股份公司形式,其投资人所有权的表现形式是可转让的证券凭证,即"股票",这对于当时的人来说是十分新鲜的。股份公司的经营模式在资本组织经营管理等具体实践方面为中国树立了榜样。在清末社会,华商附股以投资外国公司为主,但是也有部分华商与官方合作,创办官私合营的股份制公司。但是这类中国自办的股份公司并没有脱离官方控制,官商混合开办公司,还是以官督商办为主要形式。清末中国最早的股份制企业——上海轮船招商局,就是由洋务派官员模仿西方股份公司,以"官督商办"的形式创办起来的。① 甲午战争后,随着民族危机的加深和洋务企业内部矛盾的加剧,在舆论压力和经济压力的共同作用下,清政府逐渐改变了旧有的经济政策,开始扶持私人企业,逐渐向私人转让官办企业,并规定:"一切仿照西例,商总其事,官为保护,若商人稍有不足,亦可借官款维持。"② 各类民营公司在甲午战争后得到了极大的发展。面对各类公司企业的发展,旧有的法律体系中缺少能够调整清末公司制企业管理的相关法律法规,旧有法律体系严重滞后,公司立法迫在眉睫,于是伍廷芳等人便于 1903 年 8 月至 10 月间迅速拟定了公司商律,自此拉开了清末中国公司立法的序幕。

清末的工业化进程直接带动了商业的繁荣,促进了中国传统社会组织的变迁。随着清政府中央集权的逐渐削弱,各种新兴力量(地方财团、私人企业、地方军队等)登上了社会舞台,通过各种方式,主要是立法手段来实现自己的诉求,维护自己的利益。社会关系日趋复杂,社会不同阶层的愿望和诉求越来越突出,这一切使得旧有的法律体系出现滞后性,变革法律势在必行。

3.清末文化的多元化变迁

"文化"是一个很难界定得清楚的概念,关于"文化"的概念不下 200 种,比较通行的定义是把文化看成物质文明和精神文明的总和,文化可以分为制度

---

① 马建兴,高志玲.商观念的转变与近代中国公司立法[J].法律文化研究,2006:148-152.

② 朱寿朋.光绪朝东华录:第 4 册[M].北京:中华书局,1958:3637.转引自马建兴,高志玲.商观念的转变与近代中国公司立法[J].法律文化研究,2006:151.

文化、物质文化和精神文化。政治、经济可以看作是制度文化的范畴,而人们的生活方式、观念则属于精神文化的范畴。清末人们的生活方式、思维观念等精神文化的变迁,也是导致旧有法律滞后的一个方面。李长莉从物质和精神两个层面,对清末的社会风习和观念进行详细的研究。

  首先,从物质文化的层面来看,时人崇尚洋货。对于普通百姓来说,西方文明最直接的影响就是五花八门的洋货,这对于时人来说很新奇,所以很容易被接受。从最开始的洋布、洋烟,到后来的洋药、洋伞、洋酒等,都成为人们生活中追求的主流产品。陈作霖在《炳烛里谈》的《洋字先兆》一文中记述道:"道光年间,凡物之极贵重者,皆谓之洋。重楼曰洋楼,彩轿曰洋轿,衣有洋绉,帽有洋筒。挂灯名为洋灯,火锅名为洋锅。细而至于酱油之佳者,亦呼洋秋油;颜料之鲜明者,亦呼洋红、洋绿。大江南北,莫不以洋为尚。"[①]可见当时的洋货很受人们欢迎,凡冠名以"洋"者之物,皆为物之贵重者。郑观应在《盛世危言》中的《商战(上)》一文中论及商务得失时也有对洋货的评价:

> 然欲知商战,则商务得失不可不通盘筹画,而确知其消长盈虚也。《孙子》曰:"知彼知己,百战百胜。"请先就我之受害者,缕析言之,大宗有二:一则曰鸦片每年约耗银三千三百万两,一则曰棉纱、棉布两种每年约共耗银五千三百万两。此尽人而知为巨款者也,不知鸦片之外又有杂货约共耗银三千五百万两,如洋药水、药丸、药粉、洋烟丝、吕宋烟、夏湾拿烟、俄国美国纸卷烟、鼻烟、洋酒、火腿、洋肉铺、洋饼饵、洋糖、洋盐、洋果干、洋水果、咖啡,其零星莫可指名者尤多,此食物之凡为我害者也。洋布之外,又有洋绸、洋缎、洋呢、洋羽毛、洋线绒、洋羽纱、洋被、洋毯、洋毡、洋手巾、洋花边、洋钮扣、洋针、洋线、洋伞、洋灯、洋纸、洋钉、洋画、洋笔、洋墨水、洋颜料、洋皮箱箧、洋磁、洋牙刷、洋牙粉、洋胰、洋火、洋油,其零星莫可指名者亦多,此用物之凡为我害者也。外此更有电气灯、自来水、照相玻璃、大小镜片、铝铜铁锡煤斤、马口铁、洋木器、洋钟表、日规、寒暑表,一切玩好奇淫之具,种类殊繁,指不胜屈。此又杂物之凡为我害者也。
> 以上各种类皆畅行各口,销入内地,人置家备,弃旧翻新,耗我资财,

---

① 陈作霖.炳烛里谈[M].卢海鸣,点校//南京稀见文献丛刊.南京:南京出版社,2008:307.

何可悉数！……①

郑观应指出每年鸦片要花费白银3300万两,棉纱、棉布每年约耗银5300万两,其他各类洋货耗银3500万两。透过这些数字,足见这些洋货在清末社会有着非常大的市场需求,市场占有额很大,人们对于洋货趋之若鹜。

其次,从精神文化的层面来看,时人的价值观念发生变化。清末,时人对西方事物的追求不仅仅局限在洋货等物品上,对于西方的科学技术、政治制度、法律文化等也采取积极的态度进行学习和探索。西方新观念的输入,使得中国旧有的伦理道德、价值观念受到严重的冲击,新的社会价值观开始建立。李长莉认为,清末新的价值观念体现在两个方面:一是金钱在人们心目中的地位大大提高,崇尚金钱,以金钱衡量一切的观念为人们所广泛接受。二是等级观念被淡化。②

清末以降,商业繁荣,这使得金钱在人们的生活中越来越重要,人们的金钱观念也随之彰显出来,甚至是追求金钱至上。同治十二年三月十一日《申报》上的《申江陋习》一文记道:"新交因狐裘而定,不问出身。旧友以鹑结而疏,视同陌路。遂令舆台隶卒辉煌而上友,官绅寒士贫儒蓝缕而自惭形秽。"由此形成人们价值观、廉耻观的变化,即"身家不清不为耻,品行不端不为耻,目不识丁不为耻,口不谈文不为耻"。③ 人们崇尚金钱,金钱观念淡化原有的等级观念,人们之间的等级界限不那么重要了。

商业的繁荣提高了商人的社会地位,在旧有观念中,商人是受人鄙视的地位低下的职业,而佣役、优伶、妓女更是卑贱的职业群体。但到了清末,身为上等人的官僚大夫,因贪财享乐而与商人、佣役、优伶、妓女相攀附结交,更有甚者竟然缔结婚约,这在旧观念下是绝对不允许,也不可能发生的事情。上等人与下等人之间的界限被打破,人们旧有的等级观念逐渐淡化,更甚者则公然无视等级界限的存在,肆意妄为,例如当时人们在服饰用具上逾制僭越并以此为时尚,上海洋场就出现了有人随便穿用原本只有官员才能穿用的红风兜、青缎褂、蓝呢轿、朱轮车等现象。④

如此看来,在清末,人们的价值观念已经发生了很大的变化,正如李长莉

---

① 郑观应.盛世危言[M].呼和浩特:内蒙古人民出版社,1996:564-566.本书省略了引文中的英译.
② 李长莉.晚清社会风习与近代观念的演生[J].社会科学研究,1993(6):90-91.
③ 李长莉.晚清社会风习与近代观念的演生[J].社会科学研究,1993(6):91.
④ 李长莉.晚清社会风习与近代观念的演生[J].社会科学研究,1993(6):91.

所说:"在洋货风行、商业兴盛的冲击下,人们的生活方式开始改变,随之社会行为和价值观念也开始改变。重商观念、平等观念,以及将金钱凌驾于等级特权、亲缘和地缘关系之上的近代性观念,最早都是在这些民众的生活变化中萌生形成的。"①

清末,全社会虽然西学倾向明显,但是也并未完全抛弃旧有的道德观念和价值体系。新旧观念虽有冲突,但是也在一定范围内和谐共存,形成了多元文化共存的模式。文化模式的多元化使得旧有的法律体系出现了滞后性,变革法律体系亦是情势所迫。

4.旧有法律体系的滞后性

如上所述,清末社会呈现出多元化的发展态势,地方督抚与中央政权的矛盾、政党与政府的矛盾、新兴利益集团的出现等等,都使得清末的社会矛盾更加复杂,社会冲突日趋尖锐,在这样的社会现实之下,传统法律体系无力解决这些矛盾和冲突,无论从形式到内容都出现严重的滞后性②,新的法律体系亟待建立。

首先,从形式上来看,传统法律体系具有滞后性。法律体系的形式即为法律的表现形式,也就是法律渊源。张德美指出:"就法律渊源而言,它是指反映了法律产生方式和效力等级的某种特定的表现形式。由于立法机关、立法程序不同,法律的效力等级也不一样,高级法律规范通常是低级法律规范的法源。而由最高立法机关依特定程序制定的法律是至高无尚的法源。"③苏亦工指出:"法律渊源(Sources of Law),或称'法源',是一个拥有多重含义的专业术语,通常包括法律上的渊源和历史上的渊源两个层面。"④苏亦工所论述的明清法律渊源体系指的就是法律上的渊源,"指反映了法律的产生方式和效力等级的某种特定的表现形式。譬如法典、判例、习惯等,都是法律的特定表现形式"⑤。传统法律,如明清时期的法律,主要以律为法源,除此之外还有会典、例及成案等。民国时期的学者任启珊指出:"清代的法规,除典——如会典;和律——如大清律二种之外,还有后列四种:(一)则例;(二)事例;(三)条

---

① 李长莉.晚清社会风习与近代观念的演生[J].社会科学研究,1993(6):91-92.
② 张德美.探索与抉择——晚清法律移植研究[M].北京:清华大学出版社,2004:137-150.
③ 张德美.探索与抉择——晚清法律移植研究[M].北京:清华大学出版社,2004:137.
④ 苏亦工.明清律典与条例[M].北京:中国政法大学出版社,2000:39.
⑤ 苏亦工.明清律典与条例[M].北京:中国政法大学出版社,2000:39.

例;(四)条款……清代所谓的则例,就是列举行政上各种实例的法规之总称,则例的体裁则是依照官职——衙门分类而纂集的法规;如乾隆会典则例是。嘉庆重修会典,改称则例为事例;如嘉庆会典则例是。则例和事例的例,是对于典而言;条例和条款,则是对于律而言。条例,是敕定的颁行之法律;条款,是部纂的积集之先例。"①苏亦工指出:虽然任启珊基本概括出了清朝主要的集中法源形式,但是条例、则例和事例还有差别的,三者之间的差异性说明明清法源形式逐渐走上了规范化的道路。在传统法律体系中,从法源上来看,律和例是具有通行效力的法源。② 在清末以前,中央集权还没有被削弱,君主制定的法律,也就是律和例就是至高无上的法源,律与例难分轩轾。从命名上来看,法源具有简化性的特点,例和律是以君主集权为基础的法源,传统法源的简化性反映了传统社会专政集权的君主立法意愿。

随着清末中央集权的削弱,中央权力下移,中央政府的法律法规与地方政令之间、政府各部门法令之间的效力冲突在所难免。传统法律体系所具有的简化单一的法源难以适应新形势的变化。如前所述,地方的财政权逐渐扩大,清代"度支部于全国财政有考核准驳之权,各省关涉财政之事自应随时咨部筹商,遵照部议施行",③然而"外省积习皆有外销款项自筹自用、向不报部,且有时遇有急需无款可筹,不得不挪用正款,无暇咨商,每即径行动用"。④ 地方财权的扩大,从法源上来看,地方有地方的法令法规,中央有中央的法令法规,二者之间的法源存在冲突,中央政府也很无奈:"前人立法不为不周,而今昔异易,势难墨守。"⑤可见,中央政府也感受到了法律形式,也就是法源的滞后性,法律变革迫在眉睫。光绪三十二年(1906年)十二月十八日,法部陈奏:"现在各部院改定官制,旧时法律当有变更,此衙门之法律与他衙门之法律互相抵触

---

① 任启珊.番例考[J].社会科学论丛季刊,1937,3(1).转引自苏亦工.明清律典与条例[M].北京:中国政法大学出版社,2000:43-44.
② 苏亦工.明清律典与条例[M].北京:中国政法大学出版社,2000:46.
③ 会议政务处奏尊议度支部奏清理财政明定办法折[G]//大清法规大全.高雄:考证出版社,1972:2530-2531.转引自张德美.探索与抉择——晚清法律移植研究[M].北京:清华大学出版社,2004:138.
④ 会议政务处奏尊议度支部奏清理财政明定办法折[G]//大清法规大全.高雄:考证出版社,1972:2530-2531.转引自张德美.探索与抉择——晚清法律移植研究[M].北京:清华大学出版社,2004:138.
⑤ 会议政务处奏尊议度支部奏清理财政明定办法折[G]//大清法规大全.高雄:考证出版社,1972:2529.转引自张德美.探索与抉择——晚清法律移植研究[M].北京:清华大学出版社,2004:138.

者在所不免。且航路电矿工商诸律,日有发明,若不求划一之规,则受治者必将无所适从,而舞文者转得以任意出入。查美国官制,各部皆有法官,协同经理,立法诚善。但中国法学尚鲜专长,不必慕其名而在师其意。且与律例一书有吏户兵工诸律之旨相合,拟请饬下各部院衙门将现行则例全咨法部,由臣等派员详细稽核,如应行例案有互相抵牾之处,会同该部院堂官酌量修改,以归统一而免参差。"①鉴于中国幅员辽阔,宪政编查馆提出:"全国通行法律须由钦定颁行,宪法大纲早经揭明宗旨,惟各省之风俗习惯不同,不能无特别之单行法,如违警律中各省得定违警章程之类。而施行法律之细则则各省情形不一,亦不能不令各省自定,如地方自治等章程施行细则之类,凡根本于国家法律之单行章程、规则属于督抚权限内者,自应由谘议局参与,以收集思广益之效。"②由此可见,"就定制法而言,清末拟以宪法大纲为核心,确立三个层次的法律渊源,即宪法大纲、全国性法律、各省根据当地风俗习惯制定的单行法或全国性法律的施行细则"③。传统法律渊源从命名上看,简化且单一,不能适应新的法律渊源,随着法律渊源的重新确定,必然需要新的法律术语。

清末社会走上了工业化道路,商业日趋繁荣,社会关系越来越复杂,传统法律体系已经不能适应社会的新变化,其所能调整的范围相当有限。传统法律体系强调"以刑为主,诸法合体",一切能够调整各类社会关系的法则都集中于一门法律之中,刑罚是调整社会关系的主要手段。而在清末,社会关系越来越复杂,人们的等级观念淡化,对于权利的诉求越来越突出,"诸法合体"的法律体系以及以刑罚为主的法律调整方式显然滞后于复杂的社会现实,这就需要变革法律体系,丰富部门法系。光绪三十三年(1907年)修订法律大臣沈家本等在奏折中说道:"窃维法律之损益随乎世运之递迁,往昔律书体裁虽专属刑事,而军事、民事、商事以及诉讼等项错综其间。现在兵制既改,则军事已属陆军部之专责,民商及诉讼等律钦遵明谕特别编纂,则刑律之大凡自应专注刑

---

① 法部奏核议法部官制并陈明办法折并清单[G]//大清法规大全.高雄:考证出版社,1972:750.转引自张德美.探索与抉择——晚清法律移植研究[M].北京:清华大学出版社,2004:139.

② 宪政编查馆议覆考察宪政大臣于式枚奏陈谘议局章程权限折[G]//大清法规大全.高雄:考证出版社,1972:126.转引自张德美.探索与抉择——晚清法律移植研究[M].北京:清华大学出版社,2004:139-140.

③ 张德美.探索与抉择——晚清法律移植研究[M].北京:清华大学出版社,2004:140.

事之一部。推诸穷通久变之理,实今昔之不相袭也。"①可见,承担清末修律主要任务的沈家本已然意识到法律分类的重要性,部门法系亟待建立。

在法律发展的客观需求之下,新的部门法随之产生,如"民法""诉讼法""亲属法""继承法"等"法"术语,都是在法律发展的过程中必然产生的新的法律术语。

其次,从内容上来看,传统法律体系也具明显有滞后性。如前所述,传统法律体系的形式已经不能适应新的社会形势的变化,其法律形式具有滞后性。法律形式是由法律内容所决定的,法律形式出现了滞后,法律内容也必然滞后。"传统法律在法源和分类上不适应晚清社会发展的需要,在具体制度、规则等内容上同样亟待变革。"②

以五刑为例,五刑中的笞、杖刑折板,据乾隆五年(1740年)的《大清律例》所示,具体如下:

> 笞刑五。笞者,击也,又训为耻,用小竹板。
> 一十,折四板。二十,除零,折五板。三十,除零,折一十板。四十,除零,折一十五板。五十,折二十板。
> 杖刑五。杖,重于笞,用大竹板。
> 六十,除零,折二十板。七十,除零,折二十五板。八十,除零,折三十板。九十,除零,折三十五板。一百,除零,折四十板。③

按照《大清律例》的规定,笞刑五等分别折为:四板、五板、十板、十五板、二十板;杖刑五等分别折为二十板、二十五板、三十板、三十五板、四十板。但是如上所示,笞刑和杖刑是不同的刑罚,杖刑重于笞刑,但是笞刑可以折二十板,杖刑也可以折二十板,异罪同罚,可见立法上有失公允。就这一点来看,《大清律例》内容存在着不合理性,罪刑不能相对应。在新的刑法法典的编纂中,如《大清新刑律》,编纂者已经意识到旧有法律体系在立法上的缺陷,吸收采纳了

---

① 修订法律大臣沈家本等奏进呈刑律分则草案折[G]//大清法规大全.高雄:考证出版社,1972:1985.转引自张德美.探索与抉择——晚清法律移植研究[M].北京:清华大学出版社,2004:143.

② 张德美.探索与抉择——晚清法律移植研究[M].北京:清华大学出版社,2004:143.

③ 大清律例[Z].张荣铮,刘勇强,金懋初,点校.天津:天津古籍出版社,1993:89.

近代西方的刑法原则,即"罪刑法定原则""罪刑适应原则""人道主义原则"①,并主要在如下五个方面变通了旧律,即"更定刑名""酌减死罪""死刑唯一""删除比附""惩治教育"②。上述这五个方面的变通,是对法律内容的修订和调整。在修订新律的过程中,新的刑法术语必然会产生,如"刑"术语群中的"有期徒刑""无期徒刑""剥夺公权"等就是新产生的"刑"术语。

再如清末"法、刑、罪、权"新术语群中的"权"术语群,也是新的法律体系在对其内容进行调整和修订的过程中生成的。前面我们讲过,传统法律形式滞后性的表现形式之一就是部门法范畴不明晰,诸法合体,新的法律体系明确了各个部门法范畴,民法也成为一门独立的法律体系范畴。清末新的法律体系中的民法体系范畴是在欧洲大陆法系的基础上建立起来的,"如德国民法典的五编编制体例,日本民法典和瑞士民法典的高度概括性的'法例'规定,日本民法典关于民事主体、身份制度的独特设置,以及相关的法律价值观念、私法学说等等,都是中国起草民律继受的对象。"③清末民法是个人本位和权利本位的资本主义民法,其中个人本位思想是由人格独立和人格平等两个重要组成部分构成的。方流芳认为:人格独立包含三个层面的含义:一是民法上的人格与生俱有,既不可被他人剥夺,也不得由本人放弃;二是每个人在权利范围内只服从本人的意志而不受他人制约;三是每个人对自己的行为后果独立承担责任。人格平等也含有三个层面的意思:一是法律一方面将现实的差别抽象化而使之从法律中消失,另一方面则避免人为地制造和扩大差别;二是在近代民法中,每个人的权利范围完全一致。《人权宣言》所主张的"在权利方面,人们生来而且始终是自由和平等",在民法范畴中得到了最生动的体现;三是在近代民法中,每一个人的权利都受到同等程度的法律保护。④ 虽然中国传统法律体系没有民法法典,但是有民事法律规范,如在法律中规定了户役、田宅、钱债、亲属、婚姻等制定法中的民事规范。除此之外,还有流行的民事习惯、家法、族规、义理准则等具有一定民事法律调整效力的规定。但是,无论是哪个范畴下的民事法律规范,都与清末民法的内容存在差异。清末民法以个人本

---

① 张晋藩.中国近代社会与法制文明[M].北京:中国政法大学出版社,2003:304-306.

② 张晋藩.中国近代社会与法制文明[M].北京:中国政法大学出版社,2003:300-304.

③ 张晋藩.中国近代社会与法制文明[M].北京:中国政法大学出版社,2003:340.

④ 方流芳.近代民法的个人权利本位思想及其文化背景[J].法律学习与研究,1988(6):46-47.

位和权利本位为指导思想,包含大量的调整个人之间利益关系的内容,清末民法就是通过维护个人的权利来实现社会正义的。清末民法内容的修订使得清末法律新术语体系中包含了大量的"权"术语,这些"权"术语都是清末才产生的新术语,并且能够聚合成词群,共同架构起清末民法的体系范畴。

(二)清末法律移植是政治权力推动的结果

清末社会在外来文化、文明的冲击之下,发生了翻天覆地的变化,这种变化在政治、经济、文化领域都是非常明显的;不仅如此,人们社会生活方式和价值观念也随之发生变化,复杂的社会现实使得传统法律体系无论形式还是内容,都严重滞后,法律发展的客观需要是清末法律移植的首要原因。复杂的社会现实将清末的法律变革推到了风口浪尖上,清政府的临门一脚,则是清末新旧法律体系更迭的主要推动力。面对变革法律体系的客观需要,清政府采取一系列的政治举措,在半推半就中以政治命令为保障,为清末法律的移植保驾护航。

1. 清政府积极主张变法修律

法律体系作为上层建筑,其变革一定要获得统治者的首肯与支持,清政府期望通过变法修律,走出内忧外患的窘境,维护中央集权的统治。张之洞、刘坤一在《江楚会奏变法三折》之第二折(《遵旨筹议变法谨拟整顿中法十二条折》)中说道:

> 窃臣等筹拟兴学育才四条,业经会同奏陈在案。窃惟治国如治疾,然阴阳之能为患者,内有所不足也。七情不节,然后六气感之,此因内政不修,而致外患之说也。疗创伤者,必先调其服食,安其脏腑,行其气血,去其腐败,然后施以药物针石而有功,此欲行新法必先除旧弊之说也。盖立国之道大要有三:一曰治,二曰富,三曰强国。既治则贫弱者可以力求富强,国不治则富强者亦必转为贫弱。整顿中法者所以为治之具也,采用西法者所以为富强之谋也。①

张之洞等以人的病患比喻国家内忧外患的困境,以此力陈变法革新的重

---

① 怀效锋.清末法制变革史料:上卷 宪法·行政法·诉讼法编:遵旨筹议变法谨拟整顿中法十二条折[G].李俊,王志华,王为东,等,点校.北京:中国政法大学出版社,2010:12.

要意义,"内政不修"则"致外患"。当权者也意识到了变革法律的重要性,光绪二十八年(1902年)四月初六谕旨:

> 现在通商交涉,事益繁多,著派沈家本、伍廷芳将一切现行律例,按照交涉情形,参酌各国法律,悉心考订,妥为拟议,务期中外通行,有裨治理。俟修订呈览,候旨颁行。钦此。①

可见,在统治阶级内部,自上而下均意识到了变法修律的重要性,并为此积极筹划,所以,清末法律移植也是政治权力推动的结果。清政府变法修律的首要目的就是攘外,即收回领事裁判权,其最终目的还是维护清王朝中央集权的统治。

在西方坚船利炮的威胁之下,清政府丧失了部分司法主权,统治者希望通过变法修律收回列强的治外法权。光绪二十八年(1902年)《中英续议通商行船条约》第12款规定:"中国深欲整顿本国律例,以期与各西国律例改同一律。英国允愿尽力协助以成此举,一俟查悉中国律例情形及其审断办法及一切相关事宜皆臻妥善,英即允弃其治外法权。"②随后,光绪二十九年(1903年)《中美续议通商行船条约》第15款、《中日通商行船续约》第11款,光绪三十四年(1908年)《中瑞通商条约》第10款,均做出类似的规定,承诺如中国变法与西方律例一致,相关国家则归还治外法权。有了西方国家的承诺,收回治外法权便是清政府变法修律的主要动机。《修订法律大臣沈家本等奏进呈刑律草案折》这样写道:

> 国家既有独立体统,即有独立法权,法权向随领地以为范围。各国通例,惟君主、大统领、公使之家属、从官及经承认之军队、军舰有治外法权,其余侨居本国之人民,悉遵本国法律之管辖,所谓属地主义是也。独对于我国藉口司法制度未能完善,予领事以裁判之权,英规于前,德踵于后,日本更大开法院于祖宗发祥之地,主权日削,后患方长,此揆于时局不能不

---

① 怀效锋.清末法制变革史料:下卷 刑法·民商法编:着派沈家本、伍廷芳修订律例论[G].李俊,王志华,王为东,等,点校.北京:中国政法大学出版社,2010:3.
② 中英续议通商行船条约[G]//大清法规大全.高雄:考证出版社,1972:2153.转引自张德美.探索与抉择——晚清法律移植研究[M].北京:清华大学出版社,2004:150.

改者也。①

如上所述,清政府修律最直接的原因就是想收回治外法权,因为治外法权关乎国家主权的独立,治外法权与国家主权的关系,正如光绪三十三年(1907年)《法部大理院奏核议大理院管制折》所言,"故西人所谓裁判权者虽属司法之一端,而独立不羁,即外国侨寓之臣民莫不俯首就治,法权所在,主权系焉,其关系极为重要"②。清王朝统治者意识到了治外法权与国家主权之间的重要关系,因此,统治者积极效仿西方,变法修律,以期收回治外法权,实现国家主权的独立统一。"近代发展成的主权,具有对内与对外两种意义。它对内的意义……就是国家内部至高无上的立法者。而另一方面……在国际关系的范畴中,国家的主权意味着在塑造自己与他国关系的时候有完全的自由,包括宣战甚至吞并战败国领土的权利。"③清政府为了收回治外法权,实现主权的独立,积极主动地向西方法律学习,进行变法修律。正是在清政府的积极推动之下,清末的变法修律才得以实现。大量的法律新术语,如"权"术语群中的核心语素"权利"就是在学习西法,试图收回治外法权的过程中形成的。丁韪良在翻译外国公法时,创造性地用"权利"来翻译西方公法中的"right",随即"权利"这一术语的意义和用法固定下来,并迅速推广至国内法的各个范畴,以"权"为核心语素,复合了大量的"权"术语。

清末"法、刑、罪、权"新术语群的形成离不开清政府统治者的积极推动。收回治外法权是变法修律的直接动因,巩固中央集权则是清朝统治者变法修律的根本目的。如前所述,清末的政治格局发生了变化,地方督抚有了一定的财权和军事权,地方势力逐渐扩大,同时新兴的政党又进一步削弱了中央集权。清王朝的统治者希望能够通过变法修律来加强中央集权的统治,从而巩固中央集权。

2.清政府变法修律的具体措施

清末,尤其是在甲午战争之后,清政府陷入内忧外患的窘境,变法革新是

---

① 怀效锋.清末法制变革史料:下卷 刑法·民商法编:修订法律大臣沈家本等奏进呈刑律草案folgenden[G].李俊,王志华,王为东,等,点校.北京:中国政法大学出版社,2010:70.

② 怀效锋.清末法制变革史料:上卷 宪法·行政法·诉讼法编:法部大理院奏核议大理院管制折[G].李俊,王志华,王为东,等,点校.北京:中国政法大学出版社,2010:241.

③ Dennis Lioyd.法律的理念[M].张茂柏,译.台北:联经出版实业公司,1984:175.转引自张德美.探索与抉择——晚清法律移植研究[M].北京:清华大学出版社,2004:153-154.

唯一出路,无论是出于主观意愿,还是受到西方列强的强制压迫,清政府都采取了一系列的政治举措,使清王朝走上了变法革新的道路。

首先,清政府打开国门,派遣留学生出国学习。

较早推动留学教育的应该算是容闳,他是中国最早的留学生之一。容闳作为第一批赴美的留学生,深刻感受到西方政治文明的先进性。容闳有感于自己国家的落后,怀抱教育救国之志,开创了中国清末的留学教育事业。舒新城在其《清末中国留学史》一书中,高度评价了容闳在清末中国留学史上的重要地位:

> 说到近代留学的渊源,大家都推崇曾国藩与李鸿章,以为他们是首先派遣留学生的人……中国政府派遣留学生出国求学固然是由于他们,但原始发动者却不是他们,也不是他们所说的丁日昌,而是毕业于美国耶路大学(Hale University)之第一个中国留学生容闳,曾李丁诸人不过因位高权重而负其名耳。无容闳,虽不能一定说中国无留学生,即有也不会如斯之早,而且派遣的方式也许是另一个样子。故欲述留学之渊源,不可不先知容闳。①

容闳在《西学东渐记》第16章中,详细地陈述了自己的留学教育主张,具体如下:

> 政府宜选派颖秀青年,送之出洋留学,以为国家储备人材。派遣之法,初次可先定一百二十名学额以试行之。此百二十人中,又分为四批,按年递派,每年派送三十人。留学期限定为十五年。学生年龄,须以十二岁至十四岁为度。视第一、第二批学生出洋留学著有成效,则以后即永定为例,每年派出此数。派出时并须以汉文教习同往,庶幼年学生在美,仍可兼习汉文。至学生在外国膳宿入学等事,当另设留学生监督二人以管理之。此项留学经费,可于上海关税项下,提拔数成以充之。②

容闳的提议得到曾国藩的认可,于1870年奏请皇帝并于斯年冬奉旨照

---

① 舒新城.近代中国留学史[M].上海:中华书局,1929:1-2.
② 容闳.西学东渐记[M].徐凤石,恽铁樵,原译.张叔方,补译.长沙:湖南人民出版社,1981:86-87.

准,容闳由丁日昌介绍,至刑部主事陈兰彬在南京共同商定派遣学生人数、设立预备学校、筹办经费以及酌定出洋年限等事宜。1871年,曾国藩去世,李鸿章接任,于1872年夏末派第一批留学生赴美,共计13人。这是清末中国历史上首次由政府派出留学生,留学政策始成为政府行为。

容闳所倡导的留学教育仅是一种尝试,真正掀起清末留学高潮的应该是甲午战争后的赴日留学潮。张之洞在其《劝学篇》中力陈了留学日本的必要性及各种益处:

> 出洋一年,胜于读西书五年,此赵营平"百闻不如一见"之说也。入外国学堂一年,胜于中国学堂三年,此孟子"置之庄岳"之说也。游学之益,幼童不如通人,庶僚不如亲贵,尝见古之游历者矣。……请论今事。日本,小国耳,何兴之暴也?伊藤、山县、榎本、陆奥诸人,皆二十年前出洋之学生也,愤其国为西洋所胁,率其徒百余人分诣德、法、英诸国,或学政治工商,或学水陆兵法,学成而归,用为将相,政事一变,雄视东方。不特此也。俄之前主大彼得愤彼国之不强,亲到英吉利、荷兰两国船厂为工役十余年,尽得其水师轮机驾驶之法,并学其各厂制造,归国之后,诸事丕变,今日遂为四海第一大国。不特此也。暹罗久为法国涎伺,于光绪二十年与法有衅,行将吞并矣。暹王感愤,国内毅然变法,一切更始,遣其世子游英国学水师。去年暹王游欧洲,驾火船出红海来迎者,即其学成之世子也。暹王亦自通西文西学。各国敬礼有加,暹罗遂以不亡。上为俄,中为日本,下为暹罗,中国独不能比其中者乎?
>
> 至游学之国,西洋不如东洋:一、路近省费,可多遣;一、去华近,易考察;一、东文近于中文,易通晓;一、西学甚繁,凡西学不切要者,东人已删节而酌改之。中东情势风俗相近,易仿行。事半功倍,无过于此。若自欲求精求备,再赴西洋,有何不可?①

《劝学篇》被看作是留学日本的宣言书,此文一出,得到包括梁启超在内的各方人士的积极响应。1898年,总理衙门收到了日本驻北京公使矢野文雄向中国政府提出的建议,即:"我国政府拟于中国倍敦友谊,藉悉中国需才孔急,

---

① 张之洞.劝学篇[M].李凤仙,评注.北京:华夏出版社,2002:87-88.

倘选派学生出洋习业，我国自应支其经费……人数约以二百人为限。"①首先主张接受此建议者为御史杨深秀。杨深秀制定了《游学日本章程》，并且上奏皇帝，后又奉旨酌定此事，具体复奏如下：

> 准军机处钞交御史杨深秀片奏泰西各学，自政治、律例、理财、交涉、武备、农工、商务、矿务，莫不有学，日本变新之始，遣聪明学生出洋学习，于泰西诸学，灿然美备。……近年以来，日本讲求西学大著成效，又与中国近在同洲，往来甚便，既经该国函请派往游学，臣等公同商酌，拟即妥订章程，将臣衙门同文馆东文学生酌派数人，并咨行南北洋大臣，以及两广湖广闽浙各督抚，就现设学堂中遴选年幼颖悟、粗通东文诸生，开具衔名，咨报臣衙门知照日本使臣，陆续派往，即由出使日本大臣就近照料，无庸令派监督。各生应支付薪水用项，由臣衙门核定数目提拨专款，汇交出使大臣，随时支发。该御史所请在京听人报名由总署给照，在外听学政给照，未免漫无限制，应毋庸议。②

这样一来，留学日本便成为清末的一项国策。此后，张之洞率先派遣四名留学生赴日本学习陆军，浙江求是学院派出留学生赴日学习文科，随后，各省总督纷纷派遣留学生赴日留学，掀起了留日的热潮。③

清政府不仅积极派出学生赴日留学，为了保证学生的学习质量，还对留日学生进行考核。

> 伏查我朝取士任官之法，向以科举出身者为正途，而廷试实为登庸之始，优拔贡则有朝考，进士则有殿试。朝考分别等第录用有差，略与各国文官高等试验用意相似。现科举停罢，归重学堂，此后量能授官，自应以学堂为取材之所。惟入官试验，一时尚无善法，而内外百司推行新政，需才孔殷，此项游学毕业人员，为数又属有限，争先罗致，亦理势之自然。往往负笈归初，而剡章已列，则与其私相延揽、以辟召而得官，

---

① 光绪二十四年总理衙门覆议遴选生徒游学日本事宜折［M］//舒新城.近代中国留学史.上海：中华书局，1929：23-24.
② 光绪二十四年总理衙门覆议遴选生徒游学日本事宜折［M］//舒新城.近代中国留学史.上海：中华书局，1929：23-24.
③ 实藤惠秀.中国人留学日本史：修订译本［M］.谭汝谦，林启彦，译.北京：北京大学出版社，2012：19.

不如明定章程,俾因材而任使。臣等公同商酌,拟请暂照光绪三十一年考验游学毕业生金邦平等成案,嗣后游学毕业生经钦派大臣会同学部考试请予出身后,拟令恭应廷试一次,照后前殿试例请旨,分别授职,以广登进而励真才。①

清政府积极派遣留学生赴日本学习,其中又以法政留学生为主,这就为清末"法、刑、罪、权"新术语群的借用、传播提供了政治保障。

其次,清政府积极开办法政学堂,推动清末法律教育。

中国最早的新法教育可以追溯到同文馆开设的"万国公法"课程。"万国公法"课由翻译了《万国公法》的美国人丁韪良担任教师。因为丁韪良本身并没有接受过法律知识的教育,因此在被任命为"万国公法"及"富国策"教习之后,丁韪良还特别回美国去耶鲁大学进修了国际法。在1870年以后的同文馆实行的两套正规的课表里,都有"万国公法"和"富国策"这两门课程。学生需要在"文字""天文""舆图""化学"或"格致"学成之后,继续学习"万国公法"和"富国策"这两门课程,然后才可以毕业。② 可见,国际法课程在同文馆教育体系中具有重要地位。同文馆开创了清末教育的新模式,尤其是开创了清末法律教育的先河。随着同文馆法律教育的成功,清末大学的法科教育在废科举、兴学堂和立宪修律的洪流中逐渐发展起来。

1895年,曾任天津海关道的洋务派官僚盛怀宣本着"自强之道,以作育人才为本;求才之道,尤宜以设立学堂为先"的思想,呈请北洋大臣王文韶转奏设立天津中西学堂(又称"北洋西学堂",1913年改名"北洋大学")。该学堂由伍廷芳为头等学堂总办,蔡绍基为二等学堂总办,聘丁家立为学堂总教习。经清政府准予立案后,学堂于同年10月2日举行开学典礼。③ 该学堂的学科和修业年限是丁家立以美国哈佛和耶鲁大学的学制为蓝本设计的,头等学堂修业四年,分设专门学五门,其中包括律例学门,即包括大清律例、各国通商条约、万国公法等课程。④ 这里的"律例学门"其实就是法律系的雏形。

在中西学堂设立后的第二年,即1896年,盛怀宣又以"招商、电报两局众

---

① 怀效锋.清末法制变革史料:上卷 宪法·行政法·诉讼法编:宪政编查馆会奏核定游学毕业生廷试录用章程折[G].李俊,王志华,王为东,等,点校.北京:中国政法大学出版社,2010:196.
② 王健.中国近代的法律教育[M].北京:中国政法大学出版社,2001:141.
③ 王健.中国近代的法律教育[M].北京:中国政法大学出版社,2001:153-154.
④ 王健.中国近代的法律教育[M].北京:中国政法大学出版社,2001:154.

商所捐",奏请在上海设立了南洋公学。盛怀宣"以通达中国经史大义厚植根柢为基础,以西国政治家日本法部文部为指归,略仿法国国政学堂之意。……其在公学始终卒业者,则以专学政治家之学为断"①。可见,南洋公学是培养政治家的摇篮。

除上述两所学校设立法律系进行专门的法律教育之外,还有由梁启超担任中文总教习的湖南时务学堂。该学堂设有"公法学"一门,专门讲授宪法、民律、刑律等国内法以及公法、条约等国际法。② 另外还有京师大学堂设立了专门的法政科。这些都是清末中国法律学专业教育的领头军。

如上所述,甲午战争后,法律教育逐渐兴起,大学中开始设置法律、政治学等学门,如北洋西学堂、南洋公学、京师大学堂、湖南时务学堂、山西大学堂、震旦学堂等先后设立法律或政治系。1902年8月张百熙主持拟定的《钦定学堂章程》第二节大学分科门目表将大学专门分科设为政治、文学、格致、农业、工艺、商务、医术七科。政治科分为二目,即政治学和法律学。③ 1904年1月,清政府又颁布了由张百熙、荣庆、张之洞联名重订的《奏定学堂章程》,规定大学分科除原有七科外,增设经学科,列在各分科大学之首,合为八科。其中,政法科分为政治门和法律门,具有现代意义的法政教育发轫于此。1905年4月24日,伍廷芳与沈家本上奏清政府"新律即定,各省未预储备用律之才,则徒法不能自行,终属无补",因此"亟应广储裁判人材,以备应用",奏请设立京师法律学堂并在各省课吏馆内设讲法律,自此,清末法政学堂在全国范围内风起云涌。

1905年11月,直隶总督袁世凯又以"改良直隶全省吏治,培养佐理新政人才为宗旨",④奏请在保定设立直隶法政学堂。1906年,广东法政学堂、江西法政学堂、山东法政学堂、北洋法政学堂、浙江法政学堂、贵州法政学堂、湖南法政速成学堂、奉天法政学堂、四川法政学堂、江宁法政学堂、安徽法政学堂、云南法政学堂先后开办。1907年,京师法政学堂、山西法政学堂、陕西法政学堂、新疆法政学堂次第而兴。1908年,又有湖北法政学堂、吉林法政学堂、两

---

① 王健.中国近代的法律教育[M].北京:中国政法大学出版社,2001:161.
② 王健.中国近代的法律教育[M].北京:中国政法大学出版社,2001:164-169.
③ 张百熙.钦定学堂章程[G]//沈云龙.清末中国史料丛刊:第3编:第10辑.台北:文海出版社,1966:8-9.
④ 直隶总督袁世凯奏拟定法政学堂章程规则折(附章程)[J].东方杂志,1906(9):10.转引自姚琦.论清末民初的法政学堂[J].华东师范大学学报(教育科学版),2006(3):81-82.

江法政学堂、热河速成法政学堂、广西法政学堂、河南法政学堂兴办。1909年,甘肃法政学堂,1910年,黑龙江法政学堂也先后开办。①

据统计,截至1909年,全国共设立法政学堂47所,占全国124所专门学堂的1/3以上。学生人数达12282人,占全国专门学堂学生人数22426人的一半以上。②为了加快法政教育的发展,清政府于1910年通令"各省法政学堂应次第扩充",并准予设立私立法政学堂,进一步促进了法政学堂的发展。准许私立法政学堂,甚至打破了旧有《奏定学堂章程·学务纲领》中"私学堂禁专习政治法律"③之规定,私立学堂,如私立镇江法政学堂、苏州法政学堂、金陵法政学堂、成都法政学堂等相继成立。据1912年的统计,全国法政专门学校达64所,学生人数达30803人,达到最高峰。④

清政府积极推进清末法律教育的发展,其结果就是为清末"法、刑、罪、权"新术语群的传播及发展创造了良好的社会环境。有了清政府颁布的推广法律教育的法律法规的护航,清末"法、刑、罪、权"新术语群能够得到自上而下的推广,这些法律新术语才得以在短时间内迅速传播。所以说,清末"法、刑、罪、权"新术语群的生成及语义范畴的演变离不开政治权力的推动作用,尤其是法令法规的规范。

第三节　清末法律术语演变及生成的"外质因素"(二)

社会的发展、新旧法律体系的更迭是清末"法、刑、罪、权"新术语群生成及语义范畴演变的主要"外质因素",在全部的"外质因素"中,人是其中最为重要的主体,如果没有人的作用,这些法律新术语就难以漂洋过海来到中国。所以,在清末"法、刑、罪、权"新术语群的生成及语义范畴的演变过程中,人起到了非常重要的搬运作用。在清末"法、刑、罪、权"新术语传播的过程中,有一个群体分别在不同的时间、以不同的方式发挥着作用。程燎原称这个群体为法

---

① 姚琦.论清末民初的法政学堂[J].华东师范大学学报(教育科学版),2006(3):81-82.
② 刘秀生,杨雨青.中国清代教育史[M].北京:人民出版社,1994:128.
③ 怀效锋.清末法制变革史料:上卷　宪法·行政法·诉讼法编:学务纲要[G].李俊,王志华,王为东,等,点校.北京:中国政法大学出版社,2010:316.
④ 第一次中国教育年鉴:丙编:1912—1922年专科教育概况表(二):第一,学校概况[M].上海:开明书店,1934:145-146.转引自姚琦.论清末民初的法政学堂[J].华东师范大学学报(教育科学版),2006(3):82.

政人。① 清末的法政人就是促进清末"法、刑、罪、权"新术语群生成及语义范畴演变的主力军,这些法政人通过创办杂志、教书育人、翻译西方法学著作、著书立说等活动,以各种渠道传播清末新的法律思想和法律知识,促进了清末"法、刑、罪、权"新术语群的生成及语义范畴的演变。

一、清末法政人群体的构成

关于清末法政人群的构成情况,张晋藩、王健、程燎原等学者都研究得比较充分,我们充分借鉴了这三位先生的研究成果,尤其是张晋藩的研究成果,并在此基础上补充了新的观点和内容。张晋藩在对"西方法文化输入的媒体"进行分析时,总结了七类,即传教士、西方商人、洋幕宾和洋雇员、国外归来的游历者、留学生、驻外使节、领事法院。② 我们根据第一章至第四章关于清末"法、刑、罪、权"新术群的考证,在张晋藩分类的基础上,按照时间的先后重新进行了调整,分为早、中、晚三个时期来分析。早期传播者指的是鸦片战争之前的中西法律文化传播者,中期传播者指的是鸦片战争之后直至甲午战争之间的中西法律文化传播者,晚期传播者指的是甲午战争之后至辛亥革命之间的中日法律文化传播者。

中西法律术语的互译、借用很早就已经伴随着中西法律文化的交流开始了,大概明末清初之时便崭露头角,但是因为当时的统治者还沉浸在大国梦里,坚持闭关自守和文化上的排他政策,这些新的法言法语如昙花一现,比如艾儒略对"法律"这个术语的理解和运用。这一时期产生的新的法言法语并未对当时的法律体系产生多大的影响。直至清末,清政府在内忧外患的压力之下,不得不决定实施变法修律,新的法律体系需要新的法律术语来支撑,直至此时,清末新的法言法语才真正变为法律术语,实现了从量变到质变的飞跃。在清末"法、刑、罪、权"新术语群生成及语义范畴演变的过程中,不同时期有不同的群体力量进行推动。

(一)早期清末法律新术语的传播者

早期清末法律新术语的传播者指的是在鸦片战争之前从事法律术语传播的群体。传教士群体被看作是清末法律新术语的早期传播者,是当之无愧的。

---

① 程燎原.清末法政人的世界[M].北京:法律出版社,2003:自序7.
② 张晋藩.中国近代社会与法制文明[M].北京:中国政法大学出版社,2003:72-82.

明朝中后期,意大利传教士利玛窦率先将西方的数学、天文学等科技成果带入中国,并深深地吸引了当时的统治者,一时间掀起了西学的热潮,但是好景不长,很快实行的禁教和闭关锁国的政策,几乎阻断了这次刚刚开始的西学之路。利玛窦在中国深受统治者的重视,被委以官职,同样是传教士,艾儒略似乎就没有那么幸运了,但是,无论如何,西方传教士的到来对于打破中国文化的封闭状态、传播西方文明还是起到了积极的促进作用。

还在明末清初,就已有一些传教士热衷于对华输入西学,如意大利的艾儒略、龙华民、罗雅各,德国的汤若望等,先后于万历九年(1581年)到天启四年(1624年)之间来华。清顺治十六年(1659年)南怀仁来到中国传教。值得注意的是,这些传教士所宣传的宗教教义并未引起时人的注意,倒是西方的数学、天文学等吸引了中国的士大夫,并打动了中国的最高统治者,所以他们的传教活动取得了一定的效果。例如明代落后的回回历、大统历,便被西方先进的历法所取代。① 英国人托马斯于嘉庆五年(1800年)开始翻译《大清律例》,历时十年终于翻译完成并在英国伦敦出版,这是传教士向西方世界传播中国法律文化最具代表性的成果。再者如艾儒略,他在《职方外纪》中不仅介绍了西方的科技文明成果,还介绍了西方的政治、法律等制度文明成果,如:

> 欧逻巴诸国赋税不过十分之一。民皆自输,无征比催科之法。词讼极简。小事里中有德者自与和解;大事乃闻官府。官府听断不以己意裁决,所凭法律条例,皆从前格物穷理之王所立,至详至当。官府必设三堂:词讼大者先诉第三堂,不服,告之第二堂,又不服,告之第一堂,终不服,则上之国堂。经此堂判后,人无不听于理矣。讼狱皆据实,诬告则告者与证见即以所告之罪坐之。若告者与诉者指言证见是仇,或生平无行,或尝经酒醉,即不听为证者。凡官府判事,除实犯真赃外,亦不先事加刑,必俟事明罪定,招认允服,然后刑之。官亦始终不加骂詈,即词色略有偏向,讼者亦得执言不服,改就他官听断焉。吏胥仰廪虽亦出于词讼,但因事大小以为多寡,立有定例,刊布署前,不能多取。故官府无恃势剥夺,吏胥无舞文诈害。此欧逻巴刑政之大略也。②

因《职方外纪》是在中国人杨庭筠的协助之下完成的,该书采用了汉语的

---

① 张晋藩.中国近代社会与法制文明[M].北京:中国政法大学出版社,2003:73.
② 谢方.职方外纪校释[M].艾儒略,原著.北京:中华书局,1996:72-73.

表达方式,其中涉及西方的一些专有名词,艾儒略和杨庭筠均回避直接采用音译的方法,而是尽可能翻译为中文,如上文中与诉讼程序有关的"第一堂""第二堂""第三堂"等,还有如"天理堂""国堂"等。据崔军民考证,"天理堂"即为"议会""国会",是英文的"Senate";"第三堂""第二堂""第一堂"相当于现在的"初级审判厅(初等法院)""地方审判厅(中等法院)""高等审判厅(高等法院)";"国堂"就是后来的"大理院(最高法院)"。①

以传教士为代表的早期法律新术语的传播者,不仅宣传西方的科技文明,还承担了向中国介绍西文制度文化的任务,就法律文化的传播来看,虽然成就不大,但是也让时人接触了一些西方的法律文化,并认识到了中西法律文化之间的差异。

(二)中期清末法律新术语的传播者

中期清末法律新术语的传播者指的是从鸦片战争以后到甲午战争这一段时间内,从事法律新术语传播的群体。鸦片战争后,中国闭关锁国的大门被打开了,中西文化的交流越来越频繁,西方人不仅来中国传教,还经商、做幕宾、做雇员等,这就使得这一时期传播法律新术语的群体变得多样化,不像早期那样单一。

1. 传教士

1840年鸦片战争以后,西方传教士大量涌入中国,比以前的任何一个时期都多。光绪三年(1876)在中国的传教士有473人,光绪十五年(1889年)达1296人,至宣统二年(1910)已超过5000人。② 因为西方实力强大,中西格局发生变化,一系列不平等条约使得这些传教士有了强大后盾,他们以更加强硬的姿态来中国传教。这些传教士高唱着"天堂清风欢畅,伴君横渡大洋,肩负上帝重托,志在中国解放"③,宣称"要把中国人的思想开放出来"④。

在这一雄心的驱使之下,这一时期的传教士不仅传播宗教,而且还积极地

---

① 崔军民.萌芽期的现代法律新词研究[M].北京:中国社会科学出版社,2011:20-21.

② 许美德,等.中外比较教育史[M].上海:上海人民出版社,1990:65.转引自张晋藩.中国近代社会与法制文明[M].北京:中国政法大学出版社,2003:74.

③ 乔纳森·斯潘塞.改变中国[M].曹德俊,等,译.北京:生活·读书·新知三联书店,1990:39.

④ 同文书会章程[J].出版史料,1988(2).转引自张晋藩.中国近代社会与法制文明[M].北京:中国政法大学出版社,2003:74.

第六章 清末"法、刑、罪、权"新术语群生成的原因

创办报纸,翻译西方的人文科学著作,积极地宣传西方的政治、经济、法律。传教士们希望通过他们创办的报纸、翻译的书籍"不仅可以解决中国道德和精神方面的问题,还能解决政治和经济方面的问题"。① 至19世纪末,传教士们翻译出版的非宗教性质的书籍有几百种之多。其中,由英国苏格兰长老会的韦廉臣在上海创立的广学会,是这一时期在华传教士创办的规模最大、影响最大、出书最多的文化出版机构。广学会的译著和报纸销量非常大,甚至连光绪皇帝都要订阅,大约订购了八九十种。② 广学会翻译出版的《泰西新史揽要》竟成为光绪二十二年(1896年)长沙乡试举子的必读书目。广学会先后翻译介绍了伏尔泰、卢梭、孟德斯鸠、狄德罗等人的学说以及法律改革的思想,借此宣传西方的人权观念、平等观念、法治观念。许多译著给封建专制的禁锢统治注入了西方民主政治的新鲜空气,从客观上来说唤醒了中国人的民主意识。广学会在沟通中西法律思想的过程中,起到了重要的传播作用。

除广学会外,还有设在沿海城市的一些隶属于教会的文化机构,也是中国人接触西方文化的重要媒介。"例如马礼逊学堂、墨海书馆就曾经是容闳、李善兰、华蘅芳、徐寿等人,了解西方文化的窗口。"③ 马礼逊编纂的《华英字典》,将汉语与英语进行了翻译和整理,其中收录了大量的法律词语,如"法律""刑法""权""公司"等术语,这对于中西方法律术语的互译和借用来说,具有重要的借鉴意义。

这些西方新思想、新观念起到了思想启蒙的作用,并直接影响到了清末"法、刑、罪、权"新术语群的生成及语义范畴的演变。如"刑法"的语义是在西方人权观念、法治观念的影响下发生演变的,其语义由以酷刑进行惩戒转为以人道主义的刑罚方式进行教育。再如"民法"就是在西方平等观念、人权观念之下生成的新术语,而"权"术语群的产生更是离不开西方新思想、新观念的传播及影响。

鸦片战争后的西方传教士已经不限于传播西方的科技文明,他们志在传播西方的政治、经济、法律等文化,并希望中国的士绅官宦阶层能够接受这些西方文化。这些传教士的活动远远超出了神职人员的范围,他们的作用不可忽视。

---

① 《广学会五十周年纪念特刊》序言[M]//张晋藩.中国近代社会与法制文明.北京:中国政法大学出版社,2003:74.
② 广学会年报(1889年)[J].出版史料,1988(2).转引自张晋藩.中国近代社会与法制文明[M].北京:中国政法大学出版社,2003:75.
③ 张晋藩.中国近代社会与法制文明[M].北京:中国政法大学出版社,2003:75.

2. 中西商贸从业者

清末的经济体系发生了新的变化,尤其是在鸦片战争之后,商业活动和对外贸易都进入了新的发展时期,但是中国旧有法律体系落后,无法调整新的商业、贸易关系中的法律关系,如公司关系、金融信用关系、合同关系等,中国传统法律体系的落后受到西方商人的诟病。在商业纠纷中,西方商人为了维护自己的利益,往往按照他们国家的法律来对抗中国的法律。西方商人不仅来带了西方货品,也带了西方的商业观念以及调整清末商业纠纷的民商法文化。在清末日趋频繁的商业贸易中,最先接触西方民商法的中国人是为西方商人服务的买办,比如郑观应、唐廷枢等,这些人都是积极传播清末民商法文化的先驱者。据记载,义记洋行同有利银行买办周金贵发生了一起商业纠纷并提起诉讼,"该洋行从该买办那里买进汇票,并声称商定的期限为四天,该买办否认了,因为合同上并没有载明时间的规定,买办胜诉了"①。这起诉讼案的被告是依据清末民商法的法律规定取得胜利的,此案的判决结果影响极大,中国工商界迫切地感到需要学习西方的民商法知识,这使得清末民商法知识在中国得到更大范围的推广。

3. 洋幕宾、洋雇员

中国传统的法律教育卓有成效,清代的刑名幕友便是其体现之一。清代衙门最重要的职能就是司法职能,因此,州县官需要具有高度的专业知识和丰富的实践经验,但是大部分州县官们并不具备这样的知识和经验,他们经常会重金礼聘幕友。② 到了清末,社会形势发生了变化,传统法律体系已经不适应社会发展的需要,刑名幕友的法律知识体系也要发生变化,他们需要懂得西方先进的法律知识,这时候,洋幕宾就出现了。中国的官僚队伍对国际法等西法可以说一无所知,洋幕宾正是利用了官僚的这一弱点,以权臣私人雇员的身份,进入中国的官场。李鸿章、左宗棠、张之洞、刘坤一、袁世凯、盛宣怀等人,都有自己的洋幕宾。李鸿章的洋幕宾马格里对李鸿章的影响非常大,李鸿章在《试办织布局折》中,几次提到"泰西通例""中西通例"等,这就是马格里向其传授的西方法律知识的具体运用。③ 洋幕宾对洋务运动的兴起和洋务派的产生也起到了推动作用。

---

① 郝延平.19世纪的中国买办:东西间的桥梁[M].李荣昌,等,译.上海:上海社会科学出版社,1988:248.转引自张晋藩.中国近代社会与法制文明[M].北京:中国政法大学出版社,2003:76.
② 王健.近代中国的法律教育[M].北京:中国政法大学出版社,2001:47.
③ 张晋藩.中国近代社会与法制文明[M].北京:中国政法大学出版社,2003:77.

除洋幕宾外,洋雇员也承担着西方法律文化知识传播使者的作用。洋雇员的身份地位比洋幕宾更加突出,他们不是依附于某个达官显贵的幕僚,而是直接受雇于中国教育机构、翻译机构的雇员。其中最为著名的当属受雇于同文馆做总教习的丁韪良。丁韪良在同文馆教授"万国公法"课程,通过翻译《万国公法》,他将西方的国际法传入中国,并且创制了一些法律术语,如"权"术语群的创制,就离不开丁韪良对"权利"的创造性运用。不仅如此,通过翻译《万国公法》,也使当时积极从事变法修律的士大夫阶层对国内法的分类和制定有了进一步认识。把国内法分为"公法"和"私法",法律体系的分类也越来越清晰,"法律"语义发生演变并产生了一些新的"法"术语,这些都是受到《万国公法》的启发。同文馆的另一位教习毕利,率领化学馆诸生,译出《法国民法典》等法典,这对维新派有着非常重要的影响。再如傅兰雅、林乐知,他们是江南制造局的英籍雇员,是翻译官。在中国做洋雇员期间,他们也参与了西方法律的翻译。鸦片战争后,雇佣洋雇员参与西法的翻译及法律的修订工作似乎已成为大家认可的事情。甲午战争后,洋雇员在清末变法修律进程中的地位越来越重要,清政府特别邀请国外的法学家来华工作,这些国外的法学家既能帮助、参与修订法律,也可以在中国的法律学堂讲授法律课程。如在清末刑法改革的过程中,清政府特别从日本请来了著名的刑法学家冈田朝太郎,帮助修订新刑法,《大清新刑律》的起草人就是冈田朝太郎,可见洋雇员在变法修律中发挥了重要的作用。

4. 国外归来的游历者

根据崔军民的考察:在19世纪以前,由于偶然的机会到过包括欧洲在内的外部地区,并且留下了可信的记载的中国人仅有3个。第一个人是1287年奉伊儿汗之命出使欧洲的畏兀尔(维吾尔)景教徒巴锁马(？—1294);第二个人是1707年随耶稣会士艾约瑟去罗马教廷的樊守义(1682—1753),其《身见录》不仅是第一篇中文的欧洲游记,也是第一篇中文的美洲游记,其稿收藏于梵蒂冈,直到20世纪40年代才被学者发现;第三个人是谢清高,其所著《海录》于1820年左右刊行。在《海录》中,有大量的音译词,其中不乏法律词语,如"凳头金"(Duties,税)、"亚些"、"码子"(Tax,税,征税)、"唧有士第"(Justice,法官)、"呢哩"(Jury,陪审团)、"集景"(Juror,陪审员)等。[①]

---

① 崔军民.萌芽期的现代法律新词研究[M].北京:中国社会科学出版社,2011:56-58.

《大清律例》规定,私出境外和违禁下海者,要处以严刑。① 鸦片战争后,一系列中外条约的签订,使得清政府不得不改变政策,中国人也随之获得了出国游历,甚至是定居的机会。1847年,厦门人林鍼赴美国从事翻译工作,并在当地教授汉语。1848年回国后,林鍼将自己这一年旅美的经历写成了《西海纪游草》。这本书引起了时人极大的关注,左宗棠、英桂欣然为其书作题记,英桂还写了序。徐继畬于同治四年(1865年)闰五月二十四日为该书题记:"鹭岛十二峰之外,鹏程九万里而遥。"②这本书之所以受到极大的重视,是因为在这部书中,林鍼详细记录了他在美国的所见所闻,并介绍了美国的政治法律制度及科技文明,特别是关于美国独立战争和废除奴隶制度的历史,以及美国的民主选举和总统制,这对于当时的人们来说确实是很新鲜的,是美国独立、民主思想观念的渗透。林鍼在《救回被骗潮人记》中,讲述了他同律师一起为被英国人骗到美国的26名华人辩护,并取得胜利的事情。③ 这是中国人在西方人的法院,运用西方的法律进行刑事辩护并取得胜利的案例。通过叙述这样一件事,林鍼向国人详细地介绍了美国的辩护制度和陪审制度,虽然在介绍中可能有不尽如人意的地方,但也足以让国人意识到世界法律体系的多元化,不能再继续闭关自守。

同样有旅美经历的李圭,回国后也写了介绍美国的书,即《环游地球新录》。这部书也在当时引起了人们的极大重视,李鸿章亲自为此书作序。在这部书中,李圭同样介绍了美国的政治和法律制度,如联邦制、三权分立制、民主选举制、总统任期制、修改法律的程序等。张晋藩形容李圭对美国政治、法律制度的描述是"讴歌式的描写"④。在卷二"游览随笔"中,李圭谈到了去费城并参观当地监狱的情况,详细介绍了轻犯和重犯的生存方式。

> 轻犯监狱犯人作工:至三层楼,为女犯作工处。有缝衣裤者,有作绣货者,共三大室,各约七八十人。手不停工,言笑自若,头面颇光洁。……第二层为男犯作工处。或作靴鞋,或理破布,或洗地板,或洗衣,或在厨房作茶饭,或由巡捕押至屋外作农工、种蔬菜、修道路。皆视其人能作何工,使作之,无鞭挞之苦。又非竟日力作,有时亦令休息。所作各样缝工,分

---

① 张晋藩.中国近代社会与法制文明[M].北京:中国政法大学出版社,2003:77.
② 陈巧玲.翻译实践与观念变迁——中国近代口译员林鍼《西海纪游草》研究[J].重庆交通大学学报(社科版),2010(10):124.
③ 林鍼.西海纪游草[M].钟叔河,等,点校.长沙:湖南人民出版社,1980:45.
④ 张晋藩.中国近代社会与法制文明[M].北京:中国政法大学出版社,2003:78.

第六章 清末"法、刑、罪、权"新术语群生成的原因

别收储,仍备犯人穿着。第四层有礼拜堂,能坐一千五百人。每届西人礼拜日,教师往宣善言导化。又有大室二统间,居犯人之有病者。轩窗四起,花草罗列,起居饮食,优于别犯,而女室尤优于男。医生逐日按名诊视,药费亦出自公家。法至善也,恩莫大也。①

"法至善也,恩莫大也"一语中的,指出了美国法律思想的精髓。除此之外,李圭还介绍了华盛顿的洋务衙门、上下议院、总统的选举等,通过李圭的介绍,国人对西方的法律制度有了初步的了解。这正如李鸿章在序言中所评价的那样:

  夫自通商以来,泰西诸国,日出其聪明才力,以相角逐。凡可为富强之计者,若铁路、电线、车舡、炮械之属,转相仿效,务极新奇;而于商务,尤所措意,舍是则无以自立其国,匪特习尚所在,盖亦时势使然也。是录于物产之盛衰,道里之险易,政教之得失,以及机器制造之精巧,人心风俗之异同,一一具载。其非耳目所及者,则略焉弗详。圭之此行,为不虚矣。②

李鸿章给这部书的评价很高,足见这部书在介绍西方物质文明、制度文明方面的贡献。除了林鍼、李圭外,这一时期出国游历,回国后著书的还有斌椿(《乘槎笔记·诗二种》)、志刚(《初使泰西记》)、王韬(《弢园尺牍》)等,他们都对中西法律文化交流,尤其是将西方法律文化引入中国做出了卓越的贡献。

5.驻外使节

清政府开始向西方派出驻外使节应该是在同治元年(1862年)。③ 同治元年,清政府向西方派出了第一个外交使团,该使团主要从地理、经济、政治、军事、风俗与文化、科学技术等方面对西方做综合考察。驻外使节是政府派出去的,这与一般的私人出国游历不同,他们肩负着政府赋予的重任,也就是如何通过学习西方振兴国家,即"宜如何周咨博访,于其国势之盛衰,地形之广狭,风俗之变迁,政教之利病,兵民市舶之多寡,食货物产之盛虚,以及工艺日新,商情月异,各市埠有我国商民之区,或归我领事馆约束,或仍听彼地方官约束,

---

① 李圭.环游地球新录[M].古及世,点校.长沙:湖南人民出版社,1980:48.
② 李圭.环游地球新录[M].古及世,点校.长沙:湖南人民出版社,1980:李鸿章序1.
③ 张晋藩.中国近代社会与法制文明[M].北京:中国政法大学出版社,2003:80.

应如何使之生聚绥辑,俾无失所,均当逐事讲求,悉心考订,条举件列,荟萃成编"。① 驻外使节得到政府明确的指示,在国外考察自是有的放矢,目的明确。总理衙门派出驻外使节,为了保持与驻外使节的联系,要求他们按月呈交一篇日记。这正如薛福成在其出使日记中所记载的那样:

> 为咨呈事:窃直接管卷内,光绪四年八月十六日,贵衙门咨行,具奏出使各国大臣,应随时咨送日记等件一片,内称凡有关系交涉事件,及各国风土人情,该使臣皆当详细记载,随时咨报……②

但是这样的制度并未得到很好的贯彻执行,哪怕是电报兴起之后,日记也未能按月呈交,后总理衙门为了获得更多的信息,将使臣公务文书往来也算在其中,这就扩大了获得信息的媒介范围。③ 这一时期,驻外使臣将国外的政治、经济、法律、文化、军事等信息据悉呈报给总理衙门,这为清末的变法修律奠定了良好的基础。

表6-1 早期驻外使节著述表[1]

姓名	日记	游记	公文书牍	综合
郭嵩焘	伦敦巴黎日记			
曾纪泽	中俄交涉记、出使英法俄国日记			
黎庶昌	奉使伦敦记	西洋杂志		
陈兰彬	使美纪略			
许景澄			出使函稿	
洪钧		西域地志		中俄交界图、元史译文征补
刘瑞芬	西轺纪略		刘中丞奏稿	养云山庄遗稿
张荫桓	三洲日记			

---

① 崔国因.出使美日秘国日记[M]//王锡祺.小方壶斋舆地丛钞:十九.杭州古籍书店,1985.转引自林琼.清末早期驻外使节的国外交往与思想观念的转变[J].广西民族学院学报(哲学社会科学版),2000(4):53.

② 薛福成.薛福成选集[M].上海:上海人民出版社,1987:406.

③ 林琼.清末早期驻外使节的国外交往与思想观念的转变[J].广西民族学院学报(哲学社会科学版),2000(4):54.

续表

姓名	日记	游记	公文书牍	综合
何如璋		使东述略、使东杂咏		
崔国因	出使美日秘国日记		槖实子存稿	
李凤苞	使德日记			西国政闻汇编
刘锡鸿	英轺私记		驻德使馆档案钞	
薛福成	出使英法义比四国日记	出使公牍		
杨儒			杨儒庚辛存稿中俄会商交收东三省电报汇钞	
徐承祖			条议存稿	
黄遵宪	日本国志	日本杂诗咏		
姚文栋	东槎杂著			
蔡钧		出洋琐记附奏疏条陈		
张德彝	航海述奇			张公集
钱德培		欧洲随笔		
徐建寅		欧洲杂录		
袁祖志	瀛海采问纪实	西俗杂志		涉洋管见、出洋须知

注：

[1]林琼.清末早期驻外使节的国外交往与思想观念的转变[J].广西民族学院学报（哲学社会科学版），2000(4):54.删去了原表中的容闳，因为关于容闳的研究，一般从早期留学生的角度入手，所以我们在此将容闳删除，放入"留学生"这一小节里介绍。

在上述使臣中，对清末法律体系的移植及法律新术语的引入影响最大的应该是黄遵宪了。1877年，黄遵宪作为参赞出使日本，通过详细考察日本社会，参考书籍200余种，历时10年，终于完成了50万字的《日本国志》。《日本国志》详细介绍了日本的政治经济等情况，其中《日本国志·刑法志》着重介绍了日本的法律制度。《日本国志·刑法志》在古代法与清末法衔接过渡的过程中，起到了重要的作用，在法制史上具有独特的地位和价值。李贵连认为，黄遵宪是中国日本近代法的第一个翻译者和研究者，也是第一个输入日本法的中国人。"中国近代法学的起步，在语言上就碰到了极大的障碍。在这种情况下,只好采用拿来主义,向同文之国日本拿取现成的词汇概念。黄遵宪是第一个拿来主义看,《日本国志·刑法志》是第一部拿来主义译著。"①《日本国志·刑法志》分为"治罪法"和"刑法"两个部分,基本上是将日本明治时期的法律悉数翻译过来的,其中"关国事罪""害静谧罪""伪造货币罪""污秽饮水罪"等基本上照搬进了清末新编纂的刑法法令中。除此之外还有"版权""保释""保证金""辩护人""辩护""罚金""动产""渎职罪""堕胎之罪""民事"等词,这些法律词语也都在清末新编纂的法律法规中固定为法律术语。

6.留学生

与驻外使节相比,留学生不受政府的控制,思想上更自由,更容易接受新事物、新思想和新观念。与外国归来的游历者相比,留学生对于西方文化的了解更为深入。留学生中有专门的法科生,他们对于西方法律知识的掌握更为全面,在清末法律新知识的传播中,所发挥的作用也更为突出。鸦片战争后的留学生以留学西方国家为主,主要是欧洲和美国,这与甲午战争后的留学生有所不同。程燎原对这一群体进行了详细研究。

中国最早的留学生代表是容闳,他于1847年赴美留学,1854年回国。容闳撰写了《西学东渐记》,在此书中,容闳积极宣传西方的民主和法治思想。例如容闳在评价太平天国运动时说:"太平军一役,中国全国于宗教及政治上,皆未受丝毫之利益也。其可称为良好结果者惟有一事,即天假此役,以破中国顽固之积习,使全国人民皆由梦中警觉,而有新国家之思想。"②容闳已然认识到解放国人思想的重要性。

中国清末第一个法科留学生,是清末变法修律的核心人物之一——伍廷芳(1842—1922)。伍廷芳自幼接触到的中国传统文化不多,长大后非常不信任科举,因此,其父将其送往香港,接受西式教育。后伍廷芳节衣缩食,赴英国伦敦林肯法学院攻读法律,并获得法学博士学位,成为清末中国第一个法律博士。光绪三年五月(1877年6月),清朝首位驻外公使郭嵩焘、副使刘锡鸿在英国联名上书保举伍廷芳,伍廷芳始踏入中国政治舞台,后成为李鸿章的幕僚。张晋藩通过对伍廷芳著作的分析,认为其法律思想主要体现在以下几个方面:(1)改革专制政体,拥护民主共和。(2)平等、自由以法律规定者为限。(3)改良司法是缔造民国的重要措施。(4)司法独立与文明审判。(5)反对"强

---

① 李贵连.20世纪的中国法学[M].北京:北京大学出版社,1998:12,23.
② 容闳.西学东渐记[M].徐凤石,恽铁惟,原译.张叔方,补译.长沙:湖南人民出版社,1981:62.

同匹配"的婚姻制度,要求革除社会陋习。① 伍廷芳在清末西法引入和传播过程中的贡献之大,甚至有学者认为超出了沈家本。② 除伍廷芳外,赴欧洲的留学生还有马建忠。马建忠于1879年获得法律学士学位,通过此次留学,马建忠认识到只有法政文事,才是关涉国家富强的根本之道。③ 除伍廷芳、马建忠外,这一时期赴欧美的留学生还有何启、陈季同、魏瀚、张秉奎、罗晓忠、陈寿彭、林潘、王寿昌、柯鸿年、许寿仁、高而谦、游学楷等。④

尽管这一时期的法科留学生人数较少,随意性和偶然性比较大,而且主要集中于英、法两国,但是这批留学生积极传播了西方的法律文化知识,并且对于法律术语的传播和定型来说,也起到了促进作用。

7. 开明官绅

开明官绅指的是以林则徐为代表的开眼看世界的那一批人。林则徐于1839年赴广州办理禁烟事宜,其与西洋人打交道的机会比较多。在此过程中,他深切地感受到官员们不了解"夷情"的弊端,觉得西方国家很神秘,也很强大,于是派人打探西人之事,翻译西书,买西方报纸来阅读,以获得更多的西方信息。在广州期间,他主持编译了《四洲志》,后又主持翻译了《滑达尔各国律例》《华事夷言》等书。在社会时局的推动之下,林则徐成为"开眼看世界"的第一人。除此之外,还有魏源、梁廷枏、徐继畬等,都纷纷著书立说,如《海国图志》《海国四说》和《瀛寰志略》等,这些书全部用汉语写作,介绍西方的政治、经济、文化、法律等,引导人们去积极地认识和了解西方,以此启蒙人们的心智,使人走出闭塞的传统。

(三)后期清末法律新术语的传播者

后期清末法律新术语传播者指的是在甲午中日战争后,积极促进中日法律文化交流与吸收,从而传播法律新术语的传播者。这一时期清末法律新术语的传播者从构成情况来看,远不如中期传播者那样丰富。在鸦片战争后,国人纷纷睁眼看世界,各个阶层的人都尝试西学,因此,这一时期西方文化的传播主体,从身份上来看,相当丰富。甲午海战后,中国败给了昔日蕞尔小国,日本的崛起与强大引起了清政府的极大重视,再加之日本与中国的文字同源之

---

① 张晋藩.伍廷芳的法律思想[J].现代法学,1981(4):22-25.
② 马作武.伍廷芳与中国近代法制变革[J].法学家,1995(4):38.
③ 程燎原.清末法政人的世界[M].北京:法律出版社,2003:29.
④ 程燎原.清末法政人的世界[M].北京:法律出版社,2003:29-30.

处甚多,因此,在清末变法修律的过程中,清政府明确了学习的目标,就是效仿日本,变法图强。日本在清末成为清政府的首要效仿对象,清政府派遣大量留学生赴日深造,因此这一时期的留日学生便充当了中日法律文化交流的使者。我们通过对清末"法、刑、罪、权"新术语群的统计分析,发现大部分新术语都来自日语,可见这一时期的留学生对于清末"法、刑、罪、权"新术语群生成及语义范畴演变来说起到了关键性作用。

甲午战争后,法科留学不再是偶然的随意性活动,而是政府有计划、有组织的安排。这一时期的留学生首要去处就是日本。康有为认为:"若夫派游学夫,则宜多在欧、美矣。……惟日本道近而费省,广历东游,速成尤易,听人士负笈,自往游学,但优其奖导,东游自众,不必多费官费。"①在康有为看来,去日本留学省钱省时,所以日本自是留学首选地。持相同观点的还有张之洞。张之洞认为:"至游学之国,西洋不如东洋:一、路近省费,可多遣;一、去华近,易考察;一、东文近于中文,易懂晓;一、西书甚繁,凡西学不切要者,东人已删节而酌改之。中东情势风俗相近,易仿行。事半功倍,无过于此。若自欲求精求备,再赴西洋,有何不可?"②正是在这样的认识之下,才形成了19世纪末20世纪初留学日本的热潮。

1890年,清政府派唐宝锷、胡宗瀛等13名学生赴日留学,这成为中国清末赴日留学的肇始。1898年,清政府拟定了《遴选生徒游学日本事宜片》,规定了官派留学日本的办法,使赴日留学成为国家举措。自此以后,各省督抚相继派遣优秀学生赴日留学,一批又一批的官费留学生与自费留学生涌入日本;日本国内专为中国留学生开设的学堂也如雨后春笋一般,迅速发展起来。1905年,清政府废除了科举制,实行奖励留学生的政策。留学生通过系统考核后,成绩优秀者可以授予功名。正所谓学而优则仕,在这样的国策之下,大批有志于投身仕途、报效国家的年轻人积极奔赴海外,到日本留学。仅1905年至1906年间,留学生的数量竟然突增至8000人,而1896年至1911年之间,留学生总人数竟达万人以上。③ 在众多留学生中,学习法律政治的最多,裴艳根据留学生的毕业证明书存根进行了统计,其结果也证明这一时期赴日

---

① 康有为.请广译日本书派游学折[M]//汤志钧.康有为政论集:上册.北京:中华书局,1981:303.转引自程燎原.清末法政人的世界[M].北京:法律出版社,2003:37.

② 张之洞.劝学篇[M].李凤仙,评注.北京:华夏出版社,2002:88.

③ 黄福庆.清末留日学生[M].台北:"中央研究院"近代史研究所.1975:83.转引自丁相顺.晚清赴日法政留学生与中国法制近代化的再思考[J].金陵法律评论,2001(1):129.

留学以学习法政为主。

但是1910年12月20日(宣统二年十一月十九日)清政府改订管理游日学生章程"游学生毕业须有监督处证明书……证明书须编定号数,截留存根"的规定为我们提供了一个了解的窗口。目前所能见到清末留日毕业生证明书存根有2973号,由于前1147号只登记了毕业学校,没有研习科目,因此我们选取1148—2973号证明书存根来了解此时期法科留学的大致状况。我们选取的这1826名毕业生,出国留学时间主要集中于1906年至1908年,也有一小部分是1905年出国,另有极个别的早至1904年,晚至1910年。其中有850名是法科生,占总人数的46.55%,说明此时法政科仍是留日学生的主选科之一。他们的毕业学校以私立的早稻田大学、法政大学、明治大学为最多,这三所学校共有法科留学生705人,占全部法科留学生的82.99%,而毕业于公立帝国大学的人数较少,只有10人。①

清末的法政留学生积极传播日本的法律文化,将日本的法令法规、法律教科书、法律词典等悉数翻译,并传播到中国。据尚小朋统计,1904年至1910年,修订法律馆共翻译各国法律及法学书籍69种,其中日本法律类书籍就占29种,这反映了当时学习日本的倾向,这也是输出留日学生的成果。② 除了修订法律馆,馆外留学生也翻译了大量的法律书籍,据谭汝谦《中国人译日本书综合目录》所示,1896年至1911年,中国人共翻译了98种日本法律方面的书籍,其中大部分是留学生所译。③ 通过留学生译介法律教科书、词典等工具书,创办法政杂志等活动,日本法律文化传入中国,日本法律体系中的术语也随之传入中国,这就丰富了清末法律新术语体系的构成,为清末新的法律体系的移植奠定了基础。

二、清末法政人传播法律新术语的途径

清末留学生在中西、中日法律文化、法律知识的传播中承担了重要的搬运

---

① 裴艳.留学生与中国法学[M].天津:南开大学出版社,2009:76-77.
② 尚小朋.留日学生与清末新政[M].南昌:江西教育出版社,2002:113-115.
③ 谭汝谦.中国人译日本书综合目录[M].香港:香港中文大学出版社,1987:47.转引自尚小朋.留日学生与清末新政[M].南昌:江西教育出版社,2002:115.

工作。留学生在异国求学,接受了很多新知识,新思想,随之产生了很多新观念。留学生通过不同的方式,如译介西方书籍、创办杂志、讲学等方式将这些新知识、新思想、新观念传入国内,以此开启国内民众陈旧保守的思想,引导国人开眼看世界。留学生传播法律新术语的途径有以下几种:

(一)出版介绍西方的书籍

介绍西方的书籍,主要指的是由开明官绅请人或者自己撰写的介绍西方的书籍,用以介绍西方的地理、政治、经济、法律制度等。这些书籍是中国人用中文撰写的介绍西方的著作。

在林则徐的鼓励和支持之下,魏源编写了《海国图志》。《海国图志》相当于一部介绍西方的百科全书,魏源在此书中除了考订世界各国的历史沿革、政治、经济、文化、宗教、风土人情等情况外,还特设"筹海篇"二卷、"筹海总论"四卷,这是其他各种世界地理著作所没有的。《海国图志》除介绍西方的议院制度之外,还介绍了西方的商业制度,其所辑录的《贸易通志》是鸦片战争时期介绍西方商业制度最为详细的书籍之一。[①]

> 故西洋贸易,但求一劳永逸,不为惜费苟安,而行渠行路之人,皆令纳课以备岁修,则又一举而上下两利。至海口停泊之处,若无天生形势拱抱,则风潮澎湃,舟易触礁。西洋各国于此险港,则外筑石塘以护其外,而海舶环泊其内,又筑炮台以御贼,则皆中国所无,亦中国所当法。[②]

《海国图志》全面介绍了西方社会生活的各个方面,除《海国图志》外,此时介绍西方的书籍还有梁廷枏的《海国四说》、徐继畬的《瀛寰志略》。梁廷枏(1796—1861),"道光副贡,道光、咸丰年间广东名儒和学者,也是鸦片战争时期主张开眼看世界、积极介绍西方资本主义文明的一位爱国的、先进的知识分子"[③]。梁廷枏在《海国四说》中介绍了美国的总统制、选举制、联邦制、三权分立、刑法、税法等,介绍了英国的国会构成、刑法、诉讼程序、监狱等。梁廷枏在介绍西方国家的政治、法律制度的过程中,也创造性地运用了一些新的法言法语,如"领事":

---

① 熊月之.西学东渐与晚清社会[M].上海:上海人民出版社,1994:255-266.
② 魏源.海国图志[M].陈华,等,点校.长沙:岳麓书社,1998:1990-1991.
③ 梁廷枏.海国四说[M].骆驿,等,点校.北京:中华书局,1993:前言 1.

又五口所设领事,与地方官交涉事件,须两得其平,倘有欺藐,准领事申诉中国大宪查办。①

《瀛寰志略》初版于道光二十八年(1848年),共十卷,是继《海国图志》《海国四说》后非常有影响的一部著作。该书全面地介绍了西方的政治、经济、法律等。徐继畬对于西方政治、经济、法律制度的认识融入了自己的观点,其常用意译的方法来翻译西方政治、经济、法律领域的专门术语,而不是用音译的方法。例如《四洲志》将美国国会的议员翻译为"里勃里先特底甫",而在《瀛寰志略》中,徐继畬将此翻译为"贤士";再如《四洲志》中将"总统"译为"勃列西领",而《瀛寰志略》将此翻译为"总统领"。诸如此类的还有很多,比如"州长"译为"正统领","副州长"译为"副统领","参议院"译为"公所","陪审员"译为"有声望的人"等。《瀛寰志略》出版后深受朝野上下的重视,1866年总理衙门为了宣传介绍西方,特别重印了这部书。1867年,此书成为京师同文馆的教科书。②

除了开明官绅撰写的一些介绍西方的书籍之外,一些来华传教士也热衷于写书以介绍西方文明,如马礼逊创作了介绍欧洲政治制度、风俗习惯的游记《西游地球闻见略传》(1819),麦都思撰写了一部介绍亚欧非美国家自然和人文制度的书籍《地理便童略传》(1819),以及《东西史记和合》;米怜撰写了《全地万国纪略》(1822);郭实腊撰写了《大英国统志》(1834)、《万国地理全集》(1838)、《古今万国纲鉴录》(1838)、《制国之用大略》(1839)、《贸易通志》(1840)等;裨治文撰写了《美理哥合省国志略》(1838),后修订为《亚美里驾合众国志略》(1846)、《联邦志略》(1862)。这些传教士所著的书籍全面介绍了西方的政治、经济、文化、法律、贸易制度,让闭关锁国的人们认识了西方,激发了中国人了解西方的渴望。

(二)译介和译书

译书指的是翻译的外国书籍,以翻译的词典和法律教科书为主。鸦片战争前后,开眼看世界的先驱者们编辑出版了一些具有影响力的书籍,用以全面介绍西方。这些书籍基本是从整体上来介绍西方的,这引起了时人的关注。清末,在中国传统法律滞后的情况下,翻译西方法典,尤其是翻译日本的教科

---

① 梁廷枏.海国四说[M].骆驿,等,点校.北京:中华书局,1993:98.
② 崔军民.萌芽期的现代法律新词研究[M].北京:中国社会科学出版社,2011:81.

书是解决法律体系滞后性的首要方法。根据译书内容的不同,可以将译书分为汉译国际法、汉译各国法典法规、汉译制宪政治论著、汉译法学理论著作,以及汉译法律词典。

1.汉译介绍西方的著作

鸦片战争前后几年,西方的强大使人们意识到闭关锁国的政策是行不通的,必须了解西方。林则徐在禁烟过程中,与洋人打交道颇多,遂成为中国"开眼看世界"的第一人。为了了解西方世界,林则徐于1841年主持编译了英国人慕瑞(Hugh Murray)所著的《世界地理大全》,即《四洲志》。此书简要叙述了世界各大洲30多个国家的历史、地理、政治、经济等情况,是清末中国第一部较为完整地记载世界地理的志书。《四洲志·英吉利国》就介绍了英国政治法律制度:

> 职官:有律好司衙门,管理各衙门事务,审理大讼。……统计四百二十六人。有事离任,许荐一人自代。凡律好司家人犯法,若非死罪,概免收禁。有巴里满衙门……专辖水陆兵丁……专司赋税。凡遇国中有事,甘文好司至此会议……有布来勿冈色尔衙门,掌理机密之事,供职者先立誓后治事。有加密列冈色尔衙门,额设十二名,各有执事……有占色利衙门,专管审理案件……有甘文布列衙门,专审理职官争控之案,额设知付质治。有溢士知加衙门,专审理田土、婚姻之案……有阿西士庵尼西布来阿土衙门……专司审讯英吉利犯人……有依尼拉尔戈达些孙阿付厘比士衙门,每年审讯各部落人犯四次。①

其中"律好司"指的是"上议院","巴里满"指的是"议会","甘文好司"指的是"下议院","占色利衙门"指的是"最高法院","甘文布列衙门"指的是"高等民事法庭","溢士知加衙门"指的是"税务法庭"等。《四洲志》通过音译的方法,翻译了西方的政治法律术语,介绍了西方的政治法律制度。

2.汉译国际公法

在西法传入的过程中,公法是最先被翻译和介绍的法律。林则徐作为中国开眼看世界的第一人,除主持编译《四洲志》外,还请美国医生伯驾翻译了一部国际法,即《滑达尔各国律例》(也称为《各国律例》),此书也收录于《海国图

---

① 林则徐.四洲志[M].张曼,评注.北京:华夏出版社,2002:114-116.

志》中。① 在《各国律例》中,已经出现了"出口""进口""公法""立法"等法律术语,例如:

> 一禁立之后,如有犯禁船货物夹带出口,或夹带入口,或带货漏饷,则变价充公。②
> 各国有禁止外国货物,不准进口的道理。③
> 公法者,但有人买卖违禁之货物,货与人正法照办。④
> 我思律例之设,原为保存身家性命起见,非关遵其例,即子其民之理。国家立法,应须如此。⑤

上述这些法律术语一直沿用至今,《各国律例》也被认为是"有明确史料记载的近代西方法学专门著作的最早汉译,以此打开了中国人了解和接受西方国际法体系的窗口,中国传统的天下观不仅受到挑战,而且日趋崩解,源自欧洲的民族国家与国际法的观念开始通过汉译著作传入中国,并在洋务运动时期形成译述的高潮,进入一个'公法的时代'"。⑥《各国律例》开启了西方公法翻译的先河,自此以后,西方法律的传入以公法翻译为主,如此后的《万国公法》《星轺指掌》《公法便览》《公法会通》《陆地战例新选》等。据王健考察,1839年至1903年,翻译的西方国际法学著作共计18部,其中翻译于鸦片战争后,甲午战争之前的国际法共有8部。据俞江编制的《清末法学书目备考(1901—1911)》的统计,1901—1911年间的国际法译著有41种。⑦ 刘毅考证出清末

---

① 《各国律例》还有另一个翻译者,即袁德辉。据王健所述,无论是袁德辉还是伯驾,他们都只翻译了有关"战争及附带的敌对措施,如封锁、禁运等"(转引自顾长声《传教士与中国》第 45 页)。译作包括原著正文和注释在内的若干片段,其中并有归纳性的意译及间或夹杂的个人评论,而非《各国律例》一书的全译;其中伯驾译文的标题《滑达尔各国律例》取原著的正题,而袁德辉的题目《法律本性正理所载第三十九条》为原著之副题,二篇译文均来自原著大致相同部分的内容,同时被辑入《海国图志》。(王健.沟通两个世界的法律意义——晚清西方法的输入与法律新词初探[M].北京:中国法制出版社,2001:97.)
② 魏源.海国图志[M].陈华,等,点校.长沙:岳麓书社,1998:1992.
③ 魏源.海国图志[M].陈华,等,点校.长沙:岳麓书社,1998:1994.
④ 魏源.海国图志[M].陈华,等,点校.长沙:岳麓书社,1998:1993.
⑤ 魏源.海国图志[M].陈华,等,点校.长沙:岳麓书社,1998:1994.
⑥ 刘毅.他山的石头——中国近现代法学译著研究[M].北京:中国法制出版社,2012:3.
⑦ 俞江.近代中国的法律与学术[M].北京:北京大学出版社,2008:315-343.

(1864—1911)国际法类别的译著共有 58 种,其中 1864—1900 年间的译著其来源多为英美欧陆之著作,1900—1911 年间的译著多译自日本著作。[①]

表 6-2　晚清汉译西方国际法学著作篇目表[1]

时间	汉译西方国际法学著作
1839	《滑达尔各国律例》(节译),伯驾、袁德辉摘译,1847 年收入魏源辑《海国图志》第 2 版(六十卷本第五十三卷),扬州:古微堂
1864	《万国公法》,丁韪良等,译,北京:京都崇实馆刻印本
1876	《星轺指掌》,联芳、庆常译,京师同文馆聚珍版
1878	《公法便览》,汪凤藻、凤仪、左秉隆、德明译,丁韪良鉴定,京师同文馆聚珍版
1880	《公法会通》,丁韪良、联芳、庆常、联兴、等,译,贵荣校阅,京师同文馆聚珍版
1883	《陆地战例新选》,丁韪良,等,译,京师同文馆
1884	《中国古世公法论略》(《中国古世公法》《古世公法论略》),丁韪良著,汪凤藻译,京师同文馆
1886—1894	《万国公法总论》(《公法总论》),傅兰雅译,汪振声述,上海江南制造局
1894	《各国交涉公法论》,傅兰雅译,俞世爵述,汪振声、钱国祥校,上海江南制造局
1898—1902	《各国交涉便法论》(《交涉便法论》),傅兰雅译,钱国祥校,上海江南制造局
1898	《万国公法释例》,丁祖荫编译,常熟丁氏丛书
1898—1902	《公法通议》,唐才常编译
1901	《邦交公法新论》,傅兰雅译,上海格致书室
1902	《国际公法志》,蔡锷编译,上海广智书局
1903	《万国公法要略》,林乐知译,上海广学会
1903	《公法新编》,丁韪良译,上海广学会
1903	《国际公法大纲》,上海商务印书馆编译
1903	《国际公法》《国际私法》,范迪吉编译,载《普通百科全书》,上海会文学社

注:

[1]王健.沟通两个世界的法律意义——晚清西方法的输入与法律新词初探[M].北京:中国政法大学出版社,2001:150-151.

首先,上述各国际法著作的翻译,基本上是由多人合作完成的,形成了"合

---

① 刘毅.他山的石头——中国近现代法学译著研究[M].北京:中国法制出版社,2012:18-22.

作翻译模式",即洋人为主,华人为辅的合作模式①;其次,对于术语的翻译,都尽可能从汉语里选择通俗易懂的词来进行。术语的简洁易懂决定了整个译文的通俗易懂。从语言表达上来看,这些汉译国际公法用字力求简朴,极少有偏僻的字词或难以理解的句子,这都归功于编译者对于术语的处理。翻译过很多国际公法的京师同文馆教习丁韪良,曾经明确地提出过他的翻译原则:"书中文法不事华美,只求辞达而已。"②丁韪良在汉译西方法律体系中的术语时,主要有几种方法③:

一是对于西方法律中的人名、地名、国名,采用汉字音译的方式来进行翻译,并且要求译名要统一。"天下邦国既众,以华文而译诸国名者,其用字、配音率多不同,致一国而有数名,易于舛错。是书所用国名,以及地名、人名,则本条约与《瀛寰志略》,以期画一。"④

二是中外对应的概念,以中国的名称来指称外国的名称,如用"总署"及"总理大臣"指各国所设"办理交涉事务部院大臣"。

三是注重音译和意译相结合。例如将"President"译为"伯理玺天德者",一方面采用了音译的方式,另一方面,"玺""天德"等都是拥有至高无上的权力者才能够用到的词,而"President"也是西方国家的最高掌权者,所以在音译的同时也采用了意译的方式。

四是另造新词。丁韪良在翻译的过程中,尽量用汉语固有的词语进行翻译,但是如果实在找不到合适的词,则自己另创新词,如"权利"等。

清末西方法律的翻译肇始于国际公法,通过国际公法的翻译,当时的人们逐渐了解和认识了西方法律。一些法律新术语也随国际公法的翻译而逐渐定型,并进而在国内法领域进行传播,如"权利""公法""私法""进口""出口"等词。

3.汉译各国法典法规

汉译国际公法开启了清末西方法律的翻译之路,但是单单翻译公法,还不足以改变清政府当时所处的窘境,真正能够使其走出困境的是变革旧有

---

① 王健.沟通两个世界的法律意义——晚清西方法的输入与法律新词初探[M].北京:中国政法大学出版社,2001:193.

② 查尔斯·马斯顿.星轺指掌[M].联芳,常庆,译.丁韪良,校核.傅德元,点校.北京:中国政法大学出版社,2006:凡例3.

③ 王健.沟通两个世界的法律意义——晚清西方法的输入与法律新词初探[M].北京:中国政法大学出版社,2001:160-161.

④ 查尔斯·马斯顿.星轺指掌[M].联芳,常庆,译.丁韪良,校核.傅德元,点校.北京:中国政法大学出版社,2006:凡例2.

的法律体系。因此,翻译各国法典则成为清末西法翻译的第二个阶段。据刘毅考证,清末汉译法典法规共计82种,"其中法律部门涉及宪法、行政法、民法、刑法、诉讼法、商法等诸多方面,国别则包括英、美、法、德、俄、比利时、意大利、荷兰、芬兰、墨西哥等欧美国家,最主要的也是占一半数量的则是日本的法律"①。

最先完整地翻译的法典是法国法典,即1880年法国人毕利干主持翻译的《法国律例》。②该法典也是以合作翻译的模式完成的,洋人为主,华人为辅;洋人口述,华人笔译。关于"合译"的翻译模式,傅兰雅和丁韪良都曾提出过自己的主张。如傅兰雅说:"至于馆内译书之法,必将所欲译者,西人先熟揽胸中而书理已明,则与华士同译,乃以西书之义,逐句读成华语,华士以笔述之。若有难言处,则与华士斟酌何法可明;若华士有不明处,则讲明之。译后,华士将初稿改正润色,令合于中国文法。有数要书,临刊时华士与西人核对;而平常书多不必对,皆赖华士改正。因华士详慎郢斫,其讹则少,而文法甚精。既脱稿,则付梓刻板。"③在洋务运动时期,合译是最为主流的翻译模式。

在《法国律例》中,大部分法言法语还是出自中国传统的法律术语,如"词讼""刑曹""刑名"等,这也是沿袭了这个时期翻译的主要模式,即尽量从汉语中找到对应的词来翻译西语。尽管如此,当中西法律体系中的概念无法对应时,还是需要创造一些新词的。在《法国律例》中,新词的创制有几种方式④:一是尽量按照汉语固有的构词规则来创造新词。如中国传统法律体系中有"刑名指掌"一词,译者根据此词创制了"民律指掌"来表示"民法"这一概念;再如根据传统法律体系中的"则律"一词创制了"园林则律",以此来表示"森林法"的概念。二是以旧词带新词,即先在汉语中找到意义和西语基本一致的词,然后通过添加限定成分构成一个新词。如"Jury"一词的翻译,先找到汉语中

---

① 刘毅.他山的石头——中国近现代法学译著研究[M].北京:中国法制出版社,2012:23.

② 据王健所述,在此之前,还有一些关于各国法典部分的、零散的翻译成果,最早可见于1838年,《东西洋考每月统计传》9月号,译载了英国于1835年颁布的一项关于监狱管理的法令(17条)。(王健.沟通两个世界的法律意义——晚清西方法的输入与法律新词初探[M].北京:中国政法大学出版社,2001:187.)

③ 傅兰雅.江南制造局翻译西书事略[M]//罗新璋,等.翻译论集.北京:商务印书馆,2009:287.

④ 王健.沟通两个世界的法律意义——晚清西方法的输入与法律新词初探[M].北京:中国政法大学出版社,2001:205-207.

对应的词,即"绅士",然后在前面加上定语,即"论秉公议论词讼",然后便形成新的词"论秉公议论词讼之绅"。

除上述两种形式之外,如果实在找不到合适的词来进行翻译或创制新词,则一律采用句子加以描述,如"Godifier"翻译为"揆之于情,度之于理"。这样的翻译在《法国律例》中还是比较常见的,但是,用于解释说明的复杂句子的出现使得这部汉译法典的词句艰涩,难以读懂。

尽管《法国律例》自付梓之日起便受到了来自各方面的质疑,但是其极具开创性地翻译了西方法典,这不仅为清末法律移植指明了一条切实可行的道路,而且也提供了较为可行的法律术语的翻译方法。在《法国律例》之后,对清末法律移植及法律术语的传播来说,最具影响力的要数对日本法典的翻译成果,即《新译日本法规大全》。这部法典最初由南洋公学张元济、刘崇杰等根据明治三十四年(1901年)内川义章编《现行类聚法规大全》第2版翻译,1904年又根据第5版做了补译订正。《新译日本法规大全》系统地翻译了日本明治时期的法典,是一部关于日本"新学"的百科全书。[①] 程波认为序文是《新译日本法规大全》的重点,共有12人为这部书作序,他们分别是御前大臣奉恩镇国公载泽,南海戴鸿慈,嘉平吕海寰,归安沈家本,项城袁世凯,浭阳端方,西林岑春煊,日本伯爵大隈重信、京都帝国大学法学教授、法学博士织田万,日本早稻田大学学监、法学博士高田早苗,武进盛宣怀,海盐张元济。在这12人中,其中3名日本人是日本法学界的顶级学者,并且参与了日本法典的编纂,另外9名中国人大多是清末力倡新政改革的风云人物。[②] 这部法典对于清末法律移植及清末"法、刑、罪、权"新术语群的生成及语义范畴的演变来说,重要作用自是不言而喻的。这部法典在翻译的过程中,极其重视术语的翻译,为了让读者能够读得懂,钱恂、董鸿祎翁婿二人编纂了《日本法规解字》,该书既是《新译日本法规大全》的附录,也可以被看作是一部汉日词典。《日本法规解字》共收录术语词1918个,但并不是以法律术语为主,日常生活中的常用词、新词语也收录其中,如"一口""一毛""下林""下水"等。《日本法规解字》收录的法律词语不足六分之一,如"地上权""地役权""法人""法律行为"等新的法律术语,特别是民法、商法领域的法律术语收录得较多,刑法领域的术语较少。

[①] 程波.《新译日本法规大全》与晚清新政[J].华东政法大学学报,2009(2):132.
[②] 程波.《新译日本法规大全》与晚清新政[J].华东政法大学学报,2009(2):133-134.

4.汉译制宪政治论著

据刘毅统计,清末汉译宪法政治类论著共 105 种,其中政治与宪法理论有 43 种,比较宪法 11 种,英美法国宪法 13 种,日本宪法 13 种,议会 9 种,地方自治 16 种。① 在刘毅统计的 105 种汉译制宪政治论著中,有 66 种是直接或间接翻译自日本的。

最早的汉译制宪政治论著应该是傅兰雅的《佐治刍言》。该书撰写于 1885 年,由傅兰雅口述,应祖锡笔述,江南制造局出版发行。《佐治刍言》是英国 Homely Words to Aid Governance 的中译本,共 3 卷 31 章 418 节。该书宣扬的是资产阶级平等自由的思想,特别是谴责战争,强调法律的制定应该符合人们的意愿,法律也应该公平公正,违反法律就应接受惩罚,私有财产应该得到保护等观念。傅兰雅精通汉语,在翻译的过程中,他重视术语的翻译,要求术语的翻译要统一规范。傅兰雅在翻译的过程中要求做中西名目字汇,把译书所设新名,无论事物、人名还是地名,都附于书末,以便读者审核。在各书内所有译名的基础上,编成专用名词辞典。傅兰雅总结了新术语(汉语里没有的术语)的翻译方法,具体如下:

一是以平常字外加偏旁而为新名,仍读其本音,或以字典内不常用之字释以新义而为新名;

二是用数字解释其物,即以此解释为新名,而字数以少为妙。

三是用华字写其西名,以官音为主,而西字各音亦代以常用相同之华字,凡前译书人已用惯者则袭之,华人可一见而知为西名。②

傅兰雅用这样的翻译方法,将"movable property"翻译为"能移动之产业",将"heritable property"翻译为"能传授之产业",这为后来法律术语的翻译提供了切实可行的方法。如后来日本人将"能移动之产业"进一步翻译为"动产"。

5.汉译法学理论著作

19 世纪中后期,国际法的翻译使中国进入了所谓的"公法时代"。随着清政府闭关锁国的政策被打破,国际交往日趋频繁,如果不了解国际通行的法律规则,那么势必会落后、会挨打。但是随着国际法的推广,时人认识到单单了

---

① 刘毅.他山的石头——中国近现代法学译著研究[M].北京:中国法制出版社,2012:28.
② 傅兰雅.江南制造局翻译西书事略[M]//罗新璋,等.翻译论集.北京:商务印书馆,2009:285-286.

解国际法还是不够的,因为中国旧有的法律体系有很多不合理的地方,因此必须变革法律,中国才能真正地进入国际政治舞台。因此,在 19 世纪末,各国法典、法规的翻译取代了早期国际法的翻译活动,成为西法传播的主要方式。随着汉译法典、法规的增多,时人再一次发现,单纯地复制国外的法典、法规对于建立新的法律体系来说,是远远不够的,人们还需要充分掌握关于西方法学的理论知识。因此,伴随着法典、法规的翻译,法学理论著作的翻译也蔚然成风,这对于清末新的法律体系的建立、西方法学理论的传播以及清末"法、刑、罪、权"新术语群的生成及语义范畴的演变来说,是其他各种汉译著作所不能比拟的。清末的汉译法学理论著作,不仅数量庞大,范围也非常广泛,涵盖了各个部门法,根据俞江的统计,清末大概有 195 部汉译法学理论著作。① 根据刘毅的统计,清末的汉译法学理论著作有 150 种,其中译自日本的就有 139 部。② 据程波统计,在 1902—1911 年间,光《法学通论》等基础性法理学著作就有 34 部。③

清末的汉译法学理论著作有很多,我们选取织田万撰写,刘崇佑翻译的《法学通论》来简单分析一下汉译法学理论著作的特点。刘译本《法学通论》在清末可以说是畅销书,多次重印。

> 刘译《法学通论》是清末民初的第一本畅销法律入门书。出版三年后,宣统二年(1910 年)十月已印第九版。直到民国十九年(1930 年)还印了第十九版……虽然织田万曾于 1917 年有改订版,但无人重译。④

织田万(1868—1945),日本著名的法学家,主要研究领域是行政法,曾任京都帝国大学名誉教授、常设国际法院判事、关西大学校长、财团法人立命馆名誉校长。其老师是穗积陈重,穗积陈重同样为日本著名的法学家,也是日本

---

① 俞江.近代中国的法律与学术[M].北京:北京大学出版社,2008:315-343.
② 刘毅原书中的汉译法学理论著作仅为 63 种,没有将各部门法的理论著作包含其中。本书重新划分,将各部门法的法学理论也看作是汉译法学理论著作,共计 155 种,其中 5 部词典。本书认为词典不算是法学理论著作,所以删去了这 5 部词典。我们认为刘毅统计的清末汉译法学理论著作是 150 种。(刘毅.他山的石头——中国近现代法学译著研究[M].北京:中国法制出版社,2012:37-52.)
③ 程波.中国近代法理学(1895—1949)[M].北京:商务印书馆,2012:17-20.
④ 刘广定.爱国正义一律师——刘崇佑先生[M].台北:秀威资讯科技股份有限公司,2012:3.

第一位法学博士、帝国大学法学院院长,并且是中央大学创始人之一。织田万深得恩师赏识,曾在欧洲(主要是法国、德国)留学四年,学习西方法律知识,并获得法学博士学位。刘崇佑,1877 年出生,福建闽县人,1905 年至 1908 年就读于日本早稻田大学专门部法律科。在日本留学期间,刘崇佑学习非常刻苦,前后选课 22 门,《法学通论》是其在日本留学时翻译的一部教科书,该书于 1907 年出版,是当时畅销的法律入门书。

刘崇佑选择翻译此书,除了此书恰好是其在日本留学期间所修课程的教科书外,更为重要的是,此书在日本享有盛名,且浅显易懂,内容仅就国内法做深入浅出的讲解,不涉及国际法,适合帮助入门的普及型教育。这正如织田万在序言中所说:

> 本书之刊行,供初学之提撕,兼为法律思想普及之一助,此微意之所在也。故力避高尚深邃之理论,而就平易浅近之解说。惟终有说焉不详语焉不悉之处,为著此种书之性质所不能免。且公务之余业,本不敢期其全备,得读者诸君子之叱政,所厚望也。
>
> 著者于本书中法律之意义,限于国内法,不说及国际法。惟国际法之理论与国内法之规定有相关者,间或示之而已。盖处今之时,尚以国际法为非法律,虽不适于常理,然国际法自属别途之研究,且不但在此。在初学之士,自当先体会国内法全体之要领,此本书以国际法为除外之所由也。①

《法学通论》的写作特点在本书序言中也可窥见一二,即:
第一,本书的写作目的旨在说明法律的一般原理。

> 凡欲信一学科,其始必先察其学科之全体而知悉其原理之梗概。于是更以其各部分之性质与其相互之关系而明辨之。否则其人为各部分也,必不能精审深覈而无遗漏。……故考究法学者,若不先学法学通论而即致力于民法刑法行政法等一部分之智识,则其智识,不惟常局于一偏而无完全为用之力,且即其一偏者,亦不能澈之无遗。②

---

① 织田万.法学通论[M].刘崇佑,译.北京:商务印书馆,1907:2-3.
② 刘广定.爱国正义一律师——刘崇佑先生[M].台北:秀威资讯科技股份有限公司,2012:7.

第二，此书是供全民阅读的基础性读物，用于普及法律知识，进行法律教育。

> 法律全体之概念不独为修法律者所必要，凡为一国之人，亦当通晓其国法之大体。盖国民公私之生活，皆统御于法律。凡生命、身体、荣誉、自由、财产，无一不赖法律保护之，而始获安固。……道德者，训戒之者也。法律者，命令之者也。一以示爱人之本务，一以明害人之节制；一以标识人生之性情，一以规定国民之行为。二者，各有其独立之目的，而不可或缺也。①

第三，本书不拘泥一家之言，博采众家之言论，用以启发读者思考。

> 就余之所信为最完备者，取舍选择之，以启发读者智识，而使之通于法律全体。②

从结构上来看，刘译本《法学通论》是普及清末新法律知识的教科书，以通俗易懂的语言讲述了清末新的法律知识的体系框架、学科性质和特点。全书共分为两卷，第一卷是总论，分四编，用以论述清末新的法律体系中的核心概念，即"法学""法律""国家与政权""权利与义务"；第二卷为各论，分六部分，用以论述各个部门法的性质特点，即"宪法""行政法""刑法""民法""商法""诉讼法"。根据我们对同时代的其他学者所著《法学通论》的考察，可以发现其基本上采用织田万本《法学通论》的编排体例。从内容上来看，尽管侧重点各有不同，但是整体内容相差不多，如织田万本《法学通论》侧重"民法"部分，而汉译的冈田朝太郎的《法学通论》则侧重"刑法"部分。

从用词上来看，织田万写《法学通论》依据的是罗马法和德国法，其在序言里说："日本此前所有法律，皆效支那。……（明治）十五年刑法法典公布之后，日本法律之系统，始大异于昔，而属于左列之二种族。"③所谓"二种族"指的是"希腊罗甸"与"日耳曼"，即罗马与德国。日本法律在明治十五年之后，"始大

---

① 刘广定.爱国正义一律师——刘崇佑先生[M].台北:秀威资讯科技股份有限公司,2012:7.
② 刘广定.爱国正义一律师——刘崇佑先生[M].台北:秀威资讯科技股份有限公司,2012:7.
③ 织田万.法学通论[M].刘崇佑,译.北京:商务印书馆,1907:19.

异于昔",其法律体系的术语也自然与此前大不相同,其中许多法律术语都无法在中国古籍中找到,为新创术语。织田万在翻译创制新法律术语时,往往参考马礼逊的《华英字典》、罗存德的《英华字典》以及丁韪良的《万国公法》的法律用语,如"权利""义务"等,但是也依据日文文法改译或创制新词,如"手形""株式会社"等。因为中日有大量文字同宗同源,因此,清末的汉译日本法律教科书,往往将日本的法律术语照搬照抄。刘译《法学通论》中的一些词如"权利""义务""所有权""债权""法人"等保留至今,但是"手形""后见""株式会社"等词因不符合汉语的表达习惯,则逐渐被淘汰、被替换。①

清末汉译法学理论著作,基本上与织田万本《法学通论》的结构和用词相同,尽管有些法律术语并非作者原创,但是通过这些汉译法学著作的普及推广,这些法律新术语逐渐定型,因此,汉译法学著作在法律新术语传播的过程中,起到了将其定型的作用。

如前所述,无论是哪种译著都以翻译日本的相关著作或法律法规为蓝本,因为日语与汉语文字关系密切,更容易理解,因此,日本法律体系中的很多术语被原封不动地搬到清末新的法律体系中,如"动产""不动产""所有权""债权"等。但是和制法律术语被人们接受也是需要一个过程的,至少中间经历了与以严复为代表的翻译学派的斗争。民国时期,柴小梵在《梵天庐丛录》中说道:

> 盖新学者不能读古书,而老生又不解西籍,二者交讧,而倭文乃流行于禹域。日本文学博士服部宇之吉谓日文势力,及于中华,颇讥吾人模拟无识,吾人能不愧乎? 及至梁启超长法部,乃改"取销"为"撤销","手续"为"程序","目的"为"鹄的",然大势所趋,不可挽救。学者非用新词,几不能开口动笔,不待妄人主张白话,而中国语文已大变矣。②

尽管如张之洞、章炳麟、彭祖文等人都对和制词语大加批判,但是也不能阻止和制汉语进入汉语词汇系统。以严复所译之词为代表的翻译词语逐渐被和制词语所取代。

熊月之在其《西学东渐与晚清社会》一书中,这样评价严复所翻译的词语

---

① 刘广定.爱国正义一律师——刘崇佑先生[M].台北:秀威资讯科技股份有限公司,2012:10.

② 柴小梵.梵天路丛录[M].太原:山西古籍出版社,山西教育出版社,1999:1033.

的命运:"严复冥思苦索、刻意创立的名词,……绝大多数都竞争不过从日本转译的新名词。……商务印书馆在严复名著八种后附《中西译名表》,共收词482条,经考察,其中被学术界沿用的只有56条(包括严复沿用以前的译名,如'哥白尼'、'美利坚'等),占不到12%。"① 严复翻译西文,讲究"信""达""雅",该翻译原则是严复翻译《天演论》时在序言里提出的,所谓"译事三难:信、达、雅。"② 严复认为"信""达""雅"乃"文章正轨,亦即为译事楷模"。"故信、达而外,求其尔雅。……用汉以前字法、句法,则为达易;用近世利俗文字,则求达难。往往抑义就词,毫厘千里,审择于斯二者之间……"③ 严复翻译西书力求"信""达""雅",但往往使得词语艰涩难懂,这就导致其翻译的词语难以被人们所接受。台湾学者黄克武根据学界的研究成果,总结严译失败的原因如下:

一、清末以来译自日本的书刊数量太多,形成一套系统,这些书刊不但垄断了出版界,也包括了上游字、下游字贯穿为一的语言体系,这些日本语汇在人们约定俗成后,即难以抗拒。相对来说,严译书刊只在市场上占一小部分,同时严复又未能积极经营报业,因而在影响力上有所局限。

二、严译"太务渊雅,刻意模仿先秦文体",不易为人理解,以致在五四白话文运动后很难受到人们的欢迎。

三、严复翻译好用单音词(如计学、群学、心学;又如以"联"来翻译corporation、以"货"来翻译commodity),不敌"复合词"(如经济、社会、心理、法人、商品)在意义传递上的丰富性。

四、严复喜用音译。

五、严复所负责之译名统一工作迟迟无法有效推行等。④

基于上述原因,严译词语最终被"东语",也就是和制汉语所取代。清末所引入的和制汉语在汉语词汇系统中有着旺盛的生命力,一直流传至今,有些法律术语一直沿用至今,如上述所举"动产""不动产""所有权""债权"等。严译词语与和制汉语的争斗从清末延续至民初,大约到了20世纪20年代,和制汉语胜

---

① 熊月之.西学东渐与晚清社会[M].上海:上海人民出版社,1994:700-701.
② 赫胥黎.天演论[M].严复,译.北京:商务印书馆,1981:译例言11.
③ 赫胥黎.天演论[M].严复,译.北京:商务印书馆,1981:译例言11.
④ 黄克武.新名词之战:清末严复译语与和制汉语的竞赛[J]."中央研究院"近代史研究所集刊.2008,62:4.

出。1903年汪荣宝等编纂《新尔雅》时,还收录了不少类似于严译词语风格的术语。如"释计",用"计"而不用"经济","释化","化"表示"化学",等等。但到了1911年黄摩西编纂的《普通百科新大词典》中,严译风格的词语则寥寥无几。

6. 编纂辞书

清末,随着中西方文化交流的日益频繁,各类辞书的编纂也是方兴未艾。辞书,尤其是汉译法律辞书对清末"法、刑、罪、权"新术语的生成及语义范畴的演变来说,有着重要意义,但是遗憾的是,目前这个问题没有得到学术界的普遍重视。清末的汉语辞书基本上分为四类:一类是双语辞书,一类是新词语辞书,一类是专科术语辞书,再有一类就是百科辞书,但是无论哪类辞书,都是以收录新词语为主。在中外文化交流中,人们常常采用编纂辞书的方式来扫清文化交流中的词汇障碍,从马礼逊,到罗存德,再到汪荣宝等清末留日学生,都积极致力于辞书的编纂。

最早的在中西法律词语交流中起到沟通作用的辞书应该是马礼逊编纂的《华英字典》。马礼逊身为牧师,来中国传教,但是语言障碍让他的事业无法顺利进行,他意识到如果要进行文化交流,首先就要突破语言的障碍。于是,他编纂了《华英字典》,希望能够通过该字典帮助英国人学习和理解汉语,帮助中国人学习英语。在《华英字典》中,马礼逊不仅解释了单音节字的意义,还解释了由该单音节字构成的常用词组的意义,如"流罪"解释为"a crime which is punished with transportation three thousand le"(被罚以流放三千里的一种刑罚)。这部辞书的编纂是以英语的概念系统为基础的,用汉语解释英语,其中包含一些用以解释英语法律概念的汉语词,如"法律""原告""被告""公司""审判""罪"等。其中一些词是汉语中本来就有的法律术语,如"法律""罪"等,但是还有一些是新创造的术语,如"原告""被告",这两个术语在传统法律中统称为"两造"。马礼逊在用汉语解释英语的概念时,首先是从汉语中选择已经存在的词,如用"律例"解释"code, of Chinese laws",用"罪"解释"crime",用"立嗣、立继、继嗣"解释"adopt",用"刑罚"解释"to punish, punishment"等。有些英语中独有的概念,在汉语中确实找不到合适的词来解释,马礼逊就用一个描述性的句子来进行解释,如"liberty"解释为"not under the control of any one","president"解释为"one in authority over others when his proper title is not known they express by 长 and by 头目, the eye of the head"。除了用句子解释,马礼逊还试图从汉语中找到类似的词语来解释英语中独有的概念,如"jury"的解释是"The Chinese has none. The sitting magistrate decides as he pleases; it is said that sometimes the 乡绅, or country gentlmen are called in to advise"。如果遇到汉语中独有的概念,也用句子来描述,如"笞杖徒流死"解释为"To beat with a small bamboo; to beat with the great bamboo; to tranport to a another district; and subject to hard labour, for a term of years; to banish perpetually to the confines of the empire; to put to death. Insdead of the flattened bamboo of the resent day, round sticks and cudgels, were formerly uesed"。

"从马礼逊的字典当中我们可以看到,一些法律语词之间的对等关系已经被确定下来,其中一部分甚至直到今天仍保留在我们常用的法律语库当中;因此,这使得有些法律概念之间的固定联系,并不是像我们想象的那样晚。"①

继马礼逊之后,麦都思编纂了《华英字典》,罗存德编纂了《英华字典》,这些传教士编纂的双语辞书都力图突破汉语和英语之间的障碍,实现语言词汇之间的交流。这两部辞书都对日本产生了重要影响,罗存德的《英华字典》在日本被多次重印。除了传教士编纂的双语辞书之外,到了19世纪末,随着中西文化的交流,一些留学生积极致力于编纂新词语词典,如汪荣宝等编纂的《新尔雅》。

《新尔雅》编纂于1903年,上海明权社出版,主要收集和解释当时常见常用的学术"新名词"。全书分为14部,分别是释政、释法、释计(经济)、释教育、释群(社会)、释名(伦理学)、释几何、释天、释地、释格致(物理学)、释化(化学)、释生理、释动物、释植物。其中"释法"篇分为"释通说""释宪法""释国际法""释民法""释刑法""释商法""释民事诉讼法""释刑事诉讼法"8个部分,收录法律新术语共计161个,具体见表6-3:

表6-3 《新尔雅》所收法律新术语

法律范畴	新术语	数量
释通说	法规、公法、私法、成文法、不文法、通法、特法、主法、助法、强行法、命令法、禁止法、听许法、固有法、继受法、子法、母法、法之渊源、法之解释、有权的解释、无权的解释、学理解释、文理解释、理论解释、补正解释、补充解释、补缩解释、权利、人身权、财产权、物权、债权、智能权、公权、私权、国民权、个人权、原权、质权、救济权、助质权、义务、正义务、负义务、孤立义务、对立义务、第一义务、第二义务	48个

① 王健.沟通两个世界的法律意义——晚清西方法的输入与法律新词初探[M].北京:中国政法大学出版社,2001:55-56.

续表

法律范畴	新术语	数量
释宪法	宪法	1个
释国际法	国际法、国际公法、国际私法、平时国际法、领域权、治外法权、交通权、条约、战时国际公法、非交战者、休战、降伏、局外中立	13个
释民法	民法、自然人、法人、未成年者、禁治产者、准禁治产者、法律上之物、通融物、不通融物、主物、从物、动产、不动产、代替物、非代替物、消费物、非消费物、不可分物（钱财、土地）、不可分物（牛马）、集合物、单一物、元本、果实、天然果实、法定果实、法律行为、双面行为、契约、单面行为、生前行为、死后行为、有偿行为、无偿行为、要式行为、不要式行为、代理人、法定代理、指名代理、匿名代理、有限权代理、无限权代理、条件、停止条件、解除条件、不能条件、不法条件、偶然条件、随意条件、占有权、所有权、地上权、永小作权、地役权、留置权、先取特权、质权、户主权、亲权、后见人、相续、家督相续、财产相续	62个
释刑法	刑法、犯罪、不行犯、行犯、有意犯、无意犯、国事犯、常事犯、单行犯、惯行犯、通常犯、特别犯、现行犯、非现行犯、未遂犯、即遂犯、体刑、财产刑、名誉刑	19个
释商法	商法、商人、商行为、商事会社、合名会社、合资会社、株式会社、株式合资会社	8个
释民事诉讼法	民事诉讼法、双方审讯主义、自由判断主义、不干涉审理主义、直接审理主义、口头审理主义	6个
释刑事诉讼法	刑事诉讼法、犯罪搜查、鉴定、保释	4个

通过表6-3，我们可以看出，在清末新的法律术语体系中，民法术语最多。虽然传统法律体系中有民法的存在，但是没有民法法典，所以在中国传统法律术语体系中，民法术语不足。到了清末，民法成为一门独立的部门法，清政府组织人翻译了日本的民法法典并编写了自己的民法法典，所以清末的民法术语如井喷一般增长。再如在《新尔雅》中，突出了对"权利"的认识，其中收录了包含"权"的术语共31个，包含人对自身身体、生命、财产、土地等的权利，说明当时人们的权利观念已经基本形成，并且深入人心了。

除《新尔雅》外，还有钱恂、董鸿祎翁婿编纂的《日本法规解字》，这部词典是专门配合《新译日本法规大全》而编辑整理的,其中收录了很多并非法律术语的词语,法律术语仅占一小部分,但是像一些"权"术语,如"占有权""优先权""立法权""抵挡权""私权""物权""债权"等依然收录其中,这又一次证明了当时人们权利观念的兴起及普及。

《新尔雅》《日本法规解字》这两部词典不能被看作是专门的法律术语词典,留日学生朱树森、孙德泰、孙德震、胡贤炬编写的《法政辞解》是一部真正意义上的法律术语词典。这部词典于光绪三十三年(1907年)在日本出版发行。这部词典以部首排列,共分为137部,每部之下按笔画数排列。这部词典的收词还是以日本的法律术语为蓝本,比如收录了"但书""勒令""勒书"等术语,全书收词近4000条。

上述三部词典,基本上是留日学生独立编写的。钱恂虽不是留学生,但是担任过出使荷兰和意大利大臣,是著名外交家,对西方国家的风土人情也比较了解。除此之外,还有一些词典,是留学生翻译的日本法律词典:张春涛、郭开文翻译的清水澄编写的《汉译法律经济辞典》(1907,奎文馆出版);张恩枢翻译的岸本辰雄编写的《汉译法律经济辞解》(1909,上海普及书局、光明书局出版);王我臧翻译的田边庆弥编写的法律词典,即《汉译日本法律经济辞典》(1909,上海商务印书馆出版)以及徐用锡翻译的三浦熙等编写的法律词典,即《汉译新法律辞典》(1905,京师译学馆翻译)。

法律词典通过收录并解释法律术语,可以进一步将法律术语规范化。翻译法律词典的目的不仅是为了统一规范法律术语,更重要的是为了普及法律知识。这正如陈介在《汉译法律经济辞典》序言中所说:"不知国家为何物,而法律经济之思想,虽在士大夫犹多问焉,况乎中流以下乎?"[①]近世法律经济新知识,一般的士大夫都不能很好地了解,更何况是普通人了,因此,编写法律词典,用以普及法律知识是十分必要的。

(三)创办杂志

无论是介绍西方的著述还是译文,其传播清末法律新知识和新思想的范围总是有限的。为了能够在更广的范围内传播清末法律新思想、新观念、新知识,各类杂志是必不可少的工具。各类新兴杂志作为重要的传播工具与媒介,在清末法律新术语及清末法律新知识的传播中,扮演了十分重要的角色。新思想、新观念,甚至是立宪、法治的重要内容,都经由杂志来表达、传播。

---

① 清水澄.汉译法律经济辞典[Z].张春涛,郭开文,译.东京:奎文馆,1907:序言1.

中国是世界上最先有报纸的国家,也是世界上最先有新闻事业的国家。早在上古时期,中国就已经有了报纸的萌芽;中古时期,形成了报纸的雏形。①传播西学的杂志也是由传教士开始创办的,米怜创办的《察世俗每月统计传》是传教士创办的第一份以华人为对象的中文月刊。它被誉为"中国清末杂志的第一种""中国清末报业的开山鼻祖"。②这份刊物以布道传教为主,但是鉴于中国科学的落后和民智的闭塞,米怜同时也介绍了一些西方的"国俗"及"人道"。所谓"国俗"指的是关于世界各国的情况和西洋天文、地理知识,至于一般性的新闻,则没有涉及。后来米怜在其回忆录中,对《察世俗每月统计传》的创刊目的这样说道:"本报宗旨,首在灌输智识,阐扬宗教,砥砺道德。而国家大事之足以唤醒吾人之迷惘,激发吾人之志气者,亦兼收并著。本报虽以阐发基督教义为惟一急务,然其他各端,亦未敢视为缓图而掉以轻心。"③可见该杂志的创办目的是十分明确的。麦都思的《地理便童略传》就发表于此杂志上,一些当代法律术语也可在其上面找到,如"赋税""犯罪""证据""被告""刑罚"等。④

《东西洋考每月统计传》是中国境内出版的第一份中文期刊,1833—1837年由郭实腊主办,1837年迁至新加坡。《东西洋考每月统计传》的发刊目的也是传教布道,但是其方法与《察世俗每月统计传》略有不同。《东西洋考每月统计传》重视对西方先进知识的传播,并且强调内容的新闻性,已经摆脱了以宗教为中心的作风。⑤《东西洋考每月统计传》中也有一些法律术语,如"自主之理""副审良民""批判士""宪票""国政公会""国政会""公会""国会""爵房""乡绅房""公司"等,尽管大部分词语现在已经不用了,或者在19世纪末就已经被和制法律术语所取代,但是这些词引入了西方的法律概念,为西方法律知识的传播奠定了基础。

随着新闻事业的繁盛,到了19世纪末,越来越多的杂志涌现出来,如《清议报》《东方杂志》等,特别是随着西方法律新思想、新知识的传入,法政杂志的创办也如雨后春笋一般。据程燎原统计,从清末到1949年,陆续创办的法政

---

① 谭树林.马礼逊与中西文化交流[M].杭州:中国美术学院出版社,2004:232.
② 王慷鼎.从《察世俗》到《东西洋考》——马、印、新华文杂志发源研究[M]//新加坡华文报刊史论集.新加坡:新加坡新社,1987:9.
③ 戈公振.中国报学史[M].北京:生活·读书·新知三联书店,1955:66-67.
④ 崔军民.萌芽期的现代法律新词研究[M].北京:中国社会科学出版社,2011:34.
⑤ 王慷鼎.从《察世俗》到《东西洋考》——马、印、新华文杂志发源研究[M]//新加坡华文报刊史论集.新加坡:新加坡新社,1987:18.

杂志大约有150种,其中,清末就有20余种。① 清末法政杂志从内容上来看,大体可分为四类:法律法令类、司法实务类、法政常识类、法政学术类。② 在同一类内容之中,不同的法政杂志也有不同的办刊宗旨:

有些法政杂志侧重于译介,专注于西书、西法、西文的翻译和介绍,如《译书汇编》《新译界》等。《新译界》的办刊目的之一就是通过翻译世界政法(含政治、经济、法律三目)书籍以启蔽通塞,欲"变吾国政法界为极良政法界",要"拣择世界最新之学理,以输入吾国,为吾国所适宜者则取之,否则弃之"。③

有些政法杂志则致力于中西法律的比较,如东吴大学的《法学季刊》。东吴法学院是清末比较法学的重要研究机构,其学术刊物自然也是重点关注比较研究、介绍中西法律的差异。所以该杂志中文部分重点强调四点内容:"(1)介绍法学上的重要学说;(2)研究关于法律的具体问题;(3)将中外同种类的法学问题合并起来作分析的比较的研究;(4)择优翻译关于法学上的名著。"而英文部分的主旨是:"引进国外的法律原理,并向国外介绍中国的法律和法学成果;推进中外法律原理的比较研究;在中国广泛宣传和推广上述法律原理的知识,为中国法律的改革做准备。"④该杂志的中文部分重视外国法,英文部分则关注中国法。⑤ 由此可见中、英文部分"既各异其趣旨,又统贯一神髓"。

各类清末法政杂志无论侧重于宣传何种内容,无论其办刊宗旨如何,功用基本上是一致的,即通过阐释法律,倡导思想舆论,宣传法治主义,培养法治国民,推动法律制度的改革与兴良。⑥

上述三种传播途径,都为清末法律新术语传播的主要途径,但是三者略有差别,分别适用于清末法律新术语传播的不同阶段。首先是出版书籍,从整体上来介绍西方,围绕政治、经济、文化、法律等做综合性的介绍,开眼看世界的先驱者们希望以此引起朝廷和国人的重视,发现中西方文化的不同,启蒙人们

---

① 程燎原.中国近代法政杂志的兴盛与宏旨[J].中国政法大学学报,2006(4):4.
② 程燎原.中国近代法政杂志的兴盛与宏旨[J].中国政法大学学报,2006(4):4.
③ 范熙壬.新译界发刊词[J].新译界,1907(1).转引自程燎原.中国近代法政杂志的兴盛与宏旨[J].中国政法大学学报,2006(4):8.
④ 记者.本刊宣言[J].法学季刊,1922(1).转引自程燎原.中国近代法政杂志的兴盛与宏旨[J].中国政法大学学报,2006(4):9.
⑤ 艾莉森·W.康纳.培养中国的近代法律家:东吴大学法学院[J].王健,译.贺卫方,校.比较法研究,1996(2).转引自程燎原.中国近代法政杂志的兴盛与宏旨[J].中国政法大学学报,2006(4):9.
⑥ 程燎原.中国近代法政杂志的兴盛与宏旨[J].中国政法大学学报,2006(4):9-11.

被禁锢的思想。人们一旦封建、保守落后的思想得到启蒙,就会进一步产生了解西方和学习西方新知识、新思想的兴趣,因此,译书随之兴起,这些译书直接满足了国人渴望西学的求知欲望。通过译书,法律新知识、新思想被引入,接下来就要广泛宣传这些法律新知识和新思想。于是,创办杂志成为首选之良策,因为杂志的宣传范围更为广泛,能够在更广的范围内引起人们的注意,启发人们的心智,传播清末新的法律知识和法律思想,实现法律的知识化,为清末法律体制的变革奠定良好的群众基础。

小 结

清末"法、刑、罪、权"新术语作为语言词汇系统的一部分,其生成及语义范畴的演变,既有语言内部的因素,也有语言外部诸因素的推动。语言中的词汇与社会文化的关系最为紧密,随着社会的发展,新旧事物、新旧现象、新旧观念的更替,使得语言中的语义发生变化,语义的变化必然导致词语的变化。在清末,随着中西法律文化交流的日益频繁,尤其是随着清末新的法律体系的移植,法律体系内部需要表达的新概念迫切地需要新术语来记录,因此,客观的社会现实导致清末"法、刑、罪、权"新术语如井喷一般增长。社会现实推动了清末"法、刑、罪、权"新术语群的生成,清末"法、刑、罪、权"新术语的传播及定型还离不开人的推动作用,早期传教士、清末开明官绅、洋买办等,特别是留学生,在清末"法、刑、罪、权"新术语群生成及语义范畴演变的过程中发挥了重要作用。在清末,随着政府"预备立宪"的推行,社会急需法律人才,许多有志之士在政府的积极推动之下,纷纷赴日本等国家学习法律,作为进绅阶梯。他们中的优秀者,学成归来,进入沈家本主持的修订法律馆,将自己所学运用于新法编纂中。"前清修订法律,大臣沈公家本实清季达官中,最为爱士之人。凡当时东西洋学生之习政治、法律,归国稍有声誉者,几无不入其彀中。"[①]可见当时修订法律馆集结了大批法律人才,这些法律人才投身清末变法修律的事业中,或是著书立说,或是译书,或是创办杂志等,以各种手段传播法律新知识、新思想,为清末"法、刑、罪、权"新术语的引入、传播和定型贡献力量。

---

① 王伯泰,江庸.趋庭随笔·蜷庐随笔[M].太原:山西古籍出版社,山西教育出版社,1999:169.

第七章 清末"法、刑、罪、权"新术语群的应用范围与应用价值

清末"法、刑、罪、权"新术语群是在清末新的法律体系的移植过程中、在法律新知识传播的过程中形成的新术语群。清末"法、刑、罪、权"新术语群的应用指的是这些新术语群在法的运行过程中的使用。从法的运行的角度来看,清末"法、刑、罪、权"新术语群的应用范围包括法的制定过程、法的实施过程以及法律职业群体的应用。根据调查,我们发现,虽然清末"法、刑、罪、权"新术语群被广泛地应用于法的制定过程,但是从法的实施范围来看,也就是从守法、执法和司法的角度来看,应用得不够广泛。清末"法、刑、罪、权"新术语群形成的时间非常短,而且一直是在精英群体内或者说是在统治阶级内部进行传播和教育,普通大众接受这些新术语群的机会比较少;再者,尽管在清末,传统法律体系土崩瓦解,被新的法律体系所取代,但是由于新的法律体系在清末并未得到真正的实践,传统法律体系的法令法规和法律思想对人们的影响依然根深蒂固。因此,从清末"法、刑、罪、权"新术语群的应用范围来看,清末"法、刑、罪、权"新术语群没有得到普遍的认同,社会接受程度较低。从清末"法、刑、罪、权"新术语群的应用范围来看,其接受程度不高,但这并不能让我们忽视清末"法、刑、罪、权"新术语群的应用价值,面对这样的不被公众广泛接受的社会现实,我们更要挖掘出清末"法、刑、罪、权"新术语群的应用价值,以此来深入研究清末"法、刑、罪、权"新术语群在法的实施领域和大众群体中的传播过程,研究这些法律新术语群在法制近代化进程中的作用以及在近代法学教育中的重要价值。清末"法、刑、罪、权"新术语群为新的法律概念命名,记录、表达了新的法律概念,丰富了法律内涵,是建立新的法律体系不可或缺的物质基础,是传播新的法律知识必不可少的媒介,是启蒙大众新的法律观念必不可少的工具,是建立新的法律体系范畴的基本材料,是法律知识化的重要内容,上述这五点是清末"法、刑、罪、权"新术语群在法律、法学发展以及社会发展过程中所体现出来的重要应用价值。

第一节　清末"法、刑、罪、权"新术语群的应用范围

清末"法、刑、罪、权"新术语群的应用指的是这些法律新术语群在清末法律语境中的具体使用情况，我们可以从法的运行的角度来进行考察。法的运行包括法的制定、法的实施、法律职业以及法律方法。① 清末"法、刑、罪、权"新术语群的确立是从立法的角度获得的，立法的目的是调整社会秩序，维护社会稳定，使国家主权统一不受侵害，所以，从法的制定的角度，也就是立法角度来看，清末"法、刑、罪、权"新术语群被广泛应用于法的制定过程中。清末"法、刑、罪、权"新术语群在法律方法中的应用，我们在本书中暂不做分析，因为在清末新的法律体系中，法律方法还未正式形成，我们难以考察清末"法、刑、罪、权"新术语群在法律方法中的应用情况。至于清末"法、刑、罪、权"新术语群在法的实施过程、法律职业群体中的应用情况，我们将在此做进一步分析。

一、应用于法的制定过程

我们在绪论中详细论述了清末"法、刑、罪、权"新术语群的确立依据，从文献依据上来看，我们主要依据的文献就是清末新颁布的法令法规，这些法令法规的颁布既是立法的表现形式，也是立法的结果。这些法令法规大量地运用了清末"法、刑、罪、权"新术语，因此，从法的制定的角度来看，清末"法、刑、罪、权"新术语群的应用是十分广泛的。在前面几章中，我们论述了清末"法、刑、罪、权"新术语群的生成及其语义范畴的演变，基本上是在立法范畴中进行分析的。因此在此节中，我们对清末"法、刑、罪、权"新术语群在立法中的具体应用情况不再做重复性论述。

二、应用于法的实施过程

法的实施可以说是法的生命，守法、执法和司法是法的实施的基本表现形式。② 守法指的是"国家机关、社会组织和公民个人依照法的规定，行使

---

① 张文显.法理学:第 4 版[M].北京:高等教育出版社,2011:189-241.
② 张文显.法理学:第 4 版[M].北京:高等教育出版社,2011:203.

权利(权力)和履行义务(职责)的活动"。① 从公民,也就是普通百姓的角度来看,守法的前提就是要对法令法规有一定的了解和认知,具体表现为掌握一定的法律术语,如果普通百姓对法律术语毫无认知的话,又何谈守法呢。执法有广义和狭义这两种定义,从广义上来看,执法指的是"一切执行法律、适用于法律的活动,包括国家行政机关、司法机关和法律授权、委托的组织及其公职人员,依照法定职权和程序,贯彻实施法律的活动"。② 狭义的执法指的是"国家行政机关和法律授权、委托的组织及其公职人员在行使行政管理权的过程中,依照法定职权和程序,贯彻实施法律的活动"。③ 执法无论从广义的定义来看,还是从狭义的定义来看,都表示它是一种动作行为,是活动。就清末的法律体制来看,执法这种法律实施行为贯彻的是清末"法、刑、罪、权"新术语群所表达的法律概念和传达的法律精神,并非是对法律术语的直接应用,所以本书对此不做分析。司法指的是"国家司法机关依据法定职权和法定程序,具体应用法律处理案件的基本活动"④。司法是对法令法规的具体运用,尤其是在清末,司法从行政和立法中独立出来,其与清末"法、刑、罪、权"术语群的应用有着最为直接的联系,特别是在审判的判词中。审判的判词就是由法律术语构成的,因此,以清末司法审判中的判词为调查对象,我们可以分析清末"法、刑、罪、权"新术语群在司法中的应用情况。在下文中,我们主要从守法和司法这两个角度来看清末"法、刑、罪、权"新术语群在法的实施过程中的具体应用情况。

(一)清末"法、刑、罪、权"新术语群在守法中的应用

无论是行政机关守法,还是公民守法,首先都需要对所要遵守的法律有一定的认知,否则守法将无从谈起。行政机关属于国家的管理机构,从清末的组织架构来看,行政机关虽然未直接参与法的制定,但是作为统治阶级管理被统治阶级的机构,其对国家制定的法令法规肯定是有一定的了解的。我们对清末"法、刑、罪、权"术语群在守法中的应用情况的考察,主要以普通百姓为调查对象,从普通百姓对清末新的法律术语的接受情况来分析清末"法、刑、罪、权"新术语群在守法中的具体应用。我们以日本明治时期的汉语教科书为语料,

---

① 张文显.法理学:第4版[M].北京:高等教育出版社,2011:203.
② 张文显.法理学:第4版[M].北京:高等教育出版社,2011:207.
③ 张文显.法理学:第4版[M].北京:高等教育出版社,2011:207.
④ 张文显.法理学:第4版[M].北京:高等教育出版社,2011:211.

对其中所涉及的法律词语进行考察,以此来分析清末"法、刑、罪、权"新术语群在普通百姓中的接受情况,进而推测清末新的法令法规在普通百姓中的接受情况。如果清末"法、刑、罪、权"新术语群被普通百姓所接受,那么自然会从其日常的法律用语中体现出来,也进一步说明清末新的法令法规已经被普通百姓所接受,那么普通百姓的守法意识就会比较明确,清末"法、刑、罪、权"新术语群在守法中的应用情况相应地也会比较好;反之,清末"法、刑、罪、权"新术语群在守法中的应用情况就不好。

1. 清末"法、刑、罪、权"新术语群在公众领域的接受情况

我们以日本明治时期的汉语教科书为语料,对清末普通百姓日常生活所需的法律用语进行了调查,发现在这些日常法律用语中,清末"法、刑、罪、权"新术语群中的术语基本没有出现,反而是传统法律体系中的法律术语会不时出现,可见,清末"法、刑、罪、权"新术语群在普通百姓新法认知领域的接受情况是不尽如人意的。

清末"法、刑、罪、权"新术语群的生成始于对日本明治时期的法律教科书、法律词典等工具书的翻译,定型于清末新的法令法规的制定。清末"法、刑、罪、权"新术语群通过报纸杂志进行广泛传播,但是却没有引起普通百姓的重视。造成这一状况的原因是:(1)清末新的法律法规只停留在修订制定阶段,并未真正实施;(2)受中国传统法律观念的影响,法律不是公开的,法典的内容不是普通人所能触及的,法律本身具有阶级性,普通百姓缺乏主动关注法律相关信息的意识;(3)由于在传统的法律观念看来,争讼是非常不光彩的行为,只有在不得已的情况下才会诉求于法律,因此,普通百姓与新法相关的法律观念一直都很淡薄。基于上述原因,人们在接受清末法律新知识、新思想的过程中,自然是被动的,这无疑会导致清末法律新术语在普通百姓日常生活中的传播受到限制。我们对日本明治时期的汉语教科书所收录的法律用语进行了调查,发现在日常生活所需的法律用语中,这些新的法律术语并没有被人们所接受,如"刑""罪""权"术语群在清末日常所需的法律词语中基本未见。

在我们所调查的日本明治时期的汉语教科书中,有一些教科书专门保留了"法律类"单语词,这为我们考察当时日常生活中所需的法律词语的使用情况,提供了很好的语料。这些教科书所收录的法律词语具体如表7-1所示:

表 7-1 《日清会话六十日卒业》与《官话手册》中的"法律类"单语词

《日清会话六十日卒业》	法律、规矩、刑罚、谋杀、故杀、公法、重罪、轻罪、案件、死刑、斩首、绞首、徒刑、流刑、斗杀、误杀、过失杀、恩典、罚银、枷号、会审、治罪、验尸、配所、减等、赦罪、处分、办理、略人、罪名、诬告、诓骗、伪造、贿赂、追赔、监禁、不准、典卖、押到、加等、命案、凶恶、犯禁、匪类、受罚、抢夺、抢去、入官、后悔、善恶、好歹、惩办、闹贼、擎住、跑去、做废、闲人、闲丁儿、光棍、土匪、民词、打官司、借贷、解开、不告状、究办、辩嘴、控告、被抓住、打死了、小贼、大贼、案情、胆大、胆小、凭据、凶手、打架、告诉、告状、同罪、盘查、查查、搜搜、照例、赎罪、殴打、撒谎、报应、巡察、责任、打折了、捕擎、伤痕、欠债、赌钱、偷钱、受伤、贼赃、打了、砍了、赌局、花钱、多花、小狸、拦住、保住命、牢狱、巡捕、放火、害命、服毒、烧死、吊死、监牢、巡捕房、难办	117
《官话手册》	衙门、审判官、证见(见证)、原告、被告、禀单(禀贴)、判断、堂语、凶手、罪、刽子手、差票、衙役、中人、王法、万国公法、口供、打官司、审问 不认、取保、保、定罪、罚、断死罪、放、拿、传、赢、轮、从新翻案、审问、告、诬告、上告(上控)、赦罪、打板子、充军、间绞、斩首、凌迟、枷、打嘴巴	43

在上述两部教科书的"法律类"单语词中,有些不是法律词语,如"多花""小狸"等,但是大部分是当时普通百姓日常生活中所需要的法律用语。因为上述两部教科书是汉语口语教科书,其收词以口语中的常用词为主,所以所收录的法律词语在当时的口语中应该是客观存在的。上述法律词语,有些可以看作是中国传统法律中的法律用语,如"刑罚""谋杀""故杀""公法""重罪""轻罪""凌迟""斩首""徒刑""流刑"等。

但是这些法律用语中的大部分(徒刑、流刑等除外)不能被看作是术语,仅为表达法律意义或与法律有关的词语。这些法律词语反映了当时人们的法律观念和社会现实。如在当时的人们看来,"诬告、诓骗、伪造、贿赂"等行为是犯禁行为,是会被处以刑罚的;再有如"闲人、闲丁儿、光棍、土匪"等词,在当时的人们看来,这些人更容易深陷法律纠纷之中,更容易被处以刑罚,所以编者也将这类词算作是法律词语。

无论这些法律词语表示当时人们的何种法律观念和社会现实,它们都可以共同反映出人们对于清末"法、刑、罪、权"新术语群的接受情况。清末"法、刑、罪、权"新术语群以汉译日本法律教科书、法律词典等工具书为媒介传入中国，特别是汉译的法律教科书被用作法政学堂等的教科书，因此，其传播范围主要是法政学堂，面对的对象是接受过一定教育，或者是有身份、有地位的人。在日常生活中，一些普通人基本上没有接受教育的机会，更不用说专门学习法律了，法律新思想没有在这个阶层的人群中产生影响。这个阶层中的人们还保留了中国传统的法律观念，其法律用语依然以中国传统法律体系中的法律术语或法律用语为主。因此，我们在以日常生活所需的法律用语为视角调查清末"法、刑、罪、权"新术语群的接受情况时，在清末普通人的日常口语语料中是找不到多少这些法律新术语存在的痕迹的。

我们再看看"权"术语群的传播和接受情况。在我们的研究中，我们所选用的语料基本上是清末翻译自日本的法律教科书或者法律词典，因为都是专业领域的工具书，所以，这些汉译法律教科书和法律词典所收录的法律词语自然是最全面的。但是这些法律词语是否在专业领域以外也被广泛地接受和使用，并得到普通百姓的接受和认可，就需要我们做进一步的调查了。我们查阅了日本明治时期的《汉和大辞典》和清末的《普通百科新大词典》，前者属于语文词典，后者算是百科词典，前者1914年出版，后者1911年出版，都是在《大清民律草案》颁布之后出版的，无论从收词数量，还是收词内容上来看，范围都很广，算得上是大型词典。可是就在这样的大型词典中，从我们对其收词所做的穷尽式调查来看，清末"法、刑、罪、权"新术语收录得非常少。就"权"术语群的收录情况来看，《汉译法律经济辞典》收录了20个，《日本法规解字》收录了12个，而我们所调查的《汉和大辞典》中，包括"权利"在内仅有4个"权"术语，分别是"权利""人身权""所有权""既得权"；在《普通百科新大词典》中仅有5个，即"入会权""物权""地役权""私权"和"地上权"。

表7-2 清末词典所收"权"术语群的情况

《汉译法律经济辞典》	《日本法规解字》	《汉和大辞典》	《普通百科新大词典》
20	12	4	5

通过对《汉和大辞典》和《普通百科新大词典》的调查，我们发现"权"术语群等清末"法、刑、罪、权"新术语群的接受情况与我们从守法视角下所观察到的清末"法、刑、罪、权"新术语群的接受情况是一致的，主要还是围绕"土地"收录的"权"术语较多，如"所有权""地役权""地上权"等。可见，清末所产生的"法、刑、罪、权"新术语群在普通百姓公共认知领域的接受程度是不一致的，与

人们生活密切相关的,如与"土地""物"相联系的"权"术语就会被人们所接受,而"债权""置留权""质权"等"权"术语则不容易为人们所接受,这充分说明清末所移植的近代西方民法较当时的社会现实来说,确实有些超前,就以农业生产为主要生产关系的封建社会来说,以"债权"为纽带联系西方近代资本主义民事关系的民法术语在中国是没有生存的环境的,只有随着社会生产力的进一步发展,这些术语才会被普通百姓所接受。

2. 清末"法、刑、罪、权"新术语群在公众认知领域未能普及的原因

清末"法、刑、罪、权"新术语群在普通公众认知领域的接受和认可程度不高,造成这种现象最为主要的原因就是清末新的法律知识没有得到全面、深入的普及,法律教育的不平等导致普通百姓没有接受法律新知识的机会,法律新知识没有得到普及,人们的守法意识相对来说就会比较落后。

伯尔曼曾经说过,"法律必须被信仰,否则它将形同虚设"①。谢晖也指出:"缺乏信仰支持系统的法律纵然制定得再多,终究涵化不成一种民族精神,从而也无法支持一场以法治为终极目标的改革的成功。"②法律被信仰则是守法的表现,在知识社会中,法律知识化影响着守法意识的培养。守法精神是主观性意识,是主观自发性的行为。③ 立法的完善不一定标志着社会守法精神的形成,法律知识化的形成才意味着社会守法精神的形成。傅华、牛玉兵认为,法律的知识化有利于社会全体成员守法意识的形成;法律的知识化有利于良法的创制,而良法的创制是社会全体成员守法精神形成的基础;法律的知识化为法律知识的传播提供了可能,而法律知识的传播则是社会全体成员守法品质形成的重要环节。④ 所以,清末法律新知识在普通百姓中没有进行普及性的传播教育,新的法律观念没有在公共认知领域生成,普通百姓的守法意识相对来说比较落后。

清末普通百姓对清末"法、刑、罪、权"新术语群的接受和认可程度不高,另一重要的原因是普通百姓接受的法律教育比较少,没有储备一定的法律新知识,而传统的法律知识经由世世代代的传承,在人们的脑海中已经形成了思维定式,很难短时间内被新的法律思想和法律思维所取代。从对人们日常生活所需的法律用语的调查来看,清末"法、刑、罪、权"新术语群似乎并未得到普通

---

① 哈罗德·J.伯尔曼.法律与宗教[M].梁治平,译.北京:生活·读书·新知三联书店,1991:28.
② 谢晖.法律信仰的理念与基础[M].济南:山东人民出版社,1997:1.
③ 傅华,牛玉兵.论知识背景下的守法精神[J].河北法学,2009(2):166.
④ 傅华,牛玉兵.论知识背景下的守法精神[J].河北法学,2009(2):166-167.

百姓的认可和普遍接受,加之新的法令法规并没有真正颁布执行,普通百姓依然自觉地受控于传统法律体系中的法令法规,所以在其日常所需的法律用语中,传统法律术语才会时有出现。

(二)清末"法、刑、罪、权"新术语群在司法领域的应用

清末"法、刑、罪、权"新术语群在司法领域的应用,我们可以通过司法审判中的判词来分析。在司法审判中,对清末"法、刑、罪、权"新术语群的应用情况,可以经由判词体现出来。

1. 清末"法、刑、罪、权"新术语群在判词中的具体应用

从《各省审判厅判牍》中所收录的判牍来看,在所有关于刑事案件的审判中,我们很难见到"罪""刑"新术语在判词中的广泛应用。尽管清末修律重臣沈家本指出:"法者与民共信之物,律有明文乃知应为与不应为。若刑律之外,参以官吏之意见,则民将无所适从。以律无明文之事,忽援类似之罚,是何异于以机阱杀人也。"①但是,在具体的司法审判中,我们还是难以见到清末刑法新术语的使用,其判词所需的法律术语还是依循传统,即主要使用《大清律例》中的术语。例如:

> ……如杨顺芳抄抢属实,酌照无服之亲行强盗减一等科断,罪名满流。今讯系诬告,依诬告流罪不论已决未决,仍止流三千里。该县据科以诬告死罪未决,系属错误,应即更正。吴家桢应改(诬)告流罪,不论已决未决,罪止流三千里律,拟三千里。系常赦所得原,收入本地习艺所工作,十年限满释放。其宋锡洪一犯应照原判,依不应重律拟处八等罚……②

在上述大理院批示中,用到了"满流""诬告流罪""流三千里""诬告死罪"等中国传统刑法术语,清末新刑法术语一个都没有用到,可见在司法审判领域,清末刑法新术语还没有得到普及,审判官还是依循旧例旧律来断案。

我们再来看看"权"术语群在清末民法审判中的应用情况。光绪二十八年(1902年),清政府有了修律的意愿。光绪三十三年(1907年),民政部奏请速定民律,提出"推行民政,澈究本源,犹必速定民律,而后良法美意,乃得以挈领

---

① 怀效锋.清末法制变革史料:下卷 刑法·民商法编:大清新刑律草案·总则[G].李俊,王志华,王为东,等,点校.北京:中国政法大学出版社,2010:77.
② 汪庆祺.各省审判厅判牍[Z].李启成,点校.北京:北京大学出版,2007:11.

提纲,不至于无所措手","斟酌中土人情政俗,参照各国政法,厘定民律,会同臣部奏准颁行,实为图治之要"。①《大清民律草案》于 1910 年 12 月草成,1911 年修订完成。虽然这是中国民法史上第一部仿照欧洲的民法原则编纂而成的民法法典,但遗憾的是这部法典最终未能实施。尽管如此,由于西方民法思想在当时经由各类译自日本的法律教科书、法律词典以及各种报刊的宣传,其要旨已在统治阶级内部普及开来,因此,我们开始能够见到一些诸如"权"术语等民法术语在审判词中的具体应用。例如在《各省审判厅判牍》中,"互争公用之井"讼案(根据统计,这篇判词是此书中出现"权"术语最多的一篇)便运用到了部分"权"术语:

> 证明曲直之理由:此案王绅锡荣承买田姓基地内有食井一口载明契上。此次拟欲按基圈井,本属所有者应得之权利。惟查该井向归公用,即从兵燹后计算,迄今已有四十余年之久。邻近居民日常汲水者不下数百户,是汲水地役权早因时效而取得者也。该基地虽经田姓转售王姓,然该基地上之食井一口向供众用,则王绅锡荣理不得独自主张其所有权而置此地役权于不顾,此法律上习惯上之通例。我国民法虽未颁布,而习惯即为立法之基础,又为立宪时代之国民共当遵守。兹据王绅锡荣诉称将该井圈入墙内,愿于西角基地上另开一井以供众用,亦明知地役权在所有权范围以内,不得不互为兼顾,足见深明法理,不独热心公益已也,殊堪嘉许。独不解所有权者,同一牺牲一角地,姑无论另开一井势必多需时日浪费金钱,且邻近居民久认旧井之利益甚大,相传有白沙泉之称,早存取之不竭用之不尽之观念,即另开之井幸而掘井得泉,犹恐邻近居民之心理保无有新不敌旧,更生意外之要求,将来之缠讼,伊于胡底?本厅职守司法,不敢不斟情酌理,一秉至公。今证之法理既如此,揆之心理又如彼,惟有将邻近居民新建之"惠民古井"等字样概行撤消,特书"王氏惠民井",一以表明所有权之界限,一以保护地役权之存在,俾数千人口之饮水仰给于该井者,依然攘往熙来,咸乐王氏惠民之至意,论情论法,其理一也,敢以质诸原被告。②

---

① 大清民律草案·民国民律草案[Z].杨立新,点校.长春:吉林人民出版社,2002:点校说明 5.
② 汪庆祺.各省审判厅判牍[Z].李启成,点校.北京:北京大学出版社,2007:89.

该审判词包含两个部分,第一部分是"呈诉事实",我们在引用时省略,第二部分是"证明曲直之理由",这是真正的判词部分,表明审案的经过和对案情的分析,并在此基础上得出此讼案的审判结果。在上述判词中,审判官多处使用了"权利""所有权""地役权"等"权"术语,这些"权"术语不仅是该判词说理部分的核心词语,而且通过这些"权"术语还体现出该判决的正当性、法定性。

通过对《各省审判厅判牍》所收录判词的统计分析,我们发现,对"权"术语的选择和应用还是有一定的局限性的。在我们所分析的判词中,主要集中运用了"权"术语群中的诸如"所有权""地役权"等词,其他术语基本未见:一方面是由于这些体现民事关系的判词中,围绕"土地"争讼展开的较多;另一方面,是因为"权"术语等民法术语在官宦中的普及度还不够,比如在此书所收录的判词中,围绕债务展开的争讼也较多,"原典""债户""零债""家债""店债"等旧有法律体系中的法律术语较为常见,反而"债权"这一清末民法法律范畴中的新术语没有被广泛地应用。可见,清末民法法律新术语在具体司法审判中的应用还是有条件的,具有局限性。据田荔枝的统计,在《各省审判厅判牍》一书中,"权利"一词出现了 35 次,"义务"24 次(其中一次是"义务教员"之义务,非法学用语,当可排除),"所有权"26 次。①

另外,据点校者李启成统计,《各省审判厅判牍》中的民事判词可分为以下几类:

> 民事判词可分四类:第一是情理。这些民事判词里面按照情理进行判决的案件有 33 个,占所有民事案件的 42.3%。第二类是《现行刑律》中的民事条款。此类案件共有 14 个,占整个民事案件的 18%。第三类是习惯,此类案件共有 11 个,占整个民事案件的 14%。第四类是民法法理,用民法法理作为法源进行判决的案件有 8 个,占民事案件总数的 10.3%。②

我们看到,按照民法法理来审理的案件仅占 10.3%,足见在具体审案过程中,还是依据习惯,也就是遵循传统的审案理据来进行断案的,清末民法的法律原则在审案过程中并未发挥多大的作用,这也会影响以"权"术语群为代表的民法新术语在司法审判中的具体应用。

---

① 汪庆祺.各省审判厅判牍[Z].李启成,点校.北京:北京大学出版社,2007:16.
② 汪庆祺.各省审判厅判牍[Z].李启成,点校.北京:北京大学出版社,2007:23.

第七章　清末"法、刑、罪、权"新术语群的应用范围与应用价值

法律制度不同于其他的社会制度,法律制度需得到统治者的认同,进而才能由上至下地进行推广。尽管从立法的角度来说,清末刑法、民法新术语都找到了它们各自的位置,被划入不同的法律范畴,但是,从司法的角度来看,这些清末刑法、民法新术语似乎并没有被广泛地应用。清末"法、刑、罪、权"新术语群的应用范围最终还是止于立法,并没有更多地进入司法领域,成为司法审判和司法解释的依据。

2. 清末"法、刑、罪、权"新术语群在司法审判领域未能普遍接受的原因

如前所述,经由清末的司法改革,司法从立法和行政中独立出来,清末司法走上了司法独立的道路。司法独立在清末法律体系变革中具有重要的地位,但是,从司法与立法相对脱节的情况来看,司法独立也未必是成功的,所以导致清末"法、刑、罪、权"新术语群在司法领域没有被广泛地应用。

其一,清末的司法独立是皇权下的独立。

司法独立的失败是清末"法、刑、罪、权"新术语群在司法审判领域未能广泛应用的主要原因。清末的司法独立是在西方三权分立思想及制度的影响下确立起来的,但由于中国传统法律体系统治了中国几千年,其与西方法律体系差距巨大,西方法律文化在中国的传播和渗透必然受到传统法律体系的阻滞,其发展过程一定是曲折的。西方的三权分立和司法独立思想在清末发生了扭曲。根据张珉的观点,戊戌变法之前,启蒙思想家主张在君主立宪的前提下,保留君权,实行三权分立,这其实是一种皇权统治下的司法独立观念,并不是真正的司法独立;戊戌变法后,内忧外患的清政府进行法律体制改革,其中就包括司法独立,但是这种司法独立仍是在皇权统治下的独立,司法只是与立法、行政分开,司法独立只是从立法中分离出来,从行政管理中分离出来,而不是从统治权中分离出来,司法权依然是统治权的一部分。[①] 所以说,清末的司法独立是不成功的。正是因为司法独立没有成功,司法权依然是统治权的一部分,所以统治者的法律思维在司法中必然会有所体现。

其二,从本质上来看,统治者不想变革法律。

尽管清末的法律变革是统治者自上而下推行的改革措施,但是清末实施法律变革并非统治者的主观意愿,而是迫于国内外的压力所采取的不得已的措施。为了维护统治,为了收回领事裁判权,清政府不得不变革法律。统治者所采取的一切变法修律的措施都是为了维护和巩固皇权统治,改革不过是形

---

① 张珉.试论清末与民国时期的司法独立[J].安徽大学学报(哲学社会科学版),2004(3):85-86.

式上的改革。统治者并不愿意真正撼动旧有的统治根基,不想改变旧有的法律体系。因此,从形式上来看,清政府积极地变法修律,派遣留学生学习西法,组织人编纂新律,但是并未将新的法律推行起来,在其能够实施管理的司法领域,依然以旧有法律中的法令法规、刑名术语、法律精神进行司法审判。

其三,清末新编法典未能真正应用于实践。

从形式上来看,清末新的法律体系确实建立起来了,也编纂了适用的新法典,但是这些法典的法令规定没有在具体实践中得到应用。从形式上来看,清末新的法律体系由于新法典的编纂业已完成,所以新的法律体系是完备的,但是由于新的法律体系未能在清末得到真正的实践,所以在司法审判中,中国传统法律体系的影响始终存在,可见传统法律体系对中国的影响根深蒂固,新法从形式上能够取代旧法,但是从具体的法律实践上、从人们的思想上、从人们的思维方式上,始终不能彻底取代旧法。

其四,中国传统法律体系尤其是刑法的影响根深蒂固。

通过对清末司法审判中的判词的调查分析,我们发现,如果是涉及刑法领域的案件,其审判多依据旧例审判,其判词主要由旧例中的法律术语构成,比如"流罪""故杀"这样的术语经常出现。但是如果涉及的是民事案件,那么就会使用到新的法律术语,如我们上述所举"互争公用之井"讼案,在其判词中集中运用了"权利""地役权""所有权"等"权"术语,这说明新的民法思想被应用于司法审判中,民法中的术语也随之在判词中被使用了。"刑""罪"新术语群没有在司法审判中得到广泛使用,而"权"新术语群则部分地被使用了,这一方面说明传统法律思想,尤其是刑法思想在司法审判领域还是根深蒂固的;另一方面则说明在司法审判中,民法的法律原则得到了体现,民法从刑法中分离出来。在清末的司法审判中,本无旧法,后产生了新法,如民法,在审判中依据新法,本有旧法,虽然后来也重新修订了旧法,如刑法,在审判还是使用旧法,可见在中国传统法律体系中,刑法地位极其重要,而且影响深远。

从上述四点来看,司法独立的失败导致在清末司法审判中不能真正地依据新的法令法规来判案,因此,在司法审判领域,清末"法、刑、罪、权"新术语群的应用情况不尽如人意。从司法层面上来看,在新旧法律体系的斗争中,新的法律体系不战而败,旧有法律体系的地位基本上还是不可撼动的。

三、在法律职业群体中的应用

广义上的法律职业是指以律师、检察官与法官为代表的,受过专门的法律训练,具有娴熟的法律技能与伦理的人士所构成的具有自治性的职业共同体。狭义的法律职业群体主要指律师群体。① 因为我们已经考察了清末"法、刑、罪、权"新术语群在司法中的使用情况,所以,在这一小节中,我们不再对清末"法、刑、罪、权"新术语群在检察官、法官群体里的应用情况做进一步分析,我们主要分析清末"法、刑、罪、权"新术语群在律师群体中的使用情况。中国的律师制度是在清末变法改制的过程中,效仿西方法律制度尤其是司法制度建立起来的。周成泓认为,在中国传统社会中,虽然也有着与清末律师在功能上相近的职业形态,即"讼师",但是二者存在本质区别。律师以保障人权为己任,以体现司法民主和法治精神为基本价值取向;"讼师"则被贬称为"讼棍""刀笔吏"等,是不敬"道德文章"、专长于"操两可之说,设无穷之辩"的道义小人,在法律观念、诉讼制度及道德上均缺乏正当性。② 清末的律师群体虽然已经初步形成,但是律师群体的发展还不够完善,因此,我们很难从讼词中看出清末律师群体对于清末"法、刑、罪、权"新术语群的使用情况。中国的律师群体直到民初才发展成熟,伴随着法律知识化的进程,在民初律师群体中,清末"法、刑、罪、权"新术语被广泛地应用于讼词的撰写之中。例如:

> 为恃强霸占,图吞遗产,请求严究事。窃族叔子方,将从前嗣父所托代为管理田产,悉行霸占,意图侵占,民几次理劝,请其交出,渠竟恃蛮倚势,强行霸占,查遗产为继承人应得之权利,何可倚势霸占,应请钧院迅传该被告甄方到案勒令交出,由民管业,以儆刁狡,而保权利。实为戴德之至,谨呈。③

在这则状书中,出现了"权利"这一术语,这说明清末新的法律术语在律师群体中已经有了一定的应用。

综上所述,在法的运行的各个环节,清末"法、刑、罪、权"新术语群都或多或少被应用到了,通过对这些清末"法、刑、罪、权"新术语群的应用,清末新的法律体系得以建立并朝着规范化、科学化的方向发展。伴随新的法律体系的发展,新的法律知识也得到普及,清末法律的知识化逐渐形成。因此,我们说

---

① 张文显.法理学:第4版[M].北京:高等教育出版社,2011:217.
② 周成泓.从讼师到律师——清末律师制度的嬗变[J].求索,2013(6):53.
③ 董坚志.民刑诉讼公文程式全书:第6册[M].上海:上海民声书局,1932:63.转引自尤陈俊.法制变革年代的诉讼话语与知识变迁——从民国时期的诉讼指导用书切入[J].政法论坛,2008(3):20.

清末"法、刑、罪、权"新术语群在近代社会发展中体现出了重要的应用价值。

第二节　清末"法、刑、罪、权"新术语群的应用价值

从清末"法、刑、罪、权"新术语群在法的运行领域的应用情况来看,清末"法、刑、罪、权"新术语群的应用范围比较窄,但是这并不能否认清末"法、刑、罪、权"新术语群没有应用价值,在近代社会的发展中,清末"法、刑、罪、权"新术语群体现出了不可忽视的应用价值。清末"法、刑、罪、权"新术语群没有被广泛地应用,但从律师群体的使用情况来看,这只是暂时性的,随着时间的推移,清末"法、刑、罪、权"新术语群最终会被人们所接受,当代法律术语中所保留的清末"法、刑、罪、权"新术语,如"权"术语群中的"所有权""债权""物权"等就是证据。清末"法、刑、罪、权"新术语群的应用价值并不会因为其暂时没有被广泛地应用而受到削弱,反而随着社会的发展,其应用价值更加凸显出来。关于清末"法、刑、罪、权"新术语群的应用价值,我们可以从这几个角度来分析:清末"法、刑、罪、权"新术语群丰富了新的法律概念范畴;清末"法、刑、罪、权"新术语群建立了新的法律体系;清末"法、刑、罪、权"新术语群促进了近代法学教育的发展;清末"法、刑、罪、权"新术语群发展了新的法律观念;清末"法、刑、罪、权"新术语群推动了法律知识化的进程。

一、丰富了法律概念范畴

新的法律概念是由新的法律术语来命名和指称的。任何一门学科的发展,都离不开能够表示其专业概念的术语。所谓术语指的是"在专业领域中一般概念的词语指称"[①]。根据上述定义所示,术语与客观世界的关系如下:

客观世界 —表示→ 概念 —指称→ 术语

从语义学的角度来看,词语是对客观世界的反映,语义是对概念系统的映射。术语作为词汇系统的一部分,其反映的是专业领域的专业概念。术语具

[①] 中华人民共和国国家质量监督检验总局.术语工作:概念体系的建立(GB/19100—2003)[S].北京:中国标准出版社,2003:1.

有一定的语义内涵,语义具有指称概念的功能,而概念是对客观世界的反映,所以,术语具有反映专业客观世界的作用。法律术语作为术语的一部分,也有指称法律专业概念的作用,并反映法律范畴内的客观现实。清末"法、刑、罪、权"新术语群通过为清末法律新概念命名,并且通过一定的语言形式记录和表达相应的法律新概念,通过这两种方式,清末"法、刑、罪、权"术语群丰富了清末法律的概念范畴。

(一)清末"法、刑、罪、权"新术语群为清末法律新概念命名

人类在认识客观事物的过程中,不可避免地要根据事物的性质特征对其进行命名,事物只有有了自己的名字,才能正式进入言语交际中。正所谓"名正则言顺",术语就是给事物正名的。作为清末"法、刑、罪、权"新术语,其命名不同于其他学科的术语和普通词汇,清末"法、刑、罪、权"术语群能够为清末法律新概念命名,指称清末法律的概念系统。清末"法、刑、罪、权"新术语群具有划分清末法律概念范畴和指称法律概念范畴的功能。通过命名,清末"法、刑、罪、权"新术语群赋予清末法律新概念一个外在形式,并且能够将这些法律新概念所对应的法律知识固定下来。所以说,清末"法、刑、罪、权"术语群是确定的、约定俗成的,是用以表达专业知识的术语。清末"法、刑、罪、权"新术语一经法令法规确定,就相应地具有了法律效力,人人都必须遵守。不仅如此,术语对事物进行命名的过程,既是将事物划分为不同类别范畴的过程,也是将同类事物或现象进行概括和归类的过程。

如《大清新刑律》以"妨害国交罪"命名了一系列有关破坏国交罪行的概念,比如"加危害于外国君主或大统领者""因过失致生危害于外国君主或大统领者""杀外国使节者""伤害外国使节者""对外国使节有强暴或胁迫之行为者""对外国使节有侮辱之行为者""对派至外国之帝国使节有杀伤、强暴、胁迫或侮辱之行为者""意图侮辱外国而损坏、除去、污秽外国之国旗及其他国章者""私与外国开战者""于外国交战之际,违背局外中立之命令者"。[①]在对上述行为所表达的概念进行命名的过程中,首先要找到这些行为的共性特征,即"破坏国家交往的行为",然后紧紧围绕这个共性特征将这些行为归类。以"妨害国交罪"命名,归纳总结了一系列具有相似性的罪行,以此与其他罪行相互区别,如"骚扰罪""侵犯皇室罪""妨害公务罪"等。上述行为

---

① 怀效锋.清末法制变革史料:下卷 刑法·民商法编:大清新刑律[G].李俊,王志华,王为东,等,点校.北京:中国政法大学出版社,2010:478-479.

一旦经由"妨害国交罪"命名,就作为固定的罪行由"妨害国交罪"这一术语记录下来,不得随意修改,且任何人都必须遵照执行相关法律。

术语的命名功能其实就是将术语所对应的客体进行概括分类的功能。人们在认识客观世界的过程中,习惯于对相同或相近的客体进行概括和归类,同类客体就归为同一个类别。认知语言学认为,经过对客体的概括和归类,对其进行概括性思考,这样才符合经济原则,便于认知加工,进行范畴化并形成范畴和概念。① 认知语言学所强调的对客体进行概括和归类的依据是客体之间的共性,即家族相似性。"家族相似性"的理论是哲学家维特根斯坦最先提出的,维特根斯坦认为棋类游戏、牌类游戏、球类游戏、角力游戏等,彼此之间有很多相似性,维特根斯坦称之为"家族相似"。家族成员之间的各式各样的相似性是盘根错节的,这些"家族相似"构成一个家族。② 维特根斯坦将范畴比作家族,范畴中的成员与家族中的成员一样,彼此之间只是相似,而不是相同或一致。

从家族相似性这个角度来说,清末"法、刑、罪、权"新术语群对清末法律新概念进行命名,其实就是通过建立客体的范畴,使同一范畴内部诸成员的相似性达到最大化程度,使不同范畴的诸成员之间的相似性达到最小化程度。例如"罪"术语群诸术语,从命名上来看,以"罪"为家族相似性聚合在一起,彼此之间的相似性达到最大化程度,而与其他术语群的术语的相似性则尽量最小化。

(二)清末"法、刑、罪、权"新术语群记录并表达了清末法律新概念

清末"法、刑、罪、权"新术语群既然具有命名清末法律新概念的功能,那么它必然可以表达清末法律体系中的新语义。语义是对概念的进一步表达,因此,清末"法、刑、罪、权"新术语群必然具有表意的功能,这是一切实词性词语所共同具有的功能。表达专业的法律语义是清末"法、刑、罪、权"术语群最为基础的功能。清末"法、刑、罪、权"新术语群需有名有实,才能进入专业领域,为人所用。所谓有名,即指术语要有明确的表达形式,即术语的命名功能;所谓有实,即指术语要表达一定的语义,即术语的表意功能。术语的命名功能具有将同类事物或现象进行归类的作用,而术语的表意功能具有将同类事物或

---

① 王寅.什么是认知语言学[M].上海:上海外语教育出版社,2011:31.
② 路德维希·维特根斯坦.哲学研究[M].陈嘉映,译.上海:上海人民出版社,2005:37-38.

现象进行区分的作用。

例如在《大清民律草案》第三编"物权"中,规定了三种与土地密切相关的"权"的内涵和外延,即"地上权""永佃权""地役权"。"地上权"指的是"因以他人土地上之工作物或植物为其所有使用其土地之物权也"①。"永佃权"指的是"支付佃租而于他人土地上为耕作或牧畜利用他人土地之物权也"②。"地役权"指的是"许某土地利用他人土地之物权"③。上述三个术语都是表示物权范畴的术语,都指的是使用他人土地的物权。其中,"地上权"侧重于在他人土地上种植植物,如树木等,或者建造建筑物,如房屋等;"永佃权"侧重于支付费用租用其他人的土地耕作或者牧畜;"地役权"侧重于为方便自己的土地使用权而要求他人的土地提供便利,如为了自己的土地通行方便,在他人土地上修建道路,则对该道路拥有地役权。在清末社会,土地依然是人们赖以生存的生产和生活资料的主要来源,围绕土地的物权需要在法律中明确界定。因此,《大清民律草案》就土地的物权做出了详细的规定和说明,以此来适应人们生活的客观需要。如"地上权""永佃权""地役权"这样的术语,不仅对复杂的土地所有关系进行了命名,而且通过表达具体的语义将与土地相关的不同物权进行区分,使民法规定更加详细。清末"法、刑、罪、权"新术语群切分了清末法律新的概念系统,通过表达具体的法律意义使清末法律体系更加系统、严谨。

二、催生了新的法律观念

清末"法、刑、罪、权"新术语群丰富了清末法律概念范畴,进而形成了新的法律观念。清末"法、刑、罪、权"新术语群的生成及语义范畴的演变,无论是义位的新生、消亡,还是语义成分的增减、变化等,都反映了清末新的法律概念系统的变化。术语所表达的法律概念的变化,反映了人们法律认知的变化,也就是说,术语所表达的法律概念的变化反映了人们法律观念的变化。因此,清末"法、刑、罪、权"新术语群催生了新的法律观念。

我们在分析清末"法、刑、罪、权"新术语群的生成及语义范畴演变的"异

---

① 怀效锋.清末法制变革史料:下卷 刑法·民商法编:亲属法草案总则说明[G].李俊,王志华,王为东,等,点校.北京:中国政法大学出版社,2010:690.
② 怀效锋.清末法制变革史料:下卷 刑法·民商法编:亲属法草案总则说明[G].李俊,王志华,王为东,等,点校.北京:中国政法大学出版社,2010:692.
③ 怀效锋.清末法制变革史料:下卷 刑法·民商法编:亲属法草案总则说明[G].李俊,王志华,王为东,等,点校.北京:中国政法大学出版社,2010:695.

质因素"时谈到：清末社会政治、经济、文化的多元化发展，使得旧有的法律体系不适应新的社会现实，变革旧有的法律体系确实是情势所迫。在旧的法律体系变革之前，新的法律观念已经伴随着清末"法、刑、罪、权"新术语群所传播的新的法律概念而逐渐产生，并且直接推动了新的法律体系的建立。例如，清末"法、刑、罪、权"新术语群的生成与语义范畴的演变促使清末商人的法律观念发生变化，清末商人法律观念的觉醒，直接促成了清末商法立法的改革，《钦定大清商律》就是在商人法律意识觉醒的背景下催生的新法典。中国传统的法律观念重农抑商，商人作为"四民之末"，长期受到传统法律制度的压制与限制，直到清末，其贱民身份才得以解脱，并且在中国历史舞台上发挥了重要作用。

清末以降，随着经济多元化的发展，商人的法律意识逐渐觉醒并日渐增强，他们视法律为发展实业的保障。在清末社会中，商人可以说是处于腹背受敌的处境，外国人欺诈，本国官吏层层盘剥，正当利益受到损害。据《申报》1907年9月10日报道，上海商会致函全国各埠商会，认为中国商人虽道德独厚，但是缺乏法律规范，属"无法之商"，难以维持正常的商业秩序，商业上的"无法之害，视他社会尤烈"①。上海商会呼吁尽快制定相应的工商法规，认为"我商人积数十年之经历，可谓艰苦备尝矣，其中颠顿狼狈，时起时仆，诡得诡失，通盘计算，幸甚之日少，而败绩之日多。此何以故，此惟无法律之故"②。随着"权利"之说的传播，权利观念深入清末商人的心中，商人们希望通过立法来保护自己各方面的权利，如经济权利、政治权利、救济权利。③ 首先，商人要保护的就是自己的经济权利，也就是财产权，财产权是商人安身立命的根本；其次，商人希望提高自己的政治地位，获得参政议政的权利，认为商人应该与其他社会阶层平等地享有选举权和被选举权；最后，商人希望在自己的权利受到损害后，能够得到法律的保护，有公平的诉讼权利。清末商人法律观念的觉醒伴随着"权利"概念的广泛传播，在"权利"及"权"术语群的推动之下，清末商人的法律观念发生了变化，他们以更加积极的态度去争取自己的权利，去维护自己的权利。

再如，伴随着清末"法、刑、罪、权"新术语群的生成及语义范畴的演变，清末时人的法律观念由传统的"人治"转向"法治"，法治观念逐渐形成。清末"法、刑、罪、权"新术语群将西方的法治思想传入中国，让国人对此充满向往。

---

① 乔素玲.晚清商人法律意识初探[J].江西社会科学,2003(6):163.
② 乔素玲.晚清商人法律意识初探[J].江西社会科学,2003(6):163.
③ 吴朝军.清末商人的法视角透视[J].商场现代化,2009(1):266.

黄遵宪较早地在《日本国志》中介绍了西方的法治:"余观欧美大小诸国,无论君主、君民共主,一言以蔽之曰:以法治国而已矣。自非举世崇尚,数百年来观摩、研究、讨论、修改,精密至于此,能以之治国乎?嗟夫,此固古先哲王之所不及料,抑亦后世法家之所不能知者矣!"①甲午一战,清政府战败,朝野内外积极寻找国家富强之良策,这就使得西方法治思想得到比较广泛的传播。《万国公报》《东方杂志》《格致新报》《交通官报》《新闻业报》中有上百篇介绍西方法治思想的文章,比如法律面前人人平等,人的自由、生命、财产神圣不可侵犯等,对当时的士绅阶层起到了潜移默化的影响,"浏览一过即欣羡西国政教之美而爽然自失"②。变法维新的著名人士孙宝瑄在其日记《忘山庐日记》中,多次谈到对西方法治思想的看法:"治天下之术无他,法而已。法善,则小人不敢为非;法不善,则君子不得行其是。泰西多为善之人,非人心善也,法使之然也。中国多为不善之人,非人心不善也,法使之然也。或问中国之法与泰西何异乎?曰:公私而已矣。法为万姓立则公,法为一家立则私。"③"余谓君主之世,人重于法,故有治人而后有治法。民主之世,法重于人,故有治法而后有治人。"④可见,西方的法治观念已经深入人心,当时的人们,特别是士大夫心中的法律观念已经发生了变化。

伴随着清末"法、刑、罪、权"新术语群的生成及语义范畴的演变,清末人们的法律观念发生了很大的变化,如伴随着"法律"语义的变化,催生了人们的国家观念、平等观念;伴随着"刑"术语群的生成,产生了新的人道主义观念等;伴随着"诉讼法"的生成,新的诉讼观念也形成了,不再是反对争讼的传统法律观念。所以,我们说,随着清末"法、刑、罪、权"新术语群的生成及语义范畴的演变,催生了一批新的法律观念,这些新的法律观念的形成如同清末商人法律观念的觉醒一样,推动了清末的立宪改革,要求清末的法律体系更加规范和科学,这就直接促进了新的法律体系的生成。

---

① 黄遵宪.日本国志[M].吴振清,徐勇,王家祥,点校整理.天津:天津人民出版社,2005:654.
② 李董寿.广学会有大益于中国论[J].万国公报,1897,107.转引自方汉奇.中国近代报刊史[M].太原:山西人民出版社,1981:24.
③ 孙宝瑄.忘山庐日记[M].上海古籍出版社,1983:189.
④ 孙宝瑄.忘山庐日记[M].上海古籍出版社,1983:251.

三、构建了新的法律体系范畴

随着新的法律观念的发展,法律观念变化的直接影响就是要求建立新的法律体系范畴。清末"法、刑、罪、权"新术语群构建了清末新的法律体系范畴。清末新的法律体系范畴可以从两个角度来看,一是清末新的法律体系范畴的框架结构,二是清末新的法律体系的法律渊源。因为清末"法、刑、罪、权"新术语群能够为清末法律新概念命名,能够记录并表达清末法律新概念,所以清末"法、刑、罪、权"新术语群既可以构建清末新的法律体系的范畴框架,又可以揭示清末新的法律体系的法律渊源。

(一)清末"法、刑、罪、权"新术语群构建了清末新的法律体系的框架和内容

自西方列强以坚船利炮敲开清政府闭关锁国的大门之后,传统的中华法系便面临着越来越大的冲击,清政府要想收回领事裁判权,要想使自己的统治能够长治久安,就必须向发达国家看齐,实施变法修律。1894年的甲午一战,使清政府对昔日的蕞尔小国——日本另眼相看。在明治维新之前,日本的处境与清政府大致相同,但是明治维新使日本摆脱了西方列强的侵略,走上了富国强兵之路。同时由于日本与中国文字关系密切,和西方的文字相比,日本的文字更容易被当时的中国人所接受和理解,因此,效仿日本,变法修律,结合当时的社会现实,对于清政府来说实属上上之策。因为日本文字与中国文字有很大的相似性,有不少可以说是一致的,因此,清政府在法律移植的过程中,能够完全照搬照抄日本明治时期的法律体系。于是乎,统治了中国几千年的传统中华法系瞬间崩塌,移植而来的清末新的法律体系迅速建立起来。新的法律体系的建立需要能够表达其专业概念的法律新术语的生成。在清末法律移植的过程中,清政府仿照日本编纂了一系列的新法典,新法典的编纂必然伴随产生了大量的清末法律新术语,这些法律新术语是清末新法典的重要组成部分,也是构建清末新的法律体系范畴的生力军。

如前所述,清末"法、刑、罪、权"新术语群与清末新的法律体系中的概念是一一对应的,清末"法、刑、罪、权"新术语群切分了清末法律的概念系统,使清末新的法律体系门类清晰,范畴界限明确。清末"法、刑、罪、权"新术语群通过切分清末新的法律体系的概念系统从而搭建起清末新的法律体系范畴的框架。

第七章 清末"法、刑、罪、权"新术语群的应用范围与应用价值

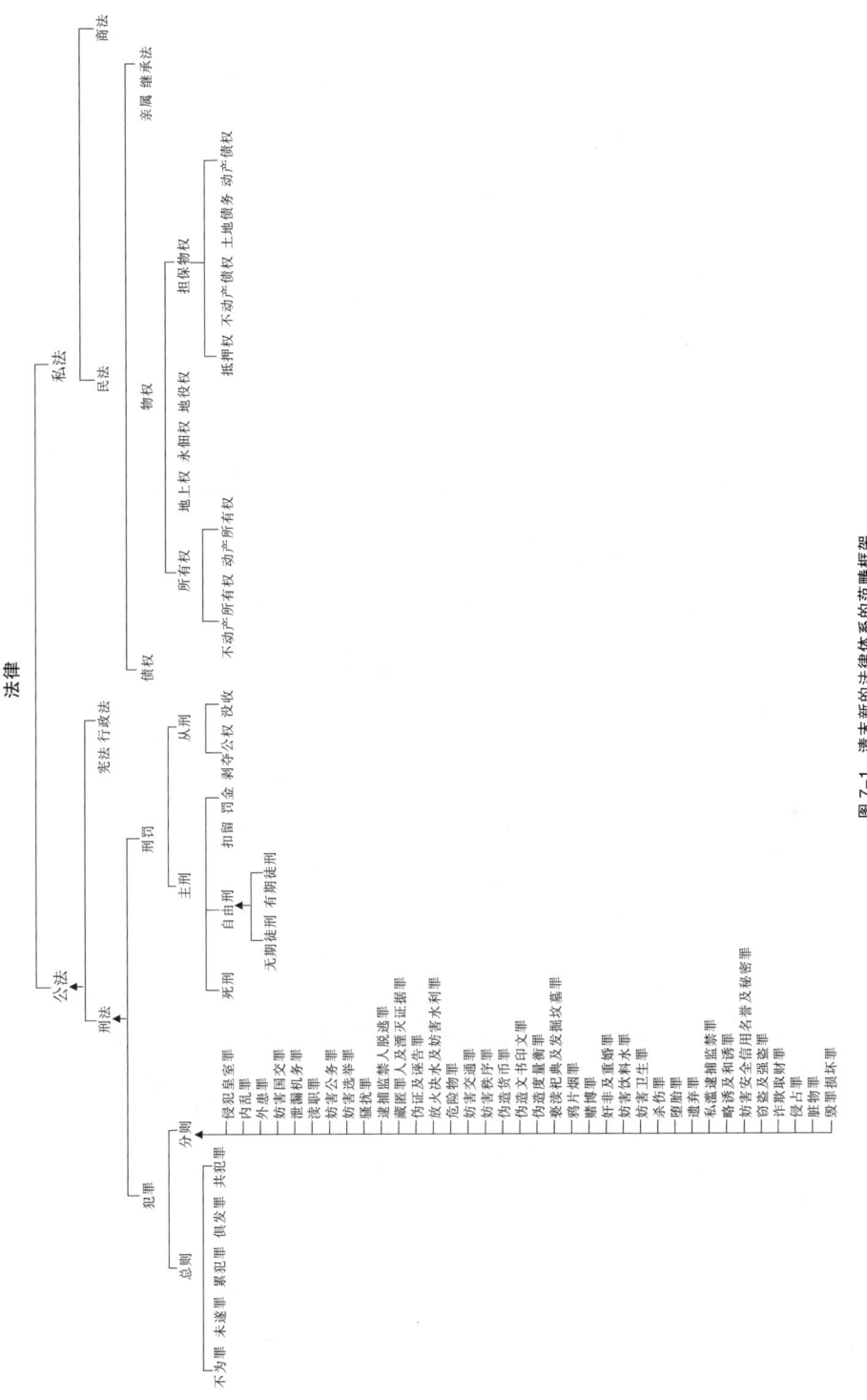

图 7-1 清末新的法律体系的范畴框架

288　通过图 7-1 我们可以看出,清末"法、刑、罪、权"新术语群既有横向的联系,也有纵向的联系。清末新的法律体系范畴的结构清晰明确,体系较为完备,与中国传统法律体系差别较大,这要首先归功于清末"法、刑、罪、权"新术语群。清末"法、刑、罪、权"新术语群从构词上来看,其核心语素具有归类、划分范畴的功能,这就为清末"法、刑、罪、权"新术语群构建清末新的法律体系范畴提供了可能性。法律体系不同于其他的学科体系,其系统性和层次性极强,各部门法范畴界限清晰,这就需要层次结构清晰的术语群与之相适应。

　　清末新法律体系的特点之一就是其法律门类清晰,这依赖于清末各部门法法典的完备。中国传统法律体系的最大特点就是部门法分类不清楚,以刑法法典代替一切法典,并且刑法法典适用于各种社会关系。在刑法法典中,刑罚又处于绝对首要的地位。"近代以前中国成文法典的最大特点是对刑罚给予了压倒性的重视;在范围上,它们仅仅是长期统治着中国社会的道德规范的法典化;只有其他较轻的刑罚措施宣告无效时,人们才会用它们。"① 可见,在传统法律体系中,法律是手段,但不是处于首要地位的手段,而是从属于道德手段,所以,在中国传统社会中,法律仍处于次要地位。

　　清末新法律的地位明显高于传统社会中的法律:一方面,清末新的法律体系门类清晰,范畴界限明确,另一方面,清末法律体系中的各部门法基本上拥有各自完备的法典,上述两方面的发展使得新法律能够发挥作用的范围扩大,并且有章可循。清末法律体系中的各部门法都有了明确的法典,法典确定,那么每个部门法自然会各司其职,在自己所应该调整的范围内发挥作用。每个部门法中都有相当数量的术语用于表示本部门法中的固有概念。从横向上来看,清末"法、刑、罪、权"新术语群切分了整个清末新的法律体系,使清末法律体系门类清晰,范畴界限明确,如"法"术语群中的各术语切分了法律体系范畴,划分出了各个部门法;从纵向上来看,清末"法、刑、罪、权"新术语群又进一步切分了各个部门法内部的概念系统,使每个部门法的内容更加丰富和规范,如"罪"术语群,切分了刑法体系范畴中的犯罪行为,明确了刑法对于犯罪行为的认定,这与清末刑法所体现出来的"罪行法定"的原则相一致。

　　清末新的法律体系开启了法律近代化的进程,通过法律移植,中国法律与西方法律相接轨。以刑法为例,在中国传统法律体系中,刑法为一切法律之根本,或者说一切法律都统摄于刑法之下,刑法法典可以调整一切社会关系。基

---

① 德克·博德. 传统中国法律的基本观念[M]. 刘健,译//张中秋. 中国法律形象的另一面——外国人眼中的中国法律. 北京:中国政法大学出版社,2012:6.

于此,刑法在中国传统法律体系中与其他法律的地位明显不同,其地位高于其他法律。而到了清末,在西方法律思想的影响之下,中国传统的法律体系发生变化,新的法律体系随之产生。在清末新的法律体系中,刑法与其他法律处于同等地位,刑法法典也与传统法典不同,这些变化都可以经由清末"法、刑、罪、权"新术语群体现出来。在清末汉译法律教科书等文献材料中,"刑法"基本上被解释为"规定犯罪行为并科以刑罚的法律"。可见,刑法在清末新的法律体系中,有了明确的调整对象和调整方式,其不再如传统法律体系中的刑法那样,拥有十分广泛的控制和调整范围。刑法法典如《大清新刑律》也与传统刑法法典不同。《大清新刑律》以德国和日本的刑法为原型,无论是刑法理论还是刑法原则,都以西方国家的刑法规定为其法的来源,如"犯罪的构成要件、刑法的时间和空间效力、犯罪人的责任能力、罪行法定、刑法的人道主义、刑罚体系,甚至某些犯罪的名称都取自西方国家的刑法"[①]。《大清新刑律》增加了与政治犯罪有关的"妨害国交罪",以及与经济犯罪有关的条项,如:在"妨害秩序罪"(第二百二十三条)中指出,"妨害贩运种子、肥料、原料及其他农业、工业所需之物品";在"伪造货币罪"(第二百三十条)中指出,"行使自己伪造之流通帝国之外国通用货币,或意图行使而交付于人者","流通帝国之外国银行券,以外国通用货币论"。这些都与经济犯罪有关。

"罪"术语的变化,是重新构建清末刑法体系的表现之一,使刑法与当时的社会现实相适应。《大清新刑律》中的内容集中体现了清末"刑法"这一术语的语义内涵,即规定何为犯罪以及对犯罪处以何种惩罚,剔除了不属于刑法范畴的内容,例如继承关系、借贷关系等民事法律规定的内容,这就使得清末刑法成为清末新的法律体系中独立的部分。"刑""罪"术语群重新构建了清末刑法体系并且进一步调整了整个清末新的法律体系范畴。

清末刑法的独立,清末民法法典的出现,使得清末民法在清末新的法律体系范畴中有了明确的独立位置,这是中国民法发展史上的重大转折。《大清民律草案》于宣统三年(1911年)编纂完成,该草案分为五部分,分别是总则、债权、物权、亲属、继承权,共计36章,1569条。其中总则分为8章17节,共计223条,包括法例、人、法人、物、法律行为、期间及期日、时效、权利之行使及担保。总则第一条:"民事本律所未规定者,依习惯法;无习惯法者,依条理。"[②]

---

① 张晋藩.中国近代社会与法制文明[M].北京:中国政法大学出版社,2003:331.
② 怀效锋.清末法制变革史料:下卷 刑法·民商法编:大清新刑律[G].李俊,王志华,王为东,等,点校.北京:中国政法大学出版社,2010:510.

单纯从字面意义来看,似乎该法典将习惯法置于法理之前,一些法学家也这样理解,如俞江在《〈大清民律草案〉考析》一文中谈道:《大清民律草案》"效仿1907年瑞士民法第一条,从法律渊源上将习惯法放在法理前,确认了习惯于民法的重要的地位"①。但是,如果我们仔细阅读《大清民律草案》所附按语,会发现这样的理解有失偏颇。在该草案第一条之后,有如下一段按语:

> 谨按:凡关于民事,应先依民律所规定;民律未规定者,依习惯法;无习惯法者,则依条理断之。条理者,乃推定社交上必应之处置。例如,事君以忠,事亲以孝,及一切当然应遵奉者皆是。法律中必规定其先后关系者,以凡属民事,审判官不得借口于律无明文,将法律关系之争议拒绝不为判断。故设本条,以为补充民事之助。②

由上述文字可以看出,《大清民律草案》并非将习惯至于法理之前,而是把法令法规放在第一位,习惯是第二位的,以习惯断例仅在无法律规定之时方可使用,而规定这一条的目的实则为"补充民事之助"。所以,《大清民律草案》还是调整民事关系的首要依据。

在《大清民律草案》中,以"权"术语群为核心的民法术语是其表达法律思想、传递法律文化、规范调整民事关系的主要依据,以《大清民律草案》为依据的民法体系依然是清末新的法律体系中不可分割的部分。例如,在"物权编"中,除列有"通则"外,还有"所有权""地上权""永佃权""地役权""担保物权",在各章之下还有"动产所有权""不动产所有权""债权""动产质权""不动产质权"等,这些"权"术语共同构成《大清民律草案》的核心内容,也是清末民法的核心组成部分。

从《大清新刑律》与《大清民律草案》所使用的术语的情况来看,这些新术语是构成这两部法典的重要部分,法典的核心法律思想、法律规定都是由这些法律新术语来体现的。因此,我们说清末"法、刑、罪、权"术语群构建起了清末新的法律体系范畴。

(二)清末"法、刑、罪、权"新术语群揭示了清末新的法律体系的法律渊源

据《中国大百科全书·法学》中的解释:法律渊源,简称法源。语源来自

---

① 俞江.《大清民律草案》考析[J].南京大学法学评论,1998年(春季号):156.
② 怀效锋.清末法制变革史料:下卷 刑法·民商法编:大清民律草案[G].李俊,王志华,王为东,等,点校.北京:中国政法大学出版社,2010:510.

罗马法的 fontes juris,意即法的源泉。这个术语在法理学中的使用并不完全一致,有的是在法的本质意义上使用,即指明法形成的力量从何而来;对于法的渊源更主要更普遍的认识是指法的创立形式,即法是由何种国家机关、通过何种方式创立的,表现为何种法律文件的形式,抑或是被国家认可的习惯,也就是"形式渊源",包括成文法(如宪法、法律、行政法规、地方性法规),不成文法(如习惯法、判例、法理)。① 就第二种关于法的渊源的理解,根据张文显的观点,目前我国法学界对"法的渊源"的认识还未达到理论上的共识,主要有两种不一致的说法:即"立法中心主义说"和"司法中心主义说"。"立法中心主义说"是把"法的渊源"看成立法机关制定法律所依据的材料,主张把"法的渊源"和"法的形式"分开;"司法中心主义说"认为"法的渊源"特指法官用于裁判的法律。张文显认为上述两种观点都有一定的道理,也都有不足之处,应该将二者结合起来,并且从法的渊源的构成要素上指出"法的渊源"的科学内涵。② 法的渊源包含两个不可分割的要素:"一是其与法的效力的直接联系;二是指现行的法律文件须有一定的法律表现形式。"③这两个要素缺一不可。第一,法的渊源必须与法律效力直接联系,只有能够产生法律效力的法律文本或条款,才有可能成为法的渊源,这其实是从立法的角度对法的渊源的认定,但同时也是立法和司法的必然要求。除了被废除或者被修改的法律规范,或者是已经失效的法律历史文献外,其余的法律规范都是有法律效力的。促使法律规范产生法的效力的最为关键的因素就是国家的强制力。尽管传统的影响、道德的约束、习惯的趋势等都会促使法律规范产生效力,但是这些都远远不及国家的强制力,没有国家的强制力作为后盾,法律是很难适用和执行的。第二,任何具有法律效力的规范性文件或非规范性文件,都必须有一定的法律形式,并且要求法律文件的内容和形式必须是一致的、统一的,凡是有法律文本的法律,都要有一定的表现形式。

综上,法的渊源既可以指法的来源,即法的形成,也可以指法的形式,即各种成文法与不成文法。清末"法、刑、罪、权"新术语群可以从上述这两个方面指明清末新的法律体系的法律渊源。我们以《大清民律草案》为对象来分析一

---

① 中国大百科全书出版社编辑部.中国大百科全书:法学[Z].上海:中国大百科全书出版社,1984:86.
② 张文显.法理学[M].北京:高等教育出版社,2001:52-53.
③ 张文显.法理学[M].北京:高等教育出版社,2001:53.

下其术语如何反映了清末民法的法律渊源。

首先,《大清民律草案》中的术语反映了清末民法法源为日本明治时期民法的事实。《大清民律草案》在制定过程中,聘请了日本法学专家如松冈义正等,故其不可避免地受到日本民法思想的影响。从内容上来看,《大清民律草案》与日本明治时期民法典如出一辙。如对"所有权"的认识,日本明治时期民法典将"所有权"定义为"所有人于法令限制的范围内,有自由使用、收益及处分所有物的权利"(第206条)。① 《大清民律草案》将"所有权"定义为"所有人于法令之限制内得自由使用、收益、处分其所有物(第983条)"。可见,两部民法典对于"所有权"的认识是基本一致的。从语言和词汇上来看,中日两国文字关系密切,清末"法、刑、罪、权"新术语群中的绝大部分源自日本,如"所有权""债权""物权""质权""不动产所有权""动产所有权""不动产质权""动产质权"等,都是来自日本明治时期民法典的法律术语。所以,从法律形成的来源上看,清末民法源自日本明治时期的民法。

其次,从法律形式上来看,清末民法中的术语也是构成法律渊源的重要部分。《大清民律草案》是经由统治阶级制定的规范性法律文件,其制定及执行以国家强制力为后盾,其为具有法律效力的法律规范性文件。作为成文法,《大清民律草案》是清末民法的表现形式,《大清民律草案》与一定的法律效力相联系,又具有一定的法律表现形式。因此,我们说《大清民律草案》从"形式法源"的角度来看,是法律渊源的构成形式之一,即表现为法律法规的成文法。清末民法术语是《大清民律草案》的主要组成部分,通过对"权"术语群等民法术语进行解释,规范其适用范围,从而实现《大清民律草案》的规范目的和调整目的,因此,清末民法术语也是构成清末民法法律渊源的重要部分。

清末"法、刑、罪、权"新术语群与清末法律的法律渊源有着密切的关系。从法律生成的角度来看,清末"法、刑、罪、权"术语群揭示了清末新的法律体系的来源;从法律形式的角度来看,清末"法、刑、罪、权"新术语群是清末法律渊源的重要组成部分。也正因为如此,才使得清末"法、刑、罪、权"新术语群具有了无上的权威性,使清末新的法律体系能够在更大范围内发挥作用,尽可能地以"法治"代替"人治"。

---

① 孟祥沛.《大清民律草案》法源辨析[J].清史研究,2010(4):105.

四、促进了近代法学教育的发展

新的法律体系范畴的确立,是法律体系朝着规范化方向发展的标志。新的法律体系逐渐完备,这就需要发展法学教育来推广新的法律体系,促进法律体系改革的深入。法学学科并不是中国的传统学科门类,法学学科开始于近代。因为清末"法、刑、罪、权"新术语群具有记录、发现、传播法律新知识的功能,因此近代法学学科的确立与清末"法、刑、罪、权"新术语群的生成,有着密切的关系。

(一)中国学术之分科传统

关于中国近代学术分科与近代知识体系的研究,左玉河等学者已经取得了一定的成果。本书主要采用借鉴左玉河的研究成果。左玉河指出,中国近代意义上的学术分科和学术门类是清末受西学影响而逐渐形成的,但是关于学科分类的观念,早在先秦时期就已经存在了。在先秦时期,"分类"观念已经产生并且相当发达,这与社会分工的出现与细化密切相关。学术在这种社会分工逐渐细化的模式影响之下,也开始分类分科。百官各司其职,掌管典籍的史官也各有各的管辖范围,《周礼》中对史官的分工做了详细的规定:"内史掌王之八枋之法,以诏王治……外史掌书外令,掌四方之志,掌三皇五帝之书,掌达书名于四方。……小史掌邦国之志。"可见,西周时已有外史、小史、内史之专业分工,这种约略的分类观念应用于典籍目录上,知识分类带来的学术分科也随之自然而然地产生。近代目录学家姚名达说:"分类之应用,始于事物,中于学术,终于图书。"①中国有自己一套独特的分科体系和知识系统,这套分科体系和知识系统,集中体现在典籍分类上。典籍既是知识的总结,又是学术思想发展的载体,如《七略》所包含的分类观念和分科思路、《隋志》所体现出的隋唐时期的学术分类体系以及《四库全书总目》所呈现出来的明清时期的知识系统,不同时期的学科分类观念及知识系统都由这一时期的典籍体现出来,所以说中国的学术分类"终于图书"。基于此,左玉河认为中国自古就有自己独特的学术分科体系,并且特点鲜明:

---

① 姚名达.中国目录学史[M].上海:商务印书馆:1938:63-64.转引自左玉河.从四部之学到七科之学——学术分科与近代中国知识系统之创建[M].上海:上海书店出版社,2004:9.

中国学术分科，主要是以研究者主体(人)和地域为准，而不是以研究客体(对象)为类分标准；其研究对象主要集中于古代典籍涵盖的范围内，并非直接以自然界为对象；中国学术分科主要集中在经学、小学等人文学科，并非如近代西方集中于社会科学及自然科学领域。换言之，中国自先秦时期起就有着强烈的学术类分观念，不仅存在着一套不同于西方近代式的分科体系，而且存在着不同于近代学科分类的独特知识系统。①

中国自先秦就有学科分类的观念存在，但是先秦的学科分类与西方的学科分类差别很大，主要是"以学统人"，以人为单位而非以"学"(知识)为单位。学者傅斯年对此做了如下论述：

中国学术，以学为单位者至少，以人为单位者较多，前者谓之科学，后者谓之家学；家学者，所以学人，非所以学学也。历来号称学派者，无虑数百：其名其实，皆以人为基本，绝少以学科之分别，而分宗派者。纵有以学科不同，而立宗派，犹是以人为本，以学隶之，未尝以学为本，以人隶之。弟子之于师，私淑者之于前修，必尽其师或前修之所学，求其具体。……诚以人为单位之学术，人存学举，人亡学息，万不能孳衍发展，求其进步。学术所以能致其深微者，端在分疆之清；分疆严明，然后造诣有独至。西洋近代学术，全以科学为单位，苟中国人本其"学人"之成心以习之，必若枘凿之不相容也。②

关于中西方学术分类发展的差别，钱穆做出如下评论：

西方学术则惟见其相异，不见其大同。天文学、地质学、生物学，界域各异。自然学如此，人文学亦然。政治学、社会学、经济学、法律学，分门别类，莫不皆然。学亦致用，而所用之途则各异。学亦求真，而无一大同之真理。故西方之为学，可以互不相通，乃无一共尊之对象。③

---

① 左玉河.先秦分类观念与中国学术分科之特征[J].学术研究,2005(4):52.
② 傅斯年.中国学术思想界之基本误谬[J].新青年,1918,4(4).转引自左玉河.先秦分类观念与中国学术分科之特征[J].学术研究,2005(4):53.
③ 钱穆.再论中国文化传统中之士[M]//国史新论.北京:生活·读书·新知三联书店,2001:202.转引自左玉河.先秦分类观念与中国学术分科之特征[J].学术研究,2005(4):54.

中国学术以研究主体(人)为分派标准,西方学术以研究对象为分科标准,所以西方学术门类都有其明确固定的研究范围,有特定的研究对象,而中国则没有。中国学术强调打破学科界限,重视"通",而西方学术有各自的研究范围,分类清晰,强调"别"。

如钱穆所述,"法律学"是西方的学科门类之一,法学作为专门的学术门类,并不是中国固有的学术门类,而是鸦片战争后由西方传入的,尽管先秦已经出现法家,法家学术在后世被称作刑名之学,但这与清末的法学学科还是相距甚远的。

(二)近代法学学科的确立

近代意义上的法学是在鸦片战争以后传到中国的,清末法学学科的发展始于国际法的引入。

在鸦片战争期间,林则徐组织人摘译了滑达尔的《各国律例》,这是官方翻译西方法律之始。随后京师同文馆教习丁韪良翻译了《万国公法》,其成为京师同文馆的国际法学教科书。19世纪末的法学以翻译西方的国际法著作为主,清末法学开始时基本上仅为一科,即国际法。

左玉河指出,20世纪初,随着翻译外国法律书籍的增多,清末法学进入全面发展的阶段。尤其在沈家本主持修订法律馆期间,西方法典和法学著作得到了大规模的翻译。这些译著涉及宪法、议院法、众议院议员选举法、刑法、刑事诉讼法、民事诉讼法、行政法、行政审判及诉讼法、法院组织法、税务法、所得税法、监狱法、警察制度、出版法、新闻法、公司法、矿业法、海军刑法、陆军刑法、国际公法、国际私法、婚姻法、法医学等数十种部门法及单行法规。西方法学的许多科目,如刑法与刑法学、民法、经济法、诉讼法、监狱学等均得到引进。[①] 西方法典和法学著作的翻译,丰富了法学学科体系的内容,使清末法学不再单一地以国际法为主,而是包含了刑法、民法、诉讼法、经济法等多个法学学科门类。

随着清末法学的发展,法学作为一门新学科开始设立。由于"法科为干禄之终南捷径",因此,法政学院及大学的法科专业得到社会自上而下的重视,并迅速发展。

---

① 左玉河.从四部之学到七科之学——学术分科与近代中国知识系统之创建[M].上海:上海书店出版社,2004:269.

下面以《法律学堂章程》对各学年课程的设置为例,指明清末法学教育的系统与完备。第一学年科目:大清律例及唐明律、现行法制及历代法制沿革、法学通论、经济通论、国法学、罗马法、民法、刑法、外国文、体操。第二学年科目:宪法、刑法、民法、商法、民事诉讼法、刑事诉讼法、裁判所编制法、国际公法、行政法、监狱学、诉讼实习、外国文、体操。第三学年科目:民法、商法、大清公司律、大清破产律、民事诉讼法、刑事诉讼法、国际私法、行政法、财政通论、诉讼实习、外国文、体操。① 至于在各省课吏馆增设的仕学速成科的课程安排则是:大清律例及唐明律、现行法制及历代法制沿革、法学通论、宪法大意、刑法、民法要论、商法要论、大清公司律、大清破产律、民刑诉讼法、裁判所编制法、国际法、监狱学、诉讼实习等。②

清末法政学堂的课程设置与京师同文馆的法律课程设置已经有很大的不同,课程设置更加全面,基本上包含了法律体系的各个部门法。通过法律理论的教学,全面培养清末法政人才。自此,法律作为一门独立的学科正式确立下来,成为清末学术体系必不可少的一个组成部分。

清末"法、刑、罪、权"新术语群记录并规范了清末法学的理论及研究方法,使清末法学成为清末学术体系中独立的学科。尽管清末法学的学科理论、方法都是源自西方和日本的,清末"法、刑、罪、权"术语群基本上是译语,但是这些清末"法、刑、罪、权"新术语群同样对20世纪之后的中国法学的发展起到了不可或缺的作用。

关于法律术语于法学学科的重要意义,李贵连在《20世纪初期的中国法学(续)》中曾这样说道:

> 语言文字是学术的载体,没有相应的近代法律语言词汇,近代法学的创建就将是一句空话。19世纪的创制和黄遵宪从日本拿来的刑法和诉讼法方面的新词,除了数量远远无法适应构建近代法学的需要以外,这些新词也有待进一步规范并取得社会的认同。因此,20世纪法学,从一开始,一直到现在,都在不断地对应西方法律词汇,创制中文(汉文)法律新词。从某种意义上来说,新词量的多寡和新词本身是否规范准确,是否符

---

① 林明.清末"新政"与近代法学教育[J].山东大学学报(哲学社会科学版),2001(6):46.
② 林明.清末"新政"与近代法学教育[J].山东大学学报(哲学社会科学版),2001(6):46.

合中国的习惯,直接影响中国法学学术的广度和深度。①

清末"法、刑、罪、权"新术语群具有认知功能,能够记录、发现、传播清末法律新知识,在清末法学学科形成的过程中,起到重要的媒介作用。在清末法学发展的过程中,其理论的表述、研究方法的论证,都离不开清末"法、刑、罪、权"新术语群这一重要的语言工具。

五、推动了清末法律知识化进程

当代的法学研究成果告诉我们,法律知识化是法律发展的必然前景。在知识社会的背景下,法律已经成为一个复杂的、多维发展的统一体,知识化维度是其中的重要一翼。② 清末"法、刑、罪、权"新术语群通过给新的法律概念命名并记录新的法律概念,使得相关法律新术语能够记录清末法律新知识,由此形成的知识形态构成了清末新的法律体系发展的主体形象。

(一)清末"法、刑、罪、权"新术语群是清末法律新知识的载体

清末法律新知识的传播和发展,需要以法律术语为载体,清末"法、刑、罪、权"新术语能够记录、发现、传播法律新知识,所以,清末"法、刑、罪、权"新术语群是清末法律新知识的载体。

1.清末"法、刑、罪、权"新术语群能够记录清末法律新知识

要运用法律概念,首要就要给这个法律概念一个名字,从清末"法、刑、罪、权"术语群的一般性功能来看,其具有命名的功能。从形式上来看,清末"法、刑、罪、权"新术语群命名的是一个概念,但是从内容上来看,清末"法、刑、罪、权"术语群记录的是概念所反映的专业知识,也就是说,清末"法、刑、罪、权"新术语群具有记录知识的功能。清末"法、刑、罪、权"新术语群为清末法律新概念命名,进而可以在清末法律语境中使用这个概念,人们认知到的概念由于被相应的法律术语固定下来而成为人们的思维对象,人们借助这些清末"法、刑、罪、权"新术语群来感知、熟悉、衡量、甄选清末法律新知识,从而将清末法律新知识固定下来。因此,清末"法、刑、罪、权"新术语群蕴含着当时人们对于法律新知识的认知。例如"刑"术语群,记录了清末刑法中的新的刑罚知识,这与中

---

① 李贵连.20世纪初期的中国法学(续)[J].中外法学,1997(5):3.
② 姜涛.法律发展与法律知识化[J].法律科学(西北政法大学学报),2008(4):12.

国传统社会中的刑罚知识已经有了天壤之别。

传统法律中的刑名术语从命名上来看,基本上是以刑罚的工具和行刑方式命名的,例如:

以施刑的刑具命名,如笞、杖、鞭、枷、夹棍、站笼等。
以施刑方式或过程命名,如墨、劓、剕、醢、烹、鬼薪、白粲、支解、凌迟等。
以施刑的结局命名,如枭首、著即求、求即死、求破家、死刑等。[①]

中国传统法律体系中的"刑"术语都表现为具体的刑名术语,可以说刑罚系统即为刑名系统。这些刑名术语反映了中国传统刑罚重视酷刑的法律观念。"中国古代社会的刑罚,实际上是以制造、加剧、延长受刑者痛苦为目的,想方设法制造出血淋淋的场面,以达到震慑犯罪的效果,从而体现国家法律和暴力惩戒的威慑力。"[②]根据中国传统刑名术语在不同发展阶段的特点,可以将其分为旧五刑和新五刑。所谓旧五刑是指中国奴隶社会时期所形成的以肉刑为主要对象的刑名体系,即墨刑、劓刑、剕刑、宫刑、大辟,这些刑罚是社会发展到阶级社会的产物,"天罚""天授"是这一时期的法律指导思想,因此其刑罚表现为残酷的肉刑。"旧五刑刑名体系的最大特质就是肉刑占据显要位置,除大辟为生命刑外,其他四种刑名都是肉刑,或称身体刑,即都是以残害人的肌肤、身肌体或机能为对象的,故其残酷性和非人道性可见一斑。"[③]所谓新五刑是指进入封建社会之后所订立的刑罚体系,即笞刑、杖刑、徒刑、流刑、死刑。无论是新五刑还是旧五刑,其术语所反映出的传统刑罚即为暴刑、酷刑,而清末"刑"术语群,即"死刑""徒刑""有期徒刑""无期徒刑""罚金""没收"等术语,反映的是具有人道主义关怀的刑罚观念。传统的表示酷刑的刑名术语被新的"刑"术语群所取代,反映出传统的刑罚方式被新的刑罚方式所取代。这些新术语记录了清末法律中新的刑罚方式,并固定为人们所熟悉的知识,进入清末新刑法体系之中。所以,我们说清末"法、刑、罪、权"新术语群能够记录清末法律新知识。

清末"法、刑、罪、权"新术语群不仅能够记录清末法律新知识,还包括记录

---

① 杨阳.中国古代刑罚命名变态现象之初探[J].修辞学习,2005(2):41.
② 杨阳.中国古代刑罚命名变态现象之初探[J].修辞学习,2005(2):41.
③ 徐岱.中国刑名及刑罚体系近代化论纲[J].吉林大学社会科学学报,2001(6):16.

清末法律新知识水平的功能。清末法律新知识的发展有赖于清末"法、刑、罪、权"新术语群所表达的概念的发展,因此,清末"法、刑、罪、权"新术语群能够记录清末法律新知识的发展水平。例如"刑法"这一术语,最初在《新尔雅》中表示"对被治者之不法行为,科以一定恶报者",后来在《汉译法律经济辞典》中表示"定犯罪,与刑罚关系之法律"。两部词典对于"刑法"的解释是不同的,《新尔雅》侧重"恶报",这还是传统法律刑法观的体现,即强调复仇、报应;而《汉译法律经济辞典》则明确了"刑法"的内涵,即刑法是规定犯罪和刑罚关系的法律。两部词典对于同一术语解释的不同,反映了人们对于刑法认识的深入,反映了清末法律知识的发展过程。

2.清末"法、刑、罪、权"新术语群能够揭示清末法律新知识

清末"法、刑、罪、权"新术语群能够记录清末法律新知识,但是这不是清末"法、刑、罪、权"新术语群最为重要的认知功能,其最重要的认知功能是揭示新知识,也就是与清末"法、刑、罪、权"新术语群的聚合关系相关的启智功能。

在构建清末法律知识体系的过程中,定义概念以及将概念分类是非常重要的任务。在将概念与指称它的术语建立联系的过程中,总会有一些概念已经被确定,但是还不够完善或者不够准确。"形式化领域所取得的成就常常伴随着理论的完全重建,直至理论被接受为止。"①清末"法、刑、罪、权"新术语群是清末法律学科理论的组成部分,是指称这些理论概念的手段,是一种认知结构。从某种意义上来说,是将清末法律理论中的抽象知识形式化的手段。人的理论活动往往针对的是客体的模式而不是客体本身,语言,尤其是术语,也可以参与人的理论活动,并且占有重要地位。孙寰认为,在术语进一步形式化的过程中,术语参与了理论活动并且会使理论模式日趋完善,"在笔尖上"搞发现也是有可能的,因为术语本身就是一种工具,科学和技术篇章通过术语之间的联系反映了事物和现象之间的客观联系。② 术语的启智功能就是术语参与科学认知和发现真理的功能,它是术语最重要的功能。清末"法、刑、罪、权"新术语群同样具有这样的功能,因此,清末"法、刑、罪、权"新术语群可以参与清末法律理论知识的建构活动,成为发现新知识的重要工具和手段。

术语可以通过其组合关系,阐述新知识,同样,也可以通过聚合关系,认识新知识。通过术语的聚合,可以明确术语概念的界限,建立术语之间的语义联系,进而使知识系统化,并在此基础上构建反映客体世界的认知形象。因此,

---

① 孙寰.术语的功能与术语在使用中的变异性[M].北京:商务印书馆,2011:53.
② 孙寰.术语的功能与术语在使用中的变异性[M].北京:商务印书馆,2011:53.

术语的启智功能还可以进一步分为系统化功能、模式化功能、诊断功能、传承功能和信息压缩功能。①

第一，系统化功能。语言中的词汇不仅有组合关系，还有聚合关系，术语也不例外。术语的聚合关系首先表现为层级关系，即上下位关系，另外还有联想关系。格里尼奥夫认为，在语言中，组织知识的最直观方式之一是把词汇单位划分成语义场。语义场通常被理解为从人类经验中划分出来的现实片段，在语言中相应表现为自足的词汇系统。语义场既可以表现为概念场，也可以表现为词汇场。概念场是围绕一个中心概念而组织起来的相关概念的体系，词汇场是有一个起连接作用的词派生的词群。② 其中，能够建立系统化知识的语义场是概念场。就清末"法、刑、罪、权"新术语群而言，其基本上是将上述两种关系的语义场融合在了一起，在每个术语群内部，术语与术语既有概念上的联系，又有词汇上的联系（"刑"术语群部分术语除外）。

清末"法、刑、罪、权"新术语群中的概念场分为两种：一种是层级场，即上下位关系语义场，如"诉讼法"之下有"民事诉讼法"和"刑事诉讼法"，"民法"之下有"继承法"和"亲属法"。在这两个语义场内，术语的地位是不平等的，"诉讼法"和"民法"的地位高于"民事诉讼法""刑事诉讼法"和"继承法""亲属法"，这两个语义场具有层级关系，是上下位语义场。另一种是联想义场，具有层级关系的语义场以概念分类为基础，而联想义场以概念的心理联想为基础，例如"罪"术语群中的各个术语，"侵犯皇室罪""外患罪""内乱罪""鸦片烟罪""赌博罪"等，都是以概念的相似性聚合在一起的，彼此之间的地位是平等的，因此是联想义场。由上述可以看出，术语的系统化功能其实就是术语分类并归类所对应的概念的功能，术语具有系统性，因此，术语的系统性功能是其固有功能。英国语言学家克劳夫特（W. Croft）认为，人不仅能够认识、发现客观现实，而且还能够为了具体的目标以某种方式积极地、有目的地组织它。③ 术语不仅反映概念，而且经过术语的聚合，能够进一步反映概念系统。术语不仅指称概念的内涵和外延，还反映出其所指称的概念在概念系统中的位置。清末"法、

---

① 本书借鉴了孙寰的观点，但是有所调整。孙寰将启智功能分为：系统化功能、模式化功能、预示功能、累积功能、法律功能五类。孙寰. 术语的功能与术语在使用中的变异性[M]. 北京：商务印书馆，2011：53-65.

② 格里尼奥夫. 术语学[M]. 郑述谱，等，译. 北京：商务印书馆，2011：235.

③ Croft W. Syntactic categories and grammatical relations: The Cognitive organization of information[M]. Chicago, London, 1991: 271. 转引自孙寰. 术语的功能与术语在使用中的变异性[M]. 北京：商务印书馆，2011：54.

第七章 清末"法、刑、罪、权"新术语群的应用范围与应用价值

刑、罪、权"新术语群不仅能够指称清末法律新概念,而且能够给清末法律新概念都贴好标签,使它们站在自己的位置上,看到术语,就知道其所对应的法律概念在法律体系中的位置。

第二,模式化功能。清末"法、刑、罪、权"新术语群从构词上来看,形成了固定的词语模,因此其随之具有了能产的属性,进而又使得清末"法、刑、罪、权"新术语群具有了模式化功能。"模式"指的是根据原型抽象概括出来的同类事物或现象的家族相似性。类推是建立模式的重要手段,它能够表现出事物或现象之间的相似性,进而建立彼此之间的关系。例如"权"术语群的生成与类推密切相关。根据《新尔雅》的解释,"权利"是"人之生存为法律所保护者"。这一解释基本上抓住了"权利"的内涵,那么以此为原型,将"物权""债权""地上权""地役权""选举权"等聚合在一起,把这些术语看作是"权利"这个大家庭的家庭成员,找到这个家庭的家族相似性,建立模式,随着社会关系的变化,就可以将具有同样家族相似性的术语创造出来,并且更容易让人们对新术语产生熟悉感,并快速掌握。

第三,诊断功能。术语具有模式化功能,因此,在很多情况下,术语有助于仿照现有概念而催生新概念,有助于依据相应术语形式的相似性以确定相近概念之间的联想关系。术语的模式化功能使术语具有了诊断的能力,可以进一步诊断学科的发展水平。清末"法、刑、罪、权"新术语群以借用术语为主,而在其引入之初,以音译外来词为主,也就是说,人们还不能正确认知西方的法律知识,只能原样引入,对术语的语义内涵也不甚了了,只能先用音译的形式记录下来。但是,随着法律新知识传播的深入,人们对西方的法律知识有了较为系统的认识,因此,法律术语由音译转为意译,特别是在日本明治时期的法律体系的影响之下,越来越多的法律术语在翻译引入的过程中,采用借形和意译的形式。法律术语由音译转为意译,说明人们对于法律知识认识的深入,也体现了清末法律知识体系的发展,因此,我们说清末"法、刑、罪、权"新术语群具有诊断的功能。

术语既然能够诊断,那么也就可以进行预测。正如格里尼奥夫所说:"分析术语状态以揭示空缺,研究术语的运用(术语的频率)有助于揭示学科未来的发展方向、预测科学知识的发展。"[①]

第四,传承功能。尽管清末"法、刑、罪、权"新术语群基本上是由借用术语构成的,但是也包含一部分中国传统法律体系中的固有术语,如"刑法""死刑"

---

① 格里尼奥夫.术语学[M].郑述谱,等,译.北京:商务印书馆,2011:238.

"徒刑""罚金",这些法律术语所表达的概念是法律体系由传统发展到清末的历史印记。经由这些法律术语,我们可以了解和认识中国传统法律体系的性质和特点。所以,我们说,清末"法、刑、罪、权"新术语群具有传承功能。

第五,信息压缩功能。我们说清末"法、刑、罪、权"新术语群基本上是由2~4个音节构成的,所以,若要在有限的音节内表达复杂的法律概念,那么术语需要具备一定的信息压缩功能才能够实现。例如关于"鸦片烟罪",《大清新刑律》做出如下规定:

第二十一章　鸦片烟罪

第二百六十六条　制造鸦片烟,或贩卖,或意图贩卖而收藏,或自外国贩运者,处三等至五等有期徒刑,并科五百圆以下罚金。

第二百六十七条　制造吸食鸦片烟之器具,或贩卖,或意图贩卖而收藏,或自外国贩运者,处四等以下有期徒刑或拘役。

第二百六十八条　税关官员或其佐理自外国贩运鸦片烟或吸食烟片烟器具,或纵令他人贩运者,处二等或三等有期徒刑,并科一千圆以下罚金。

第二百六十九条　开设馆舍,供人吸食鸦片烟者,处四等以下有期徒刑或拘役,并科三百圆以下罚金。

第二百七十条　意图制造鸦片烟而栽种罂粟者,处四等以下有期徒刑、拘役或三百圆以下罚金。

第二百七十一条　吸食鸦片烟者,处五等有期徒刑、拘役或一千圆以下罚金。

第二百七十二条　巡警官员或其佐理当执行职务时,知有前六条之犯人,故意不即与相当之处分者,亦依前六条之例处断。

第二百七十三条　收藏专供吸食鸦片烟之器具者,处一百圆以下罚金。

第二百七十四条　第二百六十六条至第二百七十一条之未遂犯,罪之。

第二百七十五条　犯第二百六十六条至第二百七十二条之罪者,得褫夺公权。官员犯者,并免现职。①

---

① 怀效锋.清末法制变革史料:下卷　刑法·民商法编:大清新刑律[Z].李俊,王志华,王为东,等,点校.北京:中国政法大学出版社,2010:489.

根据《大清新刑律》所述,制造、贩卖或意图贩卖鸦片烟或鸦片烟器具、开设鸦片烟馆、为制造鸦片而种植罂粟、吸食鸦片、收藏鸦片烟器具等行为,都属于鸦片烟罪。"鸦片烟罪"这一术语包含了丰富的语义信息,通过"鸦片"一词还原了一个与之相关的情景,引入物性结构,使"鸦片烟罪"本身包含的全部信息压缩进了"鸦片烟罪"这一个术语中,诸如此类的还有"危险物罪""外患罪"等全部的"罪"术语。所以,我们说清末"法、刑、罪、权"新术语群具有信息压缩功能。

3.清末"法、刑、罪、权"新术语群能够传播清末法律新知识

清末法律新术语能够记录并发现其所对应的清末法律知识体系中的新知识,并将知识体系系统化。术语将学科的知识概念化,并以固定的形式记录下来,这是人们对客观世界的认知成果,因此,术语是约定俗成的,是具有普遍性的专业知识的概念指称。知识一经术语化固定,则可以进行传播,所以我们说术语具有传播知识的功能。清末"法、刑、罪、权"新术语群作为记录清末法律新知识的语言工具,也能够传播清末法律新知识。例如,在中西方法律知识最初交流的时候,只是少部分人能够站在时代潮流的最前端去开眼看世界,对于大部分人来说,依然固守着传统的法律思想。例如罗存德的《英华字典》中就已经有了"民法"一词,但是没有引起人们的重视,这部字典传到日本之后,则引起了日本人的重视,日本人将"民法"这一术语的用法固定下来。再如丁韪良最初采用了"权利"与"right"对译,把"权利"的思想引入中国,随之通过报纸杂志、法律教科书的翻译传播"权利"知识和思想。随着清末"法、刑、罪、权"新术语群的传播,人们对西方法律文化知识的了解也越来越多,人们知道何为"权利",知道"宪法"的内涵,知道"民法"是最为重要的私法。清末"法、刑、罪、权"新术语群使清末法律新知识得到普及,并且引起人们思想上的变革,人们认识到只有变革旧律才能使国家走上富国强兵的道路。随着清末法律新知识的传播,清末法学学科逐渐建立起来。

(二)清末"法、刑、罪、权"新术语群促进了法律知识化进程

从知识社会学的角度来看,法律和知识有着密切的关系。在法律发展中,"就其统一性而言,是知识的真理性和实用性决定了自身的规则性。如果一种知识不包含真理性和实用性,它就不是知识,也就不会在日常生活与社会实践中被人类使用,使其具有权威性,形成知识性法律。法律与知识的这种紧密关系在于知识为法律成为科学提供了系统的理念、概念、理论和方法体系。法律

与知识的关联属性因突出了法律的信息性、公共性、国际性之特质,而使法律发展趋向了理性、民主与科学"①。姜涛认为,法律和知识彼此独立但又互相制约,法律通过知识可以得到加强或者削弱,而知识通过法律可以得到传播或者抑制。所谓"法律知识化"指的是法律的生成与运作必须借助知识才能得到令人信服的说明与确证。② 也就是指法律发展本身的知识性及其理解过程,法律知识化是一种思维模式。新的法律观念的产生、近代法律教育的兴起,这些都是法律知识化运作的产物,不仅如此,法律知识化还体现在法律的权力效力上。法律知识化的形成必须借助法律术语才能实现。

法律知识化是由法律教育来完成的,反过来法律教育也可以促进法律知识化的发展。法律的发展促进法律知识的形成,法律知识的形成又是法律理性化发展的保障,法律只有朝着理性化方向发展,才能够促进法律知识的科学化,法律知识的科学化又进一步使得法律体系科学化,产生科学的法律。清末"法、刑、罪、权"新术语群记录、发现、传播了丰富的法律知识,这是法律成长的基因,"把知识原则引入法律领域,从而实现了法律发展的革命性变革,有力地推动了法治社会、和谐社会的构建进程"③。法律知识不仅是法律成长的基因,还是法律成长的基础,知识的互动和激励是法律成长的动力,主题知识共享是法律成长的条件,知识结构是法律价值提升的要素。④

法律知识化的形成是法律发展的最高阶段,法律知识的形成有利于培养公民的守法意识,而守法意识又是最高的守法形态,形成了知识化的法律是社会大众所普遍接受和认可的法律精神的核心,是推动整个社会的法律体系朝着规范化、自觉化方向发展的有力保障。

张先昌、姜涛认为,权利是法律知识化实现的信任机制。清末社会正走进权利的时代,在这个时代里,人的尊严和自由借助权利语言逐渐成为社会进步和制度建设的核心价值;人的愿望和要求通过转换为权利诉求而更多地依赖常规化、程序化的立法活动、司法诉讼和行政管理来实现,而非更多地依赖道

---

① 姜涛.法律发展与法律知识化[J].法律科学(西北政法大学学报),2008(4):12.

② 刘建军.中国现代政治的成长——一项对政治知识基础的研究[M].天津:天津人民出版社,2003:182.转引自姜涛.法律发展与法律知识化[J].法律科学(西北政法大学学报),2008(4):14-15.

③ 张先昌,姜涛.知识社会视角下的法律知识化与法律科学成长[J].法学杂志,2008(1):102.

④ 张先昌,姜涛.知识社会视角下的法律知识化与法律科学成长[J].法学杂志,2008(1):102-103.

德关怀、行政裁量、社会运动乃至暴力革命来达成；治理不仅因为民主权利的效能而逐步走向自治，而且因为以私人权利为公共权力的边界而必须走向法治，确立权利至上的法治观念。这是清末"法、刑、罪、权"新术语群最核心的应用价值所在。

小　结

在本章中，我们分析了清末"法、刑、罪、权"新术语群在法的运行中的应用情况，并在此基础上分析了清末"法、刑、罪、权"新术语群的应用价值。清末"法、刑、罪、权"新术语群丰富了清末的法律概念，改变了人们旧有的法律观念，构建了清末新的法律体系，奠定了近代法律教育的基础。清末"法、刑、罪、权"新术语群最为核心的应用价值就是推动并实现法律的知识化进程，因为只有真正实现了法律的知识化，清末新的法律体系才能朝着科学化的方向发展，法律教育才能趋于规范，新的法律体系的功能和价值才能够显现出来。

结　论

　　语言和文化有着密切的关系，语言是文化的载体，文化由语言来记录和传承。法律制度作为制度文化中最为重要的组成部分，是上层建筑的核心内容，法律体系关乎国家的长治久安。我国的法律制度始于奴隶社会，在封建社会日趋成熟。传统的中华法系，其体系之严密、制度之完备，堪称世界古老法系中的典范，以至当今西方的法学家都对此赞叹不已。

　　法律制度应与社会生产力发展水平相一致，并且服务于与生产力发展水平相一致的生产关系。在漫长的封建社会中，中国传统法律体系在以土地所有制为经济基础的生产关系下，与生产力发展水平基本上保持一致，而且历朝历代也都非常重视法律的作用，经常修律以适应本朝之统治。因此，中国传统法律体系在传统社会中能够稳定地发展，以此为基础发展起来的中华法系得以统治中国数千年。

　　清末以降，西方工业革命后的文明传入中国，中国自给自足的小农经济模式遭到了破坏，资本主义萌芽出现，原有的传统法律制度已经与社会生产力发展水平相脱节。特别是随着西方列强的入侵，中国与其他国家，中国人与外国人的纠纷越来越多，传统法律体系在处理这些纠纷时捉襟见肘，更不被其他国家认可。因此，迫于朝野内外的压力，清政府不得不宣布按照西方国家的法律体系，变法修律，以期能够得到西方国家的认可，收回主权，维护统治。

　　在清政府自上而下推行修律的过程中，日本变法成功的经验引起了清政府的高度重视。清政府派遣大量留学生赴日本修读法律，留学生们本着救国图强的愿望，勤于学习，将所学搬回国家以报效朝廷。在留学生积极地翻译和搬运活动中，日本明治时期法律体系中的法律术语被引介到中国。清末法律新术语主要以汉译法律教科书为载体并在清末进行广泛传播，其传播对象为各类法政学堂的学生，这些学生学有所成后往往会积极投身仕途，其中部分人更是直接参与了清末新律的编定。

　　清末"法、刑、罪、权"新术语群以汉译的法律教科书为传播载体，以法政学生为传播对象,在法政学生的推动之下,这些法律新术语得到进一步推广,并最终成为清末所修订的各类新律,如《大清刑律草案》《大清新刑律》《大清民律草案》等新法典的核心术语。这些新术语的引入与生成对于构建清末新的法律体系来说,具有重要的意义。根据法律新术语在清末新颁布的法令法规中的使用情况,我们确立了其中一些具有代表性的术语以及以此为核心构成的术语群,分析这些术语群的引入与生成过程,解释这些术语语义范畴演变的特点及原因,并且深入探讨这些清末"法、刑、罪、权"新术语群在清末新的法律体系构建中所发挥的重要作用。通过对清末"法、刑、罪、权"新术语群生成及语义范畴演变的分析,我们探索到一条关于研究语言与文化关系的新思路,并且初步形成了一套研究模式,但是因为时间的关系以及我们的学科背景还不够丰富,我们的研究还有待进一步深入。

一、各章节主要内容及观点的总结

本书一共分为9部分,除去绪论和结论部分,共有7章,这7章构成这部书的主体内容,而且从内容上来看,这7章的逻辑关系极其紧密。

在绪论中,我们对现有的研究成果做出了总结,并指出了本书的创新之处,研究理论、研究方法以及文献依据。

在本书的第一至第四章中,我们描写了清末"法、刑、罪、权"新术语群的形成及其语义范畴的演变。关于每一个术语群的形成和语义范畴的演变的描写,我们都是从该术语群核心语素的语义演变入手的。核心语素与术语群内部的其他术语具有上下位的语义关系,正所谓牵一发而动全身,上位词的语义变化对于下位词来说,至关重要。因此,我们都从每一个术语群的上位词的语义演变出发,以术语之间的语义关系为基础,深入分析清末"法、刑、罪、权"新术语群的生成及语义范畴的演变。

在第五章中,我们分析了清末"法、刑、罪、权"新术语群的共性特征和差异性特征。我们从词位、义位、语义成分这三个角度分析了清末"法、刑、罪、权"新术语群演变上的共性特征;从来源、构词方式等方面分析了清末"法、刑、罪、权"新术语群语言上的共性特征;从表意、释义方式等角度分析了清末"法、刑、罪、权"新术语群的表意的共性特征。我们又站在词群的角度,分析了清末"法、刑、罪、权"新术语群演变的差异性,从清末"法、刑、罪、权"新术语群关系范畴的角度,分析了清末"法、刑、罪、权"新术语群在法律体系中所处层级范畴之间的差异性。

在第六章中，我们结合对清末"法、刑、罪、权"新术语群生成及语义范畴演变的描写，从历史的角度，集合文献材料，解释了清末"法、刑、罪、权"新术语群生成及语义范畴演变的原因。清末"法、刑、罪、权"新术语群作为语言词汇系统的一部分，其演变的原因是多方面的，既有"内质因素"也有"外质因素"。所谓"内质因素"指的是语言内部的原因。从语言内部来看，有限的法律术语不能满足多样化的法律语义的表义需求，因此，新的法律术语随之产生，例如"权利"以及"权"术语群的产生。在中国传统法律体系中，没有"权利"所表达的概念，直到清末，随着西法的输入，西方法律体系中的"权利"概念才传入中国，在清末新的法律体系的建立过程中，人们把"权利"所对应的概念作为重要的法律内容编纂进了法典之中，"权利"及"权"术语群随之产生并确定为法律术语。除此之外，语义的消失也是清末法律术语演变的原因之一。比如旧有的"刑名"术语所对应的法律概念，在清末法律修订的过程中，都被删除了，因此，其所对应的法律术语也随之消失了。现有术语与法律概念的不对称性（法律术语不能满足法律语义的表义需求或者法律语义的消失）是清末法律新术语群生成的"内质因素"之一。语义内涵即语义成分的变化也是清末法律术语演变的"内质因素"。例如，"刑法"这一术语是对中国传统法律术语的继承，但是新的法律体系赋予了"刑法"新的含义。"刑法"在古代社会经历几千年的发展及应用，其语义由最初等同于"刑罚"的语义发展至等同于"法律"的语义。但是，在清末新的法律体系中，"刑法"的语义从指称"一切法律"的语义中分离出来，用于表示独立的一类法律部门法，指称"用于施以刑罚所依据的规章制度"这一语义内涵。"刑法"的语义由指称"刑罚"到指称"法律"再到指称"法律中的部门法"，其语义内涵不断发生变化，语义先扩大再缩小。"刑法"语义缩小，刑法的独立，使得"法"术语群其他术语的地位提高。例如在中国传统法律体系中，一直有民法，但是因为刑法地位很高，加之民法没有独立的法典，因此，民法一直依附于刑法。随着"刑法"语义的缩小，刑法在法律体系范畴中的地位降低，"民法"产生，民法与刑法在清末新的法律体系中处于同等地位，民法独立为与刑法平等的部门法。

清末"法、刑、罪、权"新术语群演变的"内质因素"还有语法因素。从来源上看，清末"法、刑、罪、权"新术语群基本上是由借用术语构成的，主要是借用自日本明治时期的法律术语。通过清末中日法律术语的比较，我们发现清末"法、刑、罪、权"新术语往往是将日本明治时期的法律术语中的假名去掉，按照汉语的构词规则改造后，直接借用的，所做的修改很少。这种借用属于直接借形，通过这样的借用方式，不仅能够直接生成清末法律新术语的汉语表达方式,还能够通过这些新生成的汉语法律术语概括抽象出固定的构词模式,即"词语模"。清末"法、刑、罪、权"新术语先借形,也就是先临摹,后抽象出构词规则。这种固定的构词模式具有能产性和规范性,使新的法律术语的命名不仅有了切实可以依循的构词规则,而且有了规范化的构词模式,这就使得法律术语的命名规范化、科学化。

所谓"外质因素"指的是促进清末"法、刑、罪、权"新术语群演变的语言外部原因,其中既有社会历史的客观因素,也有直接参与清末"法、刑、罪、权"新术语群引入与生成的主体因素,即人的因素。从大的环境上来说,传统法律体系的瓦解,清末新的法律体系的建立,是清末"法、刑、罪、权"新术语群演变的客观因素。清末社会,无论是政治、经济还是文化都发生了深刻的变化,旧有的法律体系无法解决新出现的经济纠纷、涉外纠纷等,旧有法律体系出现明显的滞后性;同时由于西方列强不断地入侵,清政府不得不组织人学习西法,变法修律。在清政府政治权力的积极推动之下,清末的西法输入可谓蔚为大观,大批留学生被送出国门学习西法,这些留学生翻译西方法律、译介西方法律著述,编译法律教科书,编纂法律词典,创办法政杂志,积极地通过各种手段传播西法,对清末"法、刑、罪、权"新术语群的引入、传播与定型发挥了重要的推动作用。

在第七章中,我们重点分析了清末"法、刑、罪、权"新术语群的应用范围和应用价值,分析了清末"法、刑、罪、权"新术语群在法的运行中的接受情况,并在此基础上,从清末新法律体系的建立、近代法学学科发展、法律知识化的角度,分析了研究清末"法、刑、罪、权"新术语群的应用价值。

二、延伸性的思考

通过本书的写作,我们已经基本摸索出了一些关于术语与专业学科研究的新方法,在对清末"法、刑、罪、权"新术语群的研究中做了一些尝试,并且得到了预期的研究结果。通过这样尝试性的研究,我们对该研究内容有了一些延伸性思考。

第一,研究视野应该延伸至当代。语义的演变应该是一个动态的延续过程,只要人的观念发生变化,词语的语义就会随之变化。因此,我们的研究视野应该延伸至当代乃至今后,以动态的视角监控法律术语语义的变化,以此来审视人们法律观念的变化。我们通过对现代法律术语体系中的"罪"术语与清末法律术语体系中的"罪"术语的比较,发现尽管"罪"术语在构词方式上一致,但是"罪"术语所切分的犯罪行为的概念系统已经发生了很大的变化,现代法律术语体系中的"罪"术语的字节数更多,压缩功能也更强了。"罪"术语的这种变化,不仅是法律概念系统的变化,而且是语言词汇系统的变化。因此,我们应该以发展的、动态的眼光来研究法律术语的变化,特别是要与当代的法律术语进行比较,从而对法律体系范畴有更为清晰的认识,对语言系统的规律性有更为深入的研究。

第二,对于清末法律新术语的接受和异化问题还有待进一步研究。关于清末"法、刑、罪、权"新术语群的应用和异化问题,尤其是异化问题,我们研究得还不够。随着法律知识体系的发展,随着法律体系的完善,有些法律术语消失了,如"鸦片烟罪""危害皇室罪"等;有些法律术语的语义继续变化,如"渎职罪";有些法律术语的语义发生了转移,进入了普通生活领域,原有的术语性质丧失,如"代理权"等。这些法律术语的异化问题都值得我们做一进步的研究。

第三,关于清末"法、刑、罪、权"新术语群与日本明治时期的法律术语群的比较研究做得还不够彻底。根据我们的分析,清末"法、刑、罪、权"新术语群中的大部分是借用自日本明治时期的法律术语,虽然直接借形的比例很高,但仍不能说是完全照抄照搬,有些术语照抄照搬了,如"无期徒刑""有期徒刑",有些术语就没有,如"名誉刑""身体刑"等,对于这些特殊现象,我们需要进一步研究。

关于清末"法、刑、罪、权"新术语群的研究,需要借助多个学科的理论和方法,需要从历时和共时两个层面来考量,需要对中、西、日的法律体系和法律知识有较为全面的了解,这对于我们来说,确实较为困难,但是仰之弥高,钻之弥坚,当研究接近尾声之际,我们对清末"法、刑、罪、权"新术语群的认识也越来越全面,越来越清晰,对于未能在本书中解决的问题,我们还会继续研究下去。

参考文献

一、法律文献类

[1] 张百熙. 钦定学堂章程[G]//沈云龙. 近代中国史料丛刊:第3编:第10辑. 台北:文海出版社,1966.

[2] 湖北师范生. 师范讲义:第3册[M]. 武汉:湖北学务处,1905.

[3] 怀效锋. 清末法制变革史料[G]. 李俊,王志华,王为东,等,点校. 北京:中国政法大学出版社,2010.

[4] 李碧. 刑法各论[M]. 东京:湖北法政编辑社,1905.

[5] 汪庆祺. 各省审判厅判牍[Z]. 李启成,点校. 北京:北京大学出版社,2007.

[6] 大清律例[M]. 张荣铮,刘勇强,金懋初,点校. 天津:天津古籍出版社,1993.

[7] 大清民律草案·民国民律草案[M]. 杨立新,点校. 长春:吉林人民出版社,2002.

[8] 欧阳葆真,朱家壁. 法政丛编:民事诉讼法[M]. 东京:湖北法政编辑社,1905.

[9] 钱恂,董鸿祎. 日本法规解字[Z]. 上海:商务印书馆,1907.

[10] 直隶总督袁世凯奏拟定法政学堂章程规则折(附章程)[J]. 东方杂志,1906(9).

[11] 朱树森,孙德震,孙德泰,胡贤炬. 法政辞解[Z]. 东京:并木活版所,1907.

[12] 岸本辰雄. 法学通论[M]. 陈崇基,译. 东京:翔鸾社井上印刷所,1911.

[13] 冈松参太郎. 汉译法制问答[M]. 关口隆正,汉译. 东京:吉川弘文馆,1906.

[14]冈田朝太郎.法学通论[M].张孝栘,译.东京:富山房,有斐阁,1908.

[15]冈田朝太郎.汉译刑法讲义案:第二编[M].法政大学,编译.东京:富山房,有斐阁,1905.

[16]葛冈信虎(讲义),朱孔文(笔述).中学教科法制新编[M].东京:译书汇编社,1903.

[17]户水宽人,等.法制经济通论[M].何燏时,等,译.上海:商务印书馆,1909.

[18]冈田朝太郎.刑法总论[M].江庸,译//吉川左一郎.法政速成科讲义录:第一号.东京:法政大学,1905.

[19]清水澄.汉译法律经济辞典[Z].张春涛,郭开文,译.东京:奎文馆,1907.

[20]下冈忠治(讲述).法制教科书[M].金太仁,译.东京:东亚公司,1907.

[21]新田义彦,外山喜园.汉译法学大纲[M].东京:森田活版印刷所,1906.

[22]织田万.法学通论[M].刘崇佑,译.上海:商务印书馆,1907.

[23]朱贞白.最新法学通论[M].上海:上海法政学社,1934.

二、著作类

[1]陈作霖.炳烛里谈[M].卢海鸣,点校//南京稀见文献丛刊.南京:南京出版社,2008.

[2]黄遵宪.日本国志[M].吴振清,徐勇,王家祥,点校整理.天津:天津人民出版社,2005.

[3]李圭.环游地球新录[M].古及世,点校.长沙:湖南人民出版社,1980.

[4]梁廷枏.海国四说[M].骆驿,等,点校.北京:中华书局,1993.

[5]林鍼.西海纪游草[M].钟叔河,等,点校.长沙:湖南人民出版社,1980.

[6]林则徐.四洲志[M].张曼,评注.北京:华夏出版社,2002.

[7]容闳.西学东渐记[M].徐凤石,恽铁惟,原译.张叔方,补译.长沙:湖南人民出版社,1981.

[8]魏源.海国图志[M].陈华,等,点校.长沙:岳麓书社,1998.

[9]张之洞.劝学篇[M].李凤仙,评注.北京:华夏出版社,2002.

[10]郑观应.盛世危言[M].呼和浩特:内蒙古人民出版社,1996.

[11]柴小梵.梵天路丛录[M].太原:山西古籍出版社,山西教育出版社,1999.

[12]薛福成.薛福成选集[M].上海:上海人民出版社,1987.

[13]蔡枢衡.中国刑法史[M].南宁:广西人民出版社,1983.

[14]曾宪义.中国法制史[M].北京:北京大学出版社,2000.

[15]陈保亚.论语言接触与语言联盟——汉越(侗台)语源关系的解释[M].北京:语文出版社,1996.

[16]陈望道.陈望道语文论集[M].上海:上海教育出版社,1980.

[17]陈炯.法律语言学概论[M].西安:陕西人民教育出版社,1998.

[18]程波.中国近代法理学(1895—1949)[M].北京:商务印书馆,2012.

[19]程燎原.清末法政人的世界[M].北京:法律出版社,2003.

[20]崔军民.萌芽期的现代法律新词研究[M].北京:中国社会科学出版社,2011.

[21]董秀芳.词汇化——汉语双音节词的衍生和发展:修订本[M].北京:商务印书馆,2011.

[22]樊凤林.刑罚通论[M].北京:中国政法大学出版社,1994.

[23]方光焘.方光焘语言学论文集[M].北京:商务印书馆,1997.

[24]冯志伟.现代术语学引论:增订本[M].北京:商务印书馆,2011.

[25]符淮青.词义的分析和描写[M].北京:语文出版社,1996.

[26]高名凯,刘正埮.现代汉语外来词研究[M].北京:文字改革出版社,1958.

[27]何勤华,等.法律名词的起源:上[M].北京:北京大学出版社.2009.

[28]何勤华.法律文化史谭[M].北京:商务印书馆,2004.

[29]贾彦德.汉语语义学:第2版[M].北京:北京大学出版社,1999.

[30]江庸.趋庭随笔[M].太原:山西古籍出版社,山西教育出版社,1999.

[31]姜剑云.法律语言与言语研究[M].北京:群众出版社,1995.

[32]李贵连.20世纪的中国法学[M].北京:北京大学出版社,1998.

[33]李无未.汉语史研究理论范畴纲要[M].长春:吉林人民出版社,2012.

[34]李振宇.法律语言学新说[M].北京:中国检察出版社,2006.

[35]刘广定.爱国正义一律师——刘崇佑先生[M].台北:秀威资讯科技股份有限公司,2012.

[36]刘禾.帝国的话语政治:从近代中西冲突看现代世界秩序的形成生活[M].杨立华,等,译.北京:生活·读书·新知三联书店,2014.

[37]刘凯湘.权利的期盼[M].北京:法律出版社,2003.

[38]刘秀生,杨雨青.中国清代教育史[M].北京:人民出版社,1994.

[39]刘毅.他山的石头——中国近现代法学译著研究[M].北京:中国法制出版社,2012.

[40]鲁苓.多元视域中的模糊语言学[M].北京:社会科学文献出版社,2010.

[41]吕叔湘.汉语语法分析问题[M].北京:商务印书馆,1979.

[42]马登民,徐安住.财产刑研究[M].北京:中国检察出版社,2004.

[43]马小红.礼与法:法的历史连接[M].北京:北京大学出版社,2004.

[44]梅仲协.民法要义[M].北京:中国政法大学出版社,1998.

[45]裴艳.留学生与中国法学[M].天津:南开大学出版社,2009.

[46]瞿秋白文集编辑委员会.瞿秋白文集:二[M].北京:人民文学出版社,1953.

[47]尚小朋.留日学生与清末新政[M].南昌:江西教育出版社,2002.

[48]沈国威.近代中日词汇交流研究——汉字新词的创造、容受与共享[M].北京:中华书局,2010.

[49]沈家本.历代刑法考:(一)[M].北京:中华书局,1985.

[50]舒新城.近代中国留学史[M].上海:中华书局,1929.

[51]苏亦工.明清律典与条例[M].北京:中国政法大学出版社,2000.

[52]孙寰.术语的功能与术语在使用中的变异性[M].北京:商务印书馆,2011.

[53]谭树林.马礼逊与中西文化交流[M].杭州:中国美术学院出版社,2004.

[54]王健.沟通两个世界的法律意义——晚清西方法的输入与法律新词初探[M].北京:中国政法大学出版社,2001.

[55]王健.中国近代的法律教育[M].北京:中国政法大学出版社,2001.

[56]王栻.严复集:第2册[M].北京:中华书局,1986.

[57]王寅.什么是认知语言学[M].上海:上海外语教育出版社,2011.

[58]伍光谦.语义学导论[M].长沙:湖南教育出版社,2006.

[59]伍铁平.模糊语言学[M].上海:上海外语教育出版社,1999.

[60]谢晖.法律信仰的理念与基础[M].济南:山东人民出版社,1997.

[61]熊月之.西学东渐与晚清社会[M].上海:上海人民出版社,1994.

[62]杨鸿烈.中国法律在东亚诸国之影响[M].北京:中国政法大学出版社,1999.

[63]魏徵,等.隋书[M].台北:鼎文书局,1990.

[64]张德美.探索与抉择——晚清法律移植研究[M].北京:清华大学出版社,2004.

[65]张晋藩.中国法律的传统与近代转型[M].北京:法律出版社,1997.

[66]张晋藩.中国近代社会与法制文明[M].北京:中国政法大学出版社,2003.

[67]张文显.法理学:第4版[M].北京:高等教育出版社,2011.

[68]张文显.法理学[M].北京:高等教育出版社,2001.

[69]张玉法.清季的立宪团体[M].北京:北京大学出版社,2011.

[70]张志毅,张庆云.词汇语义学:修订本[M].北京:商务印书馆,2005.

[71]钟少华.中国近代新词语谈薮[M].北京:外语教学与研究出版社,2006.

[72]钟少华.中文概念史论[M].北京:中国国际广播出版社,2012.

[73]左玉河.从四部之学到七科之学——学术分科与近代中国知识系统之创建[M].上海:上海书店出版社,2004.

[74]查尔斯·马斯顿.星轺指掌[M].联芳,常庆,译.丁韪良,校核.傅德元,点校.北京:中国政法大学出版社,2006.凡例

[75]郎宓榭,阿梅龙,顾有信.新词语新概念——西学译介与晚清汉语词汇之变迁[M].赵兴胜,等,译.济南:山东画报出版社,2012.

[76]格里尼奥夫.术语学[M].郑述谱,等,译.北京:商务印书馆,2011.

[77]孟德斯鸠.论法的精神:上册[M].张雁深,译.北京:商务印书馆,1961.

[78]G.隆多.术语学概论[M].刘钢,刘健,译.北京:科学出版社,1985.

[79]哈罗德·J.伯尔曼.法律与宗教[M].梁治平,译.北京:生活·读书·新知三联书店,1991.

[80]哈罗德·J.伯尔曼.法律与革命——西方法律传统的形成[M].贺卫方,高鸿钧,张志铭,夏勇,译.北京:中国大百科全书出版社,1993.

[81]乔纳森·斯潘塞.改变中国[M].曹德俊,等,译.北京:生活·读书·新知三联书店,1990.

[82]约翰·M.康利,威廉·M.欧巴尔.法律、语言与权利[M].程朝阳,

译.北京:法律出版社,2007.

[83]实藤惠秀.中国人留学日本史:修订译本[M].谭汝谦,林启彦,译.北京:北京大学出版社,2012.

[84]王慷鼎.新加坡华文报刊史论集[M].新加坡:新加坡新社,1987.

[85]费尔迪南·德·索绪尔.普通语言学教程[M].高名凯,译.岑麒祥,叶蜚声,校注.北京:商务印书馆,1980.

[86]长孙无忌,等.唐律疏议[M].刘俊文,点校.北京:中华书局,1983.

[87]谢方.职方外纪校释[M].艾儒略,原著.北京:中华书局,1996.

[88]马西尼.现代汉语词汇的形成[M].黄河清,译.北京:汉语大词典出版社,1997.

[89]Dennis Lioyd.法律的理念[M].张茂柏,译.台北:联经出版实业公司,1984.

[90]赫胥黎.天演论[M].严复,译.北京:商务印书馆,1981.译例言

[91]劳蕾尔·J.布林顿,伊丽莎白·克洛斯·特劳戈特.词汇化与语言演变[M].罗耀华,等,译.北京:商务印书馆,2013.

[92]路德维希·维特根斯坦.哲学研究[M].陈嘉映,译.上海:上海人民出版社,2005.

[93]方汉奇.中国近代报刊史[M].太原:山西人民出版社,1981.

[95]戈公振.中国报学史[M].北京:生活·读书·新知三联书店,1955.

三、论文类

[1]傅兰雅.江南制造局翻译西书事略[M]//罗新璋,等.翻译论集.北京:商务印书馆,2009.

[2]陈彪.洋务运动与世界近代工业化潮流[J].史学月刊,1986(4).

[3]陈巧玲.翻译实践与观念变迁——中国近代口译员林鍼《西海记游草》研究[J].重庆交通大学学报(社科版),2010(10).

[4]陈向阳.晚清三次变革与中国现代化的产生[J].社会科学研究,1996(1).

[5]程波.《新译日本法规大全》与晚清新政[J].华东政法大学学报,2009(2).

[6]程燎原.中国近代法政杂志的兴盛与宏旨[J].中国政法大学学报,2006(4).

[7]崔军民.近代法律新词的发展及其轨迹[J].河北法学,2010(1).

[8]崔军民.近代法律新词的形成及其途径[J].吉林师范大学学报(人文社会科学版),2012(1).

[9]崔军民.中国近代法律新词对古语词的改造[J].安徽大学学报(哲学社会科学版),2009(1).

[10]刁晏斌.现代汉语准词缀发展变化的几种模式[J].廊坊师范学院学报,2004(3).

[11]丁相顺.晚清赴日法政留学生与中国法制近代化的再思考[J].金陵法律评论,2001(1).

[12]董秀芳.汉语词缀的性质和汉语词法特点[J].汉语学习,2005(6).

[13]方流芳.近代民法的个人权利本位思想及其文化背景[J].法律学习与研究,1988(6).

[14]傅华,牛玉兵.论知识背景下的守法精神[J].河北法学,2009(2).

[15]高名凯.论语言系统中的词位[J].北京大学学报(人文科学),1962(3).

[16]何勤华.关于法律移植语境中几个概念的分析[J].法治论丛,2002(4).

[17]胡兴东.中国古代死刑刑种类考[J].云南大学学报(法学版),2009(1).

[18]黄克武.新名词之战:清末严复译语与和制汉语的竞赛[J]."中央研究院"近代史研究所集刊,2008,62.

[19]姜涛.法律发展与法律知识化[J].法律科学(西北政法大学学报),2008(4).

[20]姜涛.中国法理学知识谱系建构的关键词[J].法律科学(西北政法大学学报),2010(5).

[21]蒋绍愚.抽象原则和临摹原则在汉语语法史中的体现[J].古汉语研究,1999(4).

[22]李贵连.20世纪初期的中国法学(续)[J].中外法学,1997(5).

[23]李贵连.话说"权利"[J].北大法律评论,1998(1).

[24]李慧.现代汉语双音节词组词汇化基本特征[J].语言教学与研究,2007(2).

[25]李力.刑·法·律——先秦法观念探微[J].中外法学,1989(5).

[26]李力.追本溯源:"刑"、"法"、"律"字的语源学考察[J].河北法学,2010(10).

[27]李宇明.词语模[M]//邢福义.汉语语法特点面面观.北京:北京语言文化大学出版社,1999.

[28]李长莉.晚清社会风习与近代观念的演生[J].社会科学研究,1993(6).

[29]林明.清末"新政"与近代法学教育[J].山东大学学报(哲学社会科学版),2001(6).

[30]林琼.清末早期驻外使节的国外交往与思想观念的转变[J].广西民族学院学报(哲学社会科学版),2000(4).

[31]刘伟.重新认识晚清中央权威衰落的原因[J].华中师范大学学报,1998(6).

[32]卢锋.对中国近代工业化进程的初步考察[J].教学与研究,1988(6).

[33]马建兴,高志玲.商观念的转变与近代中国公司立法[J].法律文化研究,2006.

[34]马作武.伍廷芳与中国近代法制变革[J].法学家,1995(4).

[35]孟祥沛.《大清民律草案》法源辨析[J].清史研究,2010(4).

[36]那日松,刘青,朱磊.法律术语特征研究[J].中国科技术语,2011(4).

[37]乔素玲.晚清商人法律意识初探[J].江西社会科学,2003(6).

[38]屈文生.早期英文法律词语的汉译研究——以19世纪中叶前后若干传教士著译书为考察对象[J].中国翻译,2012(1).

[39]邵荣芬.评《现代汉语外来词研究》[J].中国语文,1958(7).

[40]邵维国.中西方社会罚金刑起源比较研究[J].大连海事大学学报(社会科学版),2005(3).

[41]史红梅.法律语言的模糊性及功能辨析[J].社会科学家,2011(8).

[42]舒国滢.战后德国法哲学的发展路向[J].比较法研究,1995(4).

[43]宋作艳.类词缀与事件强迫[J].世界汉语教学,2010(4).

[44]田荔枝.清末民初判决修辞的理性化取向[J].山东大学学报(哲学社会科学版),2013(2).

[45]万志鹏.没收财产刑废止论——从历史考察到现实分析[J].安徽大学学报(哲学社会科学版),2008(5).

[46]王兰萍.著作权法相关术语之日本来源[J].法律文化研究,2007(9).

[47]王立达.现代汉语从日本借来的词汇[J].中国语文,1958(6).

[48]闻丽.清末政党观念产生的历史逻辑[J].江苏社会科学,2009(1).

[49]吴朝军.清末商人的法视角透视[J].商场现代化,2009(1).

[50]武树臣.秦"改法为律"原因考[J].法学家,2011(2).

[51]武树臣.寻找最初的"法"——对古"法"字形成过程的法文化考察[J].学习与探索,1997(1).

[52]武树臣.寻找最初的"律"——对古"律"字形成过程的法文化考察[J].法学杂志,2010(3).

[53]徐爱国.论近代刑法和刑法观念的形成[J].环球法律评论,2005(4).

[54]徐岱.中国刑名及刑罚体系近代化论纲[J].吉林大学社会科学学报,2001(6).

[55]杨阳.中国古代刑罚命名变态现象之初探[J].修辞学习,2005(2).

[56]姚琦.论清末民初的法政学堂[J].华东师范大学学报(教育科学版),2006(3).

[57]尤陈俊.法制变革年代的诉讼话语与知识变迁——从民国时期的诉讼指导用书切入[J].政法论坛,2008(3).

[58]俞江.《大清民律草案》考析[J].南京大学法学评论,1998(春季号).

[59]俞江.近代中国的法律与学术[M].北京:北京大学出版社,2008.

[60]俞江.近代中国法学语词的形成与发展[J].中西法律传统,2001(10).

[61]张晋藩.伍廷芳的法律思想[J].现代法学,1981(4).

[62]张晋藩.中国古代民事诉讼制度通论[J].法制与社会发展.1996(3).

[63]张璐,赵晓耕.从动物、植物到动产、不动产——近代法律词汇翻译个案考察[J].河南省政法管理干部学院学报,2009(1)

[64]张珉.试论清末与民国时期的司法独立[J].安徽大学学报(哲学社会科学版),2004(3).

[65]张维仑.法律术语命名(选用)的方法及意义[J].语言文字应用,1995(3).

[66]张先昌,姜涛.知识社会视角下的法律知识化与法律科学成长[J].法学杂志,2008(1).

[67]张兆凯.从执行方式的古今对照看死刑的命运[J].河北法学,2007(6).

[68]赵玉环.论沈家本对清末司法改革的贡献[J].东岳论丛,2009(7).

[69]郑奠.谈现代汉语中的"日语词汇"[J].中国语文,1958(2).

[70]周成泓.从讼师到律师——清末律师制度的嬗变[J].求索,2013(6).

[71]朱京伟.现代汉语中日语借词的辨别和整理[J].日本学研究,1999(3).

[72]祝总斌."律"字新释[J].北京大学学报(哲学社会科学版),1990(2).

[73]祝总斌.关于我国古代的改法为律问题.北京大学学报(哲学社会科学版),1992(2).

[74]邹玉华.语义场研究评述[J].湘潭大学学报,1987(S1).

[75]左玉河.先秦分类观念与中国学术分科之特征[J].学术研究,2005(4).

[76] J. Pustejovsky. 生成词库论简介[J]. 张秀松, 张爱玲, 译. 当代语言学, 2009(3).

[77] 本杰明·I. 史华兹. 论中国的法律观[M]. 高鸿钧, 译//张中秋. 中国法律形象的另一面——外国人眼中的中国法律. 北京: 中国政法大学出版社, 2012.

[78] 张博. 先秦并列式连用词序的制约机制[J]. 语言研究, 1996(2).

[79] 德科·博德. 传统中国法律的基本观念[M]. 刘健, 译//张中秋. 中国法律形象的另一面——外国人眼中的中国法律. 北京: 中国政法大学出版社, 2012.

[80] 刘德宽. 中国的传统法思想和现代的法发展[M]. 李贵连, 译//张中秋. 中国法律形象的另一面——外国人眼中的中国法律. 北京: 中国政法大学出版社, 2012.

[81] 科索夫斯基. 语义场理论概述[J]. 成立中, 译. 当代语言学, 1979(3).

[82] 王慷鼎. 从《察世俗》到《东西洋考》——马、印、新华文杂志发源研究[M]//新加坡华文报刊史论集. 新加坡: 新加坡新社, 1987.

[83] 奥·凯恩—弗伦德. 比较法与法律移植[J]. 贺卫方, 译. 比较法研究, 1990(3).

四、工具书类

[1] 高名凯, 刘正埮, 麦永乾, 史有为. 汉语外来词词典[Z]. 上海: 上海辞书出版社, 1984.

[2] 黄河清. 近现代辞源[Z]. 上海: 上海辞书出版社, 2010.

[3] 黄摩西. 普通百科新大词典[Z]. 上海: 中国词典出版公司, 1911.

[4] 李伟民. 法学辞源[Z]. 哈尔滨: 黑龙江人民出版社, 2002.

[5] 汪荣宝, 叶澜. 新尔雅[Z]. 上海: 上海明权社, 1903.

[6] 中国大百科全书出版社编辑部. 中国大百科全书: 法学[Z]. 北京: 中国大百科全书出版社, 1984.

[7] 井上哲次郎. 增订英华字典[Z]. 罗存德, 原著. 东京: 藤本氏藏版, 1883.

[8] 戴维·克里斯特尔. 现代语言学词典[Z]. 沈家煊, 译. 北京: 商务印书馆, 2000.

[9] 马礼逊. 华英字典[Z]. 澳门: 英国东印度公司, 1815.

[10]张玉书,等.新修康熙字典[Z].上海:上海书店出版社,1988.

[11]许慎.说文解字[Z].徐铉,校定.北京:中华书局,1963.

五、报纸杂志类

[1]东方杂志(1-12)[N].上海:东方杂志社,1904-1907.

[2]格致新报(1-6)[N].上海,格致新报馆,1898.

[3]交通官报[G]//沈云龙.中国近代史料丛刊:第3编:第27辑.台北:云海出版社,1966.

[4]万国公报[N].台北:台湾华文书局,1968影印版.

六、标准类

[1]中华人民共和国国家质量监督检验总局.术语工作:概念体系的建立(GB/19100—2003)[S].北京:中国标准出版社,2003.

七、数据库

[1]栾贵明先生主持建设的汉语典籍语料库——扫叶库。

[2]台湾"中研院"新汉籍全文语料库。

[3]中国基本古籍库。

[4]书同文古籍数据库。

附　录

附录一：清末"法、刑、罪、权"新术语群总汇

术语群	术语	数量
"法"术语群	宪法、刑法、民法、诉讼法、亲属法、继承法	6个
"刑"术语群	主刑、从刑、死刑、徒刑、有期徒刑、无期徒刑、拘留、罚金、剥夺公权、没收	10个
"罪"术语群	侵犯皇室罪、内乱罪、外患罪、妨害国交罪、泄漏机务罪、渎职罪、妨害公务罪、妨害选举罪、骚扰罪、逮捕监禁人脱逃罪、藏匿罪人及湮灭证据罪、伪证及诬告罪、放火决水及妨害水利罪、危险物罪、妨害交通罪、妨害秩序罪、伪造货币罪、伪造文书印文罪、伪造度量衡罪、亵渎祀典及发掘坟墓罪、鸦片烟罪、赌博罪、奸非及重婚罪、妨害饮料水罪、妨害卫生罪、杀伤罪、堕胎罪、遗弃罪、私滥逮捕监禁罪、略诱及和诱罪、妨害安全信用名誉及秘密罪、窃盗及强盗罪、诈欺取财罪、侵占罪、赃物罪、毁弃损坏罪	36个
"权"术语群	选举权、被选举权、特定职权、选民权、表决权、提案权、裁判权、审判权、监督权、管辖权、勾摄权、保管权、公诉权、起诉权、上诉权、上告权、代理权、公权、共有权、质权、动产质权、不动产质权、物权、债权、所有权、不动产所有权、动产所有权、地上权、永佃权、地役权、担保物权、抵押权、亲权、撤销权、财产权、抵挡权、选择权、优先权、取回权、求偿权、解除权、买回权、业务权、允许权、主诉离婚权、占有权、留置权、决定权、请求权	49个

附录二:清末辞典关于"刑"术语群部分术语的释义

《法政辞解》	
"刑"术语	释义
名誉刑	剥夺人之名誉之刑罚也,如剥夺爵位勋章之刑罚是,与能力刑同。
有期刑	谓有一定期限之自由刑,即有期流刑、有期徒刑、惩役、禁锢、禁狱及拘留之刑也。
有期徒刑	为重罪中自由刑之一种,刑期自十二年以上,十五年以下,徒于岛地,使服一定劳役,非国事犯,适用此刑,但妇女则不发住岛地,使于内地之惩役场,服定役而已。
无期刑	对于犯人终身拘束其自由之刑罚,曰无期刑,如日本现行刑法之无期流刑,及无期徒刑是也。
无期徒刑	为日本现行刑法,重罪中自由刑之一种,徒于岛地中,使服一定劳役,非国事犯适用此刑。
无期流刑	为日本现行刑法,重罪中自由刑之一种,永远监于岛地集治监中,不服定役之刑罚也,惟国事犯,适用此刑。
自由刑	谓国家为犯罪之制裁,剥夺私人自由权之刑也,日本现所采自由刑,共七种,即徒刑、流刑、禁狱、惩役、禁锢、拘留、监视是也。
处刑	对于已确定判决之罪人,而执行其刑之谓也。
财产刑	谓国家为犯罪之制裁,剥夺私人之财产之刑也,如金作赎刑是,日本现行刑法,有罚金、科料、没收三种。
身体刑	谓国家以犯罪之制裁,直接加痛苦于其身体之谓也,如古之五刑中,荆刑、劓刑、腐刑,今之笞刑、杖刑、刺字、枷号等刑是。
附加刑	对主刑而言,对于犯罪人处以主刑之外,更加科之之刑罚也。其种类有五:1.剥夺公权;2.停止公权;3.监视;4.罚金;5没收。
体刑	体刑之意义有三:1.对财产刑而言,以直接与苦痛于人之身体,或绝其生命,或拘束其身体之刑罚也。2.对财产刑及自由刑而言,以直接与苦痛于人之身体,或绝其生命为目的之刑罚也。3.对生命刑、财产刑,及自由刑而言,不绝人之生命,但与苦痛于人之身体之刑罚也。

《汉译法律经济辞典》	
"刑"术语	释义
有期流刑	有期流刑,为科国事犯重罪之主刑,幽闭于岛地之狱,不服定役,其期间为十二年以上,十五年以下。
有期徒刑	有期徒刑,为科常事犯重罪之主刑,派遣于岛地,使服定役,其期为十二年以上,十五年以下。
死刑	重罪主刑之一,绝犯罪人生命之刑也。
名誉刑	名誉刑者,剥夺名誉之刑罚也,如剥夺爵位勋章等是。
身体刑	身体刑为刑罚之一种,以毁损犯人之身体,或与以痛苦为目的之刑罚也。
附加刑	附随于主刑而科之者,曰附加刑。即主刑之外,复附科以何等刑罚是也。
徒刑	徒刑为现行刑法上应科重犯罪人之主刑中一种,分为二类:1.无期徒刑。2.有期徒刑。
财产刑	财产刑者,国家为犯罪之制裁,而强制的,取立私人之财产也。
无期刑	无期刑者,对于犯罪人终身间,拘束其自由之刑罚也。
无期徒刑	无期徒刑者,对于常事犯,科以重罪之主刑也,终身被派遣于岛地而服定役。
无期流刑	无期流刑者,对于国事犯,科以重罪之刑名也,终身间须幽闭于岛地之狱,不服定役。

附录三:清末辞典关于"罪"术语群部分术语的释义

《法政辞解》	
"罪"术语	释义
伪证罪	即被裁判所传来之证人、鉴定人等,故意为不实之陈述之罪,及以贿赂使人为伪证之罪之总称也。
伪造罪	即伪造某物之罪也,如货币伪造罪,官印伪造罪,官文书伪造罪,私印私书伪造罪,及免状鑑札、疾病证书伪造罪,总称伪造罪。
伪玺行使罪	为日本现行刑法所定之官印伪造罪之一种,即使用伪造国玺,及御玺之罪也。
伪印行使罪	谓行使伪印之罪也,此仅限于行使伪造之官印,故本罪与伪造官印行使罪同。
奸通罪	为奸淫罪之一种,有夫之妇,通于本夫以外之男子之罪也。故非有夫之妇,或无通于本夫以外之男子之事实者,即不得为奸通罪。
奸淫罪	强奸罪、准强奸罪及奸通罪之总称也。
懈怠致死罪	为过失杀伤罪之一种,因懈怠而致人于死之罪也,例如明知向往来通路发砲,有碍行人,而任意行之,以致人于死之罪是。
申告罪	必待被害者之告诉,始论其罪之犯罪也,与亲告罪同。
罪人藏匿罪	谓知其为犯罪人,而藏匿之之罪也。
亲告罪	谓检事提起公诉,必须有被害者或被害者之亲属之告诉之罪也。例如有夫之妇通奸罪,此等罪,本人及其有关系者,若不愿告,则他人不得起诉是。
隐私漏告罪	医师、药商、稳婆、神官、僧侣及代言人、辩护人等,以由其身份职业所受委托事而知之隐私、漏告于人之罪也。
非亲告罪	谓不计被害者之愿告与否,检事可起公诉之罪也。盖检事以调查犯罪者为职务,遇犯罪者不必有原告,检事即可提起公诉也。

《汉译法律经济辞典》	
"罪"术语	释义
外患罪	外患罪者,刑法第二编第二章第二节内,规定之诸罪是也,列记如下: (一)背反罪(刑法第百二十九条) (二)交战中诱导敌兵,使入本国境内,或以本国及同盟国之都府城塞,或兵器弹药船舶,及其他关于军事之土地,家屋物件,交付于敌国者(同第百三十条) (三)漏泄本国或同盟国之军事机密于敌国者(同第百三十一条) (四)通谍罪(同第百三十二条) (五)对于外国私开战争之罪(同第百三十二条) (六)中立违反罪(同第百三十四条) 刑法改正案第二编第四章中,关于国交罪,第百八条至第百十二条参照。
私印伪造使用罪	本罪系为伪造他人私印而使用者。成立要素如左:1.须为他人之私印。2.须伪造,且以使用为目的者。3.须有不法目的利己或利人,及害人之故意。(刑法第二百八十条第一项)
私印盗用罪	私印盗用罪者,盗用他人印影上之罪也。其成立要素如左:1.须为他人私印之影印。2.须实见为盗用,但其使用未达害人之程度,则不能构成本罪。故虽盗用他人私印,若仅捺印于书籍等时,不能科以犯罪也。3.须有不法的利己或利人,及害人之故意。(刑法第二百八十条第二项)
私书伪造行使罪	本罪者,系伪造为替手形,及其他以里书应卖买之证书,或与金额交换之约束手形,及增减变换以行使之罪。或于手形证书,为诈伪之里书以行使之罪。
放火罪	刑法第四百二条至第四百七条所规定之犯罪,其成立要素如下:1.有放火之行为。2.关于法文所列举之物件而成立。3.须有烧毁之结果。本罪已遂未遂之标准,其说不一,然以放火罪之目的,物件被烧损而失其用时,为已遂,否则为未遂,应得其罪也。
官文书伪造罪	刑法第二编第四章第三节所定官文书伪造罪之一种,即伪造官文书且行使之罪是也。
官文书毁弃罪	刑法第二编第四章第三节所定官文书伪造罪之一种,为毁弃官文书之罪,毁弃云者,令其于一切行为,失其为证书之用也。
官印伪造罪	伪造者,无权利者,以崭新材料,模做具物而制出赝物之谓也。……

续表

"罪"术语	释义
官吏侮辱罪	官吏侮辱罪者,刑法第百四十一条所规定也。其成立要素有:1.于官吏之前(即直接触其耳目处,以形容或言语),此际不问与官吏之职务行为,有关系与否,凡可损官吏威信之行为,皆包含之。与刊行之文书图书及公然之演说,为关系其职务行为之行为。2.侮辱,即凡可以损官吏威严者。3.故意侮辱等是也。
官吏收贿罪	官吏收贿罪者,刑法第二编第九章所定,为官吏渎职罪之一种,官吏于职务之上,受人委托,收纳贿赂,或听许之,因以被罪也。其成立要素如左:1.有官吏之身份者。2.于其职务行为,受人嘱托,而其嘱托与否,全依依赖之本旨以判断之,不问语言文字之如何。3.收纳贿赂,或听许之,其贿赂之目的,泛指有形的利益而言,故限于财产上。
官吏渎职罪	刑法第二编第九章所定之犯罪,如官吏不公布施行其管掌之法律规则,及妨害他官吏之公布施行,或居应以兵力镇抚地方骚扰之职务而不为。违反官吏规则,而营商业等罪皆是。
委托物费消罪	本罪系消费他人所寄托财物、借用物,或典物及他人所委托金类物品之罪也。
毒杀罪	现行刑法第二百九十三条所规定,以毒物杀人之罪,曰杀害罪。
冒认罪	冒认罪者,刑法第九十三条所定之罪也,本罪之物体,即他人之动产不动产,或为抵当典物(货物)之不动产是。
奸通罪	刑法第三编第一章第十一节所规定,奸通罪之一种,盖即有夫之妇,私通他男子之罪也。
奸淫罪	奸淫罪,总称曰强奸罪,准强奸罪及奸通罪之用语也。
拾得物隐匿罪	拾得他人之遗失物或漂流物,不届出于官要,又不返还于所有主者,则为拾得物隐匿罪。
家宅侵入罪	刑法第二编第三章第七节所规定之犯罪,无正当事由,而侵入有拒绝权者之邸宅,或他人所看守之建筑物,并皇宫、禁苑、行在所及皇陵内之罪是也。
强奸罪	强奸罪,为奸淫罪之一种,以不法之暴行,胁迫而破妇女之节操者也,其罪为亲告罪之一种,非被害者与其亲属之告诉则不论罪。
强盗罪	强盗罪者,加人以胁迫或暴行,而强行取其财物之罪也。

续表

"罪"术语	释义
欺罔取罪	欺罔取罪者,欺罔他人,以骗取财物,或证书之类云,故欺罔,除关于无根事实,使人畏惧时(即恐吓)外,用一定之伪计,故意陷他人于错误之罪。
猥亵罪	刑法第三百四十六条及三百七十条所规定犯罪。凡对于十二岁未满之男女,为猥亵之行为者,及于十二岁以上男女,以暴行胁迫、猥亵行为者,处以一月以上,一年以下之重禁锢。
罪人藏匿罪	罪人者,法律上之犯罪者之谓,不包含道德上之罪人,即为当受刑罚法令制裁之行为者云,罪人藏匿罪者,明知其为犯罪人,或逃走之囚徒。及付于监视者,而故意藏匿之罪也。
贿赂罪	本罪成立要件:1.第一须官吏于其职务上,一定行为,有受他人嘱托之事实。在刑法第二百八十四条,虽有法定受人嘱托之律,然使所受之嘱托有属于官之职务,及非己所掌管之职务,其行为之嘱托,自不属于是条。2.即嘱托者,为职务上之行为,而无一定之依赖时,罪仍不能成立。但其为一定之嘱托与否,须自依赖之旨趣断定,不可仅据其依赖之言语或文书等外观。3.其所嘱托不必定为枉法之嘱托,凡受有贿赂者,皆可构成贿赂罪,凡贿赂罪目的物之利益,皆可以有形的利益解释之。
伪造官印行使罪	伪造官印行使罪,为官印伪造罪之一种,而系行使伪造官印之罪也。
伪证罪	伪证者,证人于裁判所故意为不实之供述云,犯此行为者,曰伪证罪。
堕胎罪	堕胎罪者,为刑法第三编第一章第八节所规定,堕胎者,凡未达自然之分娩期前,妄加人为之方法于母体,自胎内驱逐胎儿之行为者,曰堕胎罪。
遗失物藏匿罪	遗失物藏匿罪者,拾得遗失物,不还付于所有主,又不申告于官署之犯罪也。
遗弃罪	刑法第三编第一章第九节所定之犯罪,有抚养之义务者,与不满八岁者,及不能自为生活之老者疾病者,有遗弃之罪。又自己之所有地,与应看守之地,所有遗弃之幼老疾者,又罹病而昏倒,知而不扶助之,又不申告于官府者,总称之曰遗弃罪。
亲告罪	亲告罪者,非由被害者及被害者亲族之告诉,则不审理之犯罪云。

附录四:清末辞典关于"权"术语群部分术语的释义

《新尔雅》	
"权"术语	释义
人身权	由人之身份地位而得者,谓之人身权(不能由人意为之)。
财产权	财产所有之权利,谓之财产权(能由人意为之)。
物权	属我之物而我有直接管理之权利者,谓之物权。
债权	债主有要求负债者偿还之权利,谓之债权。
智能权	由知识学艺上而得之权利,谓之智能权。
私权	由私法上享有之权利,谓之私权。
国民权	私法上不许外国人所有者,谓之国民权。
个人权	私法上不论内外人皆得享者,谓之个人权。
占有权	是物得以自己之意思保存处理者,谓之占有权。
所有权	是物以自己之意思,于法律范围内得保存处理者,谓之所有权。
地上权	借他人之土地有营造之权利者,谓之地上权。
永小作权	他人之土地有耕作牧畜之权利者,谓之永小作权。
地役权	他人之土地依特定之方法有使用之权利者,谓之地役权。(如借邻家之路作通行路是)
置留权	债主有占有债务者之物权而不能卖却典质者,谓之置留权。
先取特权	数人同一债权而有先偿还之权利者,谓之先取特权。
质权	或以动产或以不动产为债之担保者,谓之质权(为典质屋押款之类是)。
户主权	为一家之主,有监督全眷之权者,谓之户主权。
亲权	对子之身份财产,有监督之权,谓之亲权。

《汉译法律经济辞典》	
"权"术语	释义
一般先取特权	一般先取特权者,存于债务者总财产上之先取特权,对于特别先取特权而言也。
户主权	统辖家族之家长,谓之户主,原于户主之地位,而对于家族所有之权利之全体,谓之户主权。
永小作权	偿给小作料,而耕作或牧畜于他人土地内之物权,曰永小作权。
本权	一物而数权利并行时,其最有力者,曰本权。
占有权	占有权者,因自己之意思,得以物为所持之权利也。
地上权	地上权者,于他人之土地,为所有之工作物,及竹木,而有使用其土地之权利也。
地役权	地役权者,从以设定行为,所定之目的,使他人之土地,供自己土地便益之权利也。
先取特权	先取特权,为特权之一种,附随于特种之债权,就债务者之总财产,与特定之财产,得先于他之债权者,请求辨济自己债权之权利也。
共有及共有权	一个所有权有属于数人之状态,谓之共有。
多数当事者之债权	通常一债权关系之当事者,其债权者与债务者,皆各一人。然若不可分债务,连带债务或保证债务,债权者及债务者,有二人以上,或债权者债务者皆二人以上时,曰多数当事者之债权。
物权	物权者,直接行于物上之绝对的对世权也。民法内规定之物权,分为占有权、所有权、地上权、永作小权、地役权、留置权、先取权、质权、抵挡权九种。而占有权者,一种特别之权利,因使用他种权利而发生者也。所有权为最完全之物权,地上权及永小作权,则为不完全之物权。地役权者,土地所有权之从属,因行使土地所有权而发生者。若留置权以下,则不过债权担保之物权而已。
取消权	据法律所规定,得取消某行为之权利,曰取消权。法律行为之取消权,原则上凡得取消之行为者,其代理人或继承人有之。妻之行为,夫亦有取消权。
所有权	所有权者,于法令范围内,对于自己所有有物,自由使用收益处分之权利,而在物权中为最完全之支配权也。故所有权者,不仅于法令范围内,有完全支配所有物之权,且所有权之不可侵害,亦为宪法所保障,非据法律,则无受人侵害之事也。

续表

"权"术语	释义
智能权	智能权者,系一种特别之权利,而关于人之智识,技能,及创作之权利,为最高尚之权利,即人之思想上,所专有之权利,其有一定财产的价格明甚。故虽得视为财产权,具为金钱估算之性质,然出物权债权之外,而为一种特别之权利。
抵当权	抵当权者,担保债权之物件中一种也,即债务者或第三者,不以动产供债务之担保,而其占有不移转者,关于此不动产抵挡权者,对于他之债权者,有先受辨济之权利。
要因债权	要因债权者,谓债权发生之原因,为其债权之实质的要素,不要因债权者,谓无关于其债权之原因若何者。
留置权	留置权者,他人之物之占有者,因关于其物所生之债权,至受其债务之辨济时止,得留置其物之权利也。
债权	债权者,对于特定之人,要求其为某事,或不为之权利也,此与物权及其他智能权,并为财产权之一种。
质权	质权者,物权之一种也。债权者欲为债权之担保,而占有由债务者,或第三者受领之物,且就其物,先他之债权者,受自己债权辨济之权利也。

《日本法规解字》	
"权"术语	释义
债权	有令人偿债之权,惟所谓债者,非专指金钱而言,得监督其动作之权者,均谓之债权。
别除权	当负主破产之际,凡握抵当权质权优先权之债主,均有卖其担保物,以作偿款之权,名曰别除权。
占有权	不问其物之属己属人,得有随意使用其物之权利者,名曰占有权。
地役权	因保护自己之土地,法律上许其有使役邻地之权利,曰地役权。
地上权	因建工作物,植竹木于他人之地上,而有用他人土地之权利者,名曰地上权。
所有权	凡大小财产,必有所属之人,此人对于此财产,自有一种专权,名曰所有权。
指名债权	证券上书明债主之姓氏,所谓凭人不凭券者。曰指名债权。
指图债权	证券上书明债主所指定人之姓氏,令负主支付者,名曰指图债权。
本权	本有之权利曰本权。
物权	物本属我,我实有左右此物之权利,名曰物权。
留置权	因物价未偿,有留置其物之权利,名曰置留权。
质权	债主有占负主之物(物者包含不动产、动产及无形之权利)以作担保之权利,名曰质权。

致 谢

这部书是在本人博士论文的基础上修改完成的。从完成博士学位的答辩,到本书的正式定稿,历时五年,其间反反复复地修改了很多次。尽管我花了很多心血撰写及修改此书,但是从汉语史、语言学的研究领域跨界到自己从未接触过的法制史的研究领域,内心始终惴惴不安,唯恐贻笑大方。为了扬长避短,我在撰写的过程中,始终紧紧围绕清末法律新术语语义演变轨迹做语言学和汉语史的研究。至于法制发展史的部分,因为这部分主要用来解释说明清末法律新术语语义生成及演变的外因,为了准确和严谨,我参考并整理了学界现有的研究成果,力图做到资料和引文的翔实准确。

除了惶恐,在此书付梓出版之际,我的内心更多的是充盈着感激之情,在此,我向在此书撰写及修改期间,给予过我无私帮助的师长、朋友以及家人,致以真挚的谢意。首先,最需要感谢的就是我的恩师李无未教授。李老师是一位研究视野非常广阔且很有学术胸襟的学者。在李老师的指导之下,我也提升了自己的眼界,学会了融会贯通,打通文史哲的界限并且鼓足勇气踏入未知的研究领域。"博学笃志,求实创新",恩师为人的务实和学术的严谨值得我一生学习。

其次,我要感谢的是我的家人。如果说恩师是我前进路上的指路灯,那么家人就是我坚强的后盾,让我可以在做学问的这条道路上"为所欲为",不用每天为柴米油盐的事情所累,纯粹地做自己,眼前的苟且有家人们分担,我可以放心地奔向我在学术上的"诗和远方"。当然,还有很多人值得我去感谢。我感谢将私家藏书无偿分享给我的钟少华先生;感谢在我遇到瓶颈时,帮助我分析问题的许彬彬、李湘老师;感谢在我困惑时,和我一起坚持讨论学术问题的裴梦苏和刘名。正因为有了他们的支持和陪伴,让我的写作之路变得光明且多彩。我还要感谢为此书付出很多辛劳的厦门大学出版社的牛跃天编辑,感谢他不厌其烦地细心修改,让本书日臻完善。

从事学术研究纵然是"独上高楼,望尽天涯路",学术的高楼纵然难登,但是我相信凭借坚定的信念，伴着老师、家人、朋友的支持和鼓励，在嘈杂的世间，我一定会求得学术的世外桃源！

孟广洁
2019 年 11 月 20 日